세계사 브런치

지은이 정시몬은 딱히 장르를 가리지 않고 새로운 책을 기획, 집필하거나 좋은 책을 소개하고 번역하는 것을 좋아한다. 저서로는 인문학 브런치 시리즈인 『세계문학 브런치』, 『세계사 브런치』, 『철학 브런치』 외에 변호사 친구와 함께 써 호평을 받은 법률 교양서 시리즈 『미국을 발칵 뒤집은 판결 31』, 『세계를 발칵 뒤집은 판결 31』 등이 있다.

어렸을 때부터 하라는 공부는 안 하고 책만 읽다가 결국 음치나 박치보다 더 대책 없는 간서치(看書癡)가 되고 말았다. 그러다 보니 나이가 좀 들어서도 늘 어디 한적한 곳에서 책이나 실컷 읽고 글도 쓰고 음악도 들으며 유유자적 사는 것이 꿈이었다. 하지만 비정한 현실은 희망 사항과는 달리 전혀 엉뚱한 방향으로 흘러가 미국에서 학업을 마친 뒤에는 팔자에도 없던 공인 회계사(Certified Public Accountant) 및 공인 법회계사(Certified Fraud Examiner) 자격을 취득하여 기업 회계 감사, 경영 진단, 지식 재산 관리 분야에서 오랫동안 일했다. 하기야 회계장부도 영어로는 'books'라고 쓰니까 좋아하던 책(books)과의 인연은 어쨌거나 계속 이어진 셈이랄까. 그러던 어느 해 한국에 출장을 나왔다가 우연히 지인을 통해 출판사를 소개받아 진짜 '북스' 몇 권을 출간하면서 오늘에 이르고 있다. 쓰고 싶은 책은 많은데 요즘 여유 시간이 점점 줄어들고 있어 고민이다. Southern Illinois University Carbondale 졸업.

세계사 브런치

2015년 9월 4일 초판 1쇄 발행
2024년 2월 1일 초판 7쇄 발행

지은이 정시몬
펴낸곳 부키(주)
펴낸이 박윤우
등록일 2012년 9월 27일 등록번호 제312-2012-000045호
주소 서울시 마포구 양화로 125 경남관광빌딩 7층
전화 02) 325-0846
팩스 02) 325-0841
홈페이지 www.bookie.co.kr
이메일 webmaster@bookie.co.kr
제작대행 올인피앤비 bobys1@nate.com
ISBN 978-89-6051-502-4 03900

이 도서의 국립중앙도서관 출판예정도서목록(CIP)은 서지정보유통지원시스템 홈페이지(http://seoji.nl.go.kr)와 국가자료공동목록시스템(http://www.nl.go.kr/kolisnet)에서 이용하실 수 있습니다.(CIP제어번호: CIP2015022507)

원전을 곁들인
맛있는 인문학~

세계사
브런치

정시몬 지음

부·키

세계사 브런치,
그 신나는
피크닉 테이블을 차리며

언제나처럼 졸저 한 권을 겁도 없이 세상에 내보낸다. 학식도 재능도 부족한 주제에 감히 『세계사 브런치』를 기획한 것은 무엇보다도 내가 예전에 역사의 고전들을 읽었을 때 느꼈던 재미, 그 짜릿한 흥분을 되살려 독자 여러분과 공유하고 싶은 욕심 때문이었다.

역사는, 역사책은 재미있다. 우리와 멀리 떨어진 다른 시간, 다른 공간에서 삶을 영위한 사람들의 행적, 대화, 심지어 감정의 궤적이 담긴 기록들을 들여다보는 것은 귀중하고 독특한 경험이다. 또한 과거에 벌어진 사건들과 그 관련 기록을 요령 있게 정리하여 새로운 시각에서 바라볼 수 있도록 하는 역사가들의 빼어난 저작들은 흥미롭기 짝이 없다. 헤로도토스의 『역사』, 투키디데스의 『펠로폰네소스 전쟁사』, 기번의 『로마 제국 쇠망사』 등 쓰인 지 수백 년, 심지어 수천 년이 지난 역사책들이 지금까지도 읽히고 기억되는 이유는 무슨 문헌학적 의의를 따지기에 앞서 그 속에 짜릿한 흥행 요소들이 가득하기 때문이다.

4

음식에 비유하자면, 가령 철학의 고전들이 어느 정도는 '획득한 입맛 (acquired taste)'을 필요로 하는 짭짤한 캐비아나 오래 삭힌 치즈, 혹은 이국적 소스와 허브를 잔뜩 넣어 만든 구르메 요리로 이루어진 식탁이라면, 역사책의 경우는 시나몬 롤, 벨기에 와플, 훈제 소시지, 과일 주스 등 무슨 훈련이나 예법이 필요한 것도 아니라 그냥 집어 들고 즐기면 될 군침 도는 메뉴로 가득 찬 피크닉 테이블과 비슷하다고 할까. 맛있고 귀한 것은 나눌수록 기쁨이 두 배다. 그 좋은 것들을 혼자 먹고 즐기기는 미안하다는 느낌이 이 책을 시작하게 된 동기라고 말해도 될 것 같다. 독자 여러분을 위해 한 상 제대로 차려 볼 자신도 있었다.

하지만 애초의 의기양양했던 기세와는 달리 집필 과정이 마냥 순조롭지는 못했다. 우선 시작부터 맞닥뜨린 것은 선택과 집중의 문제였다. 말할 나위도 없이 세계의 역사는 방대하다. 시간을 날줄로, 공간을 씨줄로 해서 인간이 남겨 온 발자취와 업적의 기록은 모두 역사라는 텐트 속에 들어올 자격이 있다. 왕조사, 전쟁사, 경제사, 정치사, 문학사, 예술사 등 뭘 가져다 붙여도 역사가 되는 이유다. 이렇게 방대한 지식과 정보 가운데 무엇을 어떻게 뽑아 책 한 권 속에 담을지 결정을 내리는 일은 결코 쉽지 않았다. 선택 과정에는 전통적인 역사 담론의 기준(가령 '세계사적 의의' 등)뿐 아니라 내 개인적 기호 또한 다소 작용했음을 미리 실토해야겠다. 하지만 이유야 어찌 됐건 책 속에 아우르지 못하고 포기해야 했던 이야기들, 건너뛸 수밖에 없었던 시대와 사건들을 생각하면 지금도 가슴이 쓰리다.

나는 『철학 브런치』에서 여러 철학자들의 대표작, 사상적 편력, 생애 등을 소개하는 데 중점을 둔 바 있지만, 『세계사 브런치』에서의 접근법은 달라야 했다. 역사책의 중심은 누가 뭐래도 역사적인 사건과 실존 인물들이어야 하기 때문이다. 물론 세계 역사의 주요한 흐름을 짚어 가면서 동시에 위대한 역사가들의 저작을 적절한 문맥마다 적당한 분량으로 소개하기 위해 노력은 했지만, 애초부터 우선순위는 정해져 있었던 셈이다. 제아무리 뛰어난 역사가라고 해도 그가 주제로 삼은 역사적 사건보다 앞서 갈 수는, 또 그보다 더 중요하게 취급될 수는 없는 법이다.

그렇게 해서 나온 결과물을 보면 우선 고대사의 비중이 무척 커진 듯한 느낌이다.(총 4개 챕터) 하지만 현생 인류의 직계 조상 원인(原人)의 두 개골 구조부터 시작해서 20세기의 냉전 종식까지를 골고루 '균형 있게' 아우르는 식의 판에 박힌 요점 정리 식 세계 통사를 쓸 의도는 애초부터 없었다. 게다가 많은 역사 고전들이 고대에 쓰였거나 고대의 특정 국가, 문명의 흥망을 정면으로 다루었음을 고려하면 무리한 결정은 아니었다고 본다. 고대사 챕터들의 뒤를 이어, 십자군 전쟁과 백년 전쟁을 포함한 중세부터 르네상스에 걸친 몇몇 인상적인 장면들, 또 근대 인류사의 터닝 포인트라고 할 3대 시민 혁명의 전말을 비교적 상세히 소개할 수 있어 다행으로 여긴다. 마지막 챕터의 경우 어떤 이야기를 담을 것인가 고민하다가 20세기에 쓰인 대표적인 역사책들 가운데 이제 고전의 반열에 올랐다고 판단되는 작품들과 그 저자들의 사상을 소개하는 데 할애하기로 했다. 이 책들은 진보 사관, 문명 사관, 민족 사관 등 제각기 다른 역사적 시각을 대변하고 있기도 하다.

집필 과정에서 예전에 미처 몰랐거나 착각하고 있었던 사항을 뒤늦게 확인하고 무릎을 친 적도 몇 번인가 있었다. 그럴 때마다 평소 '한 역사' 한다고 자부하며 까불거렸던 나 자신이 부끄러워진 것은 물론, 새삼 역사가, 역사 저술가가 된다는 것이 간단치 않은 일임을 깨닫는 계기도 되었다. 이런 식으로 나름 최선을 다했지만 그 결과물에 대한 평가는 이제 온전히 독자 여러분의 몫이다.

책을 쓰는 도중 어느 시점인가부터 머릿속을 맴돌기 시작한 질문이

하나 있었다. 사람들은 왜 역사책을 쓰고, 또 읽는 것일까? 많은 사람들이 "역사에서 교훈을 얻기 위해서"라고 말할 것이다. 하지만 이것은 그리 단순한 문제가 아니다. 우선 세계 역사가 펼쳐 보이는 온갖 사실 관계 및 인과 관계의 그물을 뚫고 그 속에서 어떤 결론이나 패턴을 도출하는 작업은 고도의 통찰력을 요구할 뿐 아니라 그렇게 고생해서 얻은 해답의 유통기한 역시 생각보다 짧을 수 있다. 게다가 이미 2,000여 년 전 사마천이 『사기』의 한 대목에서 피를 토하듯 절절한 어조로 고백했듯이, 역사의 기록이 암시하는 교훈이란 상식이나 도덕, 심지어 선악의 구분조차도 초월한 어떤 것, '순진한(?)' 독자가 미처 감당하지 못할 만큼 적나라한 무엇일 수 있다.

"역사를 잊은 민족에게 미래는 없다."는 말도 종종 듣는다. 그렇다면 역사 공부야말로 곧 애국이며, 민족중흥에 이바지하는 길이나 다름없겠다. 실제로 유대인, 미국의 흑인들처럼 선대가 겪은 역사를 성공적으로 자본화한 국가나 인종도 분명 존재하기는 한다. 반면에 유구한 역사와 전통에 대한 자부심과 집착이 오히려 족쇄가 되어 미래를 향한 전진에 어려움을 겪는 공동체들도 세계 도처에 널려 있다.

나는 역사의 의미란 어쩌면 무슨 교훈이나 지혜, 미래를 위한 투자, 혹은 집단 이기주의를 위한 구실이 되기에 앞서 차라리 존재적 차원에 있을지 모른다는 생각을 해 봤다. 먼저 개인의 경우를 보자. 지금의 '나'라는 존재는 내가 살면서 세계와 관계를 맺었던 여러 경험에 대한 인식, 즉 기억의 집적체와 다름없다. 따라서 한 인간에게 기억의 소멸은 여러 의미에서 현존재의 소멸과도 다르지 않다. 현대 의학이 아직 정복하지 못한 질병 중 하나인 알츠하이머 병이 무서운 이유이기도 하다. 과거의 기억이 개인의 존재를 구성하듯 어느 국가나 종족의 역사 역시 그 집단의 존재성을 규정한다. 여기서 한 걸음 더 나아가면 전 인류가 공유하는 역사의식이란 인간을 단지 생물학적 종이 아닌 문명적 종으로 만드는 결정적인 기준인 셈이다.

그동안 살아온 기억이 말끔하게 지워지기를 원하는 사람이 몇 명이나 있을까? 기억을 상실한 개인이 더 이상 자신을 규정할 수 없듯이, 역사를 모르는 집단 또한 스스로의 정체성을 알지 못한다. 그 역사가 자랑스러운 것인지, 부끄러운 것인지, 아니면 관광 자원으로 돈벌이에 이용할 만한 것인지는 차후 문제다. 그것이야말로 인간이 문자를 발명한 이래 역사에 집착하게 된 이유일지 모른다. 그런 맥락에서 보면 특정 국가가 조직적으로 저지르는 역사 왜곡이 얼마나 대담하고도 섬뜩한 장난인지도 분명해진다. 이는 다시 말해 실제가 아닌 인공적인 기억을 공동체에게 이식하는 실험이기 때문이다.

하지만 처음부터 무슨 심각한 사유의 실타래를 풀어 나갈 작정으로 역사책을 집어 들 필요는 없을 것이다. 비단 역사책의 경우뿐 아니라, 모든 독서는 우선 즐거워야 한다. 그리고 뭐든지 일단 실컷 즐기고 나야 이런저런 각도에서 달리 생각해 볼 여유도 생기는 법이다. 이 책이 앞으로 독자 여러분이 역사 분야에서 더욱 폭넓고 유익한 독서 경험을 쌓을 수 있도록 돕는 길잡이 역할을 했으면 하는 소망이다.

책이 나오기까지 한결같이 격려와 지원을 아끼지 않으신 부키의 박윤우 대표님, 저자의 이런저런 투정과 억지도 너그럽게 받아 준 편집진에 감사의 말씀을 전한다.

캘리포니아 북부 이스트베이에서

정시몬

원전
텍스트에
부쳐

이 책에서 고전 인용문과 함께 곁들인 영어 텍스트는 일종의 부가 서비스 차원에서 제공한 것이다. 따라서 인용한 고전 지문은 한글만 읽어도 내용 파악에는 전혀 문제가 없다는 점을 말씀드린다. 하지만 그럼에도 내가 굳이 영어 텍스트를 포함시킨 것은 인문학에서 영어의 역할에 대해 독자 여러분의 주의를 환기시키기 위해서였다. 한때 그리스어와 라틴어가 그랬듯이 영어는 우리 시대의 세계공용어(lingua franca)다. 지금 이 순간에도 전 세계의 모든 중요한 지적 논의는 영어로 이루어지고 있으며, 인문학도 예외가 아니다. 동서양 인문학 고전의 번역 사업을 포함, 문화 콘텐츠를 위해 선택되는 표준어로서 영어의 지위 또한 다른 모든 지역어를 압도한다. 이미 인터넷에도 저작권이 만료된 동서양 인문학 고전의 영어 텍스트를 무료로 제공하는 사이트들이 즐비하다. 또한 독서용 단말기를 구입하면 저렴한 가격에 웬만한 도서관 분량의 인문학 고전 컬렉션을 영어로 즉각 다운로드할 수 있다.

그뿐만 아니라 현대 영어는 그 자체로 인문학의 타임캡슐이라고도 할 수 있다. 워낙 여러 종류의 언어로부터 자양분을 빨아들이며 다양한 문화와 역사의 흔적을 계속 획득해 온 영어의 특성 때문이다. 이 책에서 기회 있을 때마다 인문학 관련 용어들의 해당 영어 표현을 어원학적으로 풀어 보여 드린 것은 그런 이유에서였다. 혹시 이런저런 이유로 영어 공부에 매진하고 있는 독자들이라면 영어를 단지 토익, 토플 점수에만 연결시키는 대신 인문학을 포함한 모든 지식의 커뮤니케이션을 돕는 쓸모 있는 도구로도 바라보시기를 권한다.

네 번째 챕터인 고대 중국 편에서는 영어 및 한문 원문 텍스트를 동시에 실었으니 참고하시기 바란다. 미우나 고우나 한자 문화권에서 수천 년간 터전을 일궈 온 우리 한국인들에게 한자는 비단 중국의 고전을 감상하는 데 유용한 도구일 뿐 아니라 여러 의미에서 정체성의 일부이기도 하다. 더구나 21세기의 다이내믹한 지정학적 상황은 한자 지식과 영어 실력을 겸비한 개인들이 독특한 경쟁력을 발휘할 수 있는 조건을 형성하고 있기도 하다.

끝으로, 영어나 한자를 몰라도, 그리고 평생 인문학 책 한 권 읽지 않아도 얼마든지 의미 있고 생산적인 삶을 살 수 있다는 것 역시 기억하시길 바란다. 인생은 우열이 아니라 선택의 문제다. 어떤 선택을 하건 독자 여러분의 행운을 빈다.

Chapter 1 오리엔트, 빛의 고향

- 메인 브런치: 고대 이집트 문명 | 메소포타미아 문명 | 고대 인도와 카스트 제도
- 원전 토핑: 『콩코드와 메리맥 강에서 보낸 한 주』·『역사철학』·『역사』·
  『투탕카멘 무덤의 발견』·『구약 성경』·『마하바라타』

Chapter 2 고대 그리스

- 메인 브런치: 신화에서 역사로 | 두 도시 이야기 | 페르시아 전쟁 | 펠로폰네소스 전쟁
- 원전 토핑: 『그리스인 조르바』· 『신화』· 『일리오스, 트로이인들의 도시, 그들의 나라』·
『신통기』· 『펠로폰네소스 전쟁사』· 『고귀한 그리스인들과 로마인들의 생애』·
『모랄리아』· 『역사』· 『페르시아인들』

Chapter 5 중세와 르네상스의 명장면

• 메인 브런치: 샤를마뉴의 추억 | 십자군의 기사 | 오를레앙의 성처녀 |

『군주론』 바로 알기 | 여왕의 남자들

• 원전 토핑: 「하트의 세븐」·『샤를마뉴 일대기』·「별」·『로마 제국 쇠망사』·

『로빈 후드의 유쾌한 모험』·『철학 사전』·『군주론』·『엘리자베스와 에식스』

Chapter 6 혁명의 시대

● 메인 브런치: 영국의 의회 혁명 | 미국 혁명 | 프랑스 혁명
● 원전 토핑: 『청교도 혁명 문집』·『리바이어던』·『밀턴 문집』·「상식」·『미국 혁명 문집』·
『프랑스 혁명사』·「프랑스 혁명에 대한 성찰」·「루이 보나파르트의 브뤼메르 18일」

Chapter 7 우리 시대의 역사 고전 산책

• 메인 브런치: 『역사란 무엇인가』— 역사가의 매니페스토 |
『토인비가 말하는 토인비』— 역사가의 지혜 | 『세계사 편력』— 미래에 보내는 편지
• 원전 토핑: 『역사란 무엇인가』· 『새로운 사회』· 『역사의 연구』·
『토인비가 말하는 토인비』· 『세계사 편력』

Chapter
1

오리엔트, 빛의 고향

메인 브런치

· 고대 이집트 문명

· 메소포타미아 문명

· 고대 인도와 카스트 제도

원전 토핑

· 『콩코드와 메리맥 강에서 보낸 한 주』 소로

· 『역사철학』 헤겔

· 『역사』 헤로도토스

· 『투탕카멘 무덤의 발견』 카터

· 『구약 성경』

· 『마하바라타』

고대 이집트 문명

빛은 '동방'에서

어린 시절 보았던 TV 광고 한 편이 기억난다. 화면 속에서 표범 한 마리가 으르렁거리더니 곧이어 "오리엔트, 쟈가 포카스!"라고 하는 성우의 맑은 목소리와 함께 번쩍이는 손목시계가 등장하는 광고였다. 때는 1970년대 말이었고, 당시 한국 시계시장은 오리엔트, 카시오 등 일본 회사들이 장악하고 있었다. 쟈가 포카스, 즉 영어로 Jaguar Focus(그러니까 정확한 영어식 발음은 '재규어 포커스'겠지만)는 오리엔트 사에서 당시 한국에 유통시키던 여러 브랜드 가운데 하나였다. 요즘이야 일본 시계의 위상은 스위스 시계의 명성에 밀려 말이 아니지만, 개발도상국 시절의 한국에서는 그나마 오리엔트 정도면 나름 고급 시계 브랜드의 이미지를 유지하고 있었다. 그래서인지 어린 내게도 '오리엔트'라는 말은 왠지 모르게 기품 있어 보이는 단어로 각인되었다.

그 후 '오리엔트'라는 말을 다시 접한 것은 상급 학교에 진학한 뒤 펼친 교과서(혹은 참고서인지도 모르겠다.)를 통해서였다. 책에는 이집트와 중동 지역에서 시작된 고대 문명을 흔히 '오리엔트 문명'이라고 부르는데, 오리엔트는 원래 '해가 뜨는 곳'이라는 의미라고 친절하게 설명되어 있었다. 실제로 '오리엔트(Orient)'라는 단어는 '떠오르다'라는 의미의 라틴어 '오리리(*oriri*)'를 기원으로 한다. *oriri*의 명사형은 '오리기넴(*originem*)' 인데, 여기서 origin(기원, 유래), original(독창적인), originality(독창성) 등의 영어 단어들이 유래했다. 따라서 고대인들은 기원, 즉 시작이라는 개념 자체를 해가 떠오르는 동쪽을 바라보면서 만들어 낸 것이 분명하다. 그리고 보니 동쪽을 뜻하는 한자인 '동녘 동(東)' 역시 나무〔木〕 위로 해〔日〕가 뜨는 모습을 형상화한 것이다. Orient나 東이나 그 배후에는 비슷한 생각의 흐름이 있었던 모양이다. 태양은 비단 중국뿐만 아니라 라틴어의 고향 로마 제국에서 봤을 때도 동쪽에서 떠올랐을 테니까.

서양 인문학 책에는 '빛은 동방에서(light out of the east)'라는 의미의 '엑스 오리엔테 룩스(*ex oriente lux*)'라는 라틴어 표현이 이따금 등장한다. 『월든*Walden*』으로 유명한 미국의 철학자 소로(Henry David Thoreau)는 『콩코드와 메리맥 강에서 보낸 한 주*A Week on the Concord and Merrimack Rivers*』라는, 굳이 따지자면 여행기의 탈을 쓴 철학 에세이라고 불러야 할 저서에서 서양이 동양 철학의 지혜로부터 많은 것을 배워야 한다는 논지를 펴면서 이렇게 말한 바 있다.

'빛은 동방에서'는 여전히 학자들의 모토가 될 수 있을 텐데, 왜냐하면 서방 세계는 동양으로부터 받도록 운명 지어진 모든 광명을 아직 다 빨아들이지 못했기 때문이다.

Ex oriente lux may still be the motto of scholars, for the Western world has not yet derived from the East all the light which it is destined to receive thence.

여기서 소로가 말하는 '광명'이란 물론 동방의 여러 나라들이 수천 년 간 쌓아 온 유서 깊은 지식과 지혜를 뜻한다. 하지만 소로와는 달리 19 세기에 서구 열강이 오리엔트에서 본 '빛'이란 지혜라기보다는 차라리 '보물'의 광채, 즉 동방에서 착취할 수 있는 각종 천연자원, 노동력, 문화재 등이 아니었을까 하는 냉소적인 생각도 든다.

18세기부터 유럽에서 유행하기 시작한 오리엔탈리스트(Orientalist), 오리엔탈리즘(Orientalism) 등의 용어 역시 비슷한 맥락에서 이해될 수 있다. 오리엔탈리스트는 원래 동방의 역사, 언어, 풍습 등에 정통한 유럽의 지식인을 가리키며, '동방학자, 동양학자' 정도로 번역할 수 있다. 이들 가운데는 물론 순수하게 오리엔트에 대한 관심과 애정을 가진 사람도 많았지만, 이들의 활동과 연구가 서구 열강이 좀 더 효율적으로 식민지를 확보하고 경영하기 위한 지적 토대를 제공한 것도 사실이다. 그나마 소로의 "동방의 지혜를 배우자."는 말이 그다지 위선적으로 들리지

프랑스의 대표적인 오리엔탈리즘 화가 기요메(Gustave Guillaumet)의 〈사하라의 저녁 기도〉. 오리엔트에 대한 근대 유럽인들의 인상은 동경과 편견이 기묘하게 혼합된 것이었다.

않는 것은, 미국의 경우 19세기 후반까지도 동방으로 진출하는 데 큰 관심이 없었기 때문인지도 모른다. 미국은 제5대 대통령 먼로가 일찌감치 고립주의를 선언했을 뿐 아니라, 한동안 드넓은 아메리카 대륙을 개척하기도 벅찼다. 게다가 곧이어 남북 전쟁까지 터지는 등 해외 식민지 개척으로 눈길을 돌릴 여유가 없었다.

흥미로운 것은 애초에 유럽인들이 주로 중동 지역을 뜻하는 표현으로 사용하기 시작한 '오리엔트'가 시간이 지날수록 점점 그 의미가 확장되어 인도와 동남아시아를 포함하더니 급기야는 중국까지 아우르게 되었다는 사실이다. 이미 19세기 초 독일 철학자 헤겔(Georg Wilhelm Friedrich Hegel)은 『역사철학Philosophy of History』에서 이렇게 말하고 있다.

> 중국은 유별나게 동방적이다. 인도는 그리스와 비교할 수 있겠다. 한편 페르시아는 로마에 견줄 만하다.
>
> China is quite peculiarly Oriental ; India we might compare with Greece ; Persia on the other hand with Rome.

'유별나게 동방적(peculiarly Oriental)'이라는 말은 무슨 뜻일까? 문득 별로 좋은 의미는 아닐 것 같은 느낌이 든다. 실제로 영어에서 한동안 Oriental은 중국인뿐 아니라 한국인, 일본인까지 주로 동북아시아인들을 한데 묶어 가리키는 '패키지' 표현으로 쓰인 바 있는데, 동양인을 다소 비하하는 어감으로 간주되어 지금은 공식 석상에서 거의 사용되지 않는다. 이렇게 오리엔트가 지칭하는 지역의 범위가 점점 확장된 패턴이 공교롭게도 유럽 열강이 시장과 식민지 확보를 위해 동쪽으로 계속 세력을 뻗쳐 가던 형세와 시간적으로 상당히 일치하는 것이 그저 우연은 아니다.

'오리엔트'가 가리키는 대상은 이처럼 용어 사용자들의 이해관계에 따라 점점 넓어졌지만, 역시 '원조' 오리엔트 문명이라면 지금의 중동 지역에서 발흥한 두 위대한 고대 문명, 즉 이집트 문명과 메소포타미아 문명을 들어야 할 것이다. 이제부터 이 두 문명을 한번 살펴보자.

로제타 석, 고대 이집트로 가는 시간 여행

Egyptology라는 용어를 들어 본 적이 있는가? 우리말로는 '이집트학'이라고 번역되지만, 현대 이집트가 아니라 오직 고대 이집트만을 연구하는 학문이다. 이집트학 역시 오리엔트 연구의 한 분야로 발전한 학문이며, 따라서 이 분야의 선구자는 이집트인들이 아니라 유럽, 특히 프랑스와 영국의 학자들이었다. 사실 이 이집트학이 성립된 계기는 나폴레옹(Napoléon Bonaparte)과 관련이 깊다. 나폴레옹은 아직 황제가 되기 전인 1798년 프랑스의 지중해 상권을 보호하고 영국을 견제하기 위해 이집트 원정을 단행했는데, 아니나 다를까 이때 그가 지휘한 프랑스 원정군을 '동방 군단(Army of the Orient)'이라고 불렀다. 나폴레옹이 당시 이집트를 지배하고 있던 이슬람 세력과 피라미드 근처에서 전투를 벌이기에 앞서 다음과 같은 말로 병사들을 격려했다는 일화는 유명하다.

> "이 피라미드 위에서 5천 년의 역사가 그대들을 지켜보고 있다."
> "From the top of these pyramids 5,000 years of History are watching you."

멋진 말이기는 한데, 문제는 당시 그 '5천 년 역사'가 완전히 베일에 싸여 있었다는 것이다. 고대 이집트 역사는 나폴레옹 시대의 유럽인들

로제타 석의 비문. 고대 이집트 상형 문자의 해독에 결정적인 단서를 제공했다. 로제타 석은 1799년 이집트에 진주한 프랑스 동방 원정군이 발견했으나 2년 뒤 벌어진 알렉산드리아 전투에서 영국군의 전리품이 된 이후 현재까지 대영 박물관에 보관되어 있다.

은 물론 현지 이집트인들에게조차도 수수께끼나 마찬가지였다. 그 가장 큰 이유는 고대 이집트 유적지, 유물에 적힌 상형문(hieroglyphics)을 제대로 해독할 수 있는 사람이 아무도 없었기 때문이다.

오랫동안 해독 불가로 여겨졌던 이집트 상형 문자의 비밀이 풀리는 단서를 제공한 것은 나폴레옹의 이집트 원정을 계기로 유럽에 전해진 '로제타 석(Rosetta Stone)'이라는 유물이었다. 이집트 해안 지역의 로제타라는 촌락에서 프랑스 병사들에게 발견된 로제타 석은 고대 이집트의 마지막 왕조인 프톨레마이오스 왕조(Ptolemy Dynasty)의 군주 프톨레마이오스 5세의 즉위를 기념하여 기원전 196년 세워진 비석의 일부였다.

이 로제타 석에 새겨진 상형문의 내용을 처음 제대로 해독한 유럽인은 프랑스의 동양학자 샹폴리옹(Jean-François Champollion, 1790~1832)이었다. 샹폴리옹은 프랑스어뿐 아니라 10여 개 언어에 통달한 언어의 천재였는데, 그조차도 로제타 석의 상형 문자를 해독하기까지는 오랜 기간 수많은 시행착오를 겪어야 했다. 야사에 따르면, 1822년 드디어 로제타 석의 내용을 이해한 샹폴리옹은 너무도 감격한 나머지 자기 형의 사무실로 찾아가 "해냈어!(I've done it!)"라고 한마디 하고 쓰러진 뒤 사흘 밤낮을 잠만 잤다고 한다. 이렇게 로제타 석의 해독을 계기로 유럽에서 본격적으로 이집트학이 궤도에 올랐으며, 신비에 싸여 있던 고대 이집트의 역사가 서서히 실체를 드러내기 시작했다.

나일 강의 선물 이집트 문명

샹폴리옹의 활약이 있기 전에 유럽인들이 이집트에 대해 알고 있던 지식은 대개 고대 그리스나 로마의 문헌을 통해 전해진 것이었다. 그 가운데서도 특히 역사의 아버지(Father of History)라고 불리는 그리스 역사가 헤로도토스(Herodotus, 기원전 484~425)가 그의 저서 『역사*Histories*』에 담아 둔 지식은 매우 가치 있는 것이었다. 『역사』는 그가 그리스뿐 아니라 당시의 오리엔트와 지중해 전역을 여행하면서 수집한 각 나라의 역사, 풍속, 지리 등을 상세히 전하는 일종의 여행기이자 박물기이기도 하다. 이 책에서 헤로도토스는 이집트 문명이 누구 덕에 이루어졌는지 단번에 간파한다.

이전에 이집트에 대해 한마디도 듣지 못한 사람이 이집트를 본다고 해도, 평범한 관찰력만 있다면 (…) 이집트가 그 강의 선물임을 분명히 인지할 것이다.

For anyone who sees Egypt without having heard a word about it before must perceive, if he has only common powers of observation, that (…) it is a gift of the river.

'그 강(the river)'이란 물론 나일 강(Nile)을 말한다. 위의 문장에서 "고대 이집트는 나일 강의 선물(Ancient Egypt was the gift of the Nile.)"이라는 후대의 명언이 비롯됐다. 이집트 문명을 가능케 한 것은 나일 강, 더 정확히는 나일 삼각주(Nile Delta)다. 그리스 알파벳 Δ(델타)에서 유래한 삼각주는 강이 바다로 흘러가기 직전 삼각형 꼴을 하고 여러 지류로 펼쳐지는 현상을 가리키는 용어다. 이런 삼각주 일대는 물이 풍부하게 적셔진 기름진 땅을 이루기 때문에 농경에 안성맞춤인 지역이 된다. 나일 삼각주 역시 이집트인들에게 이렇듯 비옥한 옥토를 제공하여 찬란한 문명의 물적 토대 역할을 했다.

 나일 강은 그저 평화롭게 흐르지 않고 특히 삼각주 지역에서 해마다 높이 범람하는 특성을 지녔는데, 고대 이집트에서는 이 범람의 주기를 잘 계산하여 농사에 최대한 이용하는 것이 경제와 국가의 안정을 위해 매우 중요한 지식이 되었다. 이집트에서 기하학, 천문학이 발달한 것은 바로 이 때문이었다. 헤로도토스의 말이다.

 (…) 이집트인들은 태양년을 발견하고 그 흐름을 12부분으로 분할한 최초

이집트 아스완 근처의 나일 강 풍경. 북아프리카의 전통 돛단배인 펠루카(felucca)가 여유롭게 떠 있다. 일찍이 헤로도토스는 이집트 문명이 나일 강의 선물이라고 갈파했다.

의 민족이다. 이들은 이런 지식을 별들을 관찰하여 얻어 냈다. 내 생각에 이 집트인들은 그리스인들보다 훨씬 현명하게 한 해를 계획한다.

(…) the Egyptians were the first to discover the solar year, and to portion out its course into twelve parts. They obtained this knowledge from the stars. To my mind they contrive their year much more cleverly than the Greeks.

비단 이집트 문명뿐 아니라 고대 농경 사회에서는 어디든 물을 다스리는 일, 즉 관개(灌漑)와 치수(治水)가 국가의 존립을 좌우하는 중대사였다. 전설에 따르면 고대 중국에서 요(堯) 임금이 왕위를 순(舜) 임금에게 물려준 것 역시 그가 황하의 물길을 관리하는 데 큰 공을 세웠기 때문이다. 이렇게 관개 치수가 사회의 발전에 결정적인 영향을 미치는 문명을 일컫는 수력 문명(hydraulic civilization)이라는 전문 역사 용어도 있다. 고대에 물을 다스리기 위해서는 막대한 노동력과 자원을 강제로 동원할 수 있는 공권력이 필요했을 것이다. 독일의 역사학자 비트포겔(Karl August Wittfogel)에 따르면, 고대 오리엔트 각 지역마다 강력한 왕권이 등장한 것은 이렇게 물을 다스려야 할 사회적 필요성이라는 공통점이 있었기 때문이라고 한다. 비트포겔은 이를 '동방적 전제주의(Oriental despotism)'라고 불렀다. 그러고 보니 앞서 소개한, 중국이 '유별나게 동방적'이라는 헤겔의 평가 역시 비트포겔의 접근과 맥락을 같이하는 것으로 보인다.

피라미드, 왕의 무덤인가 외계인의 작품인가

많은 사람들에게 고대 이집트 하면 우선 떠오르는 이미지는 피라미드

(pyramid)일 것이다. 피라미드는 고대 이집트의 지배자 파라오(Pharaoh)의 무덤으로 여겨지는 대규모 석조 건축물이다. 그 가운데 가장 유명한 것은 쿠푸(Khufu), 혹은 케옵스(Cheops)라는 제4왕조 시대 파라오의 무덤으로 알려진 피라미드로, 높이만 150미터에 달한다. 지명을 따서 흔히 '기자의 대 피라미드(Great Pyramid of Giza)'로 불리는 이 구조물이 건조된 때가 기원전 2600년경이라고 하니, 우리 역사와 비교하면 단군왕검이 아사달에 도읍을 정했다는 기원전 2333년보다 조금 더 앞서는 시점이다.

피라미드가 정확히 어떤 방식으로 건설되었는지는 역사가, 건축가, 토목공학자들의 영원한 논쟁거리다. 헤로도토스 역시 이집트 현지에서 입수한 관련 정보를 그의 책에서 소개하고 있다. 그 일부를 읽어 보자. 먼저 피라미드를 건설하기 위해서는 석재를 건축 부지까지 운반할 둑길

이집트 기자에 서 있는 피라미드들. 앞쪽에 여왕들의 피라미드(Queens' Pyramids)라고 불리는 작은 구조물들이 있으며, 그 뒤로 왼쪽부터 멘카우라(Menkaura), 카프라(Khafra), 쿠푸(Khufu, 혹은 케옵스Cheops)의 피라미드가 있다. 실제로 세 피라미드 사이의 거리는 각각 600미터에 달한다. 이 가운데 쿠푸 왕의 것이 가장 오래되었으며 크기도 가장 크다.

부터 만들어야 했다.

10만 명의 사람들이 계속 일했으며, 3개월마다 새로운 인원으로 교대되었다. 돌을 운반할 둑길을 만들려면 사람들을 10년간 억압해야 했는데, 내가 판단하기에 이 작업은 피라미드 건설 자체에도 별로 뒤지지 않는 것이다.

A hundred thousand men labored constantly, and were relieved every three months by a fresh lot. It took ten years' oppression of the people to make the causeway for the conveyance of the stones, a work not much inferior, in my judgement, to the pyramid itself.

이 둑길이란 정확히 무엇을 말하는 것일까? 피라미드를 건설할 당시 석재를 옮기기 위해서는 분명 경사로를 만들었을 것이라는 가설이 유력한데, 헤로도토스가 지칭하는 것도 그 경사로일 가능성이 크다. 하지만 경사로라면 피라미드의 층수가 올라가면서 함께 계속 연장되었어야 할 것 같은데, 헤로도토스의 설명을 보면 마치 피라미드를 건설하기 전에 둑길/경사로부터 먼저 지었다는 것으로도 들려 약간은 헷갈린다. 하지만 어느 쪽이건 그의 설명이 완전히 허무맹랑한 공상 소설이 아닌 것만은 분명해 보인다. 이제 피라미드의 각 층을 돌로 채우는 과정을 헤로도토스가 설명하는 대목을 보자.

피라미드는 계단의 형태로 건설되었는데, 이런 계단을 어떤 이는 열(row)이라 칭하고, 또 어떤 이는 기단(base)이라 칭하기도 한다. 기단에 돌을 깐 뒤, 사람들은 나머지 돌들을 짧은 나무판자들로 만들어진 기계를 이용해서 적합한 장소로 들어 올렸다. 첫 번째 기계가 지상에서 2층으로 돌을 올렸다. 이 위에는 다른 기계가 있어 도착한 돌을 받아 3층으로 이동시키면, 세 번째 기계가 계속 더 높이 돌을 전진시키는 식이었다.

The pyramid was built after in steps, which some call "rows" and others "bases." After laying the stones for the base, they raised the remaining stones to their places by means of machines formed of short wooden planks. The first machine raised them from the ground to the top of the first step. On this there was another machine, which received the stone upon its arrival, and conveyed it to the second step, whence a third machine advanced it still higher.

관심 있는 독자들이라면 잘 알겠지만 피라미드는 비단 주류 역사뿐 아니라 '사이비 역사(pseudo-history)'의 단골 메뉴이기도 하다. 피라미드가 고대 이집트 지배자들의 무덤이라는 것이 역사의 정통설이라면, 실제로 피라미드를 세운 것은 이집트인들이 아니라 그보다 훨씬 앞서 출현하여 첨단 문명을 누렸던 초 고대인들(ultra-ancients)이었다든가, 심지어 피라미드가 먼 옛날 지구를 방문한 우주인들의 작품이라는 주장 등이 여기 해당한다. 이런 주장을 펴는 작가나 이론가들은 고대 이집트의 토목 기술 수준으로 피라미드 같은 구조물을 세우는 것은 공학적으로 불가능했으며, 파라오들은 단지 그때 이미 존재하던 피라미드를 거저 이용했을 것이라고 추측하기도 한다. 또 피라미드의 용도가 단순한 무덤이 아니며, 외계인들이 지구에 돌아올 때 사용하려 한 일종의 표지, 혹은 신비한 에너지를 내는 발전소라는 주장도 있다.

최근 피라미드와 관련되어 '뜨는' 가설 가운데 이른바 '오리온 관련설(Orion correlation theory)'이 있다. 이 가설에 따르면, 쿠푸 왕의 대 피라미드를 포함하여 기자에 나란히 서 있는 세 피라미드의 배치가 지구로부터 약 1,000광년 떨어진, 이른바 '오리온의 벨트(Orion's Belt)'라고 불리며 오리온 좌의 중심을 이루는 세 별의 위치와 정확히 일치한다는 것이다. 고대 외계인 이론가(ancient alien theorist)들은 이것이야말로 피라미드의 설계자 혹은 건설자들이 오리온 좌로부터 비행접시를 타고 지구를 방문했던 외계인들이라는 '강력한' 증거라고 주장한다. 이렇게 사이비 역사와 관련된 주장들은 황당하면서도 한편으로 매우 자극적이고 때로는 소설보다 흥미진진하기도 해서 나 역시 반신반의하면서 종종 탐독하는 편이다. 이 분야의 선구적 저작으로 불리는 『신들의 수레*Chariots of the Gods*』를 쓴 에리히 폰 데니켄(Erich von Däniken)이나 영국의 그레이엄 핸콕(Graham Hancock) 등은 전 세계에 열혈 팬들을 거느리고 있다.

나그네의 시험관 스핑크스

기자의 대 피라미드 앞에는 길이 70미터, 높이 20미터에 달하는 거대한 괴물 석상이 앉아 있다. 사자의 몸에 인간의 머리를 한 이 형상은 바로 저 유명한 스핑크스(sphinx)다. 그런데 정작 이 스핑크스라는 이름은 이집트가 아니라 고대 그리스 신화에서 가져온 것이다. 신화 속의 스핑크스는 사자의 몸에 날개가 있고 인간 여성의 머리를 한 괴물로, 길목을 지키고 있다가 마주치는 나그네들에게 수수께끼를 던지고 풀지 못하면 잡아먹었다고 한다. 이 스핑크스가 던지는 수수께끼를 푼 인물이 바로 소포클레스(Sophocles)의 희곡으로 유명한 오이디푸스(Oedipus)다. 스핑크스와 오이디푸스가 주고받은 질문과 대답은 다음과 같았다.

"아침에는 네 발로 가고, 정오에는 두 발, 저녁에는 세 발로 가는 것이 무엇이냐?"

"아기 적에는 기어 다니고, 성인이 되어서는 두 발로 걷고, 늙어서는 지팡

프랑스 고전주의 화가 앵그르(Jean-Auguste-Dominique Ingres)의 〈스핑크스의 수수께끼를 푸는 오이디푸스〉. 그리스 신화 속의 스핑크스는 인간 여성의 머리에 사자의 몸을 하고 독수리 날개를 단 무시무시한 괴물이다. 정작 이 그림에서는 체격이 의외로 아담해서 그리 위협적으로 보이지 않는다.

이를 짚으며 걷는 인간이지."

"What is the one that goes on four legs in the morning, two legs at noon, and on three legs in the evening?"

"A man, who crawls as a baby, walks on two legs as an adult, and walks with a cane in old age."

오이디푸스의 대답을 들은 스핑크스는 충격을 받아 절벽에 스스로 몸을 던져 죽었다고 한다. 아무도 그 수수께끼를 풀지 못하리라고 확신했던 모양이다. 시험 문제의 난이도 조절에 실패한 셈이다.

정작 이집트 기자에 있는 스핑크스는 그 원래 이름에서부터 만들어진 목적까지 모든 것이 베일에 싸여 있다. 하지만 인간의 머리에 짐승의 몸을 이어 붙이는 상상력의 유전공학은 전 인류에게서 보편적으로 발휘되는 재능인 듯하다. 비단 이집트, 그리스뿐만 아니라, 고대 메소포타미아의 유적에서도 남성의 얼굴에 사자의 몸과 날개가 달린 라마수(lamassu)

라는 괴수의 형상이 많이 발굴되었다. 그래서 이것을 '바빌로니아의 스핑크스(Babylonian Sphinx)'라고 부르기도 한다. 게다가 이집트의 신 아누비스(Anubis)나 호루스(Horus)처럼 짐승 대가리에 사람 몸을 붙인 경우도 더러 있다.

그렇다면 스핑크스 상에 대해 헤로도토스는 어떻게 말하고 있을까? 자, 다시 책을 펼치고… 어, 아무리 찾아봐도 스핑크스에 대한 이야기가 보이지 않는다. 페이지가 빠져 버린 파본이라도 샀던 것일까? 그게 아니라, 헤로도토스는 『역사』에서 아예 스핑크스를 언급하지 않았다. 피라미드를 상세히 설명했던 헤로도토스가 왜 스핑크스는 일언반구도 언급하지 않은 것일까? 이를 두고 헤로도토스가 정작 이집트에 가 본 적도 없으며 그저 여행자들에게서 전해 들은 풍문을 책에 수록했을 뿐이라는 일부의 주장도 있지만, 꼭 그렇게만 볼 것은 아니다. 이미 헤로도토스

기자의 스핑크스. 그리스 신화로부터 이름을 빌려 왔을 뿐 고대 이집트에서 무엇이라고 불렀는지는 알려지지 않았다. 수천 년간 사막의 모래에 묻혀 머리 부분만 겨우 보이는 정도였으며, 사자의 형상을 한 거대한 몸체가 완전히 드러난 것은 20세기 초였다. 저 뒤로 조금 보이는 경사진 구조물이 쿠푸 왕의 피라미드다.

당대에 스핑크스가 모래 바람에 덮여 보이지 않게 되었을 가능성도 충분하다. 나폴레옹이 이집트로 진주한 18세기 말~19세기 초에도 스핑크스는 모래에 뒤덮여 얼굴만 간신히 드러나 있던 상태였다.

기자의 스핑크스 상은 코와 턱수염이 떨어져 나간 것으로도 유명하다. 특히 코는 나폴레옹 군대가 쏜 포탄에 날아갔다는 주장이 한동안 거의 정설처럼 받아들여졌지만, 실은 중세에 광신적인 이슬람교도들이 우상을 파괴하려는 일념으로 훼손했다는 설이 유력하다. 하기야 세계인들에게는 지금의 이미지가 너무나 익숙하여, 오히려 코와 수염까지 달린 스핑크스의 모습을 상상하는 것이 더 어색하게 느껴질 지경이다.

파라오에게 불어넣은 영원한 생명

이집트의 지배자를 부르는 호칭 파라오(pharaoh)는 원래 큰 집(great house), 즉 왕궁을 가리키던 단어가 그 왕궁 속에 사는 국왕을 가리키는 말로 바뀐 것이라고 한다. 비트포겔의 이론처럼, 물의 관리가 중요했던 이집트에서도 아니나 다를까 강력한 전제정치가 발전하여 파라오는 '살아 있는 신'으로 추앙받으며 절대 권력을 누렸다. 고대 이집트의 파라오 가운데 우리에게 가장 친숙한 인물이라면 단연 투탕카멘 왕(King Tutankhamen)을 꼽을 수 있다. 제18왕조 시대의 군주 투탕카멘은 아홉 살에 즉위하여 기원전 1323년경 열여덟에 요절한 인물인데, 그가 명성을 얻은 것은 바로 그의 무덤과 미라 덕분이다.

파라오가 살아서 누린 권세와 영화를 저세상상에서도 누리도록 공들여 개발한 것이 바로 미라 기술이다. 얼핏 들으면 어느 나라 말인지 아리송한 미라는 몰약을 뜻하는 포르투갈어 mirra가 일본을 거쳐 우리나라로 전해진 것이다. 미라를 영어로는 mummy라고 하는데, 이것은 시체를 방부 처리하는 데 중요한 또 다른 재료였던 역청(asphalt)을 가리키는 페르시아어 '무미야(mumiya)'에서 유래했다고 한다. 고대 이집트에서 미라 제작은 매우 보편적이어서 비단 왕족, 귀족뿐만 아니라 일반 백성들 사이에서도 비록 투박하게나마 시신을 미라로 만드는 경우가 비일비재했다. 또한 이집트 고분에서는 사람 말고도 고양이, 독수리, 심지어는 악어 등 각종 동물들의 미라가 종종 발굴되기도 하는데, 특히 고양이 미라는 바깥에 그린 얼굴 모양이 자못 깜찍한 느낌마저 준다.

약간 어처구니없게도 고대 이집트의 전통을 20세기 들어 계승한 것은 사회주의 국가들로, 구소련, 베트남, 중국, 북한 등에서는 사망한 최고 지도자들의 유체를 보존 처리해서 조문객들에게 전시한다. 인민들에게 생생한 교육의 현장을 제공하려는 의도인지, 아니면 정말 정신은 없고 물질만 존재한다는 사회주의 특유의 유물론이 장례 문화에까지 영향을 미친 것인지는 잘 모르겠지만, 어쨌든 꽤 특이한 전통이다.

피라미드가 한창 세워지던 구왕국(Old Kingdom) 시대 이후 이집트의 지배자들은 대부분 지금은 '왕가의 계곡(Valley of the Kings)'이라고 불리는 나일 강 유역의 구릉 지대에 마련된 무덤에 묻히는 것이 관례였다. 19~20세기에 걸쳐 이 왕가의 계곡에서는 파라오를 포함한 왕족의 미라가 상당수 발굴된 바 있다. 그 가운데서도 미라의 보존 상태, 함께 묻힌 부장품의 질이나 가치 등 모든 면에서 타의 추종을 불허하는 무덤이 바로 1922년 발굴된 투탕카멘의 것이었다. 영국의 귀족이자 이집트 문명 애호가였던 카나번 경(Lord Carnarvon)이 자금을 대고 고고학자 하워드 카터(Howard Carter, 1874~1939)가 진두지휘한 투탕카멘 왕릉의 발굴은 20세기 최고의 고고학적 업적으로 평가받기도 한다. 카터는 저서 『투탕카멘 무덤의 발견 The Discovery of the Tomb of Tutankhamen』에서 발굴단 일행이 무려 3,000년 넘게 인적이 끊겼던 무덤 속으로 다시 발을 들이던 순간을 다음과 같이 묘사하고 있다.

떨리는 손으로 나는 왼쪽 상단 구석에 작은 구멍을 냈다. 측정용 철봉이 미치는 어둠과 빈 공간은 그 너머에 놓인 영역이 비어 있음을, 그리고 우리가 방금 치워 낸 통로처럼 막혀 있지 않다는 것을 보여주었다. (…) 구멍을 조금 넓힌 나는 촛불을 집어넣어 안을 들여다보았고, 카나번 경, 에벌린 양, 컬렌더는 판결을 들으려고 내 곁에 초조하게 서 있었다. 묘실에서 방출된 뜨거운 공기가 촛불을 깜박거리게 한 탓에 처음에 나는 아무것도 볼 수 없었지만, 곧 눈이 빛에 익숙해지면서 묘실 안의 세부들이 천천히 안개로부터 나타났다. 기이한 동물〔모형〕들, 상(像)들, 황금—황금이 어디서나 번득였다. 그 순간—옆에 서 있는 사람들에게는 영원과도 같은 시간이었겠지만—나는 놀라움으로 할 말을 잃었고, 긴장감을 더 이상 견딜 수 없게 된 카나번 경이 초조하게 "뭔가 보이는 것이 있소?" 하고 물었을 때 내가 할 수 있었던 일은 그저 "네, 멋진 것들요."라는 말을 내뱉는 것뿐이었다.

With trembling hands I made a tiny breach in the upper left-hand corner. Darkness and blank space, as far as an iron testing-rod could reach, showed that whatever lay beyond was empty, and not filled like the passage we had just cleared (…) widening the hole a little, I inserted the candle and peered in, Lord Carnarvon, Lady Evelyn and Callender standing anxiously beside me to hear the verdict. At first I could see nothing, the hot air escaping from the chamber causing the candle flame to flicker, but presently, as my eyes grew accustomed to the light, details of the room within emerged slowly from the mist, strange animals, statues, and gold—everywhere the glint of gold. For the moment—an eternity it must have seemed to the others standing by—I was struck

투탕카멘의 미라를 덮고 있던 황금 가면. 비단 이집트 뿐 아니라 전 인류의 보배다. 왕가의 계곡에서 원형 그 대로 발견된 투탕카멘의 무덤은 20세기 최대의 고고 학적 개가로 꼽힌다.

dumb with amazement, and when Lord Carnarvon, unable to stand the suspense any longer, inquired anxiously, "Can you see anything?" it was all I could do to get out the words, "Yes, wonderful things."

건조하고 직설적인 문체와 약간 어색한 과장법을 구사하는 카터는 천생 고고학자이지 문장가는 아니다. 하지만 그의 글에서도 모든 고고학자들의 꿈이라고 할, 도굴되지 않은 파라오의 무덤을 발견한 순간의 흥분만은 생생히 전해진다. 당시 발굴된, 고대 이집트 왕실의 화려함을 온전히 증언하는 수천 점의 유물 가운데서도 가장 유명한 것은 단연 투탕카멘의 미라에 씌워져 있던 '황금 가면(golden mask)'이다. 카터가 이 황금 가면과 처음 마주하는 장면을 묘사하는 대목을 잠깐 소개한다.

우리 눈앞에서 황금 관의 내부 전체를 차지하고 있는 것은 신중하게 만들어져 인상적이고 깔끔한 모습을 한 미라였다. 미라 위로는 관의 겉면과 마찬가지로, 세월에 의해 응고되어 검게 변한 엄청난 양의 제례용 고약이 부어져 있었다. 이 고약 탓에 전반적으로 어둡고도 침침한 분위기와 대조를 이루는 것은 번쩍이는, 누군가는 찬란하다고도 말할 만한, 머리와 어깨를 덮은 채 광택을 발하는 황금 가면 혹은 왕의 모사품이었다.

Before us, occupying the whole interior of the golden coffin, was an impressive, neat and carefully made mummy, over which had been poured anointing unguents (ointments) as in the case of the outside of its coffin—again in great quantity—consolidated and blackened by age. In contradistinction to the general dark and sombre effect, due to these unguents, was a brilliant, one might say magnificent, burnished gold mask or similitude of the king, covering his head and shoulders.

가면으로 묘사된 투탕카멘 왕은 머리에서 어깨까지 내려오는 두건을 쓰고 있는데, 두건의 이마 부분에는 왕의 권위를 상징하는 독수리와 코브라의 모형이 달려 있다. 카터의 해설대로 황금 가면의 얼굴이 투탕카멘의 생전 모습을 그려 낸 모사품(similitude)이라면, 그는 가무잡잡한 피부의 미소년이었을 것이다. 하지만 2014년 영국에서 이 미라를 컴퓨터 단층 촬영으로 정밀 분석하여 재생해 냈다는 투탕카멘의 얼굴은 약간 충격적이었다. 그 이미지는 미소년이 아니라, 뭐라 한마디로 표현하기 어려운 용모다. 만약 컴퓨터가 재생해 낸 이미지가 진짜 투탕카멘의 얼굴이라면, 나로서는 고대인들을 묘사한 상이나 그림들이 과연 실물과 닮은 것인지 근본적으로 의혹을 품지 않을 수 없다. 가끔은 굳이 현대 과학을 동원하지 말고 그냥 내버려 두어도 좋은 것들이 있지 않을까. 투탕카멘이 병사했는지 아니면 암살 등의 사고사를 당했는지를 두고는 논란이 많은데, 어쨌든 건강이 썩 좋지 않았다는 것에는 의문의 여지가 없다. 무덤에서 발굴된 유물 중 하나인 지팡이는 그가 어린 나이에 이미

심하게 다리를 절었음을 시사한다. 왕가의 순수한 혈통을 보존하기 위해 근친상간을 보편적으로 행했던 이집트 왕실은 이 때문에 온갖 건강 문제에 시달려야 했다.

　무덤 탓에 누리는 명성에 비하면 실제로 고대 이집트 역사에서 투탕카멘의 존재감은 미미한 편이지만, 그의 부왕(혹은 장인이라는 설도 있음)인 이크나톤(Ikhnaton)의 경우는 이야기가 전혀 다르다. 본명이 아멘호텝(Amenhotep)이었던 그는 기원전 1350년경 파라오로 즉위한 뒤 자기 이름을 이집트어로 "신께서 만족하신다.(God is satisfied.)"라는 뜻의 이크나톤(혹은 아케나톤Akhenaton이라고도 함)으로 바꾸더니, 이어서 오직 태양신 아텐(Aten)만을 인정하는 종교 개혁을 전격적으로 단행했다. 당시까지 이집트의 종교는 저승의 신 오시리스(Osiris), 그 아내인 이시스(Isis), 이 둘 사이의 자식인 호루스(Horus)를 필두로 온갖 동물과 자연 현상에 저마다 이름을 붙여 숭배하던 복잡다기한 다신교 체제였는데, 이크나톤은 이를 하루아침에 폐기하고 일신교로 바꿔 버린 것이다. 이러한 과격 행보를 두고는 여러 가지 추측이 있지만, 일단 그의 조치가 파라오와 함께

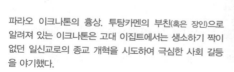
파라오 이크나톤의 흉상. 투탕카멘의 부친(혹은 장인)으로 알려져 있는 이크나톤은 고대 이집트에서는 생소하기 짝이 없던 일신교로의 종교 개혁을 시도하여 극심한 사회 갈등을 야기했다.

천공의 지배자 호루스(왼쪽)
와 파라오의 수호신 세크메
트(오른쪽).
고대 이집트의 종교는 복잡
한 다신교 체제였다.

제정일치 사회의 또 다른 축을 이루던 사제들의 권위를 무력화하는 효
과를 가져온 것만은 분명해 보인다. 신학적인 논리를 떠나, 사제들의 기
득권을 빼앗으려면 일신교로의 전환이 지름길이었을 것 같기는 하다.
아무래도 숭배하는 대상이 많아질수록 제사도 따로 지내고 신전도 별도
로 세워야 할 것이고, 그럴수록 사제들로 이루어진 관료 체제 역시 비대
해지면서 비효율과 부정부패가 들어찰 공간도 많아질 것이기 때문이다.

결과적으로 이크나톤의 종교 개혁은 실패했다. 이크나톤이 의문의 죽
음을 당한 뒤 그의 아들(혹은 사위) 투탕카멘이 즉위하자마자 사제들이 복
권되고 다신교의 구체제가 되살아난 것이다. 그렇다면 투탕카멘은 아버
지의 뜻을 거역하고 수구 세력과 손잡은 불효자일까? 어쩌면 투탕카멘
의 이른 죽음 역시 부왕의 행적과 모종의 관련이 있는지도 모른다. 그
역시 이크나톤의 뜻을 이어 가려다가 수구 세력의 손에 재빨리 제거당
한 것일까…. 이러다 보니 나도 어쩐지 음모 이론을 앞세우는 사이비 역
사학자가 된 느낌이다. 아무래도 고대 역사에 대해 읽다 보면 문자 기록

이집트 역사상 가장 위대한 파라오로 평가받으며
종종 대왕으로까지 불리는 람세스 2세의 상.

이 빈약한 틈틈을 상상력으로 메우려는 유혹에 빠지기 쉽다.

투탕카멘이 현대인들에게 가장 친숙한 파라오이며, 그의 부친 이크나톤이 가장 큰 논란을 불러일으키는 파라오라면, 그로부터 약 4대를 내려온 제19왕조 시대에 등장한 람세스 2세(Ramses Ⅱ, 기원전 1303~1213)는 고대 이집트 역사상 가장 위대한 파라오라고 할 수 있다. 그런 까닭에 그는 람세스 대왕(Ramses the Great)이라고까지 불린다. 람세스 2세는 내치와 외치에 두루 뛰어났을 뿐 아니라 유명한 아부심벨 신전(Abu Simbel)을 비롯한 수많은 건설 프로젝트를 주도하기도 했다. 살기도 아주 오래 살아서 그가 파라오로서 통치한 기간만 67년에 달한다. 자고로 군주가 제대로 된 업적을 이루려면 장수가 필수다. 개혁을 시작해 놓고 마무리를 짓지 못하면 때로 개혁을 아예 시작하지 않은 것만도 못한 반동의 거센 파도를 겪을 수 있기 때문이다. 이크나톤의 경우가 바로 그런 꼴이다. 실제로 왕가의 계곡에서 발굴된 람세스 대왕의 미라는 입가에 보일락 말락 하는 엷은 미소를 띠고 있다. 임종 직전 자신의 업적을 회상하며 만족스러워한 인물의 마지막 미소라고 할까.

잃어버린 고대 지식의 보고, 알렉산드리아

고대 이집트는 남으로 사하라 사막, 북으로 지중해, 동쪽으로 아라비아 해를 둔 천혜의 조건에 힘입어 오랫동안 외부의 침략을 비교적 덜 받으면서 독자적인 문명을 누렸지만, 결국 기원전 5세기 페르시아(Persia)의 침공을 받고 속국이 되었다. 그 후 페르시아가 마케도니아(Macedon)의 알렉산드로스 대왕(Alexander the Great)에게 멸망당하면서 이집트 역시 그의 지배 아래 들어갔고, 다시 알렉산드로스가 죽은 뒤에는 그의 부하였던 프톨레마이오스(Ptolemy)와 그 후손들이 수백 년간 이집트를 지배하게 되었다. 이 프톨레마이오스 왕조는 그리스-마케도니아 계로 이전의 이집트 왕조와는 피 한 방울 섞이지 않은 사이다. 프톨레마이오스 왕조의 마지막 지배자가 바로 그 유명한 클레오파트라(Cleopatra)인데, 마치 고대 이집트의 여신인 듯 신비하게 들리는 그 이름 역시 원래는 이집트와 아무 상관이 없는 흔한 마케도니아 여자 이름이었다.

알렉산드로스 대왕을 따라 이름이 붙고 개발된 알렉산드리아(Alexandria)는 이집트와 지중해를 연결하는 교역 및 문화의 중심지로 수백 년간 번영했다. 알렉산드리아는 특히 2개의 '등대'로 유명했는데, 하나는 당시 세계에서 가장 높은 고층건물이자 '고대 세계의 7대 불가사의(Seven Wonders of the Ancient World)'에도 포함되던 '알렉산드리아의 등대(Lighthouse of Alexandria)'이고, 나머지 하나는 인류의 지적 활동에 불을 밝혀 준 등대, 즉 '알렉산드리아 도서관(Library of Alexandria)'이다. 이 알렉산드리아 도서관의 운영은 프톨레마이오스 왕조의 국가사업이 되어, 전 문명 세계로 도서관원들을 파견하여 눈에 띄는 책은 모조리 수집해 오게 하기도 했다. 그뿐만 아니라 알렉산드리아에 들어서는 방문객들은 모두 짐 수색을 받아 책이 나오면 무조건 압수한 뒤 도서관의 필경사가

사본을 만들어 주고 원본은 도서관에 소장하는 것이 원칙이었다. 이 정도면 '책 강도'나 다름없다. 이런 식으로 수집한 장서가 한때 60만 권에 달했다고 한다.

알렉산드리아 도서관은 이집트가 로마 제국의 속주가 된 뒤에도 계속 유지되다가 결국 서기 382년 큰 손실을 입었다. 당시 로마의 황제 테오도시우스(Theodosius)는 기독교를 로마의 국교로 삼으면서 알렉산드리아에 있는 모든 이교도의 우상을 파괴할 것을 명령했다. 그런데 공교롭게도 이때 군중의 주 공격 대상이 된 세라피스 여신의 신전(Temple of Serapis) 바로 옆에 도서관이 위치했던 탓에 신전과 함께 도매금으로 방화와 약탈을 당한 끝에 장서의 70퍼센트 이상이 소실되고 말았다고 한다.

그 이후에도 그런대로 명맥을 유지하던 도서관에 최후의 일격을 가한 것은 642년 알렉산드리아를 점령한 이슬람 세력이었다. 당시 이슬람 군을 이끈 칼리프 오마르(Caliph Omar)는 도서관의 책을 모조리 불사르라고 명령하면서 이렇게 말했다고 한다.

"코란의 가르침에 반하는 책들은 없애야 한다. 그리고 코란과 일치하는 책들은 덤일 뿐이니 역시 없애야 한다."

"Those books contrary to the Koran should be destroyed. And those books that conform to the Koran are superfluous and they must be destroyed as well."

이 위대한 도서관이 파괴되는 데에 세계 2대 종교인 기독교와 이슬람교가 공동으로 한몫했다는 것이 공교롭다. 고대 세계의 모든 지혜와 지식을 집대성했던 알렉산드리아 도서관은 이렇게 역사에서 사라졌고, 저 찬란했던 이집트 문명도 종말을 맞았다.

2nd Brunch Time

메소포타미아 문명

눈에는 눈, 이에는 이, 인류 최초의 법전

나일 강에서 이집트 문명이 한창 꽃피는 사이, 그 동쪽으로 홍해(Red Sea)를 건너 수천 킬로미터 떨어진 티그리스 강(Tigris)과 유프라테스 강(Euphrates) 유역에서는 메소포타미아 문명(Mesopotamian Civilization)이 번성하고 있었다. 메소포타미아(Mesopotamia)는 중간을 가리키는 그리스어 메소스(mesos)와 강을 가리키는 포타모스(potamos)가 합쳐진 말로 '강 사이의 땅(a land between rivers)'이라는 의미이며, 대체로 오늘날의 이라크 지역에 해당한다.

메소포타미아와 관련된 또 다른 유명한 표현으로는 '비옥한 초승달 지대(Fertile Crescent)'가 있다. 페르시아 만에서 시작하여 티그리스, 유프라테스 유역을 거쳐 지중해까지 이어지는 지역은 중동에서도 경작에 적합한 기름진 토양이 밀집되어 있는데, 이 구역이 마치 초승달 모양 같다고 해서 만들어진 표현이다. 하지만 의외로 이 말의 역사는 그리 오래되지 않아서, 20세기 초 미국의 역사학자 브레스테드(James Breasted)가 처음 사용했다고 한다.

여담이지만, 메소포타미아는 영국의 추리 소설가 애거사 크리스티(Agatha Christie)와 인연이 깊은 지역이기도 하다. 크리스티는 첫 번째 결혼에 실패한 뒤 저명한 고고학자 맥스 맬로언(Max Mallowan)과 재혼했는데, 그의 전문 분야가 바로 메소포타미아 문명이었다. 크리스티는 이라크 고대 유적 발굴 현장에서 벌어진 살인 사건을 명탐정 푸아로(Hercule Poirot)가 해결하는 내용의 『메소포타미아 살인 사건Murder in Mesopotamia』을 쓰기도 했다. 이 작품의 소재는 남편을 따라 초기 메소포타미아의 고대 도시 우르(Ur)의 유적지에 갔다가 얻었다고 한다. 맬로언은 크리스티보다 무려 15세나 연하였지만 두 사람의 결혼 생활은 매우 행복했다. 그 비결을 크리스티는 언젠가 이렇게 말한 적이 있다.

고고학자는 여자가 가질 수 있는 최고의 신랑감이다. 여자가 늙어갈수록 고고학자는 더 관심이 많아지니까.

An archaeologist is the best husband any woman can have: the older she gets, the more interested he is in her.

남편과의 엄청난 나이 차에 대한 부담을 작가다운 재치로 표현한 명언이다. 『메소포타미아 살인 사건』 외에도 크리스티는 나일 강을 따라 항해하는 유람선에서 벌어진 연쇄 살인 사건을 다룬 『나일 강 위의 죽음Death on the Nile』, 이스탄불에서 파리까지 가는 호화 열차인 오리엔트 특급(Orient Express)에서 일어난 살인 사건을 담은 『오리엔트 특급 살인Murder on the Orient Express』을 쓰기도 하는 등 오리엔트를 사랑한 작가였다.

왼쪽: 아카드 왕국의 제3대 지배자 나람신(Naram-sin)의 정복 사업을 기념하는 비석. 기원전 24~22
세기에 걸쳐 존속했던 아카드 왕국은 한때 메소포타미아 지역의 군소 도시 대부분을 통합하며 패자로
군림했다.
오른쪽: 라가시(Lagash)의 지배자 구데아(Gudea)의 입상. 전형적인 고대 메소포타미아 군주의 복식을
보여 준다. 라가시는 아카드 왕국 멸망 후 바빌로니아가 부상하기 전까지 잠시 번영했던 도시국가다.

　메소포타미아 지역에서 가장 먼저 번영한 것은 기원전 4000년경 일어
난 수메르 왕국(Sumer)이었다. 메소포타미아의 패권은 수메르에 이어 다
시 아카드 왕국(Akkad)을 거쳐 기원전 20세기 말에는 바빌로니아
(Babylonia)에 넘어갔다. 원래 바빌로니아는 고대 수메르 지역에 세워진
바빌론(Babylon)이라는 일개 도시국가(현재 이라크의 수도 바그다드에서 약 80킬
로미터 남쪽)에 불과했으나, 메소포타미아 지역 대부분을 지배하는 제국
으로 발전했다.

　바빌로니아는 함무라비 법전(Hammurabi Code)으로 유명하다. 바빌로
니아의 제6대 군주 함무라비 왕(Hammurabi, 재위: 기원전 1792~1750)이 제
정한 이 법전은 세계에서 가장 오래된 성문법 가운데 하나로 평가받는
다. 우리가 함무라비 법전이라고 부르는 문서의 내용은 2미터가 조금

왼쪽: 신이 국왕에게 법률을 내려 주는 모습을 묘사하는 함무라비 비석의 상단부.
오른쪽: 설형 문자로 깨알같이 새겨진 함무라비 법전의 일부.

넘는 비석에 깨알같이 새겨져 있는데, 이 비석은 20세기 초 프랑스 고고학자들에게 발굴되어 현재는 파리의 루브르 박물관에 진열되어 있다. 멀리서 보면 이 비석은 사람의 검지손가락 같은 모양이며, 그 손톱 부분에 해당하는 상단부에는 2명의 인물상이 양각되어 있다. 그중 한 사람은 서 있고 다른 사람은 앉아 있어서, 얼핏 보면 왕좌에 앉은 함무라비왕이 신하에게 이 역사적인 법전을 공표하도록 명령하는 장면이라고 생각하기 쉽다. 하지만 여기서 함무라비 왕은 앉아 있는 인물이 아니라 서 있는 쪽이며, 왕좌에 앉아 있는 것은 사실 인간이 아니라 바빌로니아의 으뜸신인 마르두크(Marduk)다. 즉 이 이미지에는 비석에 새겨진 법률을 왕보다도 더 높은 신으로부터 승인받았다는 것, 그래서 더 열심히 지켜야 한다는 준법의 메시지가 담겨 있는 것이다.

함무라비 법전은 흔히 '눈에는 눈, 이에는 이(Eye for an eye, tooth for a tooth)'로 표현되는, 내가 당한 만큼 보복한다는 복수법 혹은 복수주의를 원칙으로 한다. 이를 라틴어 표현을 빌려 보통 '렉스 탈리오니스(*lex talionis*)'라고 부른다. 여기서 탈리오니스(*talionis*)는 '받은 그대로 되갚아 주기'라는 의미의 라틴어 탈리오(*talio*)의 동명사형으로, 보복, 앙갚음을 뜻하는 영어 단어 retaliation이 여기서 나왔다. 그런데 '눈에는 눈, 이에는 이'는 함무라비 법전이 쓰인 비석이 발굴되기 훨씬 전에 이미 성경을 통해서 유명해진 표현이다.(하지만 『구약 성경』 자체가 바빌로니아 시대 문서들의 영향을 받아 쓰였다고 볼 근거도 많다.) 실제 함무라비 법전에 등장하는 표현으로는 다음과 같은 내용이 있다.

만약 자유민이 다른 자유민의 눈을 뽑으면, 전자(前者)의 눈도 뽑혀야 한다.
만약 자유민이 다른 자유민의 뼈를 부러뜨리면, 전자의 뼈도 부러져야 한다.

If a free man puts out the eye of another free man, the first man's eye shall be put out.

If a free man breaks the bone of another free man, the first man's bone shall be broken.

여기서 키워드는 자유민(free man)이다. 즉 이 탈리오의 원칙이란 자유민끼리, 즉 동등한 사회적 지위를 가진 사람들 사이에서만 통한다. 자유민이 노예에게 위해를 가한 경우에는 이야기가 달라진다.

만약 자유민이 다른 자유민이 소유한 노예의 눈을 뽑거나 뼈를 부러뜨리면, 그 자유민은 노예의 몸값 절반을 변상해야 한다.

If a free man puts out the eye or breaks the bone of another free man's slave, the free man shall pay half the value of the slave.

함무라비 법전은 '눈알 뽑기'와 '뼈 부러뜨리기' 외에도 다양한 처벌 조항을 망라한다. 예를 들어 '막장' 패륜아도 엄혹하게 다룬다.

> 만약 아들이 아버지를 때리면, 아들의 손이 잘려야 한다.
> If a son hits his father, the son's hand shall be cut off.

바빌로니아에서는 이혼이 다반사였는지, 이와 관련된 조항도 여럿 등장한다. 예를 들어 여성이 남편과 이혼하기를 원하고 잠자리를 거부하면, 공개적인 토의를 통해 결혼의 지속 여부를 결정하도록 했다. 또한 남성이 외도를 한 경우 여성은 결혼 지참금을 도로 챙겨 친정으로 돌아갈 수 있었다. 하지만 아내가 부정을 저지른 경우에는 사형에 처할 수 있도록 명시한 규정이 있는 것을 보면, 역시 시대가 시대인 만큼 완전한 양성평등은 아직 이루어지지 않았던 모양이다.

비록 21세기 현대인의 관점에서는 다소 단순하고 무식해 보이는 면이 수두룩하지만, 함무라비 법전은 이렇게 다른 사람의 눈알을 뽑으면 내 눈알도 반드시 날아간다는 일관성과 예측 가능성을 제시하여 고대인의 삶에 절제와 질서를 제공함으로써 '법치(rule of law)'를 이루어 냈다. 함무라비 왕이 인류에게 법률이라는 도구를 선사한 최초의 '입법자(lawgiver)'로 지금까지 대접받는 것은 이 때문이다.

바빌로니아인들이 함무라비 법전을 포함하여 다양한 콘텐츠를 기록하는 데 사용한 문자는 고대 수메르 문명에서 비롯된 설형 문자였다. 설형 문자를 뜻하는 영어 단어 cuneiform은 쐐기(wedge)를 뜻하는 라틴어 쿠네우스(cuneus)에서 나왔는데, 문자의 형태가 쐐기가 여럿 모인 듯한 모양이기 때문에 붙은 명칭이다. 이집트인들이 사용한 상형 문자가 사물의 형상을 적극 차용한 데 비해, 메소포타미아의 고대 왕국들은 이

쐐기 모양을 닮은 부호들로 이루어진 설형 문자를 이용하여 방대한 기록을 후대에 남겼다.

비록 함무라비 법전은 현무암 비석 위에 기록되었지만, 메소포타미아에서 문서를 기록하는 데 사용한 기본 매체는 점토판(tablet)이었다. 메소포타미아 지역의 여러 유적지에서 발굴된 점토판들은 고대의 역사와 생활상에 대한 풍성한 정보를 제공한다. 특히 기원전 10~7세기 무렵 바빌로니아의 뒤를 이어 비옥한 초승달 지대의 맹주 행세를 했던 아시리아(Assyria) 제국의 궁전 유적지에서는 20세기 후반 수천 점의 점토판으로 가득한 왕립 도서관이 통째로 발견된 덕분에 지금까지도 많은 고고학자들과 역사가들을 바쁘게 만들고 있다. 호메로스(Homer)의 『일리아드*Iliad*』와 『오디세이*Odyssey*』를 여유 있게 따돌리고 인류 역사상 가장 오래된 서사시로 공인받은 『길가메시 서사시*The Epic of Gilgamesh*』의 가장 온전한 버전이 발굴된 곳도 아시리아 왕립 도서관 유적이다.

문자로 기록된 인류 최고(最古)의 서사시로 알려져 있는 『길가메시 서사시』의 주인공 길가메시의 상.

기원전 18세기에 쓰인 것으로 알려진 『길가메시 서사시』는 반신반인의 영웅 길가메시의 활약뿐 아니라 그 속에 묘사된 홍수 신화(flood myth)로도 유명한데, 그 내용이 『구약 성경*Old Testament*』의 「창세기」에 등장하는 노아의 방주(Noah's Ark) 이야기와 놀라우리만치 유사하다. 실제로 쓰인 시기는 『길가메시 서사시』가 「창세기」보다 700년 정도 앞서 있다고 한다. 우연의 일치일까? 한쪽이 다른 쪽을 모방한 것일까? 아니면 둘 다 그보다 더 먼 과거에 실제로 메소포타미아 지역에 일어난 대홍수의 기억을 기록한 것일까?

페니키아와 이스라엘

성경 이야기가 나왔으니 말인데, 성경, 경전을 뜻하는 영어 'bible'은 원래 책, 문서를 뜻하는 그리스어계 접두어 '비블리오(biblio-)'에서 왔다. 영어 'bibliophage'는 '책벌레'를 뜻하며, 그보다 좀 더 고상한 개념인 '애서가' 역시 'bibliophile'이라고 한다. 이 bible 앞에 정관사를 붙이고 대문자 B를 쓴 'the Bible'이 바로 그리스도교의 '성경'이다. 그런데 이 'biblio-'는 원래 오리엔트의 항구도시 비블로스(Byblos)에서 유래했다. 비블로스는 종이가 없던 고대에 이집트에서 생산된 파피루스(papyrus)를 다시 그리스로 수출하는 중개무역지로 유명했다. 결국 파피루스가 잔뜩 쌓여 있던 도시의 이름이 시간이 지나면서 그 파피루스로 만들어진 '책' 자체를 의미하게 되었던 것이다.

이 비블로스를 비롯한 여러 항구도시를 세우고 이집트, 메소포타미아, 지중해를 잇는 해양 무역을 통해 부를 일군 민족이 페니키아인들(Phoenicians)이었다. 페니키아인들은 다양한 상품의 움직임과 수익을 기록하고자 설형 문자와는 또 다른 독특한 문자 체계를 구축했다. 페니키아 문자는 이후 그리스 알파벳의 효시가 되었으며, 우리가 지금 사용하는 영어 알파벳은 바로 그리스 알파벳을 기본으로 발전한 것이다. 페니키아인들은 비블로스뿐 아니라 지중해 곳곳에 식민지를 건설했는데, 기원전 3~2세기 지중해의 패권을 둘러싸고 로마(Rome)와 한판 승부를 벌인 북아프리카의 도시국가 카르타고(Carthage)가 대표적이다. 카르타고라는 말 자체가 페니키아어로 '새로운 도시(new city)'라는 뜻이었다고 한다.

그런가 하면 500년에 한 번씩 불 속에 뛰어들었다가 그 재 속에서 다

왼쪽: 기원전 10세기경 비블로스를 지배했던 페니키아계 군주 아히람(Ahiram)의 석관. 1923년 발굴되어 현재 베이루트 박물관에 있다. 석관 뚜껑에 고대 페니키아 문자가 깨알같이 새겨져 있다.
오른쪽: 중세 십자군이 주둔했던 12세기경 성채의 잔해. 페니키아인들이 세운 비블로스는 중동의 전 역사에 걸쳐 무역 중심지이자 군사 요충지였다.

시 태어난다는 전설의 새인 불사조를 뜻하는 영어 단어 'phoenix'도 Phoenicia가 변형된 그리스어 '포이닉스(phoinix)'에서 나왔다. 어쩌다가 페니키아를 뜻하던 말이 불사조를 의미하게 되었는지에 대해서는 여러 주장이 있다. 혹시 잊을 만하면 한 번씩 배를 타고 나타나 진기한 상품을 팔고 가는 페니키아 상인들을 보면서 그리스인들이 '끊이지 않는 항해와 상업 활동 → 죽지 않는 것 → 불사조' 식으로 의미를 발전시킨 것이 아닐까 싶다.

페니키아인들처럼 이스라엘인들(Israelites) 역시 여러 면에서 다른 메소포타미아 문명들과 구별되는 독특한 문화와 생활양식을 유지한 족속이었다. 『구약 성경』에 따르면 이스라엘 민족은 아브라함(Abraham)으로부터 시작된 초기 12부족을 기원으로 한다. 이스라엘인들을 부르는 호칭에는 아람어(Aramaic)로 이스라엘을 뜻하는 히브리인(Hebrew), 아브라함의 후손 유다(Judah)의 이름에서 유래한 유대인(Jew) 등이 있다. 『구약 성경』「출애굽기Book of Exodus」에 의하면, 이스라엘인들은 어느 시점에 이집트로 건너가 오랜 노예 생활을 하던 중 모세(Moses)라는 걸출한 지도자를 만나 이집트를 탈출한 뒤 홍해를 건너 메소포타미아로 돌아왔다

이집트를 벗어난 유대 민족이 건넜다고 하는 홍해. 불세출의 지도자 모세가 주도한 이 대탈출은 성서의 「출애굽기」에 그 전말이 상세히 묘사되어 있다. 다만 이 엄청난 사건에 대한 고대 이집트 측의 사료가 거의 전무한 상태여서 교차 검증은 되지 않고 있다.

고 한다. 이때 모세는 신으로부터 십계명(Ten Commandments)을 받아 이스라엘 부족에게 주기도 했다. 함무라비 왕과 함께 모세가 인류에게 최초로 법률을 준 입법의 시조로 불리는 것은 이 때문이다.

이스라엘인들은 당시 오리엔트에서 거의 유일하게 일신교를 섬기는 종족이었다. 이 점과 관련하여 오스트리아의 심리학자 프로이트(Sigmund Freud)가 제시하는 시나리오가 꽤나 흥미롭다. 그는 『모세와 일신교Moses and Monotheism』라는 저서에서 이스라엘인들을 이집트에서 구출해 낸 성경 속의 영웅 모세가 실은 유대인이 아니라 이집트인이었으며, 그의 활동 시기도 람세스 2세 때가 아니라 이크나톤의 사망을 전후한 시기라는 가설을 제시했다. 프로이트에 따르면, 모세는 이집트 왕가의 일원으로 이크나톤의 최측근이자 그가 시작한 종교 개혁의 열렬한 추종자였다. 그런데 이크나톤의 죽음과 함께 이집트에서 다신교가 복귀하자, 모세는 자신의 개인적 야망과 이크나톤이 꿈꿨던 일신교를 구현하기 위한 새 돌파구를 모색했다는 것이다. 이집트에서 일어났던 일신교 운동을 또 다른 일신교를 믿었던 이스라엘과 연결한 프로이트의 가설은 독특하고 인상적이다. 역시 과학, 예술, 인문의 경계를 자유로이 넘나드는 학문인 심리학의 개척자다운 발상이랄까.

솔로몬의 노래

메소포타미아에서 이스라엘인들이 정착한 곳은 가나안(Canaan)이라는 기름진 땅이었다. 그런데 문제는 당시 가나안에 이미 필리스티아인들 (Philistines)이 세운 도시들이 자리 잡고 있었다는 것이다. 결국 이스라엘 인들에게는 농경지와 자원을 둘러싼 이들과의 밥그릇 쟁탈전이 불가피 했다. 한글 성경에서 필리스티아인들은 '블레셋인'으로 불린다. 『구약 성경』은 이 '블레셋'과 '이스라엘'이 전쟁을 벌인 기록으로 가득하다. 결 국 블레셋 민족을 물리치고 가나안에 정착한 이스라엘인들은 예루살렘 을 수도로 하는 나라를 세웠으며, 성경에 따르면 다윗(David)과 그 아들 솔로몬(Solomon) 대에 크게 번성했다. 그러고 보니 이스라엘을 소개하면 서 '성경에 따르면'이라는 표현을 꽤 많이 쓴 것 같다. 실제로『구약 성 경』은 초기 이스라엘의 역사를 알 수 있는 거의 유일한 문헌 자료다.

성경 속의 에피소드들이 과연 얼마나 역사적 사실과 부합하는지는 지 난 수 세기 동안 역사가들의 논쟁거리였다. 예를 들어 이스라엘인들이 이집트에서 노예 생활을 했다는「출애굽기」의 기본 전제 또한 성경 밖에 서의 역사적 근거가 상당히 박약하다. 우선 정작 이집트 쪽 기록에는 이 엄청난 사건의 흔적이 전혀 없다는 것이 문제다. 모세가 이스라엘인들 을 파라오로부터 구출하는 과정에서 일어난 여러 놀라운 이적(異跡)들 은, 만약 정말로 일어났다면 어떤 형태로든 당대의 이집트 측 기록에 흔 적이 남아 있어야 할 텐데 전혀 그렇지가 않은 것이다. 메뚜기 떼가 이 집트 전역을 덮치고, 첫째 아들들이 떼죽음을 당하고, 홍해가 쩍 갈라지는 등의 놀라운 사건, 사고들이 그야말로 하찮은 일 취급을 받은 격이다. 사실은 비단 「출애굽기」뿐 아니라 『구약 성경』속 대부분의 에피소드들이 마찬가지다. 이런 까닭에 『구약 성경』의 콘텐츠 전부를 픽션으로 간주하거나, 순전히 신앙의 문제로 제한하려는 역사가들도 많다. 하지만 내 생각에 그래도 그 내용의 한 40~50퍼센트는 어떤 식으로든 역사적 사실과 나름의 접점을 가지고 있지 않을까 싶다.

우리가 잘 아는 바대로—다시 한 번—성경에 따르면, 다윗은 소년 시절 블레셋과 이스라엘 사이에 벌어진 전쟁에 참전하여 블레셋인들의 영웅인 거인 장수 골리앗(Goliath)과 결투를 벌인다. 덩치가 너무 작기에 맞는 갑옷조차 없어 목동의 복장을 그대로 입고 나선 다윗은 그러나 돌팔매질로 골리앗을 쓰러뜨려 전쟁을 승리로 이끌고 그 유명세를 몰아 결국 이스라엘의 왕이 되었다. 또 다윗의 아들인 솔로몬은 엄청난 개인 재

르네상스 시대의 이탈리아 화가 다니엘레 리차렐리(Daniele Ricciarelli)가 그린 〈다윗과 골리앗의 싸움〉. 성서에 따르면 이스라엘은 다윗의 아들 솔로몬 대에 이르러 전성기를 누린 것으로 보인다.

산을 모은 갑부이자 예루살렘에 신을 모시는 장대한 성전을 세우는 등 국력을 과시한 군주였다. 『구약 성경』에는 그의 이름을 딴 '솔로몬의 노래(Song of Solomon)'라는 대목이 전한다. 이 고대의 시가는 그 첫 구절에 등장하는 '노래 중의 노래(Song of Songs)'라는 표현에서 유래한 '아가(雅歌)'라고도 불린다. 솔로몬의 노래는 솔로몬이 성전을 세운 뒤 시인들로 하여금 이스라엘의 신 여호와를 찬양하는 송가를 짓도록 한 데서 유래했다.—이래야 말이 될 것 같은데, 도대체 전혀 그렇지가 않은 것이 문제다. 일단 서두 몇 행을 감상해 보자.

그의 입술로 내게 입 맞추게 하소서. 그대의 사랑은 포도주보다 더 달콤합니다.

그대에게서 풍겨 나는 감미로운 그 향기, 그대 이름은 부어 놓은 향수 같아 처녀들이 당신을 사랑하게 하지요.

나를 데려가 주세요. 우리는 당신을 쫓아가렵니다. 왕께서 나를 그의 침실로 불러 주셨답니다. 우리가 즐거워하며 그대 안에서 기뻐할지니. 우리는 포도주보다 더 그대의 사랑을 기억할 것입니다. 젊은 여인들이 그대를 사랑하옵니다.

Let him kiss me with the kisses of his mouth: for thy love is better than wine.

Because of the savour of thy good ointments thy name is as ointment poured forth, therefore do the virgins love thee.

Draw me, we will run after thee: the king hath brought me into his chambers: we will be glad and rejoice in thee, we will remember thy love more than wine: the upright love thee.

이건 도대체 뭔가? 신의 공덕에 대한 찬양이 아니라 여성이 왕(혹은 왕족)을 유혹하는 노래가 아닌가? '아가'는 계속 이어진다.

그대가 내 마음을 빼앗았도다, 나의 누이여, 나의 신부여. 네 한 번의 눈길과 네 목의 구슬 한 꿰미로 내 마음을 빼앗았도다.

네 사랑은 어찌 그리 아름답단 말이냐, 나이 누이여, 나의 신부여! 네 사랑은 포도주보다 진하고, 네 기름의 향기는 온갖 향료보다 향기롭도다.

오, 나의 신부여, 네 입술에서는 꿀 방울이 떨어지고, 네 혀 밑에는 꿀과 젖이 있고, 네 의복의 향기는 레바논의 향기 같구나.

내 누이, 내 신부는 잠근 동산이요 덮은 우물이요 봉한 샘이로다.

Thou hast ravished my heart, my sister, my spouse; thou hast ravished my heart with one of thine eyes, with one chain of thy neck.

How fair is thy love, my sister, my spouse! how much better is thy love than wine! and the smell of thine ointments than all spices!

Thy lips, O my spouse, drop as the honeycomb: honey and milk are under thy tongue; and the smell of thy garments is like the smell of Lebanon.

A garden inclosed is my sister, my spouse; a spring shut up, a fountain sealed.

이번에는 왕(혹은 왕족)이 아내(혹은 연인)에게 보내는 것으로 보이는 불타는 연시(戀詩)다. 이런 내용을 어떻게 이해해야 할까? 나는 이 노래들이 퇴폐적이라기보다는 우리나라 고려 시대 '남녀상열지사(男女相悅之詞)'를 다룬 고려 가요와 마찬가지로, 솔로몬 왕의 통치기를 전후한 시대 이스라엘의 넘치던 활력을 반영한 것이라고 본다. 관능적 에너지가 반드시 타락으로 이어지는 것은 아니다. 물질적 풍요가 있어야 성적 욕망도 제대로 꽃피는 것이고, 관능미는 종종 창조력으로 거듭날 수 있다. 유감스럽게도 솔로몬 사후 그의 왕국은 북쪽의 이스라엘 왕국(Kingdom of Israel)과 남쪽의 유다 왕국(Kingdom of Judah)으로 갈라졌으며, 결국 이스라엘은 기원전 8세기경 아시리아에, 유다 왕국은 기원전 6세기 바빌로니아에 각각 멸망당하고 말았다.

바빌론의 유수와 페르시아의 등장

바빌로니아 왕국이 기원전 20세기부터 약 500년간 번영하다 멸망한 뒤, 수 세기에 걸친 혼란기에 이어 메소포타미아의 패자로 등극한 것은 아시리아였다. 아시리아 제국은 연이은 정복 사업으로 세력을 확장하며 기원전 10세기부터 7세기 말까지 존속했으며, 아슈르나시르팔 2세(Ashurnasirpal II), 티글라트-필레세르 3세(Tiglath-Pileser III), 사르곤 2세(Sargon II), 아슈르바니팔(Ashurbanipal) 등 여러 걸출한 군주를 배출했다. 기본적으로 군국주의적인 신정 체제이기는 했지만, 아시리아는 고도의 기록 문화를 가지고 있었으며 예술적 감각도 탁월했다.

아시리아 제국이 후계 문제를 둘러싼 지배층의 내부 분열을 계기로 기원전 609년 멸망하자, 다시 초승달 지역의 패권은 옛 바빌로니아의 계승자를 표방한 세력에게 돌아갔다. 역사가들은 기원전 7세기부터 약 150년간 부활한 바빌로니아 왕국을 구왕국과 구별하여 신 바빌로니아 제국(Neo-Babylonian Empire)이라고 부르기도 한다. 이 신 바빌로니아 제국은 제2대 군주 네부카드네자르 2세(Nebuchadnezzar II, 기원전 630?~562) 때 그 전성기를 맞았다.

네부카드네자르 왕은 한때 난공불락으로 여겨지던 바빌론 성벽을 완성했는가 하면, 유프라테스 강 일대를 정비하고 세계 7대 불가사의의

위 왼쪽: 신 아시리아 제국의 사르곤 2세의 궁전터에서 발굴된 라마수 상. 메소포타미아의 스핑크스 라고도 불린다. 라마수는 고대 아카드어로 수호 정령을 뜻하며, 원래는 여신의 이미지였다고 한다.
위 오른쪽: 사자 사냥에 몰두하는 아슈르바니팔 왕을 묘사한 부조. 사자 사냥은 아시리아의 역대 국 왕들이 사랑한 스포츠였을 뿐만 아니라 문명의 수호자로서 군주의 위엄을 상징하는 중요한 정치 행위 이기도 했다. 야생에서 산 채로 잡혀 온 사자들은 원형경기장에서 수십 마리씩 한꺼번에 죽어 갔다.
아래: 공성 작전 중인 아시리아 군을 묘사한 부조. 아슈르나시르팔 2세의 궁전터에서 발굴되었다. 공 성 기계, 사다리 등을 동원하는가 하면 땅굴을 파고 적의 성벽을 바닥부터 무너뜨리는 등 다양한 장면 이 사실적으로 표현되어 있어 고대 메소포타미아의 전쟁 양상을 알려 주는 귀한 자료다.

하나로 꼽히는 공중 정원(Hanging Gardens of Babylon)을 건설하는 등 여러 치적을 남겼다. 하지만 뭐니 뭐니 해도 그의 이름이 후대에 길이 남게 된 계기는 바로 유대인들과의 악연이다. 네부카드네자르는 기원전 582 년 예루살렘을 함락하여 유다 왕국을 멸망시킨 장본인으로, 이 사건이 바로 '바빌론의 유수(幽囚)'다. 영어로는 흔히 'Babylonian Captivity of the Jews'라고 쓰는데, '유수(幽囚)'라는 어려운 한자보다 captivity(생포, 포획)를 쓴 영어 표현이 더 의미가 빨리 전해지는 것 같다. 바빌론의 유수

신 바빌로니아 제국의 군주 네부카드네자르 2세가 세운 '이슈타르 여신의 문(Ishtar Gate)'. 바빌론의 북쪽 입구였다. 현재의 모습은 그를 흠모한 이라크의 독재자 사담 후세인의 명령으로 20세기 말 복원된 것이다.

는 성경 「다니엘 서*Book of Daniel*」에 그 전말이 자세히 언급되어 있으며, 이때 예루살렘이 함락되어 여호와를 모시는 성전이 철저히 파괴되고 성물들이 약탈되는 등 유대인들에게는 영원히 잊지 못할 굴욕의 역사로 각인되어 있다.

성경의 「시편*Psalm*」137번째 노래는 포로로 끌려온 어느 유대인이 바빌론에 들어서기 직전 유프라테스 강변에서 지은 것으로 알려져 있다. 그 첫 대목을 잠시 소개할 텐데, 특히 영어 원문에 주의를 기울여 보기 바란다.

바빌론의 강가에 앉아서 시온 성을 기억하며 울었도다.

거기 드리운 버드나무에 우리의 수금(竪琴)을 걸어 두었나니.

우리를 사로잡아 온 자들이 우리에게 노래를 청하는구나. 우리를 황폐케 한 자들이 자기들을 위하여 시온의 노래 가운데 하나를 부르라 하며 즐겁게 놀라 청하는구나.

어찌 우리가 이방의 땅에서 주님의 노래를 부를꼬.

By the rivers of Babylon, there we sat down and wept when we remembered Zion.

We hanged our harps upon the willows in the midst thereof.

For there they that carried us away captive required of us a song ; and they that wasted us required of us mirth, saying, sing us one of the songs of Zion.

How shall we sing the LORD's song in a strange land?

혹시 위의 영어 문장을 처음 접하면서도 어딘지 낯익은 느낌이 드는 독자가 있을지도 모르겠다. 1970년대 말에서 1980년대에 유럽과 아시아에서 큰 인기를 끌었던 자메이카 출신 혼성 그룹 보니 엠(Boney M)의 노래 〈리버스 오브 바빌론*Rivers of Babylon*〉의 가사가 바로 이 「시편」의 구절을 그대로 가져온 것이다. "By the rivers of Babylon, there we sat down yeah, we wept, when we remembered Zion…" 하는, 알고 보면 슬프디슬픈 내용의 가사가 근심 걱정이라곤 없는 듯한 흥겨운 레게 디스코 리듬을 타고 흐르던 노래였다.

'바빌론의 유수'를 배경으로 한 음악으로는 19세기 이탈리아 작곡가 베르디(Giuseppe Verdi)의 오페라 〈나부코*Nabucco*〉도 있다. '나부코'라는 제목 자체가 네부카드네자르의 이탈리아 식 표현이다. 그러고 보니 한글판 성경의 「다니엘 서」에서 언급되는 네부카드네자르의 이름은 '느부

갓네살'인데, 자음 접변 현상이 일어나 '갓'의 발음이 '간'으로 바뀌면서 비록 번역자의 원래 의도는 아니겠지만 어딘지 모르게 약간 '간사스럽고 재수 없는 느낌까지 난다.

네부카드네자르 2세는 현대 이라크의 독재자 사담 후세인(Saddam Hussein)이 가장 존경했던 역사적 인물이기도 하다. 히틀러가 중세 게르만 전설과 독일 역사 속 영웅들에 도취되었듯이, 사담 후세인은 스스로를 네부카드네자르의 후계자라고 떠벌리며 그 뒤를 좇아 제2의 바빌론 제국을 건설하는 것을 일생의 목표로 삼았다. 후세인은 자신의 최정예 친위 부대의 이름 역시 '네부카드네자르 부대'라고 부르는 한편 고대 바빌론 유적지 복원에 막대한 국가 예산을 쓰기도 했다. 그런가 하면 네부카드네자르가 종종 자신이 세운 건물의 석재에 이름을 새겨 넣었다는 이야기를 어디서 들은 뒤에는 새로 짓는 공공건물에 사용되는 벽돌에 일일이 "네부카드네자르의 아들 사담이 이라크의 영광을 위해 짓다.(This was built by Saddam, son of Nebuchadnezzar, to glorify Iraq.)"라는 문장을 새기라는 명령을 내리기도 했다고 한다. 확실히 중후하고 장대한 규모에 대한 집착과 복고 취향, 그리고 과대망상은 동서양 독재자들 사이에 공통으로 발견되는 증세다.

그러고 보니 영화 〈매트릭스*Matrix*〉에서 주인공 네오(Neo)의 상관인 모피어스(Morpheus)가 지휘하는 전함에 붙은 이름 역시 네뷰커드네저(Nebuchadnezzar)였다. 공교롭게도 영화 속에 등장하는 인류 최후의 도시 이름은 또 예루살렘의 별명인 시온(Zion)이었던 것을 생각하면, 하필 실제 역사에서 바로 그 시온 성을 파괴한 인물의 이름을 도시를 방어하는 전함에 붙인 이유가 궁금해진다. 워낙 〈매트릭스〉라는 영화에 숨겨진 문화적 코드들이 많다 보니 여기에도 모종의 암시가 들어 있지 않을까 싶긴 하다.

「시편」 137편의 앞 대목은 이미 소개한 대로 히브리 포로들의 슬픈 한 탄이지만, 마지막 부분은 무시무시한 저주의 말로 끝난다.

오, 바빌론의 딸이여, 너는 파괴되리로다. 네가 우리를 취급했듯이 너에게 되갚아 주는 자는 행복하리로다.

너의 어린 자식들을 붙잡아 돌에 내려치는 이는 행복하리로다.

O daughter of Babylon, who art to be destroyed: happy shall he be, that rewardeth thee as thou hast served us.

Happy shall he be, that taketh and dasheth thy little ones against the stones.

유대인들의 이런 저주 때문인지는 몰라도 그 후 반세기도 지나지 않은 기원전 539년, 바빌론은 페르시아 왕 키루스(Cyrus)의 공격을 받아 멸망했다.

키루스 대왕의 리더십을 바탕으로 바빌론의 뒤를 이어 메소포타미아의 맹주가 된 페르시아는 이후 다리우스 1세(Darius I) 때에 급기야 이집트까지 복속시키고 현대의 중동에 해당하는 전 지역을 석권함으로써 대제국을 건설했다. 하지만 이렇게 키루스가 '키'우고 다리우스가 '다리'품을 팔면서 정복 전쟁을 벌여 일궈 낸 아케메네스 왕조(Achaemenes)의 페르시아는 다리우스 3세(Darius III) 때 마케도니아의 알렉산드로스 대왕에게 멸망당하고 말았다. 알렉산드로스

페르시아 제국의 명군 다리우스 1세의 궁전 유적에서 발견된 황소 모양 기둥머리. 대 알현실의 천장을 떠받치고 있었던 것으로 추정된다.

의 사후 메소포타미아 지역에는 파르티아 제국(Parthian Empire)이 융성하며 서방의 로마 제국과 대결을 벌이기도 했다.

서기 3세기 초에는 사산(Sasan)이라는 인물을 시조로 받드는 사산조 페르시아(Sassanid Persia)가 출현하여 지금의 이란 지역을 이후 약 400년간 지배하며 번영했다. 사산조 페르시아는 원조 페르시아의 국교 조로아스터교에 불교와 기독교의 영향이 보태져 탄생한 마니교(Manichaeism)를 국교로 신봉했다. 가톨릭의 대표적 성인이며 『신시City of God』와 『참회록Confession』의 저자이기도 한 아우구스티누스(St. Augustine, 354~430) 역시 원래는 마니교 신자였다가 기독교도로 개종한 경우다. 참고로 아우구스티누스는 '히포의 아우구스티누스(Augustine of Hippo)'라고도 불렸는데, 여기서 히포는 아우구스티누스가 주교로 있던 북아프리카의 도시 히포레기우스(Hippo Regius)를 가리킨다. 오랫동안 로마 제국의 속주이기도 했던 북아프리카 일대는 그리스도교의 중요한 포교 거점이었다.

고대 인도와 카스트 제도

인더스 강가의 사라진 두 도시

고대 인도(ancient India)를 오리엔트 문명 편에서 소개하는 것이 과연 적절한지 잠시 망설여지기도 한다. 인도는 '원조' 오리엔트 지역인 중동과 대개 한국, 중국, 일본을 일컫는 '극동(Far East)'의 정확히 중간에 위치하며, 어느 쪽과도 단순 비교하기가 어려운 독자적인 고대 문명을 이루었다. 하지만 근대 유럽인들의 머릿속에서 인도가 '오리엔트'의 일부분이었던 것은 의심의 여지가 없다.

인도 최초의 문명은 현재의 파키스탄 지역을 흐르는 인더스 강가에서 번영했는데, 이를 인더스 구릉 문명(Indus Valley Civilization)이라고 부른다. 인더스 강이 흐르는 분지에서 꽃핀 인더스 문명 역시 '물 관리', 즉 치수가 생존에 결정적인 역할을 하는 수력 문명이었던 셈이다. 이 문명의 영광스러운 자취가 남아 있는 대표적인 장소가 바로 기원전 3500년 경부터 약 1,500년간 번성했던 두 도시국가 모헨조다로(Mohenjodaro)와

현재의 파키스탄 지역에 있는 모헨조다로의 유적. 모헨조다로는 '망자의 언덕'이라는 뜻이다.

하라파(Harappa)의 유적이다. 하지만 알고 보면 모헨조다로는 북부 인도 방언으로 '망자의 언덕(hill of the dead)'이라는 뜻이고 하라파는 도시의 유적이 발굴된 지역 부근에 있는 작은 촌락의 이름을 그냥 따온 것일 뿐 실제로 두 도시의 원래 이름이 무엇이었는지 아무도 모른다. 유적에서 발굴된 점토판에 등장하는 문자의 판독도 지금까지 이루어지지 못한 상태이며, 1,000년이 넘는 세월 동안 번성했던 도시들이 왜 순식간에 버려지고 모래 속에 묻혀 버렸는지 정확한 이유 역시 아직 알지 못한다. 학자들은 홍수나 지진 등 대규모 자연 재앙이 무방비 상태의 도시에 들이닥쳤을 가능성이 큰 것으로 추측하고 있다.

이렇게 인더스 문명이 멸망한—더 엄밀히 표현하자면 역사에서 갑자기 실종된—후 그 공백을 메운 것은 고대 페르시아 지역에서 온 것으로 추정되는 이른바 인도 아리아족(Indo-Aryans)이었다. 이들이 인도 북부와 중부를 지배하고 새로운 문명을 이룬 기원전 1500~500년의 시기를 흔히 '베다 시대(Vedic period)'라고 부르는 것은 이때에 힌두교(Hinduism)의

고대 인도 창세 신화의 한 장면을 묘사한 9세기의 부조. 거대한 물고기로 변신한 비슈누 신이 최초의 인간 마누(Manu)를 대홍수에서 구조하여 안전지대로 밀어 올리고 있다.

가장 오래된 텍스트인 『베다Veda』가 완성되고 그 내용에 따라 사회가 모양을 갖춰 갔기 때문이다. 베다는 산스크리트어(Sanskrit)로 지식, 지혜 라는 뜻으로, 특히 신에 대한 찬송, 기도문 등을 모은 『리그 베다Rig Veda』가 유명하다. 브라만(Brahman), 시바(Siva), 비슈누(Vishnu) 등 힌두 교의 주요 신들에 대한 개념이 자리 잡고, 소 팔자가 '상팔자'가 된 것도 이 베다 시대부터라고 한다. 힌두교 경전에서는 여러 신들이 소와 이런 저런 인연으로 연결되어 있기도 하다. 이는 아마도 농경 사회에서 소가 워낙 쓸모가 많다 보니 소를 함부로 다루지 못하게 할 방법을 찾던 선인 의 지혜가 종교적 도그마로 고착된 것이 아닌가 싶다.

인도인, 신분제의 굴레에 갇히다

베다 시대가 소를 떠받드는 숭우정신(崇牛精神)과 함께 인도 사회에 남긴 또 다른 유산이 바로 저 악명 높은 카스트 제도(caste system)다. 카스트 제도는 원래 정복민인 아리아인들이 피정복민과 자신들을 구별하기 위해 도입했다고 하는데, 이것이 다양한 사회적 기능과 맞물리면서 점점 엄격한 신분 제도로 정착했다. 독자 여러분도 학창 시절 세계사 수업 시간에 졸지 않았다면 다음의 네 가지 카스트를 기억할 것이다.

브라만(Brahmans): 사제 계급(priests)
크샤트리아(Kshatriyas): 전사/귀족 계급(warriors/aristocrats)
바이샤(Vaisyas): 평민/상인/농민 계급(commoners/merchants/farmers)
수드라(Sudras): 육체노동자/기능공 계급(physical laborers/artisans)

그렇다면 적어도 이 각 계급 안에서는 모두가 평등한가 하면 그것도 아니다. 가령 브라만 계급 안에서도 힌두교 최고신들에게 공식적으로 제사를 지낼 특권을 가진 '파벌'은 극소수다. 브라만뿐 아니라 바이샤나 수드라 계급 내부에서도 여러 계층이 촘촘하게 나뉘어 있다.

게다가 4개의 카스트에는 포함되지 않는, 일종의 '와일드 카드' 성격을 지닌 계급도 있는데 이들이 바로 달리트(Dalit)다. 달리트는 공식적인 카스트 제도에도 포함되지 않을 만큼 인도 사회의 최하층에 있는 부류, 심지어 인간 이하의 존재로 취급되었다. 어느 정도인가 하면 다른 카스트의 사람에게는 이 달리트 출신과 같은 방에서 공기를 마시는 것조차 터부였다고 한다. 달리트가 너무나 더러운 족속이라 조금이라도 가까이 하면 '오염'된다고 생각했기 때문이다. 불가촉천민(untouchables)이라는 표현이 여기서 나왔다. 그런데 더럽다는 것은 신체의 청결성보다는 혈통과 관련이 있다. 카스트가 원래 아리아족의 혈통적 순수성을 보존한다는 취지에서 만들어졌다는 이론을 받아들인다면, 이런 개념이 태어난 배경도 이해가 간다. 즉 달리트란 아리아족과 대비되는 가장 순수한 혈통의 인도 원주민이었을 가능성이 높다. 달리트는 그 내부에서도 사바라(Savara), 칸달라(Candala), 순디(Sundi), 도마(Doma) 등 다양한 부족들로 갈라진다.

기원전 5세기경 집대성된, 서양의 『일리아드』, 『오디세이』에 비견되기도 하는 인도의 국민 서사시 『마하바라타*Mahabharata*』 속에는 이미 고대부터 달리트 족속에 대한 엄청난 견제와 차별이 존재했음을 암시하는 에칼라비아(Ekalavya)의 에피소드가 등장한다. 에칼라비아는 달리트 부족 중 하나인 니샤다(Nishada)족의 왕자로 활 솜씨가 뛰어났다. 에칼라비아는 더욱 훌륭한 전사가 되기 위해 당대 인도 최고의 전략가였던 드로나(Drona)에게 가르침을 청한다. 그런데 드로나는 이미 고귀한 크샤트리아 카스트에 속하는 판다바(Pandava) 일족의 스승이었고, 특히 그중 가장 능력이 출중한 아르주나(Arjuna) 왕자를 총애하고 있었다. 하지만 사냥터에서 에칼라비아의 활 솜씨를 본 드로나는 곧 그가 아르주나를 뛰어넘는 위대한 전사가 될 것을 예감한다. 그렇다면 드로나는 아르주나를 팽개치고 에칼라비아를 수제자로 삼을 것인가? 아니면 아르주나와 에칼라비아를 함께 받아들여 선의의 경쟁을 펼치도록 할 것인가? 『마하바라타』에서 줄곧 '위대한 스승'으로 불리는 드로나가 어떤 선택을 하는지 잠시 다음 대목을 살펴보자.

그리하여 드로나를 흠모하는 니샤다 왕의 아들은 정식으로 스스로를 그의 제자라고 칭했으며, 경건하게 두 손을 모으고 그의 앞에서 (지시를 기다리며) 서 있었습니다. 그러자 드로나가 에칼라비아에게 말하기를, "오 영웅이여, 만약 그대가 정녕 내 제자라면 내게 수업료를 바치게." 했습니다. 이 말을 들은 에칼라비아가 매우 기뻐하며 대답하기를, "오 훌륭한 스승이시여, 제가 무엇을 드리오리까? 말씀만 하소서. 오, 베다 경전에 정통한 인물 가운데 으뜸이신 분, 제가 스승께 드리지 못할 것은 아무것도 없습니다." 하고 말했습니다. 드로나가 대답했습니다. "오 에칼라비아여, 그대가 정말 내게 선물을 줄 생각이라면, 나는 그대의 오른손 엄지손가락을 가지고 싶네."

And the son of the Nishada king worshipping Drona, duly represented himself as his pupil, and clasping his hands in reverence stood before him (awaiting his commands). Then Drona addressed Ekalavya, saying, "If, O hero, thou art really my pupil, give me then my fees." On hearing these words, Ekalavya was very much gratified, and said in reply, "O illustrious preceptor, what shall I give? Command me; for there is nothing, O foremost of all persons conversant with the Vedas, that I may not give unto my preceptor." Drona answered, "O Ekalavya, if thou art really intent on making me a gift, I should like then to have the thumb of thy right hand."

활을 쏠 때 화살과 시위를 동시에 잡는 오른손 엄지손가락을 바치라 니, 활을 쏘지 말라는 이야기나 마찬가지다. 가르침을 청하는 젊은이에 게 한다는 소리가 스승인지 원수인지 구분이 가지 않는다. 그렇다면 이 때 에칼라비아의 반응은 어땠을까? "오 스승이시여, 베다 경전에만 정 통하신 것이 아니라 농담도 잘하시는군요…."라며 현장을 떠났을까? 아 니다. 조금 더 읽어 보자.

수업료로 엄지손가락을 바치라는 드로나의 이런 잔혹한 말을 듣자, 항상 정직을 신봉하며 자신의 약속을 지키기를 소망하던 에칼라비아는 밝은 표 정과 번민 없는 마음으로 지체 없이 자신의 엄지를 잘라 드로나에게 바쳤습 니다. 이후 이 니샤다족 왕자가 다시 한 번 나머지 손가락들의 도움을 받아

활을 쏘기 시작하자, 왕이시여, 그는 자기가 예전의 날렵한 손놀림을 잃어버렸음을 깨달았습니다. 이에 아르주나는 기뻐했고, (질투의) 열기가 그에게서 떠났습니다.

Hearing these cruel words of Drona, who had asked of him his thumb as tuition-fee, Ekalavya, ever devoted to truth and desirous also of keeping his promise, with a cheerful face and an unafflicted heart cut off without ado his thumb, and gave it unto Drona. After this, when the Nishada prince began once more to shoot with the help of his remaining fingers, he found, O king, that he had lost his former lightness of hand. And at this Arjuna became happy, the fever (of jealousy) having left him.

정말 비정하다. 성경을 보면 여호와 역시 아브라함에게 백 살이 다 되어 얻은 귀한 자식 이삭을 산 제물로 바치라고 요구하지만, 그래도 아브라함이 막 칼을 치켜드는 마지막 순간에 취소해 준다. 그런데 드로나는 제자가 되기를 청하며 활쏘기로 대성하려는 젊은이에게 엄지손가락을 내놓으라고 요구한다. 하지만 더 황당한 것은 에칼라비아의 반응이다. 펄쩍 뛰어도 모자랄 판에 스승(아직 가르쳐 준 것도 하나 없는데 스승이라는 말이 가당하기나 할까?)의 말에 순순히 따른다.

억울하게 (혹은 자발적으로) 엄지손가락을 잃은 에칼라비아는 이후 어떻게 됐을까? 에칼라비아는 결국 엄지손가락 없이 활 쏘는 법을 익혀 훌륭한 전사로 거듭난다. 이것도 어쩌면 불가능한 일만은 아닌 것 같다. 영화 〈아바타Avatar〉에서는 행성 판도라의 외계인 종족인 나비족이 바로 검지와 중지로(나비족은 애초에 손가락이 4개뿐이기는 하지만) 화살을 잡고 활을 당긴다. 흥미롭게도 이 영화를 감독한 제임스 캐머런(James Cameron)이

이 아이디어를 처음 제안했을 때 제작진은 터무니없다며 반대했다고 한다. 그러자 캐머런이 아무 말 없이 직접 세트장에 있던 활을 들고는 검지와 중지로 화살을 잡고 쏘아서 바로 과녁을 맞혀 주변을 침묵하게 했다. 나중에 캐머런은 자기가 어떻게 과녁을 맞혔는지 스스로도 믿기지 않았다고 고백했다고 한다. 그가 『마하바라타』에서 영감을 얻었는지도 모를 일이다.

카스트 제도는 지금까지도 인도에서 그 영향력이 끈질기다. 예를 들어 인도의 여러 지역에서는 아직도 카스트가 서로 다른 남녀가 결혼하는 것은 거의 로미오와 줄리엣 급 스캔들이자 금기이다. 미국에서 바이샤 출신으로 브라만 출신 여성과 결혼한 내 인도인 친구에 따르면, 흥미롭게도 그런 경우 남편의 카스트가 아내의 카스트를 새로 결정한다고 한다. 이것이 남존여비식 사고방식 때문인지, 아니면 낮은 카스트가 높은 카스트를 '오염'시킨다는 생각 때문인지는 잘 모르겠다.

현재 인도에서 카스트 제도는 적어도 공식적, 법률적으로는 인정되지

자신의 카스트를 명시하는 표지를 이마에 그리고 있는 브라만 사제. 사진은 20세기 초엽에 촬영된 것이지만 지금도 이런 풍경은 인도에서 흔하다.

않으며, 달리트 출신에 대한 차별을 금지하고 이들을 우대하는 사회 제도도 많다. 인도에서 광의의 의미로 달리트에 포함되는 인구는 1억이 넘는다. 이들은 영국에서 독립한 이후 사회적 차별에 항의하는 목소리를 높이고 정치력을 키워 왔으며, 1997년에는 비록 내각 책임제인 인도에서는 상징적인 지위이긴 하지만 달리트에서 나라야난(K.R. Narayanan) 대통령이 배출되기도 했다. 하지만 물론 대통령 한 번 나왔다고 세상이 바뀌지는 않는다. 카스트 제도에 따른 차별이 불법이 된 지 60년도 더 지났고, '불가촉천민'이라는 용어가 공공장소에서는 '터부'이지만, 지금도 벌건 대낮에 달리트에게 다른 카스트가 자행하는 테러 공격만 해마다 수천 건씩 벌어지는 것이 인도의 현주소다. 생각해 보면 미국 사회, 특히 하이테크 분야에서 인도인 이민자들이 유독 날고 기는 것도 우선 이들이 영어를 구사할 수 있는 데다가 미국 사회에서는 카스트의 족쇄가 전혀 힘을 쓰지 못하는 것과 무관하다고 할 수 없다.

그런데 카스트라는 말은 알고 보면 힌두나 고대의 산스크리트어가 아니라 인종, 종자 등을 뜻하는 포르투갈어 '카스타(casta)'가 그 기원이다. 16세기 인도에 온 포르투갈 상인들이 현지인들의 신분 차별 풍습을 목도하고 처음 카스트라고 부른 이래, 인도에 진출한 영국인들 역시 이 말을 채택하여 사용하면서 유명해졌다. 정작 인도인들은 카스트를 '바르나(varna)'라고 부르는데, 이는 산스크리트어로 색깔(color)을 뜻한다.

인도의 민족주의 학자들은 별것 아니었던 카스트 풍습이 정말 심각하게 변질된 것은 영국의 식민지 지배 기간 중이었다고 주장하기도 한다. 인도인들이 상하로 단결하지 못하도록 계급 간, 계층 간 분열을 계속 조장하는 정책이 식민 지배에 유리했기 때문이라는 것이다. 하지만 그랬다고 치더라도 영국인들이 없던 것을 제멋대로 만들어 낸 것은 아니다. 오히려 인도인들의 문화적 DNA 속에 사람을 줄 세워서 계층을 나누고

서열화하는 습성이 뿌리 깊게 도사리고 있기 때문에 영국인들이 단지 그런 습성을 이용했을 뿐이라고 보는 것이 더 타당하지 않을까?

불교의 도전과 쇠퇴

인도 역사상 카스트 제도에 가장 강력하게 도전한 이데올로기는 다름 아닌 불교다. 불교의 개조 샤카무니(Shakyamuni), 즉 석가모니는 "부처 앞에 만민이 평등하다."는 정도가 아니라 한술 더 떠서 "누구나 부처가 될 수 있다."고 가르쳤다. 이는 브라만 계급의 종교 활동 독점을 비판하는 메시지이기도 했다. 당시 인도에는 인생의 궁극적인 지혜, 그리고 무엇보다 신들에게 복을 내려 달라고 빌 수 있는 기도의 테크닉을 오직 브라만 사제들만 가지고 있다는 생각이 널리 퍼져 있었다. 브라만 사제들은 이를 이용해서 다른 계급들에 대한 군림을 강화했는데, 부처는 이 점을 비판하고 브라만이 아니라 누구라도 깨달음을 얻으면 부처가 될 수 있다고—즉 지혜는 카스트 계급에 관계없이 누구에게나 열려 있다고—가르친 것이다. 이렇게 당시로서는 혁명적인 사고방식을 소개한 불교는 인도 대륙에서도 비교적 힌두교 색채가 덜했던 동북부의 마가다 왕국(Magadha) 같은 변방국들에서 인기를 얻었지만, 유감스럽게도 '철밥통'을 지키려는 브라만 사제들과 그 옹호 세력의 견제 탓에 인도 전역으로는 한동안 뿌리내리지 못했다.

석가모니의 입멸 후 한동안 정체되어 있던 불교는 기원전 3세기 마우리아 왕조(Mauryan Dynasty)의 아소카 대왕(Asoka the Great, 기원전 304~232) 덕에 급성장의 전기를 맞았다. 역사상 최초로 인도 남북부를 모두 통일한 아소카 대왕이 대제국을 통치할 이데올로기로 불교를 택하고 적극적으로 포교에 나섰기 때문이다. 전설에 따르면 아소카는 부왕이 지명한

설법하는 부처(왼쪽)와 열반에 드는 부처(오른쪽)를 묘사한 간다라 시대의 부조. 불교는 카스트 제도를 기반으로 하던 고대 인도의 사회 체제를 향해 의미 있는 도전을 감행했다.

적법한 태자였던 형을 암살하고 왕위를 차지한 뒤, 그것도 모자라 왕좌를 노릴 수 있다는 이유로 수십 명에 달하는 형제들을 모조리 죽여 버렸다고 한다. 그뿐만 아니라 정복 전쟁을 벌이면서 엄청난 살육을 저지르는 데 따른 죄책감에 괴로워하다가 우연히 불교 승려를 만나 크게 깨닫고 불교에 귀의하게 되었다고 한다.

아소카 왕은 포교를 위해 불교 교리와 석가모니의 말씀을 형상화한 각종 기념비, 조각, 건축물을 인도 전역에 세웠고, 그 일부는 지금까지도 남아 있다. 현재 인도의 국가 문양(national emblem) 역시 '아소카 사자 주두(Lion Capital of Asoka)'라고 불리는, 마우리아 왕조 시대에 세워진 거대한 돌기둥 꼭대기에 사자 4마리가 서로 등을 맞대고 있는 형상이다. 석가모니의 설법을 흔히 사자후(lion's roar)로 표현하는 것에서도 알 수 있듯이 사자는 불교에서 매우 중요한 상징이며, 약간은 놀랍게도 아프리카뿐 아니라 인도에서도 오랫동안 사자가 득실거렸다. 인도에서 사자를 멸종 위기로 몬 것은 다름 아닌 영국 군인들이었다. 17~19세기 식민지 인도에 진주한 영국 장교들 사이에서는 사자 사냥이 최고 인기 스포츠였다. 혼자서 300마리의 사자를 잡은 장교의 기록도 있다고 한다. 현재 인도의 사자는 북서부 구자라트 주(Gujarat)의 국립 공원에서 수백

인도 방갈로르 주의회 의사당 지붕에 장식된 사자상. 사자는 원시 불교에서 종종 부처를 상징했으며, 아소카 대왕 시대에 만들어진 4마리 사자상은 현대 인도의 국가 문양이기도 하다. 하지만 인도에서 사자는 17~19세기에 진주한 영국군 장교들의 사냥감이 되어 거의 멸종했다.

마리가 간신히 명맥을 유지하고 있다. 그래도 이 사자들은, 한때 삼천리 강산을 메울 정도로 넘쳐 났지만 일본인과 그 사주를 받은 사냥꾼들에게 문자 그대로 멸종당해 버린 한국 호랑이에 비하면 그나마 조금 운이 좋은 편이다.

사자는 인도뿐 아니라 중동 지역에도 많이 있었다. 그런데 이 지역의 사자들은 인도의 사자나 한국의 호랑이보다 더 운이 없어서 이미 고대 메소포타미아 지배자들의 인기 사냥감이 되었다. 특히 아시리아 국왕들의 사자 사랑, 아니 사자 사냥(lion hunt) 사랑은 유별났다. 아시리아 왕궁 터에서 발굴된 부조들은 그 집 주인들(왕)이 벌인 사자 사냥의 무용담으로 가득하다. 왕이 탄 전차에 용감하게 달려드는 수사자를 그린 부조는 무척 인상적이며, 화살에 맞아 죽어 가며 슬프게 우는 암사자의 모습은 지금 봐도 측은한 느낌이 든다. 중동 지역에서 마지막으로 사자가 관찰된 기록은 중세 무렵의 것이라고 한다.

한편 결과적으로 보면 아소카 대왕의 노력에도 불구하고 이후 인도에서 불교는 힌두교와 이슬람교에 밀려 지금은 거의 명맥을 찾기도 힘들 지경이 되었다. 인접한 여러 아시아 국가에서 불교가 크게 융성한 것과는 대조적이다. 현재 인도의 불교도는 약 300만 명인데, 심지어 기독교 신자의 수가 그 10배가 넘을 정도다. 흥미롭게도 인도의 불교도 가운데는 달리트 출신이 많다. 카스트 제도를 부정하고 누구에게나 불성이 있다고 보는 불교의 교리가 달리트 계층의 불만을 달래 주기 때문인 듯하다. 이런 점에서 보면 힌두교가 아니라 불교 중흥의 고대사를 상징하는 아소카 사자 주두가 현대 인도의 국가 공식 문양이 된 것도 다소 아이러니하다.

아직도 인도에 대해서는 할 이야기가 너무나 많이 남아 있지만 다음을 기약하고, 이쯤에서 아쉬운 대로 해 뜨는 땅, 고대 오리엔트 문명을 훑어보던 '동방 원정'을 끝내고자 한다. 이제 기수를 해 지는 서방(Occident) 쪽으로 돌려 보자. 그 해 지는 땅에서 태어난 찬란한 그리스 문명의 이야기가 우리를 기다리고 있다.

Chapter
2
고대 그리스

메인 브런치

· 신화에서 역사로

· 두 도시 이야기

· 페르시아 전쟁

· 펠로폰네소스 전쟁

―――――――――――――――

원전 토핑

· 『그리스인 조르바』 카잔차키스

· 『신화』 불편치

· 『일리오스, 트로이인들의 도시, 그들의 나라』 슐리만

· 『신통기』 헤시오도스

· 『펠로폰네소스 전쟁사』 투키디데스

· 『고귀한 그리스인들과 로마인들의 생애』 플루타르코스

· 『모랄리아』 플루타르코스

· 『역사』 헤로도토스

· 『페르시아인들』 아이스킬로스

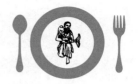

3rd Brunch Time

고대 인도와 카스트 제도

Chapter
2
고대 그리스

메인 브런치
· 신화에서 역사로
· 두 도시 이야기
· 페르시아 전쟁
· 펠로폰네소스 전쟁

원전 토핑
· 『그리스인 조르바』 카잔차키스
· 『신화』 불핀치
· 『일리오스, 트로이인들의 도시, 그들의 나라』 슐리만
· 『신통기』 헤시오도스
· 『펠로폰네소스 전쟁사』 투키디데스
· 『고귀한 그리스인들과 로마인들의 생애』 플루타르코스
· 『모랄리아』 플루타르코스
· 『역사』 헤로도토스
· 『페르시아인들』 아이스킬로스

신화에서 역사로

그리스 신화의 역사적 은유

18세기 이탈리아의 역사가 비코(Giovanni Battista Vico)는 고대 문명의 역사가 '신들의 시대(the age of the gods)', '영웅들의 시대(the age of the heroes)'를 거쳐 '인간의 시대(the age of men)'로 나아간다고 했다. 이 '비코 모델'은 어떤 고대 문명에도 그런대로 적용할 수 있지만, 이 3단계 공식에 가장 완벽하게 부합하는 경우를 하나만 꼽으라면 역시 고대 그리스(ancient Greece)가 아닐까 싶다. 고대 그리스 문명은 신들의 시대라고 할 창세 신화의 시대, 신과 인간 영웅들이 함께 등장해서 역사를 만들어 가는 신화와 서사시의 시대, 본격적인 인간의 역사가 펼쳐지는 폴리스의 시대 등으로 비교적 분명하게 나눌 수 있다. 더구나 이 각 세 단계마다 상당한 분량의 기록이 살아남아 로마 제국 이후 서구 문명을 이루는 기본 DNA 역할을 하기도 했다. 그러므로 고대 그리스 문명을 이해하면 서양 역사 전체를 보는 눈이 밝아질 수 있다.

아테네 국립 박물관의 유명한 청동 제우스 상.
트레이드마크 무기인 천둥으로 막 어딘가를 타격하려는 모습이다.

그리스 신화에 따르면, 원래 세계를 주름잡고 다니던 티탄(Titans), 기간테스(Gigantes) 등의 거인족을 모두 제압하고 최종 승자가 된 것이 제우스(Zeus)를 우두머리로 하는 올림포스족(Olympians)이었다. 올림포스 신들과의 전쟁에서 패한 티탄들 가운데는 제우스로부터 영원히 지구를 떠받치는 벌을 받게 된 아틀라스(Atlas), 인간에게 불을 사용하는 법을 가르쳐 주었다가(혹은 희생 제물로 잡은 소의 맛있는 부분을 자기 혼자 챙겨 먹으려다 제우스에게 발각되어 벌을 받게 되었다고도 한다.) 매일 독수리에게 간을 쪼아 먹히는 신세가 된 프로메테우스(Prometheus) 등이 유명하다. 기간테스의 경우는 더 운이 나빠 아예 땅속에 생매장당했는데, 고대 그리스인들은 지진과 화산 폭발이 그 밑에 갇힌 기간테스족이 몸부림을 치는 탓이라고 믿기도 했다.

이 세계의 지배권을 놓고 벌어진 신들의 권력 투쟁이라는 것은 어쩌면 신석기 시대 말기에서 청동기 시대 초기에 그리스 반도에서 벌어진 원시 부족들 간의 주도권 다툼을 상징할 수도 있다. 신화에 따르면 제우스가 즐겨 쓰는 무기가 바로 천둥(thunder)이다. 그런데 혹시 이 천둥이

기간테스족을 공격하는 올림포스족. 기원전 6세기 말 아테네에서 제작된 암포라(amphora)에 그려진 회화로, 포세이돈, 헤라클레스, 아테나 여신 등의 모습이 보인다. 암포라는 원래 와인이나 곡물을 담던 항아리였으나 후대로 갈수록 장식적인 기능이 부각되면서 높은 수준의 회화가 그 표면에 그려졌다. 암포라의 다양한 이미지는 고대 그리스의 역사와 문화를 연구하는 데 결정적인 자료가 된다.

란 빛을 받으면 번뜩이는 청동기 무기(bronze weapon)의 은유가 아닐까? 그렇다면 올림포스 일족의 승리란 결국 그리스 반도에서 청동기를 사용하는 부족이 석기와 목기를 사용하던 부족들을 제압한 과거를 반영하고 있는지도 모른다. 이렇게 신화는 단순한 판타지만은 아니며, 고대인들이 표면에 발라 놓은 상상력과 주술적 세계관의 포장을 걷고 나면 그 아래에서는 머나먼 옛날, 막 문자가 생겨난 시점을 전후하여 인간들 사이에 실제로 벌어졌던 사건들을 어렴풋이 짐작하게 하는 일종의 흔적 기관이 감지될 수도 있다.

한동안 신들끼리 치고받던 천상의 권력 투쟁에 초점을 맞추던 그리스 신화는 어느 시점부터 슬슬 영웅(hero)들이 등장하는 단계로 넘어간다. 그리스 신화의 영웅들은 많은 경우 신과 인간 사이의 결혼, 혹은 '불장난'의 결과로 나온 후손들이다. 이렇게 되면 유전적으로는 신도 아니고 인간도 아닌 일종의 돌연변이가 탄생하는데, 이들이 바로 반신반인(半神半人, demigod)들이다. 천하장사의 대명사 헤라클레스(Heracles), 괴물 미노타우로스(Minotaur)를 처치한 테세우스(Theseus), 괴물 메두사(Medusa)

를 죽이고 내친김에 안드로메다(Andromeda)까지 구출한 페르세우스 (Perseus), 트로이 전쟁의 주역 아킬레우스(Achilles) 등이 모두 신과 인간의 결합으로 탄생한 존재들이다. 최근 몇 년 사이 소재 빈곤에 처한 할리우드가 그리스 신화 쪽으로 추파를 던지면서 이 반신반인들의 활약을 묘사한 영화가 꽤 나왔지만, 유감스럽게도 그 가운데 수작으로 꼽을 만한 작품은 얼마 되지 않는 것 같다.

신화 속의 영웅들은 신과 인간 사이를 잇는 일종의 매개 내지 중간체이며, 신의 뜻을 받들어 괴물로 대표되는 악한 세력과 무질서를 일소하고 새로운 국가, 새로운 도시를 세워 인간들을 돕거나 직접 다스리기도 한다. 즉 카오스(chaos)를 코스모스(cosmos)로, 동양식으로 말하면 난세(亂世)를 치세(治世)로 만든다. 신화에 따르면 페르세우스는 미케네 왕국(Mycenae)을 세웠으며, 잠시 뒤에 소개할 테세우스는 아테네(Athens)의 왕이 되었다. 그리스와 이탈리아 반도에는 헤라클레스가 세웠다는 전설을 가진 도시들도 몇 군데 있다.

신화 속의 영웅 가운데는 신이나 반신반인이 아닌 인간들도 있다. 스핑크스의 수수께끼를 풀고 테베의 왕이 된 오이디푸스(Oedipus), 트로이 전쟁 당시 목마의 아이디어를 낸 꾀돌이 오디세우스(Odysseus), 트로이 군을 지휘한 헥토르(Hector) 등은 모두 신의 피가 전혀 섞이지 않은 인간이다. 가만히 보면 인간 영웅들은 대개 머리가 좋은데, 육체적 한계를 임기응변으로 보완해야 하기 때문인 듯하다. 다만 헥토르는 잔꾀도 별로 없이 우직한 용기와 리더십만이 돋보이는 정말 인간적인 영웅인데, 결국 이것이 한계였는지 반신반인인 아킬레우스의 손에 잡혀 죽는 신세가 된다. 역시 신의 음덕을 입지 않으면 인간은 불리한 점이 많다.

신화와 마법의 섬 크레타

우리가 명심해야 할 것은 고대 그리스는 육지뿐 아니라 바다와 섬을 의미하기도 한다는 사실이다. 고대 그리스 문명의 또 다른 무대인 에게 해 (Aegean)는 그리스 반도와 소아시아 사이에 펼쳐진 내해이자, 1,200여개의 섬으로 이루어진 군도(archipelago)이기도 하다. 에게 해에는 산토리니(Santorini), 미코노스(Mykonos), 로도스(Rhodes) 등 우리 귀에도 낯설지 않은 쟁쟁한 이름의 섬들이 포진해 있다. 노벨 문학상을 받지 못한 20세기 작가 중 가장 위대한 인물로 꼽히기도 하는 그리스 작가 카잔차키스 (Nikos Kazantzakis, 1883~1957)의 소설 『그리스인 조르바*Zorba the Greek*』의 제2장은 다음과 같은 문장으로 시작된다.

바다, 가을의 따사로움, 빛에 휩싸인 섬들, 그리스의 불멸의 나신 위로 투명한 베일처럼 뿌리는 가랑비. 죽기 전에 에게 해를 항해하는 행운을 누리는 사람은 복이 있다고 나는 생각했다.

The sea, autumn mildness, islands bathed in light, fine rain spreading a diaphanous veil over the immortal nakedness of Greece. Happy is the man, I thought, who, before dying, has the good fortune to sail the Aegean Sea.

그 행운의 바다 에게 해의 남쪽 끝에서, 마치 다른 섬들이 지중해로 도망갈까 봐 막아선 듯한 느낌의 긴 섬이 바로 크레타 섬(Crete)이다. 크레타는 에게 해에서 가장 크고 인구도 많은 섬일 뿐 아니라 온갖 전설과 신화로 가득한 신비의 땅이기도 하다. 우선 신화에 따르면 크레타는 다름 아닌 신 중의 신 제우스의 출생지다. 제우스의 부모는 티탄족의 우두

머리인 크로노스(Cronus)와 그 아내 레아(Rhea)였는데, 크로노스는 자기 자신에 의해 권좌에서 밀려날 것이라는 신탁을 들은 뒤 태어나는 자식마다 산 채로 삼켜 버리곤 했다. 이를 보다 못한 레아는 제우스를 임신했을 때 크로노스에게는 포대에 싼 돌을 주어 삼키도록 만든 뒤 몰래 크레타 섬에 가서 제우스를 낳았다. 실제로 크레타 섬에는 제우스가 어린 시절을 숨어 지냈다고 전해지는 동굴도 있다. 결국 제우스는 신탁대로 자라서 쿠데타를 일으켜 아버지를 내쫓고 대권을 잡는다.

크레타는 또한 반인반수의 괴물 미노타우로스(Minotaur) 이야기로 유명하다. 신화에 따르면 크레타의 왕 미노스(Minos)는 어느 날 바다의 신 포세이돈(Poseidon)에게 훌륭한 소 한 마리를 바치기로 맹세했는데, 막상 제단에 끌고 온 소가 너무 탐스럽고 잘생겨서 그 소는 외양간에 숨겨 두고 다른 소를 바쳤다. 하지만 제물이 바뀐 것을 알아채고 진노한 포세이돈은 트레이드마크 무기인 삼지창을 휘둘러 미노스를 처치… 이러면 이야기가 간단히 끝났겠지만, 약간 엉뚱하게도 미노스의 왕비에게 악령을 씌워 미노스가 숨겨 둔 소와 육체관계를 갖도록 했다. 이런 플롯이면 한국의 그 어떤 막장 TV 드라마도 감히 넘볼 수 없는 '초막장'의 경지라고 할 만하다. 하여간 이렇게 해서 탄생한 괴물이 바로 미노타우로스였다. 미노스 왕은 이 미노타우로스를 정교하게 지은 미궁에 가두고 식민지였던 아테네에서 조달해 온 인신들을 공양하며 달랬다고 한다.

바로 이쯤이 영웅이 등장할 시점이다. 무고한 아테네인들이 매년 희생되는 것을 보다 못한 아테네의 왕자 테세우스는 부왕에게 자신이 미노타우로스를 처치하겠다고 자원한다. 그럼 여기서 그리스 신화를 정리한 이야기 책 가운데 특히 한국과 일본에서 한동안 일종의 검정 표준 비슷한 대접을 받았던, 19세기 미국 작가 토머스 불핀치(Thomas Bulfinch, 1796~1867)의 『신화*Mythology*』 속에 등장하는 테세우스 이야기를 잠깐 살펴보자. 아무래도 '소 잡는 사람'이 아니라 '사람 잡는 소'라는 발상 자체가 좀 희한하니 비위가 약한 사람들은 주의하기 바란다.

당시 아테네인들은 크레타의 왕 미노스에게 바치도록 강요받은 공물 때문에 큰 고통을 받았다. 이 공물은 매년 황소의 몸과 인간의 머리를 한 괴물 미노타우로스에게 잡아먹히도록 보내지는 젊은 남자 일곱 명과 처녀 일곱 명으로 구성되었다. 그 괴물은 엄청나게 강하고 사나웠으며, 다이달로스가 세운 미궁에 갇혀 있었는데, 너무나 교묘하게 고안되어 그 안에 갇히면 누구라도 자기 힘으로는 출구를 찾을 수 없는 곳이었다. 이곳에서 미노타우로스는 인신 공양을 받으며 어슬렁거렸던 것이다.

The Athenians were at that time in deep affliction, on account of the tribute which they were forced to pay to Minos, king of Crete. This tribute consisted of seven youths and seven maidens, who were sent every year to be devoured by the Minotaur, a monster with a bull's body and a human head. It was exceedingly strong and fierce, and was kept in a labyrinth constructed by Daedalus, so artfully contrived that whoever was enclosed in it could by no means, find his way out unassisted. Here the Minotaur roamed, and was fed with human victims.

불핀치가 미노타우로스를 황소의 몸(bull's body)에 인간의 머리(human head)를 가진 괴물로 묘사하고 있는 것이 흥미롭다. 미노타우로스를 묘사한 그림이나 고대의 조각 등을 보면, '우수인신(牛首人身)', 즉 소머리에 사람의 몸을 가진 것으로 표현한 경우와 '인두우체(人頭牛體)', 즉 사람 머리에 소의 몸을 한 것으로 그린 경우의 비율이 7 대 3 정도이다. 그러니까 대세는 사람 머리보다는 소머리가 달린 쪽이다. 하지만 스핑크스나 라마수 등 다른 신화 속 합체 괴물들의 패턴을 떠올려 보면, 불핀치가 묘사했듯이 인간의 머리에 소의 몸을 지닌 형상이었을 수도 있다.

그런데 이 두 가지 구조 중 희생물을 잡아먹을 때 어느 쪽이 유리할지는 선뜻 판단하기가 쉽지 않아 보인다. 얼핏 생각하면 제물로 바친 남녀들을 아작아작 씹어 먹기 위해서는 여물이나 먹기에 편리한 소머리보다는 고기도 뜯을 수 있는 인간의 골격과 치아 구조가 아무래도 더 유용할 것 같다. 하지만 그리 간단하지만은 않은 것이, 잡식동물인 인간의 소화기관을 가지는 편이 식인(cannibalism)에 훨씬 유리할 듯하기도 하다. 아무래도 머리는 사람이면서 몸뚱이는 위가 4개나 되는 초식동물인 소가되어 버리면 먹은 고기를 소화하는 데 적합하지 않을 듯싶다. 생각이 뻗치다 보니 신화 속의 괴물을 놓고 무슨 생물학적 타당성을 견주어 보는지경에까지 이르고 말았는데, 결국 어느 쪽이건 엽기적이기는 마찬가지다. 다시 불핀치의 이야기로 돌아가자.

테세우스는 동포들을 이 재앙으로부터 구하지 못하면 이를 위해 노력하다가 죽겠다고 결심했다. 그리하여 공물을 보낼 시기가 되어 관습에 따라 제비뽑기로 젊은이와 처녀들이 선택될 때 그는 아버지의 애원에도 불구하고 스스로 희생물의 일원이 되겠다고 자원했다. (…) 크레타에 도착한 젊은이들과 처녀들은 미노스 앞에 대령했는데, 그 자리에 있던 왕의 딸 아리아드네가 테세우스를 깊이 사모하게 되었고 테세우스도 이내 그 사랑에 화답했다. 아리아드네는 그에게 미노타우로스와 대결할 장검과 미로를 빠져나올 길을 찾을 수 있는 실타래를 마련해 주었다. 그는 마침내 성공하여 미노타우로스를 죽이고 미궁을 탈출하여, 아리아드네를 동반하고 구출된 동료 젊은이들과 함께 아테네로 향했다.

미노타우로스를 처치하는 테세우스. 기원전 5
세기경 아테네에서 만들어진 암포라의 그림.

Theseus resolved to deliver his countrymen from this calamity, or to
die in the attempt. Accordingly, when the time of sending off the tribute
came, and the youths and maidens were, according to custom, drawn
by lot to be sent, he offered himself as one of the victims, in spite of the
entreaties of his father. (···) When they arrived in Crete, the youths and
maidens were exhibited before Minos; and Ariadne, the daughter of the
king, being present, became deeply enamored of Theseus, by whom
her love was readily returned. She furnished him with a sword, with
which to encounter the Minotaur, and with a clew of thread by which
he might find his way out of the labyrinth. He was successful, slew the
Minotaur, escaped from the labyrinth, and taking Ariadne as the
companion of his way, with his rescued companions sailed for Athens.

놀랍게도 바로 이 미노타우로스의 미궁이 20세기 초 아서 에번스
(Arthur Evans, 1851~1941)라는 영국인 고고학자에게 발견되면서 이른바
미노아 문명(Minoan civilization)은 신화에서 역사의 영역으로 건너왔다.

크레타 섬의 크노소스 궁전 유적. 영국의 고고학자 에번스가 발굴, 복원하면서 전설로만 여겨졌던 미노아 문명이 수천 년 만에 모습을 드러냈다.

에번스가 크레타 섬에서 발견한 미궁은 정확히 말하면 매우 복잡한 내부 구조를 가진 왕궁터였다. 그 내부를 미로처럼 만든 것은 괴물을 가두기 위해서라기보다는 외적의 침입 시 방어나 도주를 편리하게 하기 위한 방편이었겠지만, 궁전터의 벽화에 보이는 황소(bull)의 이미지는 괴물 미노타우로스의 전설을 연상케 하기에 충분했다. 그뿐만 아니라 벽화 속 인물들의 세련된 옷차림이라든가 미소년들이 복싱을 하거나 배와 돌고래가 바다에서 조화롭게 노니는 장면 등은 크레타에 고도의 청동기 문명이 존재했다는 것, 그리고 현장에서 발굴된 각종 금은 제품과 오리엔트 식 토기 등은 이 미노아 문명이 해상 무역을 통해 경제적 번영을 누렸음을 알려 준다.

하지만 에번스의 발굴 작업은 후대 역사학자들의 적잖은 비판을 받았다. 궁전의 복원을 너무 서두른 나머지 건물의 원형을 훼손하거나 상상

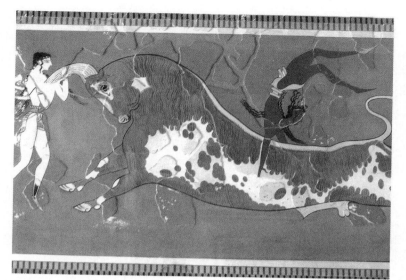

거대한 황소와 몰이꾼(혹은 조련사?)들을 묘사한 크노소스 궁전의 벽화. 미노타우로스 신화는 분명 크레타 문명의 일상을 어떤 식으로든 반영한 것으로 보인다.

력을 동원해서 고증과는 전혀 다른 엉뚱한 구조물을 여럿 세웠으며, 또 그 과정에서 고대인들이 사용한 원래의 석재료 대신 콘크리트를 발라 대는 등의 '만행'을 저질렀다는 것이다. 이를 두고 에번스가 유적을 복원하는 대신 아예 주차장을 만들어 버렸다고 비아냥거리는 평론가들도 있다. 에번스는 현장에서 발굴한 파편들을 이어 붙여 상당수의 고대 벽화를 복원했는데, 그 방식이 사실상 복원이라기보다는 숫제 창작 수준으로 변질되었다는 혐의를 받기도 했다. 대표적인 예가 〈백합 왕자*The Prince of the Lilies*〉라는 이름으로 유명한 벽화다. 에번스는 그림 속의 인물이 제정일치 사회였던 미노아 왕국의 제사장 군주(priest-king)를 형상화한 것이라고 설명하면서 인물이 쓴 화려한 모자는 제사 의식에 사용된 것이라는 가설도 내세웠다. 그런데 일부 학자들은 이 인물의 모자가 청동기 시대가 아니라 20세기 초 유럽과 미국에서 유행하던 아르 데코

에번스가 복원하여 〈백합 왕자〉라는 이름을 붙인 벽화. 발굴 당시 산산조각으로 흩어져 있던 파편들을 창의적(?)으로 재구성한 에번스의 복원 방식에 대해서는 두고두고 논란이 끊이지 않았다.

(Art Deco) 스타일을 닮았다는 데 주목했다. 이것은 미노아 시대에 아르 데코를 연상케 할 만큼 세련된 패션 감각이 이미 존재했다는 증거일까? 아니면 에번스가 벽화를 재구성하면서 당대 패션 잡지나 양장점 포스터 등에서 본 아르 데코 식 모자의 형태를 그대로 가져다 활용했다는 의미일까?

하지만 모든 비판을 인정한다고 해도 수천 년 동안 땅속에서 잠자고 있던 전설의 미궁을 현실로 다시 불러낸 에번스의 공적 자체에는 이론의 여지가 없을 것이다. 또 그렇게 에번스의 '만행'에 분개하는 사람들에게는 아예 고대 유적 위에 사실상 새 건물을 지어 발라 버린 우리나라 경주의 안압지나 불국사 복원 현장의 '참상'을 한번 와서 보라고 권유하고 싶다. 진정한 유적 훼손이 무엇인지 한번 뜨거운 맛을 봐야 정신을 차리지….

미노아 문명은 기원전 20~15세기에 걸쳐 번영하다가 이후 다소 급작스럽게 존재감을 상실한다. 아마도 천재지변, 외적의 침입에 더해 그리스 본토 세력이 크레타를 포함한 에게 해 일대를 서서히 장악한 것 등 여러 복합적인 요인이 작용했을 것이다. 비록 미노아 문명 시대의 찬란한 영광은 다시 돌아오지 않았지만, 크레타 섬은 이후에도 로마에 대한 항전, 터키가 지배할 당시의 독립 운동 등 그리스 역사에서 여러 인상적인 장면을 연출한 고장이 되었다. 크레타는 제우스뿐 아니라 앞서 소개한 니코스 카잔차키스의 출생지이기도 하다. 『그리스인 조르바』에서 카잔차키스는 크레타의 마력을 다음과 같이 묘사하고 있다.

우리가 해변으로 돌아온 것은 자정 이후였고, 바람이 거세지고 있었다. 저편 아프리카에서 따스한 남풍 노토스가 찾아와 나무와 포도덩굴, 그리고 크레타의 젖가슴을 부풀렸다. (…) 제우스와 조르바에 남풍이 뒤섞였다. 그리고 그날 밤, 나는 검은 수염에 번들거리는 머리칼을 한 거대한 남성의 얼굴이 오르탕스 부인, 곧 대지 위에 숙이고는 뜨거운 붉은 입술을 누르는 것을 분명히 보았다.

It was after midnight when we got back to the beach, and the wind was rising. From yonder, from Africa, came the Notus, the warm south wind which swells out the trees, the vines, and the breast of Crete. (…) Zeus, Zorba, and the south wind mingled together, and in the night I distinctly saw a great male face, with black beard and oily hair, bending down and pressing hot red lips on Dame Hortense, the Earth.

화자는 노인 조르바가 애인인 오르탕스 부인에게 입 맞추는 모습을 검은 수염에 번들거리는 머리칼을 한 남성, 즉 제우스가 대지의 여신과 사랑을 나누는 장면과 혼동하고 있는 것이다. 크레타는 이렇게 인간과 신이 혼연일체를 이루는 신화와 마법의 땅이다.

트로이를 불러낸 소년

독자 여러분 가운데 트로이 전쟁 이야기를 모르는 이는 별로 없을 것이다. 트로이의 왕자 파리스(Paris)가 스파르타의 왕 메넬라오스(Menelaus)의 왕비 헬레네(Helen)를 유혹하면서 트로이와 그리스 연합군 사이에는 10년간 전쟁이 벌어진다. 결국 트로이는 오디세우스의 계략으로 만들어진 목마를 성안으로 끌어들이는 바람에 멸망한다…. 이 트로이 이야기는 물론 그리스 시인 호메로스(Homer)의 서사시 『일리아드』로 불멸의 명성을 얻었지만, 트로이에 대해서는 그 외에도 많은 문학 작품, 전설 등이 전한다.

그런데 미노타우로스의 미궁과 마찬가지로 오랫동안 서구에서 판타지로 취급받았던 트로이 전설 역시 19세기 말에 역사의 영역으로 들어온다. 여기에는 하인리히 슐리만(Heinrich Schliemann, 1822~1890)이라는 독일인의 역할이 결정적이었다. 슐리만은 비록 역사학자도 전문적인 고

아테나 여신상 아래로 피신한 카산드라(Cassandra)를 끌어내는 아이아스(Ajax). 기원전 6세기 아테네에서 제작된 술잔의 안쪽에 그려진 그림이다. 트로이 멸망 후 트로이 왕족과 그리스 장군들의 후일담은 다양한 전설을 낳았으며 그리스 비극의 소재로도 활용되었다.

고학자도 아니었지만, 트로이 전쟁이 단순한 픽션이나 전설이 아니라 역사적 사실이었다는 것을 증명하는 데 평생을 바친 인물이다. 어린 슐리만이 트로이에 관심을 가지게 된 데에는 보험 영업을 했던 부친의 영향이 컸다. 그의 부친은 젊은 시절 이탈리아와 그리스의 고대 유적지를 돌아본 것을 큰 행운으로 여기는, 요즘 말로 하면 '역사 애호가'쯤 되었는데, 어린 슐리만에게 호메로스의 서사시 속에 등장하는 영웅들과 트로이 전쟁 이야기를 종종 들려주곤 했다. 특히 슐리만이 여덟 살 되던 해에 부친이 크리스마스 선물로 준 책은 그가 본격적으로 '트로이 앓이'를 시작하는 계기가 되었다. 인생의 전환점이라고 할 만한 그 순간을 슐리만은 자서전에서 이렇게 회고하고 있다.

(…) 여덟 살이 될 무렵인 1829년 아버지한테서 크리스마스 선물로 게오르크 루트비히 예러 박사의 『어린이 세계사』를 받았을 때 내가 얼마나 기뻐했을지 상상이 갈 것이다. 책에는 거대한 성벽이 있는 트로이가 불길에 휩싸인 장면을 묘사한 판화가 있었는데, 아이네이아스가 부친 안키세스를 등에 업고 아들 아스카니오스의 손을 쥔 채 스카이아 성문(트로이의 성문 중 하나로 『일리아드』의 여러 중요한 사건들이 이 주변에서 벌어졌다.—옮긴이)을 탈출하고 있었다. 나는 외쳤다. "아버지가 잘못 아셨어요. 예러 박사는 트로이를 본 것이 틀림없어요. 그렇지 않다면 여기 이렇게 표현할 수는 없었을 거예요." 아버지가 대답했다. "얘야, 그건 그저 상상으로 그린 그림이란다." 하지만 고대 트로이에 책 속에 묘사된 것 같은 거대한 성벽이 있었냐는 내 질문에는 그렇다고 대답했다. 내가 반박했다. "아버지, 그런 성벽이 한때 존재했다면 완전히 파괴되어 버릴 수는 없었을 거예요. 광대한 성벽 유적이 틀림없이 아직 남아 있겠지만, 세월의 먼지 아래 숨겨진 거죠." 내가 내 의견을 고수한 반면 아버지는 반대 주장을 굽히지 않았다. 그래도 결국 우리는 내가

캘리포니아 북부 앨러미다 시에서 눈에 띈 어느 그리스 음식점 간판. 그럴듯해 보이지만 엄밀히 따지면 도쿄나 교토라는 이름을 달고 한국 요리를 파는 격이다. 트로이는 그리스 반도가 아니라 에게 해 너머 지금의 터키 지역에 있었던 도시국가이기 때문이다.

언젠가 트로이를 발굴하리라는 데 동의했다.

(…) my joy may be imagined when, being nearly eight years old, I received from him, in 1829, as a Christmas gift, Dr. Georg Ludwig Jerrer's *Universal History of the World for Children*, with an engraving representing Troy in flames, with its huge walls and the Scaean gate, from which Aeneas is escaping, carrying his father Anchises on his back and holding his son Ascanius by the hand; and I cried out, "Father, you were mistaken; Jerrer must have seen Troy, otherwise he could not have represented it here." "My son," he replied, "that is merely a fanciful picture." But to my question, whether ancient Troy had such huge walls as those depicted in the book, he answered in the affirmative. "Father," retorted I, "if such walls once existed, they cannot possibly have been completely destroyed; vast ruins of them must still remain, but they are hidden away beneath the dust of ages." He maintained the contrary, whilst I remained firm in my opinion, and at last we both agreed that I should one day excavate Troy.

고작 여덟 살 나이에 훗날 자라서 고대 유적지를 발굴하겠다는 꿈을 품는 어린이는 그때나 지금이나 많지 않으리라. 또한 거대한 성벽이 한 때 존재했다면 완전히 소멸했을 리 없다는 결론까지 내리다니, 어린이 의 생각치고 얼마나 논리정연한가?

하지만 더욱 놀라운 점은 결국 그가 어린 시절에 품은 꿈을 평생 잊지 않고 있다가 실제로 행동에 옮겼다는 것이다. 슐리만은 성인이 된 뒤 무 역업을 하는 틈틈이 독학으로 연구를 계속한 끝에 터키에서 지중해를 바라보는 히사를리크(Hisarlik)의 구릉지대가 바로 트로이의 유적지라고 확신했다. 오토만 제국 정부의 허가를 얻고 나서 곧장 발굴을 시작한 슐 리만은 10여 층에 달하는 대규모 고대 주거 흔적을 발견했다. 각 층은

터키 히사를리크 유적. 장장 10여 층의 문명권 유적이 겹겹으로 발견되었으며, 그 가운데 하나가 『일리아드』에 묘사된 트로이와 직접 관련이 있을 가능성이 매우 높다. 발굴에 결정적인 역할을 한 독일의 아마추어 고고학자 슐리만의 삶과 행적 또한 드라마틱하기 짝이 없다.

초기 청동기 시대부터 로마 시대에 이르는 여러 문명 시기를 대표하고 있었는데, 이는 달리 말해 같은 자리에 수천 년간 촌락과 도시가 세워졌다 무너지기를 되풀이했다는 뜻이다. 슐리만은 발굴지의 맨 아래층 유적에서 발굴한 각종 황금 장신구와 청동기 등에 '프리아모스 왕의 보물 (Priam's Treasure)'이라는 이름을 붙이기도 했다. 프리아모스는 트로이의 마지막 왕으로 헥토르와 파리스의 아버지다.

슐리만은 트로이에만 그치지 않고, 이번에는 그리스 본토로 건너가더니 『일리아드』에서 그리스 군 총사령관으로 등장하는 아가멤논 (Agamemnon)의 나라 미케네(Mycenae)의 발굴도 시도했다. 여기서도 연타석 홈런을 터뜨린 그는 유명한 '사자의 문(Gate of Lion)'을 비롯한 미케네 시대의 여러 건축물을 복원했는가 하면, 왕족으로 생각되는 시신의 얼굴에 씌워졌던 황금 마스크까지 찾아내어 이것에도 '아가멤논의 가면 (Agamemnon's mask)'이라는 이름을 직접 지어 주었다. 어린 시절의 꿈을 평생 좇은 그는 문자 그대로 '꿈을 현실로(dream come true)' 만든 놀라운 인물이다.

하지만 에번스의 경우와 마찬가지로 슐리만에 대한 평가 역시 그다지 긍정적이지만은 않다. 우선 지금도 터키인들에게 슐리만은 영웅은커녕 국보급 유물을 훔쳐 간 도굴꾼에 불과하다. 역사가들과 고고학자들의 비판도 적지 않다. 예를 들어 슐리만은 자기가 파낸 유적의 최하층이 트로이 문명의 것이라고 확신했지만, 후대 학자들은 시기상 트로이 전쟁 무렵인 기원전 12~11세기에 해당하는 유적은 제7층 아니면 제6층이라고 본다. 슐리만이 애초부터 트로이 유적이 히사를리크의 맨 밑바닥에 묻혀 있으리라고 성급히 단정하고 최하층에 도달하기 위해 서둘러 부지를 파헤치는 과정에서 여러 문명 층을 손상했다는 비판도 있다. 그뿐만 아니라 슐리만이 미케네 유적에서 발견한 '아가멤논의 가면' 역시 트로이 전쟁 시기보다 훨씬 앞선 시대의 것으로 판명되었다.

물론 모두 일리 있는 지적이긴 하지만, 슐리만이 아니었다면 히사를리크는 지금까지도 그저 터키 어린이들이 전쟁놀이를 하는 흙언덕으로 남았거나 혹은 기껏해야 발 빠른 도굴꾼들의 '잭팟'이 되었을 가능성이 90퍼센트 이상이라고 본다. 슐리만의 실책과 한계를 다 인정하더라도, 신화와 전설로만 생각되던 트로이 전쟁을 역사의 무대까지 불러낸 그의 공적을 깎아내리기에는 충분하지 않다. 그의 좌충우돌 활약 덕분에 트로이 전쟁의 전설이 단순한 픽션이 아니라 청동기 시대 그리스와 소아시아의 여러 도시들(그중 한 곳의 이름이 트로이였을 것이다.) 간의 수 세기에 걸친 교역과 대결의 역사를 반영한다는 것은 이제 거의 반박의 여지가 없는 '팩트'가 되었다. 슐리만 본인은 자서전에서 이렇게 말한 바 있다.

과거의 유적을 찾아 땅을 파헤치면서 평생을 보내는 것보다 더 즐거운 일은 상상이 가지 않는다.

We could imagine nothing more pleasant than to spend all of our lives digging for relics of the past.

모르긴 몰라도 에번스 역시 비슷한 심정이었을 것이다. 한국의 악명 높은 '4대강 사업'이나 군사 독재 정권 시절의 '평화의 댐 사업'과는 달리 에번스와 슐리만은 자고로 진정한 '삽질'이란 무엇인가를 몸소 보여 준 인물들이라고 할 수 있다.

5th Brunch Time

두 도시 이야기

폴리스의 시대

『일리아드』의 배경이었던 미케네 문명이 몰락한 뒤 수백 년간 혼란의 시기를 겪은 그리스 반도에서는 기원전 9~8세기 무렵부터 곳곳에 폴리스(polis)라고 불리는 도시국가들이 속속 등장하면서 비코가 말한 '인간의 시대'가 본격적으로 시작된다. 그리스어 'polis'는 도시, 국가를 의미한다. 그리스인들은 어디에나 이 '폴리스'를 갖다 붙이기를 좋아했다. 가령 그리스인들은 페르시아의 수도 파르사푸라(Parsapura)를 '페르세폴리스(Persepolis)'라고 불렀는데, 이는 문자 그대로 '페르시아인들의 도시'라는 뜻이다. 또 이탈리아의 항구도시 나폴리(Napoli, 영어: Naples)는 원래 고대 그리스의 식민지로 성장한 도시이며, 그 이름은 그리스어 '네오(neo, 새로운)'와 '폴리스(polis, 도시)'가 합쳐진 '네오폴리스(Neopolis)'가 이탈리아어 식으로 바뀐 것이다. 카르타고의 경우와 마찬가지로, 한국으로 치면 '신도시'라는 보통명사가 아예 고유명사가 된 경우다.

그리스의 폴리스들은 저마다 규모와 인구, 풍습, 정치 체제 등이 제각 각이었지만 적어도 구조상 두 가지 공통분모를 가지고 있었다. 첫 번째 는 도시의 중심에 위치한 아크로폴리스(acropolis)라는 높은 구릉지대였 다. 이 아크로폴리스에는 보통 도시의 수호신을 모시는 신전을 짓고 둘 레에 성벽을 쌓아 유사시에 군사적 요새의 기능을 하며 최후의 저항선 이 되도록 했다.―물론 외적이 아크로폴리스 턱밑까지 몰려올 즈음이 면 이미 전쟁은 거의 대세가 기울었다고 봐야겠지만. 그리스 폴리스들 의 또 다른 공통분모는 아크로폴리스 아래 평지에 위치한 아고라(agora) 였다. 아고라는 원래 시장(marketplace)이라는 뜻으로, 활발한 상거래가 이루어지는 상업의 중심지였을 뿐 아니라 사람들이 모여 각종 현안을 놓고 토론을 벌이면서 여론을 형성하던 장소이기도 했다.

그리스인들은 내부적으로는 이렇게 여러 도시국가로 쪼개져 서로 경 쟁하면서도, '우리'와 그리스 바깥의 세계에 있는 '그들'을 구분하는 분 명한 의식이 있었다. 우선 그리스인들은 제우스를 정점으로 하는 올림 포스의 신성가족을 믿는 공통의 신화와 종교, 그리고 언어와 문화를 통 해 하나로 연결되어 있었다. 그리스인들은 그리스 땅을 헬라스(Hellas), 스스로를 헬라스의 사람들이라는 의미의 헬레네스(Hellenes)라고 불렀 다. 약간 놀랍게도 현대 국가 그리스의 공식 국호 역시 실제로는 그리스 가 아니라 헬레닉 공화국(Hellenic Republic)이다. 사실 그리스(Greece)라 는 명칭은 이오니아 해에 면한 그리스 남부의 그라이아(Graia)라는 고대 도시의 주민을 뜻하던 그라이코스(Graikhos)에서 유래한 것으로, 로마인 들이 그리스를 식민지로 삼으면서 모든 그리스인들을 싸잡아 이렇게 부 르면서 널리 퍼지게 된 표현이다. 그러니까 '그리스'라는 말에는 어찌 보면 로마의 식민 지배를 받았던 굴욕의 역사가 담겨 있는 셈이다.

그리스인들은 스스로를 '헬라스'라고 부른 반면 이방인들은 '바르바로이(*barbaroi*)라고 부르면서 구분했다. 이 '*barbaroi*'에서 야만인이라는 뜻의 영어 단어 barbarian이 나온 것은 널리 알려진 사실이다. '바르바로이'는 원래 오리엔트에서 온 이방인들의 언어가 그리스인들에게 '바르 바르(*bar bar*)…' 하는 식으로 들렸기 때문에 만들어진 단어라고 한다. 사실 지금도 아랍어를 들어 보면 종종 어미가 '아르르', '그르르', '바르르' 하는 식으로 들리는 것을 알 수 있는데, 그렇다면 바르바로이 또한 그런 중동계 이국어 발음의 특징을 제대로 포착한 표현이라고 하겠다.

올림픽과 신탁

고대 그리스인들이 이방인들을 배제하고 끼리끼리만 공유했던 대형 이벤트가 바로 올림픽 제전(Olympics)이다. 그리스의 도시국가들은 기원전 776년부터 4년에 한 번씩 올림포스 산(Mount Olympus) 아래의 도시 올림피아(Olympia)에 모여 각종 스포츠로 힘과 기량을 겨루는 제전을 개최했으며, 이는 그리스가 로마의 속주가 된 후에도 한동안 이어졌다. 행사 장소로 올림피아가 선택된 이유는 그곳에 제우스를 모시는 대신전이 있었기 때문이다. 폴리스들은 저마다 수호신을 모시고 있었지만 제우스는 모든 신들 위에 군림하는 신 중의 신이라 모든 그리스인들에게 숭배되었던 것이다.

올림픽 기간 중에는 전 그리스에 '올림픽 휴전(Olympic Truce)'이라는 정전 협정이 발동되어 모든 분쟁이 중단되고 올림픽 제전에 참가하기 위해 여행을 떠나는 순례객과 선수들의 안전이 보장되었다. 고대 올림픽에 출전할 자격은 자유로운 남성 그리스 시민에게만 주어졌고, 여성, 외국인, 노예 등은 자격이 없었다. 종목은 원래 달리기뿐이었으나 이후

달리기 주자들. 기원전 5세기 아테네에서 제작된 암포라의 그림. 달리기는 고대 그리스 올림픽에서 가장 먼저 채택된 종목이다.

멀리뛰기, 원반던지기, 레슬링, 복싱 등이 추가되었고, 각 종목의 우승자는 관중의 환호 속에서 월계관을 받았다.

올림픽과 함께 고대 그리스인들만 공유하던 또 하나의 이벤트로는 '델포이의 신탁(Oracle of Delphi)'이 있다. 국가 중대사의 결정을 앞두고 신의 뜻을 묻는 의식은 모든 고대 문명에서 공통적으로 보이는 현상이며, 고대 그리스 도시국가들 역시 예외가 아니었다. 그런데 그중에서도 그리스 반도 남부의 작은 도시 델포이에 있는 아폴론(Apollo) 신전에서 나오는 신탁이 매우 영험한 것으로 알려지면서, 신탁을 받으려고 그리스 전역에서 모인 방문객들로 신전은 언제나 붐볐다고 한다. 올림픽 제전의 개최 역시 델포이 신탁의 뜻에 따른 것이었으며, "소크라테스(Socrates)보다 더 현명한 자는 없다."고 선언하여 소크라테스가 불멸의 철학자로 기억되는 길을 깔아 준 것 역시 이곳의 신탁이었다.

이때 신탁, 즉 신의 메시지를 받아 인간에게 전해 주는 영매(medium)는 경험 많고 나이 지긋한 현자가 아닌 어린 숫처녀(virgin maid)였다. 실제로는 이 처녀 영매가 비밀스러운 의식을 거쳐 받은 아폴론 신의 메시지를 신관들이 듣고 공표하는 과정을 거쳤다. 이렇게 번거로운 절차를 거친 것은 영매가 신들린 상태가 되어 보통 사람이 이해할 수 없는 말을

델포이의 아폴론 신전 유적. 여기서 나오는 신탁이 영험하다는 평판이 퍼져 전 그리스에서 사람들이 몰려들었다. "소크라테스보다 더 현명한 자는 없다."고 한 신탁 또한 이곳에서 나왔다.

중얼거렸기에 이 말을 '해석'할 전문가들이 따로 필요했기 때문이라고 하는데, 뭔가 신전 소속 직원들 모두에게 저마다 먹고살 구실을 만들어 주기 위해 사전에 설정해 둔 각본인 듯한 느낌도 없지 않다.

그럼 델포이의 영매는 도대체 어떻게 그토록 약발 좋은 신내림 상태에 도달했던 것일까? 정말 아폴론 신이 직접 강림했다고 믿지 않는 다음에야 무언가 납득이 가는 설명이 있을 것이다. 우선 신탁의 의식을 준비할 때 영매의 신내림을 돕기 위해 향 같은 물질을 태웠으리라는 것은 머리가 썩 좋지 않은 나도 추리할 수 있다. 또한 20세기 들어 델포이 신전 유적지 일대의 지질층에서 가벼운 기운의 유독가스 비슷한 물질이 올라오는 것이 발견되기도 했다고 한다. 어쩌면 고대 그리스 시대에는 그 유독가스가 더 강했을지도 모른다. 그렇다면 많은 신탁 가운데 하필 델포이의 신탁이 특히 약발이 있었다는 것은 이 마약성 향불과 땅에서 올라온 유독가스의 시너지 효과 덕분이 아니었을까? 그 작용으로 영매들이 강력한 신내림(환각?) 상태에 빠지면서 다른 신전들과는 또 다른 독특하고 창의적인 메시지들을 내놓았을 수도 있다.

기원전 8~4세기 사이 그리스 반도에서 번영했던 폴리스 가운데는 테베(Thebes), 코린토스(Corinth), 로도스(Rhodes) 등이 이름을 떨쳤지만, 역시 이 시대 최고의 스타라면 아테네(Athens)와 스파르타(Sparta)를 꼽을 수밖에 없다. 이제부터 여러 폴리스 사이에서도 막강한 국력을 자랑하며 정국을 주도했던 실세 아테네와 스파르타를 자세히 들여다보자.

민주주의의 발상지 아테네

그리스 신들은 저마다 독특한 탄생 설화를 가지고 있는데, 특히 전쟁, 정의, 지혜의 신 아테나(Athena)의 경우는 유독 흥미롭다. 그리스 신화 속 신들의 계보를 정리한 작품으로 유명한 시인 헤시오도스(Hesiod)의 『신통기*Theogony*』에 따르면, 주신 제우스는 메티스(Metis)라는 여신을 애인으로 두고 있었는데, 어느 날 메티스에게서 나올 자식들이 자신보다 더욱 강력하고 현명해지리라는 예언을 듣게 된다. 그러자 제우스가 어떤 '조치'를 취했는지 『신통기』의 한 대목을 읽어 보자.

하지만 제우스는 메티스를 손으로 붙잡아 자기 뱃속에 집어넣었는데, 이는 그녀가 자신의 천둥보다 더 강력한 무엇을 출산할지도 모른다는 두려움 때문이었다. 그런 까닭에 저 높은 곳에 앉아 천상에 거하는 제우스는 갑자기 그녀를 삼켜 버린 것이다.

But he seized her with his hands and put her in his belly, for fear that she might bring forth something stronger than his thunderbolt : therefore did Zeus, who sits on high and dwells in the aether, swallow her down suddenly.

자식 잡아먹기가 특기였던 크로노스의 유전자를 받은 아들 제우스이고 보면 애인을 한입에 삼켰다고 해도 그리 놀라운 일이 아니다. 정말 놀라운 일은 그 후에 벌어진다.

하지만 메티스는 곧 팔라스 아테나를 잉태했고, 저 인간과 신들의 아버지는 트리토 강의 둑에서 자기 머리를 통해 아테나를 낳았다. (…) 제우스는 전쟁 무기를 갖춘 아테나를 낳았다.

But she straightway conceived Pallas Athene : and the father of men and gods gave her birth by way of his head on the banks of the river Trito. (…) Zeus gave her birth, arrayed in arms of war.

이렇게 전신을 무장한 채 제우스의 머리를 가르고 튀어나온 여성이 바로 아테나였다는 것이다. 무슨 알이나 광주리도 아니라 하필 아빠에게 잡아먹힌 엄마의 뱃속을 헤치고 나와, 다시 아빠의 두개골마저 뚫고 나온 여신이라니, 그리스인들의 엽기적 상상력에 혀를 내두를 수밖에 없다. 바로 이 아테나를 수호신으로 모시고 이름마저 따라 지은 폴리스가 아테네다.

사실 아테네는 다른 폴리스들에 비해 시작부터 지정학적인 이점이 여럿 있었다. 먼저 에게 해에 바로 면해 있었기에 내륙에 위치한 다른 폴리스들보다 외래 문물의 접수가 빨랐고 해상 무역의 중심지로 성장할 수도 있었다. 또한 아테네는 영토 내에 대규모 은광도 있어 항상 주머니가 두둑했다. 아테네가 그때까지 동서양 역사에 전례가 없는 민주주의 실험을 펼칠 수 있었던 것도 이런 물적 토대가 받쳐 주었기 때문이다.

아테네는 초기에 왕정으로 출발했지만, 기원전 8세기경 왕을 몰아내고 귀족들의 대표가 나라의 중대사를 결정하는 귀족정(aristocracy)을 실

왼쪽: 아테네의 수호신 아테나 여신의 상. 그리스 시대의 조각 원본을 로마 시대에 복제한 것이다.
오른쪽: 아테나 여신을 모셨던 파르테논 신전. 그리스 고전 시대 건축의 최고 걸작이다. 터키가 그리
스를 식민 지배할 당시 탄약고로 쓰이다 폭발 사고를 겪는가 하면 신전을 장식한 조각, 부조 등이 해
외로 대거 반출되는 등 굴곡 많은 그리스의 근대사를 상징하기도 한다.

시했다. 이후 아테네의 정치 체제는 극심한 부침을 거듭했다. 드라콘
(Draco)이 너무 엄격한 법률을 도입했다가 시민들의 반발을 샀는가 하
면, 솔론(Solon)은 헌법을 제정했다. 그러다가 독재자 페이시스트라토스
(Peisistratos)와 그 아들들이 등장하여 참주정치(tyranny)를 자행하는 등
개혁과 반동이 엎치락덮치락 뒹구는 우여곡절을 겪었다. 결국 페이시스
트라토스의 아들들이 권좌에서 쫓겨난 뒤 클레이스테네스(Cleisthenes)의
주도로 본격적인 민주주의가 시행되었다. 도시의 원로들로 구성되는 자
문회의(Council), 투표로 주요 정책을 결정하는 민회(Assembly), 법률적
사안을 판단하는 법원(Court)이 세워졌으며, 이 모든 기관에는 일반 시민
의 참여가 보장되었다.

　민주주의를 뜻하는 영어 단어 democracy는 그리스어 '데모크라티아
(*demokratia*)'에서 유래했는데, 이 말은 사람들(people)을 뜻하는 '데모스
(*demos*)'와 지배, 힘 등을 뜻하는 '크라티아(*kratia*)'가 합쳐진 것이다. 물
론 고대 아테네의 민주정은 현대적 의미의 민주주의와는 많이 달랐다.

현대의 민주주의가 국민의 대표를 뽑아 정치를 이끌어 가게 하는 대의 민주주의인 데 비해, 고대 아테네에서는 시민들이 나서서 대규모 투표로 여러 정치 현안을 결정하는 직접 민주주의 방식이 주로 쓰였다. 자격 제한도 많아서 여성, 외국인, 노예, 해방 노예 등에게는 참정권이 주어지지 않았으며, 오직 남성 시민, 그 가운데서도 군복무를 이행했거나 이행할 능력이 있는 시민에게만 권리가 주어졌다. 하지만 이런 '한계'에 한탄하기 전에 이때가 무려 기원전 6세기라는 점을 감안하는 것이 좋겠다. 근대 민주주의의 선진국이라고 할 미국이 여성에게 투표권을 준 것이 불과 1920년의 일이다.

아테네 민주주의의 약점은 그뿐만이 아니었다. 예를 들어 군 지휘관을 비롯한 정부의 요직은 명문가 출신들이 독점하면서 나눠 먹는 경향이 강했다. 또한 대중이 말발 좋은 정치가에게 넘어가 멍청한 결정을 내리는 경우도 얼마든지 있었다. 아테네의 민주주의는 언제라도 중우정치(衆愚政治, mobocracy)로 변질될 위험이 높았던 것이다. 실제로 아테네의 민주주의에 대한 비판은 당대에도 끊이지 않았고, 그 비판의 선봉에 나선 이들 중에는 다른 사람도 아닌 소크라테스가 있었다. 그의 민주주의에 대한 회의와 경멸은 제자 플라톤(Plato)이 쓴 여러 저서에 잘 드러난다.

단순한 비판에 그치지 않고 아테네의 민주정치를 뒤집으려는 시도 역시 줄기차게 일었다. 기원전 411년에는 쿠데타가 일어나 400명의 귀족과 부자들이 정권을 잡으면서 이른바 '400인 정권(The Four Hundred)'이라고 불리는 과두제(oligarchy)가 등장했다가 곧 붕괴했다. 기원전 404년에도 30명의 참주(tyrant)들이 민주정을 뒤엎고 과두제를 실시한 적이 있었는데, 이를 '30인 독재(Thirty Tyrants)'라고 부른다. 이런 식으로 아테네는 300여 년의 기간 동안 왕정, 귀족정, 참주정, 과두정, 민주정에 이르는, 그때까지 인간이 발명한 정치 제도란 제도는 모두 경험한 나라가 되었다.

　아테네의 다채로운 민주주의 실험이 이후 인류 역사의 진보를 위한 큰 자산이 되었음은 물론이지만, 이것이 단순한 정치 제도의 실험만은 아니었다. 민주주의가 발전하면서 사람들을 설득해야 할 필요성에 따라 웅변술, 토론술도 발달했는데, 이런 분위기는 여러 걸출한 사상가, 철학자들을 배출하는 토양이 되었다. 민주주의의 기본이 되는 언론의 자유, 사상의 자유가 위대한 철학적 사유로 연결된 셈이다.

스파르타의 군국주의

알고 보면 유럽의 지식인들 사이에서 아테네가 고대 그리스를 대표하는 폴리스로 부각되기 시작한 것은 겨우 19세기 중엽부터였다. 이렇게 된 것은 영국이 해군력을 중심으로 세계 제국을 건설하면서 고대 해상 강국이던 아테네의 역사에 대한 관심이 고조되었기 때문이다. 아테네가 영국 덕에 뜨기 전까지 오랫동안 고대 그리스 역사의 적자 대접을 받은 폴리스는 다름 아닌 스파르타였다. 호메로스의 『일리아드』를 보더라도, 헬레네는 원래 스파르타 왕 메넬라오스의 왕비였고, 메넬라오스는 자기 형이자 미케네의 왕인 아가멤논과 함께 그리스 연합군에서 주도적 역할을 한다. 『오디세이』에도 오디세우스의 아들 텔레마코스(Telemachus)가 아버지의 소식을 찾아 스파르타까지 갔다가 메넬라오스의 웅장하고 화려한 궁전에 감탄하는 장면이 있다.

　역사가들은 스파르타를 흔히 '군국주의 국가' 혹은 '병영 국가'라고 부르곤 하는데, 이 말은 구체적으로 어떤 의미일까? 아테네의 역사가 투키디데스(Thucydides, 기원전 460?~400?)는 『펠로폰네소스 전쟁사History of the Peloponnesian War』에서 스파르타가 아테네에 맞설 동맹을 결성하던 무

고대 스파르타의 유적. 멀리 현대 스파르타 시의 모습이 보인다.

렵 스파르타 국왕 아르키다모스 2세(Archidamus II)가 여러 폴리스의 대
표들을 상대로 행한 연설을 소개하고 있다. 이 연설 속에는 스파르타인
들의 정체성 혹은 인생철학을 알 수 있는 다음과 같은 대목이 등장한다.

우리는 좋은 군인이며 동시에 현명하기도 합니다. 이를 가능하게 하는 것
은 바로 우리의 겸손입니다. 우리가 좋은 군인인 까닭은 자제력이 명예의
주된 요소이며, 또 명예는 용기의 주된 요소이기 때문입니다. 우리가 현명
한 까닭은 법률을 경멸할 만큼 많은 학식을 익히지도 않고, 법률에 불복종
할 만큼 자제력을 잃도록 교육받지도 않기 때문이며, 적군의 계책을 이론으
로 공허하게 비판할 수는 있지만 실제로 공략할 때는 그만한 성공을 거두지
못하는 지식 같은 쓸데없는 것을 너무 많이 알도록 양육되는 대신, 적군의
작전이란 우리의 작전과 그리 다르지 않으며 우연의 장난은 잔계산으로 결
정할 수 없다는 것을 고려하도록 배우기 때문입니다.

We are both good soldiers and good thinkers, and it is our modesty

that makes us so. We are good soldiers, because self-control is a chief
constituent in honour, and honour is a chief constituent in bravery. We
are good thinkers, because we are educated with too little learning to
despise the laws, and with too severe a self-control to disobey them,
and are also brought up not to be knowing too much in useless
matters—such as the knowledge which can give an empty criticism of
an enemy's plans in theory, but fails to assail them with equal success in
practice—but are taught to consider that the schemes of our enemies
are not dissimilar to our own, and that the freaks of chance are not
determinable by calculation.

"우리는 좋은 군인이며 동시에 현명하기도 합니다."라는 자화자찬성
문장은 스파르타인들이 스스로를 어떻게 생각했는지 잘 요약한다. 그
비결은 다름 아닌 스파르타인들의 자제력(self-control)에 있으며, 이 자제
력은 법률에 복종하고 필요한 생각만 경제적으로 하도록 만드는 교육을
통해 익힌다는 것이다.

"법률을 경멸할 만큼 많은 학식을 익히지도 않고, 법률에 불복종할 만
큼 자제력을 잃도록 교육받지도 않습니다."라는 대목은 실로 의미심장
하다. 즉 스파르타 교육의 진수는 가능한 한 많은 지식을 섭취하는 것이
아니라 오히려 쓸데없는 것을 배우느라 시간을 허비하지 않는 데 있다.
스파르타인들은 식사에도 과식이 있듯이 배움에도 과도한 배움이 있다
고 생각한 것 같다.

이어지는 전투력에 관한 분석 또한 눈에 띈다. 왜 스파르타인들은 싸
움을 잘하는가? 아르키다모스에 따르면 적의 작전을 분석하는 데 시간
을 낭비하며 머리만 복잡하게 하기보다는 우선 그냥 싸우고 보기 때문

이란다. 전투란 잔머리로 계산하기보다는 몸으로 때우며 하는 것이라는 이야기다. 이쯤 되면 "무식하면 용감하다."는 말이 스파르타인들에게는 조롱이 아니라 칭찬으로 들렸을 법하다. 군사 전략과 병법의 귀재인 손자나 제갈공명도 스파르타에서 태어났더라면 아마 그 재능을 펼쳐 볼 기회를 얻기 힘들었을 것 같다. 손자 같은 인물이 '전략'을 아무리 설명해 봐야 너무 복잡하기만 하다고 배척당했을 것이기 때문이다.

연설에서 언급된 '법률'이란 기원전 8세기의 인물로 전해지는 전설적인 입법가 리쿠르고스(Lycurgus)가 창시했다는 엄격한 스파르타 법률 체계를 가리킨다. 리쿠르고스의 법률에는 스파르타의 '꿈나무'들을 위한 교육 프로그램도 포함되어 있었는데, 책상물림을 경멸하고 절제, 복종, 규율을 강조하는 교육 방식으로 유명했다. 로마 시대의 역사가이자 전기 작가인 플루타르코스(Plutarch, 46?~120?)가『고귀한 그리스인들과 로마인들의 생애Lives of the Noble Greeks and Romans』, 우리에게는『영웅전』이라는 제목으로 익숙한 저서에서 소개하는 스파르타의 조기 교육을 잠간 살펴보자.

어린이들은 일곱 살이 되자마자 특정한 단체와 학급에 등록되었는데, 그곳에서 모두 같은 체계와 규율 아래 살면서 함께 운동하고 놀았다. 이들 가운데 최고의 통솔력과 용기를 보인 아이가 조장이 되었다. 아이들은 언제나 그에게 주목하고 그의 명령에 복종하며 그가 가하는 형벌은 무엇이건 참을성 있게 견뎌야 했다. 따라서 교육의 전 과정이란 오직 자발적이고도 완전한 복종을 계속 연습하는 것이었다. (…) 읽기와 쓰기는 겨우 필요한 만큼만 장로들이 가르쳤다. 이들의 주된 관심사는 아이들을 유능한 병졸로 만드는 것이었고, 고통을 참고 전투에서 승리하도록 가르치는 것이었다. 이를 위해 아이들이 나이를 먹고 자랄수록 규율은 그만큼 늘어났다. 머리는 짧게 깎았고, 맨발로 다니면서 대개는 발가벗고 노는 데에 익숙해졌다.

As soon as the children were seven years old they were to be enrolled in certain companies and classes, where they all lived under the same order and discipline, doing their exercises and taking their play together. Of these, he who showed the most conduct and courage was made captain; they had their eyes always upon him, obeyed his orders, and underwent patiently whatsoever punishment he inflicted; so that the whole course of their education was one continued exercise of a ready and perfect obedience. (…) Reading and writing the elders gave them, just enough to serve their turn; their chief care was to make them good subjects, and to teach them to endure pain and conquer in battle. To this end, as they grew in years, their discipline was proportionably increased; their heads were close-clipped, they were accustomed to go bare-foot, and for the most part to play naked.

이것이 스파르타 조기 교육의 실상이었다. 7세 때부터 부모 품을 떠나 기숙사 같은 곳에서 단체 생활을 하면서 오직 훌륭한 군인으로 자라나는 것이다. 심지어는 아이들을 굶긴 뒤 남의 집에서 음식을 훔쳐 먹는 훈련도 시켰는데, 그러다 주인에게 들켜서 흠씬 두들겨 맞더라도 절대 훔쳐 먹었다는 자백을 하면 안 되었다. 붙잡힌 소년이 끝까지 잡아떼다가 실제로 맞아 죽는 경우도 꽤 있었다고 한다. 아마 포로가 되었을 경우 불리한 정보를 적에게 털어놓지 않도록 만드는 훈련이었던 것 같다. 여아의 경우에도 비록 남자아이들과 같은 단체 생활을 하지는 않았지만 남자처럼 행동하고 함께 운동하고 노는 것이 권장되었다.

스파르타가 이렇게 아이들까지 닦달하는 병영 국가가 된 데는 나름

이유가 있었다. 스파르타는 미케네 문명 직후 그리스로 남하한 소수의 도리아인들(Dorians)이 다수의 원주민을 정복하고 세운 나라였다. 따라서 적은 수의 지배층이 다수를 통치하기 위해서는 엄격한 법률과 규율이 필요했다. 마치 아리아족이 인도에서 카스트 제도를 발명하고, 20세기에 보어인들이 남아프리카에서 지독한 인종 차별 정책을 밀어붙였듯이, 스파르타 역시 전 국민을 도리아계 후손인 스파르타 시민, 피정복민으로 인구의 다수를 차지하지만 노예 신분인 헬롯(Helot), 그리고 자유민이지만 시민권은 없는 페리오이코이(Perioikoi)로 나누는 엄격한 신분제를 실시했던 것이다. 스파르타는 헬롯에게 모든 생산 노동을 맡게 하고 시민권자들은 국정 운영과 군사 훈련에 전념하도록 했다. 그뿐만 아니라 스파르타는 아테네와 달리 일부 좁은 해안 지대를 제외하고는 내륙 깊숙이 위치하여 다른 도시국가들에 포위된 형국이라, 어느 방향에서 침략할지 모를 적에 대한 경계 태세의 확립이 중요하기도 했을 것이다.

짧지만 강한 스파르타 식 화술

아테네의 민주주의 정치인과 소피스트들이 때로는 장황하고 화려하면서도 종종 견강부회(牽强附會)에 빠지는 변론술을 낳았다면, 스파르타의 군국주의와 단순한 생활 방식은 후대에 '스파르타 식 농담(Laconic joke)' 혹은 '스파르타 식 어법(Laconic phrase)'이라고 불리게 되는, 군더더기 없이 간결한 화법을 낳았다. Laconic은 스파르타의 옛 이름이자 별명인 라코니아(Laconia)의 형용사형이다. 영어에서는 지금도 'laconic joke'라는 말이 '간결한 농담'이라는 의미로 잘 쓰인다. 유명 인사나 코미디언의 재치와 위트가 넘치는 '원 라이너(one liner)'라는 말과도 일맥상통한다. 플루타르코스는 산문집 『모랄리아*Moralia*』에서 고대 스파르타인들의 간결한 명언을 다수 정리하여 소개하고 있는데, 그중 몇 가지를 감상해 보자. 먼저 스파르타의 전설적 입법자 리쿠르고스의 일화이다. 어느 스파르타인이 리쿠르고스에게 스파르타에도 민주주의를 도입해야 한다고 열변을 토하자 그는 다음과 같이 대답했다.

"자네 집안에서 먼저 민주주의를 세워 보게."
"Do you first establish a democracy in your own house."

잠시 후 본격적으로 소개할 페르시아 전쟁 당시 페르시아 장수가 무기를 내려놓고 항복하라고 최후통첩을 보내자 스파르타 왕 레오니다스(Leonidas)는 이렇게 대답했다.

"직접 와서 가져가라."
"Come and take them."

이 말은 그리스어 발음 그대로 '몰론 라베(Molon Labe)'라고 쓰기도 하는데, 지금도 그리스 군의 모토로 사용된다고 한다. 역시 테르모필레 전투에 앞서 누군가가 페르시아의 수많은 궁수들이 일제히 화살을 쏘면 화살이 해를 가릴 것이라고 하자 레오니다스는 이렇게 말했다.

"그렇다면 그늘에서 싸우게 될 것이니 이 아니 좋을쏘냐?"
"Won't it be nice, then, if we shall have shade in which to fight them?"

여성들도 입담이라면 남자에게 뒤지지 않았다. 스파르타 여성들이 아들이나 남편이 전쟁에 나갈 때면 한 말은 "부디 몸조심하세요.", "사랑해요."가 아니라 다음과 같았다.

"그걸 들고 오든지, 그 위에 누워 오든지."
"Come back with it or on it."

여기서 '그것(it)'은 스파르타 전사들의 중요한 전투 장구인 방패(shield)를 말한다. 즉 방패를 '들고(with)' 온다는 말은 전쟁에서 생환한다는 것이고, 방패 '위에(on)' 누워서 온다는 말은 시체가 되어 돌아온다는 얘기다. 이런 말을 아들이나 남편에게 태연히 하는 것을 '쿨'하다고해야 할지 냉담하다고 해야 할지 심히 헷갈린다. 그런가 하면 어느 외국여성이 레오니다스의 아내 고르고 왕비(Queen Gorgo)에게 스파르타 여성들은 세계에서 유일하게 남자들을 '꽉 잡고' 있는 것 같다고 말하자왕비는 이렇게 응수했다고 한다.

"우리가 스파르타 남자들을 낳아 주기 때문이죠."
"For we are the ones who bring forth Spartan men."

플루타르코스가 전하는 스파르타 화술의 '종결편'은 마케도니아의 왕필리포스 2세(Philip II of Macedon)와 스파르타인들 사이의 대화다. 한창그리스의 여러 폴리스를 복속시키며 기세를 올리던 필리포스 2세는 스파르타에 사신을 보내 기선 제압에 나섰다. 필리포스 2세가 보낸 사신과 스파르타인들 사이에 오간 대화를 대화체로 재구성해 보면 다음과같다.

필리포스 2세 만약 내가 라코니아로 입성하면, 스파르타를 초토화할 것이오.

스파르타인들 '만약' 이잖소.

Philip II If I enter Laconia, I will raze Sparta to the ground.

Spartans "If."

기선을 잡으려는 적의 엄포를 적이 사용한 단어 하나 'if'로 되받아친 것이 인상적이다. 그 때문인지 몰라도 필리포스 왕은 결국 스파르타만은 건드리지 않았다고 한다.

이렇게 보면 앞서 소개한 아르키다모스의 연설은 스파르타인치고는 꽤 말을 많이 한 셈이다. 만약 리쿠르고스가 들었다면 국왕씩이나 되어 가지고 말이 너무 많다고 나무랐을지도 모를 일이다. 아르키다모스의 경우에는 숙적 아테네에 맞서 다른 그리스 도시국가들을 규합하는 거사를 성공시키려다 보니 말을 좀 길게 해야 했던 것 같다.

잠깐이나마 아테네와 스파르타를 살펴본 느낌이 어떠한가? 만약 독자 여러분이 지금 고대 그리스의 폴리스로 귀화하고 싶은 '바르바로이'이고, 아테네와 스파르타 중 한쪽을 택할 수 있다면 어느 쪽으로 향할 것인가? 병영 국가 스파르타의 질서와 안정을 택할 것인가, 아니면 민주주의와 중우정치를 오락가락한 아테네의 혼란을 택할 것인가?

페르시아 전쟁

테르모필레 전투와 '300용사'의 전설

이렇게 국민성, 문화, 경제, 군사력 등 여러 면에서 판이하게 다른 아테네와 스파르타는 그리스 도시국가들 가운데 최강자 자리를 두고 서로 물러서지 않으려 하던 숙명의 라이벌이었다. 하지만 둘은 더욱 큰 대의를 위해 협력한 적도 있는데, 바로 페르시아의 침략을 저지하기 위한 동맹이었다. '바르바로이'에게 전 그리스가 먹힐 위험에 처하자 두 앙숙이 기꺼이 손을 잡은 것이다.

　바빌로니아를 멸망시키고 이집트를 속주로 삼아 오리엔트에 대제국을 건설한 페르시아는 슬슬 지중해 건너 그리스에마저 눈독을 들이기 시작했다. 결국 기원전 490년 페르시아의 다리우스 1세(Darius I)가 10만 대군을 이끌고 그리스로 쳐들어왔지만, 밀티아데스(Miltiades)가 이끄는 아테네 군의 기습 공격에 말려들어 마라톤(Marathon)에서 대패한 뒤 철수해야 했다. 이후 10년이 지난 기원전 480년, 이번에는 다리우스의 아

페르시아 전사들. 다리우스 1세의 궁전 벽면을 장식했던 프리즈(frieze)로 지금까지도 제작 당시의 아름다운 색채를 보존한 귀한 유물이다. 그리스를 침략한 크세르크세스의 군단 역시 이와 비슷한 모습이었을 것이다.

들 크세르크세스(Xerxes, 기원전 519?~465)가 부친의 패배를 설욕하러 육군 30만과 전함 600척을 거느리고 에게 해를 건너 수륙 양면으로 그리스에 진격해 들어갔다. 여기서는 이 2차 그리스-페르시아 전쟁(Greco-Persian War)에서 가장 유명한 테르모필레 전투(Battle of Thermopylae)와 살라미스 해전(Naval Battle of Salamis)을 잠깐 살펴보자.

테르모필레 전투는 이름 그대로 왼쪽으로 험준한 산맥을 끼고 오른쪽으로는 바다에 면한 절벽을 낀 테르모필레라는 장소에서 벌어졌다. 당시 페르시아의 대군이 그리스 내륙으로 진입하려면 이 좁은 길을 반드시 거쳐야 했고, 그리스 입장에서는 적은 숫자의 병력으로 대군을 저지할 수 있는 안성맞춤의 장소였다. 테르모필레(Thermopylae)는 고대 그리스어로 열의 관문(gate of heat) 혹은 뜨거운 입구(hot gate)라는 뜻인데, 원래 그 근방에 온천이 여러 군데 있어 붙은 이름이라고 한다. 참고로 이렇게 열이나 온도를 뜻하는 그리스어계 접두어 'thermo-'는 영어의 thermometer(온도계), thermostat(온도 조절기), thermodynamics(열역학)

같은 어휘에서 아직도 찾아볼 수 있다.

이 테르모필레 전투를 극화했던 할리우드 영화 〈300〉을 본 독자라면, 스피도 수영복 비슷한 것으로 주요 부분만 간신히 가리고 모두 '식스 팩(six pack)' 복근을 한 채 페르시아 군을 일당백으로 처치하는 살인 기계 스파르타 군대를 기억할 것이다. 지금도 많은 사람들이 테르모필레 전투가 페르시아의 100만 대군과 스파르타의 용사 300명이 붙은 싸움이라고 알고 있지만, 진상은 약간 더 복잡하다. 현장에 도착한 스파르타 전사들이 300명뿐이었던 것은 사실이다. 이렇게 숫자가 적었던 이유는 스파르타에서 당시 마침 카르네아(Carnea)라는 축제가 열리고 있었는데 스파르타 법률이 축제 기간 중 군사 활동을 금지했기 때문이다. 그래서 스파르타의 국왕 레오니다스는 테르모필레에 스파르타 정규군 대신 자신이 직접 통솔하는 친위대만을 데려왔다고 한다. 친위대라면 스파르타군 가운데서도 최정예라고 할 만하니까 이 300명의 전투력은 대략 스파르타 정규군 1,000명 정도에 맞먹지 않았을까?

그런데 당시 테르모필레에는 스파르타뿐 아니라 아르카디아(Arcadia), 코린토스(Corinth) 등의 폴리스에서 모여든 2,000여 명의 병력도 함께 있었다. 역시 테르모필레를 방어하는 것이 중요하다는 공감대가 그리스인들 사이에 있었기 때문이다. 이렇게 보면 그리스 측 또한 그런대로 어느 정도의 군세는 가졌던 것 같다. 물론 그래 봐야 페르시아의 30만 대군(헤로도토스에 의하면 250만)에 비하면 숫자상으로는 여전히 게임이 안 된다. 우리나라 삼국 시대에 김유신이 이끄는 신라군 5만 명과 계백이 이끄는 백제의 결사대 5,000명의 비율이 '겨우' 10 대 1이었던 것을 떠올려 보면 테르모필레의 그리스 방어군과 페르시아 군 사이의 규모 차이가 실감 난다.

헤로도토스는 『역사』에서 그리스와 이웃 나라들 사이에 벌어졌던 여

프랑스 고전주의 화가 다비드(Jacques-Louis David)가 그린 〈테르모필레의 레오니다스〉. 페르시아 군과의 접전을 시작하기 직전의 모습이다.

러 전쟁과 전투도 상세히 소개하고 있는데, 물론 테르모필레 전투 역시 빼먹지 않았다. 그에 따르면 엄청난 대군을 이끌고 현장에 도착한 크세르크세스는 좀 혼란스러워했다고 한다. 척후병이 전하는 그리스 군의 수가 너무 적은 데다가, 전투를 앞두고 하는 짓까지 태평스러워서 도대체 뭘 하자는 뜻인지 이해를 못했다는 것이다. 크세르크세스는 페르시아 진영에서 군사 고문 역할을 하던 데마라토스(Demaratos)라는 귀화한 그리스인에게 의견을 묻는다. 헤로도토스가 전하는 이 데마라토스의 대답 가운데 일부를 옮겨 본다.

"이자들은 그 길목을 두고 우리와 싸우러 왔습니다. 지금 그들은 그 준비를 하고 있는 것입니다. (…) 왕이시여, 하지만 만약 폐하께서 이들과 스파르타에 남아 있는 나머지 사람들을 복종시키신다면, 이번 원정길에 폐하를 막아서거나 감히 항거할 종족은 필시 더 이상 없을 것입니다. 왜냐하면 이제

바야흐로 폐하께서는 그리스인들 가운데서도 가장 훌륭한 왕국이자 도시, 그리고 최고의 정예병들을 대적하시게 될 것이기 때문입니다."

"These men have come to fight with us for the passage and this is it that they are preparing to do. (⋯) Be assured however, that if thou shalt subdue these and the rest of them which remain behind in Sparta, there is no other race of men which will await thy onset, O king, or will raise hands against thee: for now thou art about to fight against the noblest kingdom and city of those which are among the Hellenes, and the best men."

데마라토스의 경고를 받고도 크세르크세스는 반신반의했다. 그는 그리스인들이 도망가든가, 아니면 자신의 '위엄'에 굴복하여 항복해 오리라 믿고 이후 장장 4일을 더 기다린다. 하지만 이윽고 5일째가 되자 인내심이 한계에 달한 크세르크세스가 총공격을 명령하면서 전투는 본격적으로 시작된다.

첫날 전투에는 페르시아의 속주에서 차출된 메디아인들(Medes)과 키시아인들(Kissians)로 구성된 부대가 나섰으나, 스파르타 군에게 막대한 희생만 입고 물러났다. 그러자 크세르크세스는 2일째에 '불사신들(Immortals)'이라는 별명을 가진 최정예 부대를 투입하기로 결정한다. 우리말에 '귀신 잡는 해병'이라는 표현도 있지만, 전투력이 얼마나 대단했으면 '불사신'이라는 이름이 붙었을까? 스파르타의 중무장 보병과 페르시아의 불사신 부대가 맞붙은 현장에서 헤로도토스 기자가 전하는 중계방송을 잠깐 들어 보자.

메디아 군사들이 거친 저항에 직면하여 전투에서 물러서자, 왕이 '불사신들'이라고 부르는, 히다르네스가 지휘관으로 있는 페르시아 전사들이 임무를 교대하여 공격에 임했는데, 이들은 자신들이 적어도 쉽게 적을 제압하리라고 생각했다. 하지만 막상 그리스인들과 전투에 돌입하자, 그리스인들보다 짧은 창을 쓰면서 좁은 길목이 있는 장소에서 싸우다가 숫자상의 우위를 전혀 활용하지 못하는 처지에 빠져, 메디아 부대보다 더 성공을 거두기는커녕 똑같은 신세가 되고 말았다.

When the Medes were being roughly handled, then these retired from the battle, and the Persian warriors, those namely whom the king called "Immortals," of whom Hydarnes was commander, took their place and came to the attack, supposing that they at least would easily overcome the enemy. When however these also engaged in combat with the Hellenes, they gained no more success than the Median troops but the same as they, seeing that they were fighting in a place with a narrow passage, using shorter spears than the Hellenes, and not being able to take advantage of their superior numbers.

불사신 부대조차도 좁은 길목을 지키고 있는 그리스 군의 방어선을 뚫을 뾰족한 묘안이 없었던 것이다. 그러나 하마터면 한동안 교착 상태에 빠질 수도 있었던 상황은 엉뚱한 곳에서 실마리가 풀리면서 빠르게 클라이맥스로 치닫는다. 에피알테스(Ephialtes)라는 그리스인 배신자가 페르시아 군에게 그리스 군의 방어선을 피해 뒤로 돌아 배후를 공략할 수 있는 산 속의 샛길을 알려 주면서 국면이 바뀐 것이다. 그 결과 그리스 군은 페르시아 군에게 산 위의 유리한 고지를 내주어 매우 불리한 위치에 놓이게 되었다. 헤로도토스는 레오니다스와 스파르타인들의 최후의 저항을 다음과 같이 전한다.

크세르크세스를 호위한 채 이방인들이 전진했으며, 레오니다스와 함께한 그리스인들은 죽음이 가까이 왔음을 느끼고 이제 처음의 위치에서 더 나아가 그 길목의 좀 더 넓은 부분으로 전진했다. 지난 수일간 방어벽이 유지되고 있었을 당시에는 적에 맞서 통행로의 비좁은 부분으로 퇴각하며 싸웠지만, 이제 그들은 적과 협로 바깥에서 교전을 벌였고, 수많은 이방인들이 쓰러졌다. (…) 그들 대다수의 창이 전투 중에 사실상 깡그리 부러져 버리자, 이제는 페르시아인들을 검으로 쳐 죽였다. 레오니다스가 스스로 최고의 용사임을 증명한 뒤 쓰러진 것은 그 전투의 와중이었다.

The Barbarians round with Xerxes advanced; and the Hellenes round with Leonidas, feeling that they were going forth to death, now advanced out much further than at first into the broader part of the defile; for when the fence of the wall was being guarded, they on the former days fought retiring before the enemy into the narrow part of the pass; but now they engaged with them outside the narrows, and very many of the Barbarians fell. (…) the spears of the greater number of them were in fact utterly broken during the combat, and they now were slaying the Persians with their swords. And Leonidas in that toil fell, after he had proven the best man.

그런데 이들의 최후에 대해서는 헤로도토스 외에도 역사가들에 따라 몇 가지 다른 버전이 전한다. 예를 들어 플루타르코스가 전하는 스파르타 전사들의 마지막 행보는 헤로도토스의 진술과 상당히 다르다.

밤중에 이방인들에게 포위되었음을 깨달은 스파르타인들은 적진으로 곧바로 진격하여, 적의 왕을 처치하고 자기 목숨도 버리리라는 결심으로 왕의 행궁에 아주 가까이 다가갔다. 그들은 왕의 막사에 가서 마주치는 것이라면 모조리 죽이거나 달아나게 만들었다. 하지만 크세르크세스가 그곳에 없음이 밝혀지자 광대한 진영 안에서 그를 찾아 돌아다니다가, 결국 그들을 사방에서 포위한 이방인들에게 악전고투 끝에 궤멸되고 말았다.

When they perceived by night that they were encompassed by the barbarians, they marched straight to the enemies' camp, and got very near the King's pavilion, with a resolution to kill him and leave their lives about him. They came then to his tent, killing or putting to flight all they met; but when Xerxes was not found there, seeking him in that vast camp and wandering about, they were at last with much difficulty slain by the barbarians, who surrounded them on every side.

발로 쓰는 역사의 대가 헤로도토스를 무시해서는 안 되겠지만, 꼼꼼한 전기 작가이자 역사가였던 플루타르코스의 버전 역시 우리가 가진 스파르타의 이미지에 어울린다. 퇴로가 막혀 버리자 오히려 적진 한가운데로 뛰어드는 발상의 전환이 멋지지 않은가. 호랑이를 잡으려면 호랑이 굴로! 정말 이것이 사실이라면 크세르크세스의 간담이 서늘했을 것이다. 플루타르코스에 의하면 마지막 전투에 앞서 레오니다스는 장병들에게 이렇게 말했다고 한다.

"오늘 밤 만찬은 하데스의 땅에서 한다."

"Tonight we dine in the land of Hades."

하데스는 저승을 다스리는 신이니까 결국 "우리는 오늘 전부 죽는다." 는 말을 이토록 멋지게 한 것이다. 죽음 앞에서도 스파르타 식 조크를 펴는 여유가 부럽다. 헤로도토스에 따르면 테르모필레의 전장에는 이후 어느 그리스 시인이 페르시아와의 전투에서 스러진 용사들을 대신해서 쓴 다음과 같은 비명이 오래도록 전했다고 한다.

> 나그네여, 바라노니 이 말을 스파르타인들에게 전해 다오,
> 우리는 이 자리에 누워 그들의 법도를 충실히 지키고 있노라고.
> Stranger, report this word, we pray, to the Spartans, that lying
> Here in this spot we remain, faithfully keeping their laws.

여기서 법도(laws)란 아마도 스파르타 군의 유일한 교전 수칙이라고 할 임전무퇴(臨戰無退)를 의미하는 것이겠다.

살라미스 해전

스파르타 군이 페르시아 군과 테르모필레에서 대치하는 동안 동맹국 아테네도 바쁘게 움직였다. 당시 아테네에는 테미스토클레스(Themistocles, 기원전 524?~460?)라는 걸출한 전략가가 있었다. 그는 아테네가 마라톤 평야에서 페르시아 군을 격파한 뒤 10년 동안 평화로운 세월을 보낼 때 강력한 해군을 건설하자는 해군양병설을 주장하여 관철한 인물이었다. 율곡 이이의 10만 양병설을 '왕따'시켰다가 일본에 무방비로 당한 조선과 비교된다.

페르시아의 침공에 맞서 테미스토클레스가 택한 전략은 실로 과감한 것이었다. 그는 도시의 방어를 애초부터 포기하고 시민들을 인근의 여러 섬에 분산 대피시킨 뒤 아테네가 마주 보이는 살라미스 섬 앞바다에서 페르시아 해군과 한판 승부를 벌이기로 했다. 테미스토클레스는 전

투에 앞서 허위 정보를 뿌려 그리스 군이 아예 전투를 포기하고 모두 철수한다고 크세르크세스가 믿도록 만들었다. 이 정보를 듣고서 방심하고 있던 페르시아 해군은 갑자기 새벽안개를 뚫고 나타난 그리스 전함들의 집중 공격을 받고 혼란에 빠져 대패했다.

살라미스 해전은 테르모필레 전투만큼 후대에 대중적으로 유명하진 않지만 실제 역사에서는 더 중요했다. 당장의 결과로만 따져도 테르모필레 전투는 겨우 적의 전진을 며칠 지연시켰을 뿐이지만, 살라미스 해전에서는 그리스 해군이 페르시아 해군을 완전히 격파하여 그리스 땅에 발을 붙이지 못하게 했기 때문이다. 우리의 임진왜란과 비교하면, 테르모필레 전투는 왜군이 침략한 초기에 벌어진 동래부사 송상현의 옥쇄나 신립의 장렬한 패배 정도에 해당하고, 살라미스 해전은 이순신 장군의 한산대첩과 명량대첩을 합친 것 정도에 비유할 수 있다.

살라미스에서 수군이 사실상 궤멸되는 사태를 맞은 크세르크세스는 마르도니오스(Mardonius)라는 장군에게 그리스 본토에서 전쟁을 계속 수행하도록 지시한 뒤 자기는 페르시아로 돌아갔다. 플루타르코스에 따르면, 크세르크세스가 살라미스 패전 이후에도 계속 군대를 그리스 땅에 남긴 것은 여전히 그리스 정복에 미련이 있어서가 아니라 혹시라도 그리스 연합군이 후퇴하는 자신을 추격해 올까 봐 두려워했기 때문에 택한 고육책이었다고 한다. 결국 기원전 479년 스파르타–아테네 연합군이 플라타이아이(Plataeae)에서 그때까지 남아서 얼쩡거리던 페르시아군에 최후의 타격을 가하면서 전쟁은 그리스 진영의 깨끗한 승리로 막을 내렸다.

아테네의 비극 작가 아이스킬로스(Aeschylus, 기원전 525?~456?)는 살라미스 해전을 소재로 하여 『페르시아인들The Persians』이라는 희곡을 썼다. 이 작품으로 그는 기원전 472년, 그러니까 살라미스 해전이 일어난

지 약 8년 뒤에 열린 아테네의 비극 경연 대회에서 우승을 차지하기까지 했다. 이 『페르시아인들』을 몇 구절 감상해 보자. 우선 살라미스 해전에서 돌아온 전령이 크세르크세스의 모후(Queen Mother)에게 페르시아 군이 얼마나 철저하게 깨졌는지를 전하는 우울한 장면의 일부다.

신속하게 죽은 자들이 가장 복 받았사옵니다.

전장에서 도망친 불쌍한 생존자들은 고생고생 하며 트라키아를 거쳐 고된 행군에 질질 끌려가다,

결국 몇몇만이 쇠약해진 채 고향 땅에 다다랐습니다.

페르시아가 모든 속주들과 함께 애도하며, 사랑하는 젊은이들의 죽음을 슬퍼하나이다.

제가 드리는 말씀은 전부 사실이고,

하늘이 페르시아인들에게 내리신 재앙 가운데 아직 말씀드리지 못한 것도 많사옵니다.

Happiest he who found the speediest death:

The poor survivors that escaped, with great pain through Thrace,

dragged on their toilsome march,

A feeble few, and reached their native soil:

Persia laments through all her states, and mourns her dearest youth.

What I say is all true,

Yet much remains untold of the ills launched by Heaven upon the

Persians.

여기까지 말하고 전령이 물러가자 코러스(Chorus)의 탄식이 이어진다. 고대 그리스 비극에서 코러스는 단순한 합창단이 아니라 감정을 넣은

고대 페르시아의 수도 페르세폴리스 유적 단지 내에 있는 크세르크세스의 궁전터. 아이스킬로스의 비극 「페르시아인들」의 주 무대이기도 하다. 실제로 그리스 원정의 실패는 페르시아에 엄청난 후폭풍을 몰고 왔다.

적절한 대사로 분위기를 띄우며 극의 흐름에 중요한 역할을 했다.

> 코러스 오, 우리 잔혹한 고통의 원천이신 하늘의 힘이여,
>
> 우리 페르시아 종족 모두에게 그런 엄청난 무게의 고통을 떨어뜨리시다니!
>
> Chorus O heavenly power, source of our cruel distress,
>
> With what crushing weight have you fallen upon the whole Persian race!

실제로 이런 식의 대화가 페르시아의 궁전에서 오갔는지는 알 수 없지만, 이 작품은 살라미스 해전의 패배 이후 페르시아 지도층이 겪었을 충격적인 분위기를 잘 묘사하고 있다.

살라미스 해전은 페르시아인들에게는 비극이지만 그리스인들에게는 물론 경사다. 따라서 그리스인들이 이 '비극'을 보면서 제대로 페르시아

인들의 불운에 공감하며 그 유명한 아리스토텔레스 식 카타르시스 (catharsis)를 느낄 수 있었을지 의문이다. 이 연극을 보면서 정말 울고불고 하며 '카타르시스'를 느껴야 할 당사자들은 오히려 페르시아인들이었을 텐데, 당연한 말이지만 페르시아에서 이 연극이 상연되었다는 기록은 없다.

비록 기원전하고도 수 세기 전의 일이지만, 당대 유럽 문명과 오리엔트 문명의 대표 주자인 국가들이 서로 본격적으로 맞짱을 떴던 그리스－페르시아 전쟁에서 그리스 측이 거둔 승리의 의의는 가볍지 않다. 만약 그때 그리스가 패배하여 페르시아의 속주로 전락했더라면 세계 역사는 이후 어떻게 변했을까?

살라미스 전투를 승리로 이끈 테미스토클레스는 일약 그리스의 국민 영웅이 되었으나 덕분에 정적들도 많이 만들었으며, 결국 말년에 도편 추방(ostracism)에 걸려 아테네에서 쫓겨나고 말았다. 도편 추방은 페이시스트라토스의 참주정치를 겪은 아테네인들이 또 다른 독재자가 나타나는 것을 방지하기 위해 독재의 싹이 보이는 지도층 인사의 추방 여부를 투표로 결정하는 제도였다. 도편(陶片, 그리스어로 '오스트라콘ostrakon')은 당시 투표용지 삼아 쓰였던 질그릇 조각, 조가비 등을 일컫는 말이다. 원래의 취지는 독재자를 미리미리 몰아낸다는 것이었지만, 테미스토클레스처럼 억울한 혐의를 받고 쫓겨나는 경우도 적지 않았다고 한다.

아이러니하게도 아테네에서 쫓겨난 테미스토클레스가 몸을 의지한 곳은 페르시아였다. 당시 페르시아는 크세르크세스가 죽고 그 아들이 다스리고 있었는데, 그는 아버지의 세계 정복의 꿈을 무너뜨린 '원흉'을 받아들여 극진하게 대접했다고 한다. 운명의 장난이란 참 공교롭다.

7th Brunch Time

펠로폰네소스 전쟁

델로스 동맹 vs. 펠로폰네소스 동맹

페르시아를 물리친 뒤 한동안 평온을 누리던 그리스의 도시국가들은 다시 아테네와 스파르타를 중심으로 갈라져 수십 년에 걸쳐 전쟁을 벌이게 되는데, 이것이 바로 펠로폰네소스 전쟁(Peloponnesian War)이다. 아테네의 역사가 투키디데스는 바로 그 전쟁의 이름을 딴 고대 역사서의 걸작『펠로폰네소스 전쟁사』에서 다음과 같이 말하고 있다.

실로 이것은 그리스인뿐 아니라 이방인 세계 대부분의 역사상, 심지어 전 인류 역사상 최대의 사건이었다고 말할 수도 있으리라. 비록 오래전 고대의 사건들은 물론 이 전쟁 바로 전의 사건들마저도 시간의 경과로 인해 명백하게 검증할 수가 없긴 하지만, 내가 가능한 한 가장 머나먼 과거까지 조사하여 모은 증거들은 한결같이 전쟁에서건 다른 사태에서건 그런 대규모 사건은 없었다는 결론으로 귀결되며, 나 또한 이를 믿을 수밖에 없기 때문이다.

Indeed this was the greatest movement yet known in history, not only of the Hellenes, but of a large part of the barbarian world—I had almost said of mankind. For though the events of remote antiquity, and even those that more immediately preceded the war, could not from lapse of time be clearly ascertained, yet the evidences which an inquiry carried as far back as was practicable leads me to trust, all point to the conclusion that there was nothing on a great scale, either in war or in other matters.

이렇게 투키디데스는 자신이 기록한 사건이 사상 최대의 전쟁이자 전대미문의 사태라고 장담하고 있다. 물론 이 주장을 그대로 받아들이지는 못한다고 해도, 당시 그리스의 모든 주요 도시국가들이 분열하여 수십 년간 총력전을 벌였다는 것은 보통 일이 아니다. 그럼 먼저 그 전쟁이 일어나게 된 배경을 잠깐 살펴보자.

페르시아를 물리친 뒤 아테네는 100여 개 폴리스와 함께 이른바 델로스 동맹(Delian League)을 결성한다. 동맹의 원래 명분은 페르시아가 다시 침략해 올 경우를 대비하여 군비를 축적하고, 소아시아에서 페르시아의 지배에 반기를 든 그리스계 도시들을 지원하며, 동맹국들의 해상 무역 활동을 해적으로부터 보호한다는 것 등이었다. 하지만 시간이 지나 이런 우려들이 어느 정도 해소된 뒤에도 동맹은 계속 유지되었다. 동맹 초기 아테네는 공식적으로는 회원국들에게 군함과 인력을 제공하든가 아니면 그에 해당하는 비용을 헌납하든가 두 가지 옵션 중 하나를 택할 권리를 주었지만, 사실상 돈을 내는 쪽을 강요해서 동맹의 금고를 불려 갔다. 델로스 동맹이라는 이름은 원래 동맹의 공동 사령부가 델로스 섬에 있었기 때문에 붙은 것인데, 기원전 454년 아테네는 사령부와 동맹의 재원이 되는 금고를 아예 아테네로 옮겨 버렸다. 이때부터 동맹국들이 내는 헌금은 사실상 아테네에 바치는 조공이 되었으며, 원래도 부자 나라였던 아테네는 이를 통해 더욱 엄청난 부를 축적하게 되었다.

이렇게 잘나가는 아테네를 지켜보면서 배알이 뒤틀린 것은 물론 라이벌 스파르타였다. 결국 보다 못한 스파르타는 내륙에 위치한 폴리스들을 설득하여 델로스 동맹에 맞서는 펠로폰네소스 동맹(Peloponnesian League)을 결성한다. 앞서 살펴본 아르키다모스 2세의 연설은 바로 이때 동맹을 규합하기 위해 행한 것이다. 간단히 말해 그의 메시지는 "우리 스파르타만 믿고 동맹에 들어오시오. 싸움 하면 우리라는 거 잘 아시면서…."였던 셈이다.

이윽고 스파르타의 주도로 기원전 431년 펠로폰네소스 동맹이 아테네를 선제공격하면서 긴 전쟁이 시작되었다.

페리클레스, 아테네의 황금기를 이끌다

전쟁이 발발할 당시만 해도 아테네는 자신만만했다. 아테네는 이미 그리스 최강의 지상군을 보유한 스파르타와의 전쟁에 대비해 모두 세 차례에 걸쳐 막대한 비용을 들이면서 높은 성벽으로 도시 전체를 둘러싸는 방어 프로젝트를 완료했다. 이 방벽 덕에 내륙으로부터 적의 침공은 거의 불가능하게 되었다. 그뿐만 아니라 아테네는 이미 페르시아 전쟁에서 위세를 과시한 해군력 덕분에 해상을 통해 조달하는 물자도 풍부했다. 게다가 워낙 돈이 덤비던 터라 여차하면 오리엔트에서 이방인 용병을 스카우트하는 정도는 일도 아니었다. 그리고 무엇보다도 당시 아테네에는 페리클레스(Pericles, 기원전 495~429)라는 불세출의 지도자가 있었다.

아테네 민주정의 위대한 지도자 페리클레스 상. 페리클레스는 항상 투구를 쓴 모습으로 묘사되는데, 이는 그가 군 최고 사령관을 겸하는 것을 상징할 뿐 아니라 기형으로 생긴 뒤통수를 감추는 방편이었다고 한다.

아테네의 전통적 명문가 출신인 페리클레스는 기원전 461년 일련의 과격한 개혁을 밀어붙이던 민주정 지도자 에피알테스(Ephialtes)가 보수 세력에게 암살당한 뒤 그의 후계자로 급부상하면서 아테네 정계를 주도 하게 되었다. 그는 강력한 카리스마와 비전을 지닌 정치가로, 국내적으로는 에피알테스의 정신을 계승하여 민주 개혁을 철저하게 지지한 반면, 대외적으로는 그리스 반도뿐 아니라 전 지중해의 주도권을 아테네가 장악하도록 수단 방법을 가리지 않은 호전적인 매파였다. 또한 페리클레스는 바로 델로스 동맹 본부의 아테네 이전을 주도하여 아테네를 일개 도시국가에서 명실공히 제국의 자리로 밀어 올린 장본인이기도 했다. 역사가들은 흔히 페르시아 전쟁이 끝난 직후부터 펠로폰네소스 전쟁이 발발한 기원전 431년까지 약 반세기의 기간을 '아테네의 황금기(The Golden Age of Athens)'라고 부른다. 이 시기는 페리클레스가 권력을 잡고 활약한 기간과 상당히 겹치기 때문에 '페리클레스의 시대(The Age of Pericles)'라고도 한다.

그 유명한 파르테논 신전이 완성된 것도 이 페리클레스의 집권기였다. 아테나 여신은 그리스 시대에 종종 '아테나 파르테노스(Athena Parthenos)'라고 불렸는데, 여기서 파르테노스는 처녀라는 의미였다. 아테네인들은 결코 결혼하지 않는 영원한 처녀신 아테나 파르테노스의 앞부분을 떼어 국호로 삼고, 뒷부분은 여신을 위한 신전의 이름으로 사용한 것이다. 약 10년간(기원전 447~438)의 공사를 거쳐 완성된 파르테논 신전이 자리 잡은 아크로폴리스 지역은 아테네의 최전성기에 정비되었던 만큼 장엄함과 찬란함의 극을 달렸다. 언덕을 가득 메운 건물, 기념비, 신과 영웅을 묘사한 대형 석상들을 온갖 색깔의 유약으로 화려하게 채색하고 갖은 금은보석으로 눈부시게 장식했기 때문이다. 유감스럽게도 현재 남아 있는 파르테논 신전은 절반 이상이 파괴되어 거의 형해만 남은 상태다. 이 신전은 오토만 제국 시대 터키의 그리스 본토 점령 기간 동안 탄약고로 쓰였는데, 그만 그리스 독립군과 터키 군의 전투 도중 번진 불똥으로 폭발하여 엄청난 피해를 입고 말았으니 참으로 유감이다.

페리클레스 시대 아크로폴리스의 복원 모형(대영 박물관). 페리클레스는 아크로폴리스를 아테네의 국력 과시를 위한 전시장으로 삼기로 하고 지원을 아끼지 않았다. 아크로폴리스 재단장 프로젝트는 당대의 유명한 조각가이자 건축가인 페이디아스(Phidias)가 주도했다.

장례식 연설 혹은 아테네 찬가

페리클레스는 아테네의 민주주의가 낳은 가장 위대한 정치가임과 동시에 역사상 최고의 웅변가 중 한 명으로 꼽힌다. 대중을 설득해야 하는 민주주의 체제였던 아테네에서 정치가로 출세하려면 웅변술이 뛰어나지 않으면 안 되었다. 아테네에서 성공한 정치가들은 예외 없이 뛰어난 웅변을 통해 여론을 움직인 인물들이었다. 페리클레스의 실제 연설 실력이 정말 어땠는지는 영영 알 길이 없지만 다행히 그의 연설문 몇 편이 지금까지 전하고 있다.

기원전 431년, 페리클레스는 막 시작된 펠로폰네소스 전쟁의 초기 전투에서 전사한 아테네 장병들의 장례식에 참석하여 추모 연설을 했다. 보통 '페리클레스의 장례식 연설(The Funeral Oration by Pericles)'이라고 부르는 이 연설은 『펠로폰네소스 전쟁사』에 수록되어 있다. 사실 이 연설은 그저 유명한 정도가 아니라 아마 인류의 역사가 계속되는 한 두고두고 읽힐 언어의 보배다. 뛰어난 수사학과 정치학의 정수인 동시에 아테네 민주주의에 대한 매니페스토인 이 '장례식 연설'은 영어권 지식인들에게도 반드시 읽어야 할 인문학의 기본 텍스트 가운데 하나로 남아 있다. 원래의 연설 전체는 약 2,800단어에 달하기 때문에 전문을 다 소개할 수는 없고, 여기서는 그중 인상적인 대목 몇 개를 골라 감상해 보자. 아래에 소개하는 영문 텍스트는 그리스어-영어 번역문의 검정 표준이라고 할 만한 벤저민 자우잇(Benjamin Jowett)의 텍스트에 더해 영국 철학자 홉스(Thomas Hobbes)의 번역을 비롯한 몇 가지 버전을 참조한 것이다.

페리클레스의 연설은 우선 그 시작부터 겸손한 가운데 장례식 참석자들의 주의를 집중시키는 힘을 발휘한다. 그 첫 부분이다.

이전에 이 자리에서 연설했던 제 전임자들은 대개 우리의 장례 관습에 이런 연설을 추가한 입법자를 찬양했습니다. 그분들에게는 전장에서 스러져 간 전몰자들에게 장례식에서 그러한 예우를 바치는 것이 가치 있는 일로 보인 듯합니다. 하지만 저라면 용감한 행위를 한 사람들을 오직 행위로만, 그리고 여러분이 지금 목도하고 계신 이 국장(國葬)과 같은 예우로만 기리는 편을 선호했을 것입니다. 그러면 누군가의 달변이나 눌변 때문에 많은 이들의 평판이 훼손되거나, 연설하는 사람이 말을 잘하는가 못하는가에 따라 그분들의 덕목이 믿음을 얻거나 잃는 사태는 없었을 테니까요. 왜냐하면 너무 적게도 너무 많이도 말하지 않기란 여간 어려운 일이 아니고, 심지어는 절제된 연설조차도 진실한 인상을 전달하지 못하기가 십상이기 때문입니다.

Most of those who have spoken here before me have commended the lawgiver who added this oration to our other funeral customs. It seemed to them a worthy thing that such an honor should be given at their burial to the dead who have fallen on the field of battle. But I should have preferred that, when men's deeds have been brave, they should be honored in deed only, and with such an honor as this public funeral, which you are now witnessing. Then the reputation of many would not have been imperiled on the eloquence or want of eloquence of one, and their virtues believed or not as he spoke well or ill. For it is difficult to say neither too little nor too much; and even moderation is apt not to give the impression of truthfulness.

당대 최고의 연설가가 '연설의 무용성'을 강변하면서 연설을 시작하고 있는 것부터 이미 역설적으로 그의 내공이 결코 만만치 않음을 증명한다. 그는 비록 법률로 정해져 있기 때문에 추모 연설을 하기는 하지만, 사실은 그런 경우 말이 많은 것이 오히려 돌아가신 분들에게 누를 끼칠 수 있다고 지적한다. 망자들을 기리기 위해서는 차라리 침묵이 낫다는 것이다. 하지만 물론 천하의 페리클레스가 그냥 침묵할 리 없다. 이렇게 겸손의 연막을 친 뒤 페리클레스는 잠시 화제를 다른 데로 돌린다.

하지만 전몰자들을 찬양하기에 앞서, 어떤 행동 원칙에 따라 우리가 국력을 신장했는지, 그리고 어떤 제도 아래서 어떤 생활 방식으로 우리 제국이 위대하게 되었는지를 언급하고 싶습니다. 왜냐하면 저는 이런 생각이 이 행사에 부적합하지 않으며, 여기 모인 수많은 시민들과 외래인들이 들어 두시면 유익하리라 여기기 때문입니다.

But before I praise the dead, I should like to point out by what principles of action we rose to power, and under what institutions and through what manner of life our empire became great. For I conceive that such thoughts are not unsuited to the occasion, and that this numerous assembly of citizens and strangers may profitably listen to them.

페리클레스는 여기서부터 연설의 상당 부분을 아테네의 민주주의와 헌정 체계에 대한 찬양에 할애한다. 우선 그는 이렇게 말한다.

우리의 정체(政體)는 다른 나라들의 제도와 경쟁 관계에 있지 않습니다. 우리의 정체는 우리 이웃들을 모방하는 것이 아니라 그들에게 모범이 됩니다. 행정권이 몇 사람이 아니라 많은 이의 손에 달려 있기에 우리가 민주주의라고 불리는 것은 사실입니다. 하지만 사적인 분쟁에서는 모두에게 똑같이 공평하게 적용되는 정의가 존재하는 반면, 탁월함으로 말미암는 권리 또한 인정됩니다. 한 시민이 어떤 식으로든 뛰어나다면 공직에 발탁되는데, 이는 특권이 아니라 실력에 대한 보상인 것입니다. 빈곤은 장애가 되지 않으며, 처지가 아무리 미천하더라도 누구든 국가에 기여할 수 있습니다.

Our form of government does not enter into rivalry with the institutions of others. Our government does not copy our neighbors', but is an example to them. It is true that we are called a democracy, for the administration is in the hands of the many and not of the few. But while there exists equal justice to all and alike in their private disputes, the claim of excellence is also recognized; and when a citizen is in any way distinguished, he is preferred to the public service, not as a matter of privilege, but as the reward of merit. Neither is poverty an obstacle, but a man may benefit his country whatever the obscurity of his condition is.

이 한 문단에 참으로 의미심장한 메시지가 대거 등장한다. 우선 "우리의 정체는 우리 이웃들을 모방하는 것이 아니라 그들에게 모범이 됩니다."라는 문장에서 아테네 민주정에 대한 페리클레스의 자신감과 자부심을 읽을 수가 있다. 뛰어난 인물이 공직에 발탁되는 것은 '특권(privilege)'이 아니라 '실력에 대한 보상(reward of merit)'이라고 주장하는 대목 역시 인상적인데, 놀랍게도 페리클레스는 여기서 능력우선주의(meritocracy)를 말하고 있기 때문이다. 중우정치가 민주주의의 가장 저급한 형태라면 능력우선주의는 가장 이상적인 모델이라고 볼 수 있다. 능력우선주의는 모든 이에게 기회의 평등을 제공하지만, 그 속에서 뛰어난 실력을 발휘한 개인들에게는 또 능력만큼 공정한 보상을 베푸는 것을 이상으로 한다. 이 대목은 출처를 모르고 그냥 내용만 처음 보는 사람에게라면 현대 미국의 공화당이나 민주당 전당대회 대통령 후보 연설

말을 타고 달리는 아테네인들. 파르테논 신전 벽면을 장식했던 부조로 현재는 대영 박물관에 소장되어 있다. 말의 근육, 기수의 옷 주름 등 자연스러운 디테일 묘사가 일품이다.

에서 발췌한 것이라고 설명하더라도 의심하지 않을 정도다. 고대 그리스 시대의 인물이 이미 기회의 균등, 능력에 따른 보상 등 민주사회의 이상을 언급했다는 것이 놀라울 따름이다.

이 순간에 문득 가방끈 긴 누군가가 노예와 여성의 참여 배제를 비롯하여 아테네 민주주의가 가졌던 이런저런 '한계'를 늘어놓는다면, 우리는 그분에게 지금 서기 5세기도 아닌 기원전 5세기, 그러니까 장장 2,400여 년 전의 과거에 그리스 반도에 존재했던 공동체를 논하고 있음을 상기해 달라고 부탁할 수밖에 없다. 멀리 갈 것도 없이 우리 대한민국에 진정한 민주주의가 도래한 것이 도대체 언제였더라? '내재적 접근'이란 바로 이럴 때 쓰라고 있는 개념이다.

진정한 용기의 원천이란

페리클레스는 계속해서 아테네인들이야말로 인생의 즐거움을 제대로 누릴 줄 안다고 덧붙인다.

그리고 우리는 우리의 지친 마음을 위해 힘든 노동에서 벗어나는 여러 가지 휴식을 제공하는 것도 잊지 않았습니다. 우리는 일 년 내내 정기적으로 경기를 개최하고 신전에 제물을 바칩니다. 우리의 가정은 아름답고 우아합니다. 그리고 이 모든 것에서 우리가 매일 느끼는 기쁨은 슬픔을 몰아내는 데 도움이 됩니다. 우리 도시의 위대함 덕분에 온 지상의 과실들이 흘러들어 와, 우리는 다른 나라의 재화를 우리 것처럼 자유롭게 만끽합니다.

And we have not forgotten to provide for our weary spirits many relaxations from toil; we have regular games and sacrifices throughout the year; our homes are beautiful and elegant; and the delight which we daily feel in all these things helps to banish sorrow. Because of the greatness of our city the fruits of the whole earth flow in upon us; so that we enjoy the goods of other countries as freely as our own.

열심히 일하고 열심히 노는 것이 아테네인들이다. 이들의 도시는 아름답고, 물자는 넘쳐 난다. 그런데 이렇게 인생을 즐기는 데 몰두하는 사람들은 혹시 군사적으로는 약골이 아닐까? 페리클레스는 천만의 말씀이라고 한다.

더구나 우리의 군사적 준비 태세는 여러 측면에서 우리 적들보다 우월합니다. 우리 도시는 전 세계에 개방되어 있지만, 그래도 우리는 외국인을 내쫓지도 않고, 외국인이 적에게 폭로하면 보상을 받을지도 모를 기밀 따위를 엿보거나 습득하는 것을 막지도 않습니다. 우리는 술책과 속임수가 아니라 우리 자신의 용기와 행동에 의존합니다. 그리고 교육 문제에서는, 저들이 아주 어린 시절부터 용감해지기 위해 늘 고된 훈련을 받는 반면, 우리는 여유 있게 살면서도 위험에 맞설 준비는 저들과 똑같이 되어 있습니다.

두 중무장 보병이 방패를 서로 부딪치며 백병전을 벌이는 장면을 묘사한 파르테논 신전의 부조. 막 활시위를 당기려고 하는 궁수의 모습도 보인다.

Then, our military preparation is in many respects superior to that of our adversaries. Our city is thrown open to the world, though and we never expel a foreigner and prevent him from seeing or learning anything of which the secret if revealed to an enemy might profit him. We rely not upon management or trickery, but upon our own courage and action. And in the matter of education, whereas they from early youth are always undergoing laborious exercises which are to make them brave, we live at ease, and yet are equally ready to face the perils which they face.

이 대목 역시 의미심장하다. "외국인이 기밀을 엿보거나 습득하는 것을 막지 않을" 정도라는 것은 결국 아테네가 매우 개방적인 곳으로 "아무것도 숨길 것이 없다."는 사실을 강조하고 있다. 기본적으로 당시 아테네의 군제는 시민병 체제였다. 시민들이 평소에는 생업에 종사하다가 유사시에 군대를 조직하는 식이었는데, 이는 남성 자유 시민의 경우 삶 자체가 군인, 무사의 삶이었던 스파르타와 대조된다. 마치 우리 한국의 향토 예비군을 닮은 시민병 군대가 밤낮으로 군사 훈련만 받는 스파르타 군대와 맞붙어 승산이 있을까? 페리클레스는 그렇다고 주장한다. 그는 "아주 어린 시절부터 용감해지기 위해 늘 고된 훈련을 받는", 즉 '인간 전쟁 병기'를 만드는 스파르타 식 조기 교육을 꼬집으면서 스파르타의 경직된 삶과 아테네의 유연한 생활 방식을 대비함으로써 아테네 민주정 체제의 우월성을 강조하고 있다.

고생스러운 수고보다는 가벼운 마음으로, 교조적이기보다는 자연스러운 용기로 우리가 어떤 위험에 대처한다면 훨씬 잘 해내지 않을까요? 우리는 후환에 대한 고민으로 미리 위축되지도 않을 것이며, 실제 싸움에서도 역시 스스로에게 휴식이라고는 허락하지 않는 자들에 비해 결코 뒤떨어지지 않는 자신감을 가지고 임할 것입니다. 따라서 우리 도시는 평시에나 전시에나 똑같이 찬양받을 만합니다. 왜냐하면 우리는 또한 용기를 발휘하되 절제할 줄 알고, 철학에 몰두하되 생각을 타협하지는 않기 때문입니다.

When from ease rather than studious labour, and upon natural rather than doctrinal valour, we come to undertake any danger, are we not greatly the better for it? We shall not faint beforehand with the meditation of future trouble, and in the action we shall appear no less confident than those who never allow themselves to rest; thus our city is equally admirable in peace and in war. For we also give ourselves to bravery, and yet with thrift; and to philosophy, and yet without compromise of the mind.

이렇게 페리클레스는 계속 스파르타에게 '잽'을 날린다. 스파르타인들은 "스스로에게 휴식이라고는 허락하지 않는 자들"이다. 제대로 놀지도 못하고 군사 훈련만 받는 그들이 페리클레스와 아테네인들의 눈에는 분명 '루저'로 보였을 것이다. 이제 페리클레스는 전몰장병들에 대한 추모라는 원래 주제로 자연스럽게 옮겨 간다.

제가 아테네의 위대함을 누누이 말씀드린 이유는, 우리가 지금 이러한 특권을 전혀 누리지 못하는 자들보다 훨씬 가치 있는 목표를 위해 투쟁하고 있음을 여러분에게 보여 드리고, 이제 제가 추모하려 하는 장병들의 공로를 명백한 증거로써 확립하고자 하기 때문입니다. (…) 이들 가운데 재물로 인해 나태해졌거나, 삶의 쾌락을 포기하기를 주저한 자는 아무도 없었습니다. 지금 가난할지라도 언젠가는 부유해지리라는 생각을 품는 것이 인지상정이건만, 이런 희망으로 군역을 뒤로 미룬 자도 없었습니다. 하지만, 적들을 응징하는 것이야말로 이 모든 일보다 더 즐거우며, 이보다 더 고귀한 대의에 헌신할 수는 없다고 생각한 이들은 목숨을 걸고서 명예롭게 적들에게 설욕하기 위해 다른 사람들을 남겨 두고 전장으로 떠나기로 결심했습니다.

I have dwelt upon the greatness of Athens because I want to show you that we are contending for a higher prize than those who enjoy none of these privileges, and to establish by manifest proof the merit of these men whom I am now commemorating. (…) None of these men were enervated by wealth or hesitated to resign the pleasures of life; none of them put off the evil day in the hope, natural to poverty, that a man, though poor, may one day become rich. But, deeming that the punishment of their enemies was sweeter than any of these things, and that they could fall in no nobler cause, they determined at the hazard of their lives to be honorably avenged, and to leave the rest.

이제 페리클레스는 전몰장병들에 대한 찬양이 단순한 말잔치가 아니라 정부가 그들의 공적에 대한 감사를 행동으로 보이리라는 점을 거론하며 연설을 마무리할 채비를 한다.

제가 가진 적합한 어휘를 사용하여, 법률에 따라 해야 할 헌사를 바쳤습니다. 이로써 사실상 전몰자들에게는 미비하나마 어느 정도 예우가 돌아갔습니다. 이제 남은 과제는 국가가 이들의 자녀가 성인이 될 때까지 부양해야 한다는 것입니다. 이는 아테네가 이들같이 투쟁 끝에 생존하거나 사망한 아들들에게 화관처럼 내리는 충실한 포상입니다. 왜냐하면 공덕에 대한 포상이 지극히 큰 나라만이 그 지극히 고귀한 시민들을 국가적 복무에 징집할 자격이 있기 때문입니다.

I have paid the required tribute, in obedience to the law, making use of such fitting words as I had. The tribute of deeds has been paid in part; for the dead have them in deeds, and it remains only that their children should be maintained at the public charge until they are grown up: this is the solid prize with which, as with a garland, Athens crowns her sons living and dead, after a struggle like theirs. For where the rewards of virtue are greatest, there the noblest citizens are enlisted in the service of the state.

전몰 용사의 자녀들은 국가가 돌본다.—이미 말했지만 당시 아테네는 돈이 막 덤비던 상황이라 이것도 전혀 문제 될 것이 없었다. 뒤에 남은 가족에 대한 걱정이 없으니 장병들은 부담 없이 전투에 집중할 수 있었다. 이런 나라라면 정말 목숨을 바칠 가치가 있지 않을까? 연설은 다음과 같이 끝난다.

그리고 이제, 자신의 모든 혈육 전몰자들에게 예를 갖추어 애도를 마친 분들은 자리를 떠나셔도 좋습니다.

And now, when you have duly lamented, every one his own dead, you may depart.

저 유명한 페리클레스의 연설을 일부 감상해 본 소감이 어떤가? 장례식 연설이기에 당연히 슬프고 비장하리라고 예상한 독자는 아마 좀 놀랐을 것이다. 분명 연설은 전투에서 전사한 장병의 죽음을 추모하는 형식이지만, 그 내용은 긍정적인 분위기와 자신감으로 충만하다. 이렇게 전몰장병을 위한 애도사(eulogy)를 아테네 민주주의를 찬양하는 송가(ode)로 승화시킨 것은 물론 정치 9단 페리클레스의 솜씨다.

물론 그래 봤자 페리클레스도 결국 잘 포장된 선동 정치가요 독재자라는 비판이 없는 것은 아니다. 또한 당시 아테네 민주정의 지도자, 특히 군권을 장악한 지휘관 자리를 몇몇 유력 가문에서 독점했으며, 페리클레스의 가계 역시 그 속에 들어간다는 비판도 있기는 하지만, 그렇다 해도 그의 위대함을 깎아내릴 충분조건은 되지 않는다.

미국 역사에 밝은 독자라면 이 페리클레스의 연설 속에 '국민의, 국민에 의한, 국민을 위한 정부(Government of the people, by the people, for the people)'라는 구절로 유명한 링컨 대통령(President Lincoln)의 게티즈버그 연설(Gettysburg Address)을 묘하게 연상시키는 측면이 있다는 것을 눈치 챘을 것이다. 분량은 게티즈버그 연설이 훨씬 짧지만, 전몰장병들을 추모하는 자리를 전쟁의 명분과 국가 체제의 장점을 상기시키는 기회로 삼았다는 것은 약 2,300년의 세월을 사이에 둔 두 연설의 공통점이다.

유감스럽게도 페리클레스가 전몰자 장례 연설에서 보여 준 자신감은 아테네에서 오래 이어지지 못했다. 이 연설이 이루어진 뒤 약 1년 만인 기원전 430년, 무서운 전염병이 아테네에 창궐하여 무려 인구의 3분의 1가량이 사망하는 사태가 벌어졌는데, 희생자 가운데는 페리클레스와 그 아들들도 포함되어 있었다. 전염병으로 막대한 인적, 물적 피해를 입은 데 더해, 전쟁을 지휘하던 지도층마저 붕괴하자 아테네의 민심은 향후 전쟁 수행의 방향을 두고 사분오열됐다. 그런 와중에 이번에는 페르시아가 슬슬 스파르타를 지원하면서 펠로폰네소스 전쟁은 그리스를 넘어 국제전으로 확대되는 양상을 보였다. 페르시아의 눈에는 그리스 바깥으로 뻗어 나가는 데는 관심이 없던 스파르타보다 대양 해군을 거느리고 소아시아 식민지 건설에까지 눈독을 들이던 아테네가 훨씬 더 부담스러웠던 것이다. 예나 지금이나 국제사회에는 영원한 적도 친구도 없다.

그러다가 기원전 415년 소크라테스의 절친이기도 했던 알키비아데스(Alcibiades)가 주도한 시칠리아 원정의 실패가 결정타가 되면서 아테네의 국운이 급격히 기울기 시작했고, 결국 404년 아테네는 스파르타에 항복했다. 패전 이후에도 아테네는 도시국가로서 독립을 유지하며 한때 다소 국력을 회복하기는 했지만, 페리클레스가 연설에서 제시했던, 민주주의와 제국주의의 야누스 같은 두 얼굴을 자연스럽게 한 몸에 지니고 고도의 문화와 풍요를 누렸던 그런 시대는 다시 돌아오지 않았다. 아테네 황금시대의 종말은 곧 그리스 황금시대의 끝이기도 했다.

알렉산드로스, 그리스 문명의 마지막 광채

이렇게 그리스가 아테네와 스파르타를 중심으로 분열하여 치열한 전쟁을 벌이는 사이 반도 북부에서는 마케도니아 왕국이 국력을 기르며 영토를 넓힐 기회를 엿보고 있었다. 드디어 기원전 359년 마케도니아의 필리포스 2세는 그리스 정복 사업을 본격적으로 시작했다. 그는 북부의 폴리스들부터 차례로 복속시키며 점점 남쪽으로 세력을 뻗어 내리다가 기원전 352년 무렵에는 아테네마저 위협하기에 이르렀다. 아테네는 다른 폴리스들과 함께 연합군을 결성하여 맞섰으나 마케도니아 군에게 대패했고, 필리포스는 기원전 338년 이른바 코린토스 동맹(Corinthian League)의 수장에 오르며 사실상 전 그리스 반도를 접수했다. 그리스 북부 변방의 시골뜨기에 불과했던 마케도니아가 그리스 전역을 지배하게 된 것이다. 하지만 필리포스 2세가 기원전 336년 의문의 암살을 당하자 그 뒤를 이은 아들이 바로 '대왕'으로 불리게 되는 알렉산드로스(기원전 356~323)였다.

약간 뜻밖에도 알렉산드로스는 당대뿐 아니라 후대에 미친 영향에 비해 동시대의 역사 기록이 매우 빈약한 인물이다. 그 유명한 플루타르코스의 전기조차 실제로는 알렉산드로스가 사망한 지 거의 400년 뒤에 쓰였기 때문에 정말 100퍼센트 신뢰할 수 있는 사료인지 의문을 제기하는 의견도 적지 않다. 그러고 보니 그의 모습을 묘사한 회화나 조각 역시 현존하는 작품들은 모두 한참 후대의 것이다. 하기야 대부분은 알렉산드로스 당대에 제작된 조각을 복사한 경우이기 때문에 어느 정도는 그의 진짜 외모를 반영하고 있다고 간주할 수도 있다. 플루타르코스의 전기 역시 그때까지 전해지는 자료들을 면밀히 검토하고 내용을 선별하여 정리한 것이기 때문에 어느 정도 역사성을 인정해야 할 것이다.

플루타르코스가 소개하는 알렉산드로스의 모습은 확실히 그 사고방식이나 행동거지에서 플루타르코스 저서의 동양식 별명인 『영웅전』이라는 이름이 무색하지 않게 한다. 독자 여러분도 알렉산드로스의 생애에 있었던 에피소드 한두 가지는 알고 있을 것이다. 가령 알렉산드로스가 자기 그림자에 놀란 명마 부케팔로스의 시선을 태양 쪽으로 돌려 길

알렉산드로스 대왕. 그리스 시대 원본의 로마 시대 복제품이다.
알렉산드로스의 당대에 제작된 조각 가운데 지금까지 전하는
작품은 없다.

들인 일이라든가,(그런데 자기 그림자에 혼비백산할 정도라면 정말 명마이기는 했던
걸까?) 그때까지 아무도 풀지 못하던 고르디우스의 매듭을 단칼에 잘라
버린 일화라든가, 또는 페르시아 원정 중 열병에 걸렸을 때 모함을 받은
시의를 끝까지 신뢰하고 결국 그가 지은 약을 먹은 뒤 쾌차한 경우라든
가…. 내가 알렉산드로스의 기질을 잘 드러낸다고 생각하는 에피소드는
그가 소년 시절 원정을 나간 부왕 필리포스가 계속 궁전으로 전하는 승
전보를 접한 뒤 친구들에게 보인 반응이다.

　필리포스 왕이 유명한 도시를 취하거나 이름난 전투에서 승리를 거두거
나 하면, 알렉산드로스는 그런 소식을 듣고도 별로 기뻐하지 않고 친구들에
게 이렇게 말하곤 했다. "얘들아, 아버지께서 죄다 선수를 쳐 버리시겠어.
그래서 나한테는 너희의 도움을 받아 세상에 보여 줄 위대하거나 빛나는 공
적을 아무것도 남겨 주지 않으실 거야."

As Philip had either taken a famous city or been victorious in some
celebrated battle, Alexander was not very glad to hear them, but would

say to his comrades: "Boys, my father will anticipate everything; and for me he will leave no great or brilliant achievement to be displayed to the world with your aid."

"우와, 내가 왕이 되면 아빠가 정복한 땅도 다 결국 내 거!"와 "아빠가 다 정복해 버리면 난 할 일이 없어지잖아!"—이 둘은 전혀 다른 정신 자세다. 알렉산드로스의 진취성이야말로 부모 잘 만난 덕에 사업체를 고스란히 물려받아 땅 짚고 헤엄치는 경우가 많은 한국의 재벌 2세, 3세들이 본받아야 할 정신이 아닌가 싶다. 알렉산드로스의 경우에는 불행인지 다행인지 부왕이 암살되는 바람에 약관 20세에 대권을 물려받게 되어 '아빠가 다 해 먹는' 불상사는 생기지 않았다.

알렉산드로스의 스케일을 보여 주는 에피소드를 한 가지만 더 소개하겠다. 알렉산드로스는 기원전 334년 아버지 필리포스도 이루지 못한 페르시아 원정을 단행한다. 그가 연전연승을 거듭하며 파죽지세로 전진하자, 페르시아의 다리우스 3세(Darius III)는 알렉산드로스에게 막대한 배상금에 더해 유프라테스 강 동쪽의 전 영토를 차지하고 자신의 딸 중 한 명과 결혼하라는 파격적인 조건을 걸고 화평을 제안한다. 다리우스의 제안을 두고 알렉산드로스는 부왕 때부터 마케도니아 군을 지휘해 온 장군 파르메니온(Parmenion)에게 의견을 물었다. 파르메니온의 대답은 이러했다.

"제가 알렉산드로스라면 이 조건을 받아들이겠습니다."
"If I were Alexander, I would accept these terms."

그러자 알렉산드로스는 이렇게 응답했다.

파올로 베로네세(Paolo Veronese)의 〈알렉산드로스 앞의 다리우스 가족〉. 인물들이 고대 그리스가 아닌 르네상스 시대 복식을 한 것이 눈에 띈다. 이소스에서 대패한 다리우스 3세가 급히 피신하면서 뒤처진 그의 아내, 딸, 모친은 마케도니아 군의 포로가 되었다. 알렉산드로스는 이들을 VIP로 삼고 극진히 대접했다.

"내가 파르메니온이라면 정녕 나도 그리하겠지."

"And so indeed would I, were I Parmenio."

결국 알렉산드로스의 대답은 다리우스의 파격적인 화평 조건을 받아들이지 않으리라는 의미이다. 또한 동시에 군주이자 영웅인 자신은 신하이자 직업 군인인 파르메니온과는 생각과 야심의 수준이 다르다는 자만심 역시 대놓고 드러내고 있다. 알렉산드로스는 곧이어 가우가멜라 전투(Battle of Gaugamela)에서 결정적인 승리를 거두며 페르시아의 유서 깊은 아케메네스 왕조를 멸망시켰다.

알렉산드로스는 정복 전쟁의 병영에서도 책을 놓지 않은 독서광이기도 했다. 다음은 플루타르코스가 전하는 알렉산드로스의 독서 취향이다.

그는 『일리아드』를 병법의 필독서라고 생각하고 또 그렇게 일컬었기 때문에, 『상자용 일리아드』라고 불리는, 그 시의 아리스토텔레스 교정본을 가지고 다니면서 항상 베개 밑에 단검과 함께 놓아두었다. 그리고 아시아 내륙에서 다른 책을 찾을 수 없게 되자 그는 하르팔로스에게 책을 좀 보내라고 명령했다. 그래서 하르팔로스는 그에게 필리스토스의 책들, 에우리피데스, 소포클레스, 아이스킬로스의 비극 여러 편, 그리고 텔레스토스와 필록세노스의 주신찬가(酒神讚歌)들을 보냈다.

Since he thought and called the *Iliad* a viaticum of the military art, he took with him Aristotle's recension of the poem, called the *Iliad of the Casket*, and always kept it lying with his dagger under his pillow; and when he could find no other books in the interior of Asia, he ordered Harpalus to send him some. So Harpalus sent him the books of Philistus, a great many of the tragedies of Euripides, Sophocles, and Aeschylus, and the dithyrambic poems of Telestus and Philoxenus.

여기 등장하는 작가들의 이름을 보면, 필리스토스는 펠로폰네소스 전쟁에 관한 한 투키디데스와 쌍벽을 이루는 그리스의 역사가이며, 에우리피데스, 소포클레스, 아이스킬로스는 유명한 아테네의 3대 비극 작가들이다. 그리고 텔레스토스와 필록세노스 역시 당시 한창 인기를 누리던 유행 시인들이었다. 심지어 병법 또한 무슨 군사 교본이 아니라 서사시 『일리아드』로부터 영감을 얻고 있는 점도 인상적이다. 이러한 독서 기질에 더불어, 젊은 시절 당대 그리스 최고의 사상가인 아리스토텔레스(Aristotle)를 스승으로 모시기도 했던 알렉산드로스는 불세출의 전사형 군주(warrior king)이면서 어느 정도 철인 군주(philosopher king)의 면모까지 갖춘 다채로운 인물이었다.

하지만 알렉산드로스는 결점도 숱한 인간이었다. 플루타르코스는 알렉산드로스의 '대인배'적인 면모뿐 아니라, 어려서부터 형제처럼 지냈으며 전장에서 몇 번씩이나 그의 목숨을 구했던 최측근 클레이토스 (Cleitus)를 연회장에서 말다툼 끝에 살해한 사건, 애인 헤파이스티온 (Hephaestion)—알렉산드로스는 당대의 많은 그리스인들과 마찬가지로 동성애자 내지 양성애자였다.—이 병사하자 주치의를 사형에 처한 사건 등 그의 경솔하고 잔혹한 측면을 증언하는 에피소드 역시 다수 소개하고 있다. 현대의 전문가들은 알렉산드로스의 이러한 럭비공 식 돌출 행동이 중증 알코올 중독자들에게 잘 나타나는, 감정의 극단을 오가는 조울증의 전형이라고 본다.

비록 알렉산드로스는 32세의 나이에 요절했지만 그 짧은 생애 동안 그가 이룬 성취는 놀라운 것이었다. 무엇보다 당시 세계 최강의 대제국 이던 페르시아를 멸망시켜 서양 문명을 대표하는 세력(그리스-마케도니아) 이 오리엔트 문명의 중심지를 무너뜨리는 전례를 남겼다. 그리스 변방에 자리한 산골 왕국 출신의 젊은 왕이 아테네나 스파르타가 그 전성기에조차 감히 꿈꾸지 못한 일을 소수의 병력을 이끌고 해낸 것이다. 이어 소아시아에서 인도 북부에 이르는 광대한 지역을 정복한 알렉산드로스는 관용적인 정책을 펼치면서 동과 서가 조화를 이루는 하나의 문명권을 꿈꾸었는데, 그 이상주의가 바로 헬레니즘(Hellenism)이다. 비록 어느 역사가는 알렉산드로스의 시도로 인해 "그리스의 질로는 아시아의 양을 감당할 수 없다는 것이 증명되었다.(The quantity of Asia proved too much for the quality of Greece.)"고 폄하했지만, 스스로를 세계 시민(world citizen) 이라고 선언하고 동과 서를 잇는 하나의 세계를 꿈꾼 그의 이상은 충분히 인상적이다. 알렉산드로스의 굵고 짧은 활약은 로마 제국의 부상에 앞서 서구 역사의 원형을 창출한 그리스 문명이 마지막으로 뿜어낸 한 줄기 찬란한 광채였다.

Chapter
3
아, 로마 제국!

메인 브런치

· 로마의 시작

· 공화국에서 제국으로

· 팍스 로마나—제국의 황금기

· 로마 제국의 멸망

원전 토핑

· 『나의 젊은 시절』 처칠

· 『로마 제국 쇠망사』 기번

· 『로마사』 리비우스

· 『시리아 전쟁사』 아피아노스

· 『고귀한 그리스인들과 로마인들의 생애』 플루타르코스

· 『사티리콘』 페트로니우스

· 『게르마니아』 타키투스

· 『로마사』 암미아누스 마르켈리누스

로마의 시작

원조 '로마인 이야기'

여러 해 전 한국에 들렀을 때의 일이다. 어떤 분과 유럽 여행에 대한 대화를 나누다가 화제가 이탈리아를 돌아 로마 제국으로 흘렀다. 그분이 나더러 『로마인 이야기』라는 책을 읽어 본 적이 있냐고 물었다. 없다고 대답했더니 놀라는 눈치였다. 저자가 누구냐고 내가 묻자, 시오노 나나미라는 일본 사람이 썼는데 한국에서 엄청난 베스트셀러라는 것이었다. 그분은 내가 나름 로마 역사를 좋아한다면서 『로마인 이야기』를 읽어 보지 않은 것이 좀 딱하다는 표정이었다. 나로서는 일본인 저자가 일본의 역사, 혹은 일본과 관계가 깊은 영국, 미국, 독일도 아닌 로마 제국의 역사에 대한 책을 썼다는 것, 또 그 책이 일본뿐 아니라 한국에서도 높이 평가받는다는 것이 약간 의외였다고나 할까. 그분이 말했다.

"역시 『로마인 이야기』를 읽어 봐야 로마 역사를 제대로 안다고 할 수 있죠."

현재의 로마 시 전경. 로마 제국 시대부터 줄곧 유럽 역사의 주 무대였으며, '영원의 도시(Eternal City)'로 불린다.

"그렇군요… 저는 로마 역사라면 역시 기번(Gibbon)을 읽어 봐야 그 진가를 안다고 생각했는데."

그러자 그분의 말. "기본(基本)이 뭐라고요?"

당황한 나의 반응. "아, 아닙니다."

우리의 대화는 여기서 마무리되었다. 그 후로 수년이 지났지만 아직까지 나는 시오노 나나미(鹽野七生)의『로마인 이야기ㅁ—マ人の物語』를 읽어 보지 못하고 있다. 솔직히 말하면 가까운 장래에도 읽을 일이 없어 보인다.

그렇다고 오해는 하지 말기를 바란다. 나는 일본인 저자가 쓴 책들을 즐겨 읽는 편이며, 픽션, 논픽션을 막론하고 좋아하는 작가도 여럿 있다. 일본어와 일본 문화에도 관심이 높아서 기회가 되면 일본어 교재와 일본 여행기를 한 권씩 써 볼 구상도 가끔 해 본다. 그리고 일본인들 가운데는 어떤 분야에든 내공이 출중한 고수들이 항상 있으니, 로마의 역사를 다룬『로마인 이야기』역시 분명 뛰어난 책일 것이다. 하지만 그 책 말고도 로마를 다룬 역사책은 너무나 많다. 우선 그리스 역사에 헤로도토스와 투키디데스가 있듯이, 로마는 리비우스(Livy), 타키투스(Tacitus), 요세푸스(Josephus) 등의 쟁쟁한 역사가들을 배출했고, 이들의 저서는 지금까지도 널리 읽힌다. 후대로 들어서면 19세기 독일의 저명한 역사가 몸젠(Theodor Mommsen)의 『로마사History of Rome』도 권위를 자랑하는 대작이다. 그뿐만 아니라 로마 역사는 서구 학자들이 지금도 워낙 활발하게 연구하는 분야라 미국에서도 한 해에만 전문서부터 대중서까지 수십 권에 달하는 다양한 로마사 관련 서적이 출판된다. 나 역시 서점에 갈 때면 역사 서적 섹션에서 로마와 관련된 신간을 뒤적거리는 것이 버릇이다.

하지만 지금까지 내가 읽어 본 로마 역사에 관한 책들 가운데 청소년 시절에 한글 번역본으로 처음 접했던, 영국 계몽주의 시대 역사가 에드워드 기번(Edward Gibbon, 1737~1794)의 대작 『로마 제국의 쇠퇴 및 멸망의 역사The History of the Decline and Fall of the Roman Empire』에 필적하는 작품은 아직도 없는 것 같다. 우리가 흔히 『로마 제국 쇠망사』라는 간략한 제목으로 알고 있는 바로 그 책이다. 앞의 일화에서 소개했던 지인이 '기번'을 잘못 알아듣고서 내게 던진 질문 "기본이 뭐라고요?"에 대한 나의 뒤늦은 답변은 다음과 같다. "로마 역사의 기본(基本)은 기번(Gibbon)인 것 같습니다."

로마사에 관심이 있는 독자라면 사실상 '원조' 『로마인 이야기』라고 해도 좋을 기번의 『로마 제국 쇠망사』를 꼭 읽어 보기를 권한다. 우선 한국어 번역서를 읽어도 좋고, 기회가 된다면 영어 원서에 도전하는 것도 의미 있을 것이다. 기번은 18세기 계몽주의 운동(Enlightenment Movement)이 배출한 가장

미국 의회 도서관에 있는 기번의 상. 그의 『로마 제국 쇠망사』는 영어로 쓰인 가장 위대한 역사서 가운데 하나로 꼽힌다.

위대한 역사가라는 평가도 있지만, 오히려 역사가이기 전에 명문장가로서 더 대접받는 인물이었다. 기번의 문장은 예전부터 '비단결 같은 문체(silky style)'라고 불렸는데, 그의 글을 감상하는 것은 수준 높은 영어 문장 쓰기 능력을 기르는 데도 큰 도움이 된다. 베이컨(Francis Bacon)의 『수상록*Essays*』과 함께 영어 문장이 얼마나 유려할 수 있는지를 보여 주는 대표적인 저작이 아닐까 싶다. 사실 기번이 책 속에서 펼친 주장 가운데는 후대 역사가들의 비판을 받는 것도 있지만, 그의 문장력에 딴지를 거는 사람은 없다.

미국 시골에 사는 내 추천이 영 미덥지 않다면 영국 총리이자 2차 대전의 영웅인 처칠(Winston Churchill)의 증언은 어떨까? 처칠은 20대 청년 시절 인도의 방갈로르(Bangalore)에서 기병 장교로 복무하면서 여가 시간에 독서를 즐겼다. 그때 그를 사로잡은 책이 있었으니… 다음은 처칠의 자서전 『나의 젊은 시절*My Early Life*』의 한 대목이다.

역사 분야에서는 기번부터 시작하기로 했다. 내 부친이 기번을 즐겨 읽으셨다는 말을 누군가 해 준 적이 있다. (…) 그래서 별 고민 없이, 여덟 권짜리던 밀먼 판으로 나온 기번의 『로마 제국 쇠망사』를 읽기 시작했다. 나는 즉시 그 내용과 문체에 사로잡히고 말았다. 나는 기번을 탐독했다. 처음부터 끝까지 의기양양하게 읽어 내려가면서 그 전체를 만끽했다. 내 의견을 페이지의 여백에 긁적이기도 했다.

In history, I decided to begin with Gibbon. Someone had told me that my father had read Gibbon with delight; (…) So without much ado, I set out upon the eight volumes of Dean Milman's edition of Gibbon's *Decline and Fall of the Roman Empire*. I was immediately dominated both by the story and style. I devoured Gibbon. I rode triumphantly

젊은 시절의 처칠. 그는 청년 시절 기번의 저작을 읽고
큰 영향을 받았다고 술회한 바 있다.

through it from end to end and enjoyed it all. I scribbled my opinions
on the margins of the pages.

"역사 분야에서는 기번부터 시작하기로 했다."—이미 처칠도 기번을
기본(基本)으로 생각했다는 것이다. 이때가 1896년이다. 기번이 1788년
발표한 책이 약 100년 뒤에 미래의 영국 총리가 될 젊은이를 감동시킨
것이다. 다시 그로부터 100년이 더 지난 지금도 나를 비롯해서 수많은
사람들을 끌어들이고 있는 이 책은, 장담컨대 지금부터 100년 뒤인
2115년에도 그럴 것이다. 고전(classic)이란 바로 이런 책에 어울리는 칭
호다. 과연 시오노 나나미의 『로마인 이야기』는 앞으로 100년이란 세월
이 흐른 뒤에도 계속 사람들에게 읽힐 수 있을까?

책을 쓴 목적이 "로마의 쇠퇴와 멸망의 가장 중요한 정황을 추론하기
위해서(to deduce the most important circumstances of its decline and fall)"라고
첫머리에 밝히고 있듯이, 기번의 관심은 천하의 로마 제국이 왜, 어떻게
멸망했는지 그 원인을 분석하는 데 있다. 따라서 내용도 초기 로마 역사

보다는 중기부터 말기에 다소 초점이 맞추어져 있기는 하지만, 일종의 플래시백(flashback) 같은 형식으로 기회가 있을 때마다 공화정 시대의 이야기도 아낌없이 제공하고 있기 때문에 로마 제국의 역사를 전체적으로 이해하는 입문서로서 손색이 없다. 이 책을 영어로 대개 'Decline and Fall of the Roman Empire'라고 부르지만, 아예 간단히 'Decline and Fall'이라고만 해도 많은 사람이 알아들을 정도로 유명하다.

이번 챕터에서는 이렇게 로마 역사를 다룬 서적 가운데 역대 최고 걸작을 따질 때면 늘 1, 2위를 다투는 기번의 명저를 필두로 해서 리비우스, 플리니우스 등 로마 시대에 활약한 역사가들의 문장 역시 조금씩 감상하는 기회를 제공하려 한다.

고대 중국의 역사가 비단 중국뿐 아니라 한국과 일본 사람들에게도 영원한 관심사이듯, 고대 그리스와 로마의 역사는 미국, 영국을 비롯한 서구인들이 언제나 흥미를 가지는 주제다. 로마의 역사와 문화에 대한 지식은 서양 인문학의 가장 중요한 영역 가운데 하나다. 로마 역사에 정통한 사람은 서구 사회 어딜 가든 우리나라 사람들이 좋아하는 그 '대접'이란 것을 받을 수 있다.―물론 그 지식을 우리 시대의 라틴어(세계공용어)라고 할 영어로 말할 수 있으면 더욱 좋고.

고대 그리스의 도시국가였던 아테네가 지금은 그리스의 수도가 되었듯이 로마 역시 현재 이탈리아의 수도이기도 하다. 로마의 별명은 '영원의 도시(Eternal City)'로, 로마 제국 시대는 말할 것도 없고 그 이후에도 중세, 르네상스를 거치면서 온갖 역사와 전설, 명소를 보유하게 된 유서 깊은 도시에 매우 어울리는 별명이라고 하겠다. 하지만 제아무리 '영원의 도시'라도 기원은 있는 법. 로마는 도대체 어떻게 시작되었을까?

늑대 소년이 세운 나라

기번은 『로마 제국 쇠망사』의 제1권 제1장을 로마의 황금기를 요약하는 다음과 같은 문단으로 시작하고 있다. 서구 지식인들 사이에 널리 알려져 있는 유명한 대목이니, 시간을 가지고 여유 있게 감상해 보면 좋을 것이다. 영어 원문 역시 중급 정도의 독해 실력이면 그렇게 어렵지 않다.

서기 2세기에 로마 제국은 지구의 가장 기름진 지역, 그리고 인류의 가장 문명화된 집단을 망라했다. 그 광대한 군주국의 국경을 지켜 주는 것은 고래(古來)의 명성과 규율 잡힌 용맹이었다. 법률과 관습의 세련되면서도 강력한 영향력은 속주들의 단결을 점차 공고히 해 왔다. 그 평화로운 주민들은 부와 사치가 주는 이득을 향유하고 오용했다.

In the second century of the Christian era, the empire of Rome comprehended the fairest part of the earth, and the most civilized portion of mankind. The frontiers of that extensive monarchy were guarded by ancient renown and disciplined valor. The gentle but powerful influence of laws and manners had gradually cemented the union of the provinces. Their peaceful inhabitants enjoyed and abused the advantages of wealth and luxury.

특히 여기서 로마인들이 부와 사치가 주는 이득을 '향유하다(enjoyed)' 못해 '오용했다(abused)'는 대목이 눈길을 끈다. 뭔가를 오용하려면 우선 차고 넘칠 만큼 가지고 있어야 하는 법이니, 한때 로마의 물질적 풍요가 어느 정도였는지 실감이 나는 표현이다. 하지만 명심해야 할 것은 기번이 말하고 있는 이 '오용의 시대'는 로마가 세워진 지 한참이나 뒤인 서기 2세기의 상황이라는 점이다. 실제로 이렇게 풍요를 주체하지 못하는 수준에 도달하기까지 로마는 이미 800여 년의 세월 동안 국가의 명운이 달린 도전과 위기를 수도 없이 이겨 내야 했다. 즉 서양 속담 그대로 "로마는 하루아침에 이루어지지 않았다.(Rome was not built in a day.)"

아닌 게 아니라 로마의 기원은 소박하기 짝이 없다. 우리나라 역사 속 최초의 고대 국가인 고조선의 건국 신화가 천제의 아들 환웅이 '홍익인간(弘益人間)'의 이념을 실현하기 위해 이 땅에 내려오는 장엄한 장면으로 시작되는 반면, 로마의 경우에는 홍익인간 대신 '늑대 인간', 아니 춥고 배고픈 '늑대 소년들'이 등장한다. 전설에 따르면 로마의 설립자는 로물루스(Romulus)다. 로물루스는 동생 레무스(Remus)와 함께 로마의 남쪽에 있었던 작은 왕국 알바롱가(Alba Longa)의 왕자로 태어났지만, 권력 투쟁의 와중에 부모가 살해당하면서 황야에 버려지는 신세가 된다. 이때 길을 가던 암컷 늑대가 이들 형제를 발견하고 잡아먹는 대신 거둬서 젖을 먹여 키웠다고 한다. 그래서 늑대는 로마에서 항상 신성한 동물로 받들어져, 늑대를 뜻하는 라틴어 '루푸스(lupus)'에서 이름을 따온 '루페르칼리아(Lupercalia)'라는 축제도 있었다.

이렇게 로물루스와 레무스는 늑대 엄마의 젖을 나눠 먹고 자란 형제였으나, 커서는 새로운 나라를 어디에 세워야 할지를 놓고 둘 사이에 싸움이 벌어져 그만 로물루스가 레무스를 죽이고 만다. 라틴어로는 'Roma', 영어로는 'Rome'이라고 쓰는 로마의 국호는 시조 로물루스의 이름에서 나온 것이다. 그러니 만약 역으로 동생 레무스가 로물루스를 죽이고 나라를 세웠더라면 그 이름이 라틴어로는 'Rema', 영어로는 'Reme', 즉 '레마 제국'이 될 뻔했다. 로물루스는 테베레 강(Tiber) 동쪽의 팔라티누스 언덕(Palatine Hill)에 나라를 세웠으니 때는 기원전 753년

늘대 젖을 먹는 로물루스와 레무스 형제의 상. 늑대는 로마에서 신성한 동물로 숭앙되었다.

이었다고 한다. 하지만 물론 처음에는 나라라기보다는 언덕 자락에 울타리 비슷한 것을 치고 주변의 도시국가나 부락 등에서 도망해 온 범죄자, 거지, 유랑민 등을 끌어모아 세력을 불린 공동체 수준이었을 것이다.

로마의 이런 소박한 개국 스토리를 생각해 보면, 성경의 "비록 네 시작은 미약하였으나 그 끝은 창대하리라.(Though thy beginning was small, yet thy latter end should greatly increase.)"라는 구절이 마치 로마를 위해 준비된 것만 같다. 그런데 세월이 지나 로마가 점점 부강해지면서 이런 '늑대 소년' 이야기만으로는 뭔가 족보가 부족하다고 느끼는 사람들이 있었던 모양이다. 언제부터인가 로마가 사실은 트로이의 용사 아이네이아스(Aeneas)가 트로이 멸망 뒤 그 유민들을 이끌고 이탈리아로 와서 세운 나라를 기원으로 한다는 설화가 슬슬 퍼지기 시작했기 때문이다. 기원전 1세기 로마의 국민 시인으로 존경받던 베르길리우스(Virgil)가 쓴 서사시 『아이네이스 *The Aeneid*』는 바로 이 아이네이아스 전설을 배경으로 한 작품이다. 이렇게 해서 로마의 건국 신화는 한동안 '늑대 소년'과

디아나(Diana), 미네르바(Minerva), 아폴로(Apollo) 등 로마의 신들이 묘사되어 있는 서기 4세기의 은쟁반.

'트로이 난민'의 두 내러티브가 공존하는 상황이었는데, 결국 어느 시점부터는 로물루스와 레무스도 알고 보면 아이네이아스의 직계 후손이라는 식으로 자연스럽게 조정되었다.

트로이의 영웅을 시조로 하는 번듯한 족보까지 갖추기는 했지만 로마인들에게는 아직도 부족한 것이 있었다. 자신들만의 고유한 신화체계(mythology)가 없었던 것이다. 그런데 로마는 이 문제 역시 간단히 해결했다. 바로 그리스를 정복하여 속주로 삼으면서 그리스 신화를 아예 통째로 가져다 재활용한 것이다. 그나마 조금 찔리는 구석은 있었는지 그리스 신들의 이름을 라틴 식으로 바꾸기는 했다. 그래서 그리스의 신들은 로마의 신들과 거의 예외 없이 일대일 대응 혹은 짝짓기가 가능하다. 잘 알다시피 그리스의 주신 제우스(Zeus)는 로마에서 주피터(Jupiter) 혹은 조브(Jove), 바다의 신 포세이돈(Poseidon)은 넵튠(Neptune), 저승의 신 하데스(Hades)는 플루토(Pluto)로 각각 이름만 바뀐 채 그대로 숭배되었다. 이렇게 그리스 신화와 로마 신화는 서로 이질적이지 않은 정도가 아니라 숫제 거의 똑같다고 보면 된다.

9th Brunch Time

공화국에서 제국으로

왕을 몰아내고 공화정으로

로마 제국(Roman Empire)이라는 표현이 워낙 보편적으로 쓰이다 보니 로마를 그저 대대로 황제가 다스렸던 나라라고만 알기 쉽지만, 실은 로마에서는 그보다 앞서 공화정(republic)의 역사가 500년 가까이 이어졌다. 그리고 공화정 이전에는 2세기가량 왕이 다스리던 시기도 있었는데, 전설에 따르면 시조인 로물루스를 포함하여 총 7명의 왕이 있었다고 한다. 개국 이래 오랫동안 로마는 당시 이탈리아 반도에서 가장 큰 세력이었던 에트루리아(Etruria)의 제후국 내지는 보호국 가운데 하나였으며, 로마의 왕들 역시 에트루리아의 괴뢰 비슷한 존재였다. 그러다가 드디어 기원전 6세기 귀족과 평민들이 힘을 합쳐 들고일어나 왕을 몰아내고 공화국을 세우기에 이른다.

초기의 로마 공화국은 대토지 귀족들이 정치를 독식하는 귀족정치(aristocracy)를 실시했다. 귀족들은 자기들 가운데 명망 있는 인물들로 구성된 원로원(Senate)이라는 기구를 만들었는데, 이때부터 로마는 공식적으로는 300명 안팎의 의원들로 이루어진 원로원이 통치하는 나라가 되었다. 로마 시대를 배경으로 하는 영화에서는 군대의 깃발이나 황제의 휘장, 혹은 신전과 공공건물의 입구 등에 항상 'SPQR'이라는 네 문자가 큼직하게 수놓이거나 새겨져 있는 것이 보이곤 한다. 이는 라틴어 '세나투스 포풀루스 쿠에 로마누스(Senatus Populus Que Romanus)'의 머리글자를 모은 것으로, '원로원과 로마 시민들(The Senate and People of Rome)'이라는 의미다. 즉 로마는 (왕이 아니라) 원로원과 시민들의 나라라는 것이다. 로마 역사에서 원로원의 비중이 얼마나 큰지를 보여 주는 예라고 하겠다. 원로원은 여기 속한 의원들 가운데서 집정관(consul)을 2명씩 뽑고 1년 동안 전권을 위임하여 나라를 다스리도록 했다.

그러나 귀족들이 오랫동안 정치를 독점하자 인구의 다수를 이루고 있던 평민들의 불만이 높아져 거의 폭동이 일어날 지경에 이르렀다. 결국 귀족들이 평민들의 요구를 수용하면서 기원전 494년 처음으로 평민들로 이루어진 의회, 즉 민회가 결성되었다. 이 민회를 뜻하는 라틴어 '코미티아 트리부타(Comitia Tributa)'를 영어로 옮기면 'Committee of Tribes', 즉 부족들의 위원회가 되는데, 말 그대로 로마 시민의 자격이 있는 35개 부족들(tribes)이 모인 집회에서 주요 사안을 결정했기 때문에 이런 이름이 붙었다. 이 민회에서 뽑힌 호민관(tribune)은 평민들의 이해를 대변하면서 원로원과 집정관의 권한을 견제하고 이들의 결정에 대한 거부권을 가졌다. 호민관 제도가 생긴 이후 평민들이 점점 많은 권리를 인정받게 되었고, 기원전 451년에는 평민들의 권리를 자세히 기록한 로마 최초의 성문법인 12동판법(Laws of Twelve Tables)이 만들어졌다. 12동판법이란 말 그대로 법 조항이 구리로 만든 판 12장에 새겨졌기 때문에 붙은 이름이다.

공화정 시절 로마는 이미 적극적인 성장 전략을 채택하여 실천에 옮겼다. 로마는 로물루스가 팔라티누스 언덕 위에 세운 아담한 도시국가로 남아 현상 유지를 도모하는 대신, 편견 없이 외래인들을 받아들이는 한편 당시 이탈리아 반도에 이미 존재하던 여러 정치 공동체들을 공화국의 큰 지붕 아래로 불러들이는 수고도 마다하지 않았다. 기번은 책에서 성장주의 전략을 택한 로마와 현상 유지를 선호했던 그리스 반도의 폴리스들의 운명을 비교하며 이렇게 서술하고 있다.

어떤 외부 세력과의 혼혈도 없이 고대 시민들의 순수한 혈통을 보전하려던 편협한 정책은 아테네와 스파르타의 번영을 억제하고 파멸을 재촉했다. 로마의 야심적인 기풍은 야망을 위해 허영심을 희생시켰고, 노예나 이방인, 적이나 야만인을 막론하고 어느 집단에서든 미덕이나 장점이 보이면 자기네 것으로 채택하는 것을 현명하고도 훌륭한 일로 여겼다. 아테네 공화국은 최고 번영기에도 시민 수가 약 30,000명에서 21,000명으로 점차 감소했다. 반면, 로마 공화국의 성장을 조사해 본다면, 전쟁과 식민지 경영이 끊임없이 필요했음에도 불구하고, 세르비우스 툴리우스가 실시한 최초의 인구 조사에서는 83,000명에 불과했던 시민들이 급증한 끝에, 동맹시 전쟁이 발발하기 전 이미 조국의 군인으로서 무기를 들 수 있는 남자의 수만도 463,000명에 이른 것을 발견할 수 있을 것이다.

The narrow policy of preserving, without any foreign mixture, the pure blood of the ancient citizens, had checked the fortune, and hastened the ruin, of Athens and Sparta. The aspiring genius of Rome sacrificed vanity to ambition, and deemed it more prudent, as well as honorable, to adopt virtue and merit for her own wheresoever they were found, among slaves or strangers, enemies or barbarians. During

다비드가 그린 〈호라티우스 형제
의 맹세〉. 로마의 공화정 초기 이
웃 나라 알바롱가를 합병하던 과
정에서 희생을 치른 호라티우스
가문의 영웅담을 묘사했다.

the most flourishing era of the Athenian commonwealth, the number of
citizens gradually decreased from about thirty to twenty-one thousand.
If, on the contrary, we study the growth of the Roman republic, we may
discover, that, notwithstanding the incessant demands of wars and
colonies, the citizens, who, in the first census of Servius Tullius,
amounted to no more than eighty-three thousand, were multiplied,
before the commencement of the social war, to the number of four
hundred and sixty-three thousand men, able to bear arms in the service
of their country.

위의 글에 등장한 세르비우스 툴리우스는 기원전 6세기 로마가 아직
왕국이었을 당시의 지배자이자 로마 역사상 최초의 인구 조사를 실시한
인물로 알려져 있다. 또한 '동맹시 전쟁(Social War 혹은 War of Allies)'이란
기원전 90년 이탈리아 반도에서 로마와 동맹을 맺고 있던 여러 도시국
가들이 로마 시민과 동등한 지위를 자기네 주민에게도 누리게 해 줄 것
을 요구하면서 시작된 일종의 내전이었다.

기번의 말에 따르면 로마의 인구가 500여 년 동안 5배가량 증가했다고(83,000 → 463,000) 볼 수도 있으나, 실제로는 그보다 훨씬 더 늘어났다고 봐야 한다. 문맥상 세르비우스 시대의 인구 조사 결과인 83,000명은 로마의 전 인구인 반면, 기번이 기원전 1세기 초의 인구로 언급한 수치는 오직 병역의 의무를 감당할 연령대에 있는 남성들만 헤아린 것이기 때문이다. 여기에 어린이, 여성(투표권은 없었지만 여성들도 로마 시민권자이기는 했다.), 노약자의 수를 합치면 동맹시 전쟁 당시 로마의 총인구는 이미 100만 명에 가까웠을 것이다. 그뿐만 아니라 동맹시 전쟁의 결과 로마가 이탈리아 반도 주민들에게 모두 시민권을 부여하면서 로마의 인구는 다시 폭발적으로 증가했다.

포에니 전쟁에서 한니발과 맞붙다

귀족과 평민 사이의 계급 갈등, 여러 개혁과 그에 대한 반발, 동맹시들과의 관계 정립 등 공화정 시대의 로마에는 해결해야 할 문제가 끊임없이 닥쳐왔지만, 그 가운데서도 카르타고(Carthage)와의 대결은 결정적인 사건이었다. 로마와 카르타고는 기원전 241년부터 100여 년에 걸쳐 지중해의 제해권을 놓고 국운을 건 세 차례의 전면전을 치렀는데, 이를 통틀어 포에니 전쟁(Punic Wars)이라고 한다. 영어 'Punic'은 카르타고의 조상인 페니키아(Phoenicia)의 형용사형이다. 지금의 북아프리카 튀니지 지역에서 발흥한 카르타고는 오랫동안 지중해의 해상 무역권을 장악하고 번영을 누렸다. 전성기 카르타고 항구의 모습을 재현한 상상도는 고대 도시라기보다는 마치 SF 영화에 등장하는 우주 정거장을 방불케 한다.

카르타고는 제1차 포에니 전쟁에서 로마에 예상외의 일격을 받고 패

북아프리카 튀니지에 있는 고대 카르타고의 유적. 한때 카르타고인들이 안마당처럼 여겼던 지중해가 멀리 보인다.

배했다. 하지만 제2차 포에니 전쟁(기원전 218~201) 때는 로마를 문자 그대로 풍전등화의 위기까지 몰아붙이는 저력을 발휘했는데, 이때 활약한 인물이 그 유명한 한니발(Hannibal, 기원전 247~182?)이다. 카르타고의 장군 하밀카르(Hamilcar)의 아들로 태어난 한니발은 이미 아홉 살 때 바알신(Ba'al)의 신전에서 아버지가 지켜보는 가운데 다음과 같이 맹세했다고 한다.

"어른이 되자마자 로마의 운명을 불과 쇠로 붙잡아 버릴 것을 맹세합니다."

"I swear so soon as age will permit I will use fire and steel to arrest the destiny of Rome."

여기서 '불과 쇠'는 결국 무력을 뜻한다. 실은 한니발(Hannibal)이라는 이름 자체가 카르타고어로 '바알 신의 은총'이라는 뜻이라고 하는데, 그렇다면 하밀카르가 이런 이름을 지은 것도 따져 보면 로마를 멸망시킬 사내아이를 준 신의 은총에 감사하는 의미에서였을 것이다.

성인이 된 한니발은 당시 카르타고의 식민지였던 스페인의 총독으로 취임한 뒤 꾸준히 군사력을 키워, 드디어 기원전 218년 어린 시절의 맹세대로 로마를 향해 출정했다. 이때 한니발은 5만여 정예 병력에 코끼리까지 포함한 대부대를 이끌고 스페인에서 출발한 다음 알프스(Alps)를 넘어 곧장 로마의 뒷마당인 이탈리아 반도 북부를 공략하기로 결심한다. 로마의 역사가 리비우스(Livy, 기원전 59?~기원후 17)는 『로마사 *History of Rome*』에서 출정에 앞서 한니발이 부하들에게 행한 연설을 소개하고 있다. 한니발은 알프스를 넘는 전대미문의 시도에 우려를 나타내는 일부 장병들에게 이렇게 말한다.

(…) 이제 알프스가 바로 우리 눈앞에 있고 이탈리아는 바로 그 너머에 있다. 적들의 문지방에 막 다다른 지금 제군들은 조금 지친 것 같다며 중지하기를 원한다. 높은 산들이 모여 있다는 것을 빼면 알프스가 대체 무엇이란 말이냐? 아마도 제군들은 그 산들이 피레네 산맥보다도 높다고 생각하겠지. 그래서 어쨌다는 건가? 지상의 어떤 것도 하늘까지 다다르지는 못한다. 인간이 정복하기에 너무 높은 산이란 없다.

(…) when even now the Alps are right before our eyes and Italy only just beyond; now, on the very doorsteps of our enemies, you want to stop—because you feel a little tired! 30.6. What on earth do you think the Alps are except a collection of high mountains? Perhaps you think they are even higher than the Pyrenees? So what? 30.7. Nothing on earth can ever reach the sky; no mountain is too high for man to conquer.

알프스가 높다 하되 하늘 아래 뫼일 뿐이라고 선언한 한니발은 알프스만 넘으면 바로 로마의 뒷마당이라는 점을 상기시키며 동기부여에 나선다.

이제 세계의 수도인 로마가 우리의 전리품이 되려는 참이다. 아무리 어렵고 위험하다 해도, 분명 그 무엇도 우리로 하여금 이 영광스러운 과업을 단념케 할 수는 없다. (⋯) 제군들 여정의 목적지인, 테베레 강과 로마의 성벽 사이에 놓인 캄푸스 마르티우스(Campus Martius)를 고대하라.

And now it's Rome that is our prize, the capital of the world; nothing, however difficult and dangerous it may be, nothing—surely!—can deter us from this glorious enterprise. (⋯) dare to look forward to your journey's end, on the Campus Martius, which lies between the Tiber and the walls of Rome.

캄푸스 마르티우스는 원로원이 있는 카피톨리누스 언덕(Capitoline Hill)과 더불어 여러 신전 및 관공서, 사우나, 경기장 등 각종 공공시설이 즐비하던 고대 로마의 다운타운 지역을 가리킨다. 다시 말해 한니발은 로마를 함락하는 것을 전쟁의 최종 목표로 분명히 한 것이다.

알프스를 넘어 이탈리아 반도로 진입한 한니발의 군대는 로마 군과 벌인 전투마다 연전연승하며 로마인들의 간담을 서늘하게 했다. 특히 기원전 215년 이탈리아 남부의 칸나에(Cannae)에서 벌어진 전투가 유명한데, 여기서 로마 군은 교란 전술에 휘말려 무려 7만 명의 병력을 잃는 타격을 입기도 했다. 7만 명이면 당시 로마의 국력으로 동원할 수 있는 군사력의 3분의 1에 해당하는 규모였다고 한다.

그러나 결과적으로, 이렇게 이탈리아 전역을 공포에 몰아넣으며 장장 14년 동안 기세를 올린 한니발 역시 로마의 앞마당에서 축배를 들자던 장병들과의 약속을 끝내 지키지 못했다. 칸나에 전투에서 궤멸적 타격을 입은 후에도 로마는 빠른 속도로 병력을 보충하며 계속 전쟁에 임했다. 게다가 한니발이 장기간 출정하는 동안 카르타고 본국에서는 주전파와 주화파가 서로 다투는 바람에 원정군에게 보급품이나 보충 병력 등을 거의 보내지 못했다. 이렇게 본국에서 제대로 받쳐 주지 않으니 아무리 전쟁의 신이라고 해도 머나먼 타향에서의 원정이 성공할 수가 없었다.

한니발이 이탈리아에서 발이 묶인 사이 로마는 대담하게도 카르타고를 직접 공략하는 전략을 구사했다. 로마 군의 출현에 다급해진 카르타고 의회(당시 카르타고 역시 공화국이었다.)는 한니발에게 SOS를 쳤고, 한니발은 급히 이탈리아를 떠나 북아프리카의 자마(Zama)라는 곳에서 스키피오(Scipio)가 이끄는 로마 군과 격돌했다. 이 전투에서 로마 군이 예상을 뒤엎는 대승을 거두며 한니발의 무패 기록도 끝나고 말았다. 스키피오는 한니발 군대의 비밀 병기인 코끼리 부대가 전진에는 강하지만 갑자기 방향을 틀기는 어렵다는 것을 간파하고, 일단 코끼리들이 돌격해 오면 정면 승부를 하지 않고 옆으로 슬쩍 피했다가 측면과 배후에서 공격하는 작전을 썼다고 한다.

패장이 된 한니발은 로마에 쫓기며 여러 나라를 전전하는 망명객 신세가 되었지만 로마에 대한 복수를 한시도 잊은 적이 없었다. 알렉산드로스 대왕의 부하 장수가 페르시아 지역에 세웠던 셀레우코스 왕국(Seleucid)의 군사 고문이 되어 로마와의 전쟁을 선동하기도 했다. 그런데 공교롭게도 그 무렵 로마가 셀레우코스에 스키피오를 외교 사절로 파견하는 바람에 한때 서로 칼을 겨누었던 두 장수는 외나무다리가 아니라 외국의 궁정에서 재회를 경험했다. 그때 이런저런 대화를 나누던 두 사람은 역사상 가장 위대한 군사 지휘관이 누구냐는 화제에 이르렀는데, 그 내용이 아피아노스(Appian)를 비롯한 몇몇 로마 시대 역사가들 덕분에 지금껏 전하고 있다. 워낙 인상 깊은 이야기라 대화 형식으로 정리해서 소개한다.

스키피오 역사상 가장 훌륭한 군사 지휘관은 누구라고 생각합니까?

한니발 마케도니아의 알렉산드로스요.

스키피오 그래요, 나도 동의합니다. 그럼 두 번째 자리에는 누구를 놓겠습니까?

한니발 에페이로스의 피로스지요.

스키피오 흠, 그럼 세 번째 자리를 누구에게 주겠습니까?

한니발 나 자신에게 주겠소.

Scipio Whom do you consider the greatest commander in history?

Hannibal Alexander of Macedon.

Scipio Yes, I assent. Then, whom you place next?

Hannibal Pyrrhus of Epirus.

Scipio Hmm, to whom you would give the third place, then?

Hannibal To myself.

마케도니아의 알렉산드로스는 물론 알렉산드로스 대왕이며, 피로스(Pyrrhus, 기원전 319~272)는 알렉산드로스 사망 후 이어진 혼란기에 그리스 북부에서 잠시 번영했던 에페이로스(Epirus)의 군주로 한니발보다도 수십 년 앞서 이탈리아 반도를 침략하여 로마를 괴롭힌 인물이다. 이 대목에서 스키피오는 한니발이 알렉산드로스와 피로스에 이어 적어도 '넘버 3'에는 자기를 꼽아 주리라고 예상했다가 오히려 그가 자화자찬을 하고 나서자 은근히 약이 올랐다. 참다못한 스키피오는 '돌직구'를 날리는데, 이에 대한 한니발의 대답이 또 걸작이다.

스키피오 한니발, 만약 당신이 나한테 패배하지 않았다면 당신을 어느 자리에 놓겠습니까?

한니발 그 경우라면 알렉산드로스의 앞자리에 나를 놓아야겠지요. 왜냐하면 나는 젊은 청년이었을 당시 이미 스페인을 정복하고 헤라클레스 이래 처음으로 알프스를 군대와 함께 넘었기 때문이오. 나는 이탈리아를 침략하여 당신네 모두를 공포에 떨게 하고, 400곳의 촌락을 초토화했으며, 당신네 도시를 극도의 위험에 몰아넣기도 했소. 그러는 내내 카르타고로부터 군자금이나 지원 병력은 받지도 못했다오.

Scipio Where would you place yourself, Hannibal, if you had not been defeated by me?

Hannibal In that case I should have put myself before Alexander; for when I was a young man I conquered Spain and crossed the Alps with an army, the first since Hercules. I invaded Italy and terrified all of you, laid waste 400 of your towns, and often put your city in extreme peril, all this time receiving neither money nor reinforcements from Carthage.

한니발은 스키피오의 위신도 세워 주면서 자신의 위대함도 은근히 과시했던 것이다. 역시 영웅호걸들의 대화는 나 같은 범부의 가슴을 설레게 하는 면이 있다. 한니발은 셀레우코스에서도 제대로 뜻을 펴지 못하고 쫓겨난 뒤 다시 이곳저곳을 전전하다가 결국 로마 군의 추격이 조여 드는 가운데 기원전 182년 독약으로 자살했다. 향년 65세. 파란만장한 삶을 산 인물치고는 의외로 장수했다는 느낌도 있다. 라이벌 스키피오 는 그로부터 약 1년 뒤에 사망했지만, 당시 나이가 53세였으니 한니발 은 햇수로는 스키피오보다도 10여 년을 더 산 셈이다.

한니발의 사후 카르타고는 기원전 146년 로마의 마지막 공격을 받고 멸망했다. 로마는 카르타고를 함락한 뒤 도시를 철저하게 파괴하고 살 아남은 주민들은 모조리 노예로 팔아넘긴 것은 물론, 땅에 소금을 뿌리 고 사제들을 동원해서 영원히 신의 저주를 내려 달라는 제사까지 드렸 다고 한다. 이 에피소드는 카르타고가 로마에게 얼마나 두려운 존재였 는지 알게 해 주는 반증이다.

카이사르의 등장과 공화정의 붕괴

카르타고와 로마의 대결에서 특히 주목할 만한 점은 전쟁을 실제로 수 행한 군대의 구성이다. 카르타고의 경우 비록 지휘관에는 카르타고 출 신 장군을 앉혔지만 군대는 상비군 대신 돈을 주고 스카우트해 온 용병 을 적극 활용했다. 당시 해상 무역으로 막대한 부를 축적한 상인의 기질 이 몸에 밴 탓에 국방 역시 돈으로 살 수 있다는 판단을 내렸던 모양이 다. 이에 비해 로마는 자유 시민들로 구성된 민병대 조직을 기본 군제로 삼았는데, 결과적으로 애국심이 돈의 힘을 누른 셈이 됐다.

로마 군대는 그러나 기원전 2세기 말 그라쿠스(Gracchus) 형제가 시도 한 토지 개혁이 대토지 소유 귀족들의 거센 저항으로 무산되면서 큰 변 화를 겪게 된다. 자유롭게 경작할 토지가 없어진 농민들이 몰락하면서 결국 병역의 의무와 재화의 생산을 동시에 담당하는 자유 시민 계급의 숫자가 급격히 줄어들었기 때문이다. 이렇게 되자 로마 군 역시 점점 시간이 지나면서 로마 시민들보다는 이탈리아 반도 및 기타 식민지에서 모집한 직업 군인들로 채워졌다. 이들은 원로원이나 로마 시민보다는 자신들을 지휘하는 장군, 특히 전쟁에서 승리하여 차지한 전리품을 나눠 주는 지휘관에게 충성하는 사병 집단으로 변질되었고, 결국 이러한 군 조직의 변화는 공화국 체제의 위기를 초래했다. 정치권력의 향방이 카리스마 있는 군 지휘관들과 이들이 지휘하는 군단들 사이의 주도권 다툼을 통해 결정되기에 이르렀던 것이다.

공화정 말기에 등장한 군 지휘관 가운데 가장 탁월한 인물이 율리우스 카이사르(Julius Caesar, 기원전 100~44)였다. 로마의 명문가에서 태어난 카이사르는 젊어서부터 담력과 지략을 보인 인물이었다. 플루타르코스는 『고귀한 그리스인들과 로마인들의 생애』에서 카이사르의 기질을 잘 보여 주는 에피소드를 전하고 있다. 카이사르는 19세 때 그리스의 로도스(Rhodes)에서 유학을 마치고 로마로 돌아오는 길에 해적들에게 납치되어 38일간 억류된 적이 있다.

해적들이 20탈렌트를 몸값으로 요구하자, 카이사르는 그들이 어떤 인물을 포로로 잡았는지 모른다며 비웃고는 자진해서 50탈렌트를 주기로 합의했다. (…) 38일 동안, 마치 해적들이 자기의 감시자가 아니라 왕을 지키는 경호원인 양 그는 아무렇지도 않게 그들과 어울려 경기와 운동을 했다. 또 시와 연설을 써서 그들에게 큰 소리로 읽어 주었는데, 자기 작품을 칭찬하지 않은 자들의 얼굴에 대고 문맹의 야만인이라고 부르면서 모조리 목을 매달겠다고 웃으며 협박했다. 해적들은 이에 즐거워했고, 그의 대담한 발언을 어떤 단순함이나 소년 같은 치기로 여겼다.

When the pirates demanded twenty talents for his ransom, he laughed

at them for not knowing who their captive was, and of his own accord
agreed to give them fifty. (…) For eight and thirty days, as if the men
were not his watchers, but his royal body-guard, he shared in their
sports and exercises with great unconcern. He also wrote poems and
speeches which he read aloud to them, and those who did not admire
these he would call to their faces illiterate Barbarians, and often
laughingly threatened to hang them all. The pirates were delighted at
this, and attributed his boldness of speech to a certain simplicity and
boyish playfulness.

요구한 몸값이 적어 자존심이 상한다며 더 주겠다고 나서다니, 보통
의 인간이 할 수 있는 발상은 아니다. 게다가 카이사르가 해적들과 지내
면서 보인 행동을 생각하면, 이래서야 누가 납치범이고 누가 인질인지
알 수가 없다. 물구나무 선 스톡홀름 신드롬이라고나 할까. 플루타르코
스에 따르면 카이사르는 친구들이 구해 온 몸값으로 풀려나자마자 곧바
로 장정들을 모집하여 방심하고 있던 해적들을 기습, 모조리 붙잡아다
십자가형에 처해 버렸다고 한다. 이렇게 스무 살도 되기 전에 이미 두둑
한 배짱과 기민함을 보인 카이사르는 원로원에 진입한 뒤 군 지휘관이
되어 수많은 전공을 올리며 출세 가도를 달렸다. 카이사르는 전쟁에서
얻은 전리품을 부하 장병들과 로마 시민들에게 아낌없이 베푸는 통 큰
정책으로 민심을 휘어잡으며 계속 권력을 다진 끝에 기원전 60년에는
공화정의 최고 지위인 집정관에까지 올랐다.

당시 카이사르의 가장 강력한 라이벌은 지중해의 해적들을 소탕해서
인기를 누리던 또 다른 군벌 폼페이우스(Pompey)였다. 폼페이우스는 기
원전 49년 원로원에 압력을 가해 갈리아(Gaul) 지역에 주둔하고 있던 카

이사르에게 군대를 변방에 남겨 두고 혼자 로마로 돌아오도록 명령하는 소환장을 발부하게 했다. 카이사르는 군대를 이끌고 당시 로마의 영토와 변경을 가르는 경계선인 이탈리아 북부의 루비콘 강(Rubicon)에 이르렀다. 여기서 그는 군대를 끌고 강을 건너면 반역자가 되고, 군대 없이 로마로 가면 폼페이우스에게 숙청당할 진퇴양난에 처했다. 이때 카이사르는 "주사위는 던져졌다.(The die has been cast.)"는 유명한 말을 남기고 루비콘 강을 건너 로마로 진격했다.

이후 3년에 걸친 폼페이우스 군과의 내전에서 승리한 카이사르는 로마의 유일한 최고 권력자가 되어 기원전 47년 종신 독재관(Dictator)에 올랐다. 이렇게 카이사르가 로마 역사상 누구도 가지지 못한 강력한 권력을 누리게 되자 공화국 정치의 중심인 원로원에서는 카이사르가 결국 공화정을 폐하고 왕이 될 것이라는 우려가 커져 갔다. 결국 브루투스(Brutus)와 카시우스(Cassius)를 중심으로 한 40여 명의 원로원 의원들 사이에서 카이사르를 제거하려는 음모가 논의되었고, 이들은 기원전 44년

카이사르를 암살하고 환호하는 로마 원로원 의원들을 묘사한 프랑스 화가 제롬(Jean-Léon Gérôme)의 그림. 그러나 이 사건은 공화정의 붕괴를 촉진했을 뿐이다.

3월 15일 원로원에 등원한 카이사르를 암살했다.

하지만 카이사르의 죽음은 역설적으로 공화정의 붕괴를 더욱 재촉하는 결과를 낳았다. 카이사르의 사후 정국의 주도권은 공화파가 아니라 카이사르의 측근 안토니우스(Mark Antony, 기원전 83?~30)와 카이사르의 조카이자 양아들인 옥타비아누스(Octavian, 기원전 63~기원후 14)에게 넘어갔다. 두 사람은 원로원 내부의 반대파를 숙청하고 재산을 몰수한 데 이어 기원전 42년 브루투스와 카시우스 등 공화파 잔당의 군대를 격파했다.

이렇게 공동의 적들을 제거한 안토니우스와 옥타비아누스는 드디어 최후의 대권을 향해 본격적인 경쟁에 돌입한다. 그때까지만 해도 로마에서 안토니우스의 인기는 옥타비아누스보다 훨씬 높아서 결국 대권은 그에게로 가는 듯한 분위기였는데, 바로 이 대목에서 안토니우스는 결정적인 패착을 두게 된다. 로마에 계속 남아 권력 기반을 강화하는 대신 당시 이집트의 지배자이던 클레오파트라와 사랑에 빠져 알렉산드리아를 근거지로 삼고 옥타비아누스에게 맞서기로 한 것이다. 클레오파

클레오파트라와 안토니우스의 최후를 그린 바로크 시대 이탈리아 화가 투르키(Alessandro Turchi)의 그림.

트라는 이미 기원전 46년 카이사르가 폼페이우스를 쫓아 이집트까지 왔을 때 카이사르를 유혹한 뒤 그 관계를 발판으로 남동생을 몰아내고 권좌를 차지한 전력이 있었다. 실제로 카이사르가 암살당할 당시 클레오파트라는 로마에 머무르다가 황급히 이집트로 돌아가기도 했다. 그러다 이제 카이사르 대신 그의 측근인 안토니우스를 유혹하여 천하를 지배할 꿈을 꾸기에 이른 것이다.

드디어 기원전 31년 안토니우스─클레오파트라의 연합군과 옥타비아누스의 군대가 그리스 서북쪽의 악티움 만에서 대규모 해전을 치렀는데, 이를 흔히 악티움 해전(Battle of Actium)이라고 부른다. 이 싸움에서 옥타비아누스의 군대는 예상을 뒤엎고 대승을 거두며 대세를 결정지었다. 대패한 안토니우스와 클레오파트라는 자살했으며, 옥타비아누스는 로마로 돌아가 초대 황제에 등극하며 본격적인 제정의 시대를 열게 된다.

10th Brunch Time

팍스 로마나―제국의 황금기

황제정을 발명한 아우구스투스

안토니우스를 무찌르고 로마로 개선한 옥타비아누스에게 원로원은 존 엄한 자 혹은 지존(至尊)을 뜻하는 아우구스투스(Augustus)라는 칭호를 바쳤다. 이렇게 말 그대로 '지존무상(至尊無上)'이 된 옥타비아누스에게 맞설 수 있는 세력은 로마에 사실상 없었지만, 그럴수록 그는 더욱 티 나지 않는 교묘한 방식으로 독재 권력을 강화해 나갔다. 그는 비록 양부 인 카이사르 같은 카리스마도, 안토니우스 같은 웅변력이나 무술 실력 도 없었지만, 그 대신 매우 냉정하고 계산이 빠르며 용의주도한 인물이 었다. 로마의 황제정은 사실상 옥타비아누스가 구사한 고도의 공작 정 치에서 비롯된 산물이었다. 그가 어떻게 황제정을 '발명'했는지 기번의 문장을 따라가며 한번 알아보자.

카이사르의 죽음이 그의 눈앞에서 언제나 아른거렸다. 그는 측근들에게 부와 명예를 아낌없이 내렸다. 하지만 공모자들 속에는 그 숙부가 가장 믿었던 친구들도 있었던 것이다. 충성스러운 군대가 공공연한 반란으로부터 그의 권위를 보호했을지는 모르지만, 그들의 경계 태세도 결연한 공화주의자의 단검으로부터 그의 몸을 지켜 주지는 못했다. 그리고 브루투스를 추모하던 로마인들은 그의 덕목을 따라 하는 행위에 박수를 보낼 터였다. 카이사르가 자기의 권력을 과시했던 것이 그의 권력 자체만큼이나 파멸을 불러온 셈이었다. 그가 집정관이나 호민관이었다면 평화롭게 군림할 수 있었을 것이다. 왕이라는 칭호가 로마인들로 하여금 그의 목숨을 노려 무기를 잡도록 한 것이었다.

The death of Caesar was ever before his eyes. He had lavished wealth and honors on his adherents; but the most favored friends of his uncle were in the number of the conspirators. The fidelity of the legions might defend his authority against open rebellion; but their vigilance could not secure his person from the dagger of a determined republican; and the Romans, who revered the memory of Brutus, would applaud the imitation of his virtue. Caesar had provoked his fate, as much as by the ostentation of his power, as by his power itself. The consul or the tribune might have reigned in peace. The title of king had armed the Romans against his life.

실제로 카이사르는 생전에 안토니우스 등 측근들과 짜고 자신이 왕위에 오르는 시나리오를 염두에 둔 채 몇 차례 로마인들의 민심을 떠본 적도 있었다. 이와 관련해 플루타르코스는 로마의 전통 축제인 루페르칼리아 제전에서 벌어진 흥미로운 사건을 소개하고 있다.

집정관이었던 안토니우스는 신성한 경주의 달리기 주자 가운데 한 명이었다. 따라서 포룸으로 달려 들어온 그를 위해 군중은 길을 열어 주었고, 그는 월계수 화환이 둘러 묶인 왕관을 가져와 카이사르 앞에 내밀었다. 그러자 박수가 나왔으나, 소리가 크지 않고 가냘프며 미리 짜 둔 것이었다. 하지만 카이사르가 왕관을 밀쳐 내자, 모든 사람들이 박수를 쳤다. 그러고 나서 안토니우스가 그것을 다시 바치자 몇 사람만이, 그리고 카이사르가 다시 거절하자 모두가 박수를 쳤다. 따라서 실험은 실패했으며, 카이사르는 화관을 카피톨리누스 언덕으로 옮길 것을 명령한 뒤 자리에서 일어났다.

Antony was one of the runners in the sacred race ; for he was consul. Accordingly, after he had dashed into the forum and the crowd had made way for him, he carried a diadem, round which a wreath of laurel was tied, and held it out to Caesar. Then there was applause, not loud, but slight and preconcerted. But when Caesar pushed away the diadem, all the people applauded ; and when Antony offered it again, few, and when Caesar declined it again, all, applauded. The experiment having thus failed, Caesar rose from his seat, after ordering the wreath to be carried up to the Capitol.

천하의 카이사르도 시민들의 눈치가 보여 차마 왕관까지 쓰고 거들먹거릴 수는 없었다는 이야기다. 이 에피소드를 보면 카이사르는 기본적으로 염치를 아는 인간이다. 하지만 강력한 독재 권력은 시대적 요청이기도 했다. 숙적 카르타고를 멸망시키고 지중해의 주도권을 장악한 뒤 브리타니아(Britannia)와 스페인, 북아프리카까지 지배력을 넓히면서 대단히 비대해진 로마를 다스리려면 원로원의 지지부진한 토론과 결정보다는 강력한 리더십이 필요했다. 문제는 이렇게 '대세'로 떠오르는 독재정을 어떤 식으로 포장하여 로마 시민들 앞에 내놓는가 하는 것이었고, 옥타비아누스는 양부 카이사르의 경우를 반면교사로 삼았던 것이다.

카이사르는 왕이 되려는 야심이 있다고 찍히는 바람에 공화파에게 목숨을 잃었다. 아무리 강력한 군대가 최고 권력자를 지킨다고 해도 암살의 위험은 언제나 있다. 대한민국의 박정희 대통령 역시 정규군에 버금가는 경호부대를 거느리고 있었지만, 결국 경호부대와는 멀리 떨어진 안가의 술자리에서 정보기관의 수장에게 암살당하지 않았던가. 등잔 밑까지 항상 살펴볼 수는 없는 법이다. 그뿐만 아니라 카이사르는 자신의 권력을 대내외에 과시하는 치명적 실수를 범했다. 부자가 돈 자랑을 너무 하면 주위의 미움을 사듯이, 권력자가 너무 권력을 내보이다가는 사달이 나고 만다. 기번에 따르면 양부의 죽음에서 비롯된 트라우마가 옥타비아누스 개인의 인생 행보뿐 아니라 이후 로마의 정체를 결정지은 셈이다. 그 옛날 로마의 공화정은 '왕'을 쫓아내면서 세워졌다. 따라서 로마인들의 DNA 속에는 일단 왕이라면 목숨을 걸고 반대하는 기질이 배어 있었다. 그렇다면 '왕'이라는 타이틀을 포기하면 어떨까? 이 대목에서 다시 한 번 기번 선생에게 해설을 부탁해 보자.

아우구스투스는 인간이 칭호에 지배된다는 사실을 의식하고 있었으며, 원로원과 시민들이 예로부터 내려온 자유를 계속 향유할 수 있음을 정중하게 보장받기만 한다면 기꺼이 예속당하리라는 예상 속에서 결코 상황을 오판하지 않았다. 이런 만족스러운 환상을 아우구스투스의 후계자들이 덕망으로, 아니면 신중한 계산을 통해서라도 지탱해 주는 한, 유약한 원로원과 무기력한 시민들은 이를 순순히 받아들였다. 칼리굴라, 네로, 도미티아누스의 암살을 공모한 자들을 자극한 것은 자유의 원칙이 아니라 자기 보호의 동기였다. 그들은 황제의 권위에 타격을 겨누는 대신 폭군 개인을 공격했을 뿐이다.

Augustus was sensible that mankind is governed by names; nor was he deceived in his expectation, that the senate and people would submit to slavery, provided they were respectfully assured that they still enjoyed their ancient freedom. A feeble senate and enervated people cheerfully acquiesced in the pleasing illusion, as long as it was supported by the virtue, or even by the prudence, of the successors of Augustus. It was a motive of self-preservation, not a principle of liberty, that animated the conspirators against Caligula, Nero, and Domitian. They attacked the person of the tyrant, without aiming their blow at the authority of the emperor.

비록 유약하지만 원로원과 로마인들은 500년 역사를 자랑하는 공화국의 자유 시민이라는 자존심이 있다. 따라서 대놓고 복종하라고 하면 잘 듣지 않는다. 하지만 로마인들이 여전히 자유로우며 로마가 아직 공화국이라는 착각을 계속하게만 만든다면 영구 집권도 가능하다… 이런 결론에 도달한 옥타비아누스는 절대 권력을 누리되 평생 왕이라는 칭호를 쓰지 않기로 결심했다. 대신 스스로를 '프린켑스(Princeps)', 즉 '제1시민(the First Citizen)'이라고 불렀다. 한자어로는 이를 '원수(元首)'라고 번역하며, 아우구스투스의 지배 방식을 학술 용어로는 '원수정(Principatus)'이라고도 부른다. 기번은 아우구스투스가 만들고 이후 대대로 이어진 1인 절대 독재 체제를 다음과 같이 묘사했다.

자유로운 체제의 이미지는 꽤 그럴듯한 위엄을 통해 보존되었다. 로마의 원로원이 통치권을 보유한 것 같았으며, 황제들에게 정부의 모든 집행권을 이양했다.

The image of a free constitution was preserved with decent rever-
ence: the Roman senate appeared to possess sovereign authority and
devolved on the emperors all the executive powers of government.

이렇게 해서 공화정이 붕괴하고 황제가 절대 권력을 행사하는 시대가
도래했음에도 불구하고, 로마는 적어도 서류상으로는 황제가 원로원으
로부터 국가의 통치를 위임받아 수행하는 형식을 유지하게 된 것이다.
이렇듯 교묘한 시스템을 설계한 정치공학의 달인 아우구스투스 황제,
아니 '제1시민'이 75세로 영면하면서 마지막으로 남긴 말은 다음과 같
았다고 한다.

"내가 연극을 잘 꾸민 것 같나?"
"Have I acted out the comedy well?"

황제와 제국

로마 제국에서 황제를 부르던 칭호는 카이사르(*Caesar*)였다. 즉 황제정
의 기틀을 다졌지만 스스로는 끝내 황제가 되지 못했던 카이사르라는
자연인의 이름이 황제를 일컫는 보통명사가 된 셈이다. 로마 시대를 다
룬 할리우드 영화를 보면 분명히 카이사르보다 한참 뒤의 시대가 배경
임에도 "카이사르께서 그대를 보고자 하십니다.(Caesar wants to see
you.)", "카이사르 만세.(Hail, Caesar.)" 등의 대사가 종종 들리는데, 이때
Caesar(영어 발음은 '시저')는 율리우스 카이사르가 아닌 황제의 지위를 가
리킨다. 미국 라스베이거스에 있는 호텔 '시저스 팰리스'의 영어 스펠링

이 'Caesar's Palace'가 아니라 'Caesars Palace'인 것도 같은 이유에서다. Caesars는 로마의 역대 황제들을 모두 가리키는 것이다. 카이사르는 독일의 카이저(Kaiser), 러시아의 차르(Tsar) 등 유럽 각국의 황제 칭호의 뿌리이기도 하다.

그뿐만 아니라 황제를 뜻하는 영어 단어 'emperor'의 라틴어 원형 '임페라토르(imperator)' 또한 카이사르에게서 유래했다. 임페라토르는 원래 로마의 공화정 시절 전쟁에 나간 장병들이 큰 공을 세운 지휘관에게 자발적으로 붙이는 존칭 겸 애칭에서 시작되었다고 한다. 그러다가 원로원이 이 타이틀을 카이사르에게 바치면서 그를 원로원이 공식적으로 승인한 최초의 임페라토르로 만들었다. 원로원은 카이사르의 후계자 아우구스투스에게도 같은 칭호를 바쳤고, 아우구스투스는 임페라토르를 카이사르와 더불어 아예 로마의 최고 지배자를 부르는 칭호로 못 박고 후계자들이 모두 이어받도록 했다.

이렇게 해서 역대 로마 황제의 정식 호칭에는 군 최고 사령관을 부르

아우구스투스의 두 이미지. 갑주를 입은 모습(왼쪽)은 군 통수권자로서, 토가를 입은 모습(오른쪽)은 정부 수반으로서 황제의 권위를 상징한다.

는 별칭이었던 임페라토르(*imperator*), 자연인의 이름이었던 카이사르(*Caesar*)에 '최고 존엄'이라는 뜻의 아우구스투스(*Augustus*)까지 총동원되어 특별한 존재감을 드러내 주는 역할을 했다. 초대 황제 옥타비아누스의 공식 호칭은 라틴어로 '임페라토르 가이우스 율리우스 카이사르 옥타비아누스 디비 필리우스 아우구스투스(*Imperator Gaius Julius Caesar Octavianus Divi Filius Augustus*)'인데, 이를 한국어와 영어로 풀면 다음과 같다.

군 총사령관 가이우스 율리우스 카이사르 옥타비아누스 존귀한 자 성스러운 자손

Commander In Chief Gaius Julius Caesar Octavian His Majesty Saint Son

다시 말해 초대 아우구스투스인 옥타비아누스는 자신부터 시작하는 '카이사르 + 아우구스투스'의 만세일계(萬世一系)를 기획한 것이다. 왕을 뜻하는 라틴어 '렉스(*Rex*)'만 빠졌지 사실상 지배자의 칭호는 훨씬 화려해진 셈이다.

황제가 다스리는 나라를 한자어로는 제국(帝國)이라고 한다. 이 제국의 의미로 쓰이는 영어 단어 'empire'는 지배, 명령을 뜻하는 라틴어 임페리움(*imperium*)에서 나온 것으로, 원래는 로마와 이탈리아 반도를 포함하여 로마 정부의 지배력이 미치는 전 지역을 일컫는 행정 용어였다. *imperator*와 *imperium*은 둘 다 지배하다, 명령하다라는 의미의 라틴어 동사 임페라테(*imperate*)가 뿌리다. 그 족보를 재구성해 보면 다음과 같다.

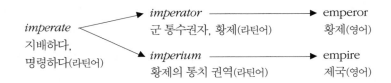

imperate
지배하다,
명령하다(라틴어)

imperator
군 통수권자, 황제(라틴어) → emperor
황제(영어)

imperium
황제의 통치 권역(라틴어) → empire
제국(영어)

영어 empire/emperor의 형용사형은 imperial(제국의, 황제의)인데, 미국 언론에서는 대통령의 권력과 권한의 한계를 놓고 왈가왈부할 때 '제왕적 대통령(imperial president)'이라는 표현이 빈번하게 등장한다. 이 표현은 원래 악명 높은 워터게이트 사건(Watergate Scandal) 당시 닉슨(Richard Nixon) 대통령의 독단적 행보를 비판하면서 처음 사용했다고 하는데, 꼭 닉슨만 그렇게 불릴 자격이 있는 것은 아니다. 오히려 미국 역사상 가장 강력한 권한을 휘두르며 장기 집권한 제왕적 대통령이라면 루스벨트(Franklin D. Roosevelt)가 첫손에 꼽혀야 할 것이다. 또 최근에는 야당이 장악한 의회(입법부)를 거치지 않고 직접 행정명령을 통해 이런저런 정책을 실행하려는 오바마(Barack Obama) 대통령의 행보를 두고 심지어 진보 진영의 일부 법률가들에게서도 '초 대통령(uber-presidency)'이라는 비판이 나오고 있다. 비단 미국뿐 아니라 우리 대한민국이나 프랑스처럼 강력한 대통령제가 존재하는 나라에서는 현직 대통령치고 '제왕적 대통령'이라는 불평을 반대파나 언론으로부터 듣지 않은 경우가 별로 없는 것 같다.

민주정에서 정적을 '독재자'로 낙인찍는 것은 이미 카이사르 당시부터 증명된 효과적인 전술이다. 미국 역사를 봐도, 노예 해방을 선언한 데 이어 아예 해방 노예들의 법적 지위를 헌법에 명시하기 위해 개헌을 밀어붙이던 링컨(Abraham Lincoln) 대통령에게 정적들이 붙인 별명은 '에이브러햄 아프리카누스(Abraham Africanus)'였다. 흑인들이 원래 아프리카 출신이라는 사실과 링컨을 연결하여 그의 이름을 로마 황제의 이름 비슷하게 바꾸면서 독단적으로 개헌을 밀어붙이는 태도를 비판한 것이다.

그런가 하면 로마 황제의 경호를 맡은 친위대를 영어로는 'Praetorian Guard'라고 부르는데, 이것 또한 원래는 공화정 시대 집정관의 보디가드를 가리키던 말이었다. 공화정의 최고 행정가인 집정관은 전쟁 같은 비상 상황이 되면 '프라이토르(praetor)', 즉 '치안관'이라는 직책을 겸직했기 때문이다. 이런 친위대의 명칭 또한 로마가 여전히 왕국이 아닌 공화국이라는 환상을 심어 주기 위한 꼼수에서 나왔을 것이다. 로마 제국의 역사를 통틀어 친위대와 황제의 관계는 꽤 복잡했다. 황제의 신변을 지켜야 할 친위대가 도리어 황제의 시해를 주도한 경우도 여러 번 있었고, 새로운 황제 선출에 영향력을 발휘하기도 했다.

아우구스투스 이후 한동안 로마의 황제 정치는 종종 삐걱거렸다. 제2대 황제 티베리우스(Tiberius, 기원전 42~기원후 37, 재위: 기원후 14~37)는 재위 초기에는 유능한 군인이자 행정가의 면모를 보였지만, 나이가 들면서 원로원과 계속 갈등을 겪은 데다 암살에 대한 노이로제까지 심하게

제2대 황제 티베리우스(왼쪽)와 그가 말년을 보낸 카프리 섬의 별궁 '빌라 요비스' 유적(오른쪽). 빌라 요비스는 '주피터의 집'이라는 뜻이다.

앓았다. 결국 말년에는 암살의 위험을 피해 로마를 떠나 아예 이탈리아 남부의 카프리 섬(Isle of Capri)에 은둔했다. 그가 카프리에 지은 별궁은 '주피터의 집'이라는 뜻의 빌라 요비스(*Villa Jovis*)라고 불렸는데, 현재 남아 있는 유적은 검소하면서도 위엄 있는 로마 제정 초기의 대표적인 건축 양식을 보여 준다. 궁전 터에는 티베리우스가 마음에 들지 않는 신하를 골라 300미터 아래 바닷물 속으로 밀어 넣었다는 티베리우스의 절벽(Tiberius's Cliff)도 남아 있다. 백제가 멸망할 때 삼천궁녀가 뛰어내렸다는 낙화암과는 느낌이 사뭇 다른 장소다.

티베리우스의 뒤를 이은 것은 칼리굴라(Caligula, 기원후 12~41, 재위: 37~41)였다. 그 역시 재위 초기에는 그럭저럭 선정을 폈으나 곧 자기 애마를 원로원 의원으로 지명하는가 하면 국가 재정에 보탠답시고 궁전 안에 사창가를 연 뒤 포주를 자청하는 등 기행을 일삼기 시작했다. 칼리굴라는 그것도 모자라 급기야 스스로를 신으로 선언하고 신전을 짓기까지 했는데, 결국 보다 못한 근위대에게 전 가족이 피살당했다.

이어서 제위에 오른 이는 정치색이 별로 없는 클라우디우스(Claudius)였는데, 별다른 업적도 없이 재위 13년 만인 서기 54년 사망(독살?)했다. 클라우디우스 다음에 등장한 황제가 바로 악명 높은 네로(Nero, 37~68, 재위: 54~68)였다. 이런 식으로 한동안 폭군 내지 '또라이' 황제들이 계속 등장하여 민폐를 끼쳤지만, 그럼에도 아우구스투스의 애초 계산대로 비록 개인으로서의 황제들은 종종 암살당했을지언정 로마가 제정 자체를 폐기하고 예전의 공화정으로 돌아가는 일은 일어나지 않았다. 다시 말하지만, 공식적으로 로마는 여전히 왕이 아니라 비록 허울뿐이지만 원로원이 임명한 카이사르의 후계자가 다스리는 나라였기 때문이다. 이렇듯 타도의 대상을 헷갈리게 만든 아우구스투스의 선견지명은 두고두고 빛났다.

오현제의 태평성대

이탈리아 반도의 도시국가로 출발해서 지중해를 중심으로 한 모든 문명 세계를 정복한 로마 제국은 이윽고 서기 96년부터 180년까지 5명의 탁월한 황제가 연달아 등장한 약 80년의 기간 동안 국력의 절정을 누리게 된다. 흔히 '오현제(Five Good Emperors)'로 불리는 이들 다섯 황제가 배턴을 이어받으며 만들어 간 찬란한 시대를 기번은 다음과 같이 유려하게 묘사하고 있다.

만약 어떤 사람에게 인류의 상태가 가장 행복하고 번영했던 세계 역사의 시기를 골라 보라고 하면, 그는 주저 없이 도미티아누스가 죽은 이후부터 콤모두스가 즉위하기까지 흘러간 시절을 지목할 것이다. 방대한 규모의 로마 제국은 덕과 지혜로 인도되는 절대 권력으로 다스려졌다. 군대는 연이어 등장한 네 황제들의 단호하면서도 자상한 손길로 통솔되었으며, 이들의 인품과 권위는 저절로 존경을 불러일으켰다. 민정(民政)의 형식은 네르바, 트라야누스, 하드리아누스, 그리고 안토니누스 부자(父子)에 의해 세심하게 보존되었는데, 이들은 자유의 이미지를 즐긴 데다가 자신들이 책임 있는 법률의 집행자로 간주되는 것을 기뻐했다. 당대의 로마인들이 이성의 자유를 누릴 수 있었더라면, 그런 군주들은 공화정을 복원했다는 칭송을 들었음 직하다.

If a man were called to fix the period in the history of the world, during which the condition of the human race was most happy and prosperous, he would, without hesitation, name that which elapsed from the death of Domitian to the accession of Commodus. The vast extent of the Roman empire was governed by absolute power, under the guidance of virtue and wisdom. The armies were restrained by the firm but gentle hand of four successive emperors, whose characters and authority commanded involuntary respect. The forms of the civil administration were carefully preserved by Nerva, Trajan, Hadrian, and the Antonines, who delighted in the image of liberty, and were pleased with considering themselves as the accountable ministers of the laws. Such princes deserved the honor of restoring the republic, had the Romans of their days been capable of enjoying a rational freedom.

분량은 얼마 되지 않지만 인상적인 구절이 참 많이 눈에 띈다. '만약 (If~)'으로 시작되는 첫 문장은 서구의 숱한 역사가, 언론인, 작가들이 빈번히 인용해 온 명문으로, 기번의 취향을 잘 드러낸다. 할 수만 있다면 기번 역시 로마 시대, 그것도 오현제의 시대로 돌아가 살고 싶었을 것이다. 분명 현재가 아닌 과거의 어느 장소와 시대를 선택해서 태어날 수 있다면 어디, 언제가 좋을까 생각해 보는 것은 흥미로운 상상 실험이다. 나 역시 굳이 선택하라면 중세 유럽이나 근대 아시아보다는 고대 그리스의 아테네나 로마 제국의 시민이고 싶다. 만약 선택이 한반도로 국한된다면 무신정권 등장 이전의 고려 시대였으면 좋겠다. 탁월한 문화와 국제 감각, 그리고 비교적 자유로웠던 남녀 관계 등 개방적 분위기가 흐르는 초기 고려 시대는 상당히 매력적이다. 조선 시대라면 비록 양반 신분으로라도 태어나고 싶은 마음이 별로 없다. 비록 기술력과 농업 생산력 면에서는 분명 고려 시대를 앞섰고, 또 세종대왕과 이순신 장군 같은 위인을 배출한 나라이기는 하지만 좀처럼 정이 가질 않는다. 주자학에 목을 맨 이데올로기적 경직성, 엄격한 신분제, 병역과 납세의 의무를 요리조리 빠져나간 양반들의 집단 이기주의와 부패, 언제나 한 치 앞도 내다보지 못한 '등신 외교' 등을 생각하면 더욱 그렇다.

한편 "덕과 지혜(virtue and wisdom)로 인도되는 절대 권력"이라는 기번의 표현만큼 오현제 통치의 핵심을 잘 요약해 낸 말도 없을 것이다. 사실 '덕과 지혜'를 갖춘 인물이 다음 선거를 위해 유권자들이나 특정 지지 세력의 비위나 맞추려고 궁리하는 대신 절대 권력을 가지고 오직 국민들의 행복을 위해 일한다면 그보다 이상적인 정치가 어디 있으랴. 기번이 마지막 문장에서 이 다섯 황제들이 사실상 로마 공화정의 이상을 복원했다고 선언한 것 역시 비슷한 맥락일 것이다. 말이 나온 김에 여기서 이 오현제의 프로필을 간략하게 살펴보자.

네르바(Nerva, 30~98, 재위: 96~98) 팀 오현제의 1번 타자. 네로부터 도미티아누스(Domitian)까지 모두 6명의 황제를 보좌하며 2인자 자리에 있다가 도미티아누스가 암살당한 뒤 대권을 차지한 드문 케이스다. 65세에 황제에 즉위한 지 단 2년 만에 사망했지만 후대의 평가가 좋은 것은 전임자 도미티아누스에 대한 평이 워낙 나쁜 데 따른 반사이익이라고도 볼 수 있다.

트라야누스(Trajan, 53~117, 재위: 98 ~117) 2번 타자. 평생 동안 정복 사업에 헌신하여 그의 재위기에 로마 제국은 사상 최대의 판도를 누렸다. 그의 업적은 지금도 로마 시내에 서 있는 '트라야누스의 원주(Trajan's Column)'라는 거대한 기념비에 상세히 표현되어 있다.

트라야누스의 업적을 기념하는 원주(일부). 그의 당대에 로마 제국은 역사상 최대의 판도를 이룩했다.

하드리아누스와 그의 동성 연인 안
티노우스.

하드리아누스(Hadrian, 76~138, 재위: 117~138) 3번 타자. 전임 트라야누
스가 영토 확대에 몰두한 반면 그는 그간 정복한 지역을 챙기는 수성에
집중한 황제로, 지금의 영국 땅 브리타니아에 로마 제국의 북방 경계선
으로 쌓은 하드리아누스의 방벽(Hadrian's Wall)이 유명하다. 문무에 모두
능했고 그리스 문화에 조예가 깊었다. 로마 동쪽의 티볼리(Tivoli)에 세
운, '하드리아누스의 저택(Hadrian's Villa)'으로 불리는 별궁은 그리스와
로마의 양식을 혼합한 걸작 건축물로 유명하다. 그리스 출신 미소년 안
티노우스(Antinous)와의 동성애 행각으로도 기억된다. 당대 모든 로마 시
민들의 부채를 탕감해 주기도 했다.

안토니누스 피우스(Antoninus Pius, 86~161, 재위: 138~161) 4번 타자. 역
대 황제 중 아우구스투스 다음으로 재위 기간이 길다. 이 기간에 로마
는 대규모 전쟁이나 변혁이 없는 평화로운 세월을 이어 갔다. 속주의
총독들에게 많은 재량권을 주는 등 위임 통치도 잘했다. 원래 재정적으
로 매우 알뜰한 황제였으나 서기 148년 로마 건국 900주년을 축하하기
위해 광란의 초호화판 축제를 벌이는 등 써야 할 때는 통 크게 쓸 줄도

마르쿠스 아우렐리우스. 원래 문약한 스타일이었으나 거의 반생을 전쟁터에서 보냈다. 오현제의 한 명으로 평가받지만 후계자 선정에서 결정적인 실수를 범했다.

알았다.

마르쿠스 아우렐리우스(Marcus Aurelius, 121~180, 재위: 161~180) 5번 타자. 황제로서뿐만 아니라 철학자로도 유명해서, 그의 철학 메모를 모은 『명상록Meditations』은 고대 스토아 철학(Stoicism)의 대표적 저작으로 꼽힌다. 군사적 능력도 뛰어나 유럽 원정에서 많은 공을 세웠다. 흥미롭게도 그리스도교를 사회악으로 보고 철저하게 탄압한 인물이기도 하다.

지금이 로마의 절정기를 가리키는 유명한 표현 '팍스 로마나(Pax Romana)'를 살펴볼 적당한 시점인 것 같다. 평화를 뜻하는 라틴어 '파키스(pacis)'의 변형인 pax와 로마(Roma)의 형용사형 Romana로 이루어진 'Pax Romana'는 '로마의 평화', '로마의 태평성대'로 번역될 수 있다. 실제로 로마인 가운데 '로마의 평화'라는 말을 가장 먼저 사용한 사람은 네로의 스승이자 자문역이었던 세네카(Seneca)였다고 한다. 네로에게 보낸 편지들을 모은 『자비에 관하여 *On Mercy*』라는 서간집에서 세네카는 제국의 구심점으로서 황제라는 존재의 중요성을 강조하면서 황제가 없는 상황을 '재앙(calamity)'으로 표현하며 이렇게 말하고 있다.

그러한 재앙은 로마의 평화에 대한 파괴일 것입니다. 그러한 재앙은 강건한 민족의 운명을 쇠락으로 몰고 갈 것입니다.

Such a calamity would be the destruction of the Roman Peace. Such a calamity will force the fortune of a mighty people to its downfall.

여기에서 세네카는 '로마의 평화'(라틴어 원문은 *'Pax Romana'*가 아니라 *'Romanae Pacis'*지만 의미는 유사하다.)를 황제정의 존속과 연결하고 있는데, 약간은 아부성 발언이라는 혐의에서 자유로울 수 없다. 확실히 세네카라는 사람은 스토아 철학자로 알려져 있기는 하지만 상당히 정치적인 인물이다. 그는 황제의 스승이자 자문역이라는 후광을 업고 정치적으로 승승장구하며 막대한 재산을 모으는 등 잘나갔지만 결국 네로의 눈 밖에 나 자살했다.

그런데 팍스 로마나가 로마라는 한 나라의 평화보다는 로마 제국이라는 초강대국(superpower)의 출현으로 달성된 신 국제 질서(new world order)라는 의미로 널리 알려지게 된 것은 실은 로마 시대가 아니라 19세기 영국에서였다. 당시 대영제국의 정치가들이 자기네가 주도하는 세계 질서를 '팍스 브리타니카(*Pax Britannica*)'라고 폼 나게 불렀는데, 그 비슷한 전례를 고대의 로마 제국에서 찾으면서 팍스 로마나 역시 덩달아 유명해졌던 것이다.

팍스 로마나는 보통 초대 황제 아우구스투스가 즉위한 기원전 27년부터 마르쿠스 아우렐리우스가 사망한 서기 180년까지의 2세기를 가리키지만, 그중에서도 로마가 명실공히 그 국력과 영토의 크기 면에서 절정을 구가하던 오현제 시대야말로 팍스 로마나의 노른자위이자 최전성기라고 부를 만하다.

하지만 앞서 기번이 "도미티아누스가 죽은 이후부터 콤모두스가 즉위하기까지"라고 했듯이, 팍스 로마나는 아우렐리우스의 아들 콤모두스 (Commodus, 161~192, 재위: 180~192)가 등극하면서 급작스럽게 끝났다. 사실 명군(明君)이 한두 명도 아니고 5명씩이나 연달아 나온다는 것은 기적에 가까운 일인데, 이것이 가능했던 것은 오현제들 사이의 독특한 승계 방식 덕분이었다. 네르바부터 안토니누스 피우스까지 4명의 황제들은 모두 자신의 친자 대신 친척이나 측근의 자식 가운데 촉망받는 젊은이를 골라 양자로 삼고 황제로 만들기 위해 오랫동안 하드 트레이닝을 시켰다. 그런데 다른 사람도 아니고 오현제 가운데서도 최고의 지성을 자랑하던 철인 황제 마르쿠스 아우렐리우스가 그러한 전통을 깨고 친자인 콤모두스에게 제위를 물려주면서 오현제의 시대는 막을 내리게 된다. 콤모두스가 심지어 칼리굴라나 네로도 뛰어넘는 로마 역사상 최악의 폭군이 되었기 때문이다.

황제에 오른 콤모두스는 국정에는 전혀 관심이 없었고, 신화 속의 영웅 헤라클레스를 본떠 사자 가죽을 뒤집어쓴 채 검투 경기에 빠져 살았다. 그는 장장 12년씩이나 집권하며 대규모 토목 사업, 각종 스포츠 이벤트, 해외 원정 등으로 국가 재정을 파탄 직전까지 몰아넣다가

아우렐리우스의 뒤를 이은 콤모두스. 칼리굴라나 네로마저 능가하는 로마 역사상 최악의 폭군으로 꼽힌다.

결국 암살당했다. 많은 역사학자들은 이 콤모두스의 재위기에 로마 제국 쇠망의 발동이 걸렸다는 데 의견이 일치한다. 팍스 로마나의 절정을 일구는 데는 5대가 걸렸지만 말아먹는 것은 1대로 족했던 셈이다. 참고로 콤모두스는 아우렐리우스가 낳은 일곱 아들 가운데 성년까지 살아남은 유일한 자식이었다. 그러니 아버지의 눈에 또 얼마나 사랑스러웠겠는가. 하지만 아무리 그렇다고 해도 사색가로 이름났던 인물인 아우렐리우스가 오히려 가장 철저하게 심사숙고했어야 할 후계 구도를 잡는 데에는 결정적인 우를 저지르고 만 것이니 사람 일은 정말 알 수 없다.

콤모두스 이후 로마 황제 승계 시스템에 엄청난 혼란이 일어났다는 것 역시 주목할 만하다. 심지어 서기 235년부터 268년까지 약 30년간 이어진 이른바 '병영 황제(barrack emperors) 시대'에는 자그마치 27명의 황제가 난립했으니 제대로 된 통치가 이루어질 리 없었다. 이 시대를 병영 황제 시대라고 부르는 것은 중앙 정부의 힘이 약화되면서 수도 로마가 아니라 변경에 주둔하는 군인들 가운데서 황제가 나왔다가 폐위당하기를 반복했기 때문이다. 이 혼란기가 정리된 뒤 디오클레티아누스(Diocletian, 244~311, 재위: 284~305)나 콘스탄티누스(Constantine, 272~337, 재위: 306~337) 등 훌륭한 황제들이 이따금 출현하기도 했지만 역시 제국의 영광을 100퍼센트 회복하지는 못했다.

로마의 휴일

그런데 팍스 로마나, 즉 기번이 말한 "가장 행복하고 번영했던" 인류의 상태란 구체적으로 어떤 것일까? 다시 말해 로마 제국의 전성기에 그 시민들은 얼마나 잘살았을까? 물론 왕족, 귀족, 부자들이야 어느 시대건 먹고 즐기는 데 별 어려움이 없겠지만, 한 시대, 한 체제의 수준을 평가

하는 기준의 하나는 다름 아니라 무산계급이 사회의 잉여 재화를 얼마나 누릴 수 있는가라고 볼 수 있다.

실제로 당시 로마 시민의 상당수는 변변한 직업도 없이 정부 보조금에 기대어 살아가는 상황이었다. 몇 년 전 한국에서 유행했던 '이태백(20대 태반이 백수)' 식으로 말해 보자면 '로대백(로마 시민 대다수가 백수)'이었던 것이다. 비록 경제력은 없었으나 이 평민들은 워낙 머릿수가 많았기 때문에 뭉치면 언제라도 정권의 안위에 타격을 줄 수 있는 파워를 형성하기도 했다. 그래서 로마의 황제와 지배층은 항상 평민들을 만족시키기 위해 여러 선심 정책을 쓰기 마련이었다. 이런 이유에 더해 팍스 로마나의 시기는 워낙 물자가 풍족하던 시절이라 백수라고 해도 삶이 그리 팍팍하지는 않았다. 그 당시 빈부나 노소를 막론하고 로마 시민권자라면 누구나 누릴 수 있었던 각종 공공 편의시설과 문화생활의 양상을 살펴보자.

포룸(forum) 고대 그리스의 폴리스에 있었던 아고라를 기억하는가? 로마에서 그 아고라의 역할을 한 것이 포룸이다. 아고라와 마찬가지로 라틴어 '포룸(forum)' 역시 장터라는 뜻으로, 다양한 상거래가 이루어졌을 뿐 아니라 시민들이 정보를 교환하고 여론을 형성하는 장소이기도

로마의 포룸 유적. 포룸은 각종 상점, 관공서, 문화 시설 등이 몰려 있는 상업과 여론의 중심지였다.

했다. 원래 자연적으로 형성된 '오리지널' 포룸은 카피톨리누스 언덕배기에 있었는데, 카이사르부터 시작해서 역대 황제들이 기념사업의 일환으로 새로운 포룸을 건설하여 오픈하는 것이 유행처럼 되면서 이들의 이름을 딴 포룸이 계속 생겼다. 지금도 로마 시내 관광지 가운데 '아우구스투스의 포룸(Forum of Augustus)', '베스파시아누스의 포룸(Forum of Vespasian)', '트라야누스의 포룸(Forum of Trajan)' 등의 유적지는 반드시 찾아가야 할 명소다. 물론 폐허에 불과하지만, 현재 남아 있는 유적만 보아도 그 규모와 화려함을 유추할 수 있다.

원형경기장(amphitheater) 대규모 원형경기장에서 벌어지는 각종 스포츠 이벤트를 관람하는 것은 로마인들의 특권이었다. 가장 유명한 원형경기장은 말할 나위도 없이 콜로세움(Colosseum)으로, 원래 라틴어 이름은 '암피테아트룸 플라비움(*Amphitheatrum Flavium*)', 즉 '플라비우스의 원형경기장'이었다. 여기서 플라비우스는 베스파시아누스(Vespasian), 티투스(Titus), 도미티아누스 등의 황제를 배출한 로마의 명문가 플라비우스 가(the Flavius)를 가리킨다. 경기장의 공사가 베스파시아누스 대에

콜로세움.

시작되어 그 아들 티투스 대에 완료되었기에 그런 이름이 붙은 것이다. 별명인 콜로세움(Colosseum)은 '거대한, 엄청난'이라는 뜻의 라틴어 '콜로수스(colossus)'의 명사형으로, 경기장의 규모가 워낙 컸을 뿐 아니라 원래 그 자리에 태양신의 거상이 서 있었던 데서 유래했다. 콜로세움은 약 5만 명의 관중을 한꺼번에 수용할 수 있었지만, 로마에서 가장 큰 경기장은 아니었다. 규모로만 따지면 주로 전차 시합이 벌어지던, 키르쿠스 막시무스(Circus Maximus)라고 불린 긴 타원형의 경기장이 가장 컸는데, 자그마치 15만 명을 한꺼번에 수용할 수 있었다고 한다. 이 '원형'을 뜻하는 라틴어 키르쿠스(circus)에서 유래한 영어 단어가 바로 서커스(circus)이며, 곡예사와 피에로가 등장하는 공연 역시 서커스라고 부르는 것은 둥근 천막을 친 무대에서 벌어지기 때문이다.

검투 경기(gladiator contests) 콜로세움 하면 떠오르는 이미지는 당연히 검투사(gladiator)다. 원래 에트루리아인들로부터 유래한 검투 경기는 로마인들의 최고 인기 스포츠였다. 경기가 벌어지기에 앞서 검투사들이 황제에게 바치던 "황제 만세! 곧 죽을 자들이 경례합니다.(Hail, Caesar! Those who are about to die, salute.)"라는 비장한 헌사는 할리우드 영화에도 단골로 등장할 정도로 유명하다. 그런데 한 가지 반전이라면 당시 검투사들의 실제 경기 중 사망률이 기껏해야 10퍼센트 정도였다는 것이다. 검투사의 몸값이 워낙 비쌌을 뿐 아니라 검투사가 죽을 경우 계약상 주최 측에서 검투사의 주인에게 일정 금액을 보전해 주어야 했기 때문에 여간해서 검투사들끼리 사생결단의 대결을 벌이지는 않았다고 한다. 그렇다면 로마의 검투사 경기란 무기를 들었다고는 하지만 실은 미리 짜둔 각본대로 밀고 당기는 현대의 프로 레슬링과 큰 차이가 없었던 것인지도 모르겠다.

실제로 검투사들 대신 콜로세움에서 '부담 없이' 엄청난 숫자가 죽어나간 것은 사자, 호랑이, 표범 등 식민지에서 잡아 온 맹수들이었다. 서기 80년의 콜로세움 개장 기념 경기에서만 5,000마리의 맹수들이 검투사들에게 도살되었다. 오현제 중 한 명인 트라야누스 시절의 어느 해에는 무려 맹수 11,000마리와 검투사 10,000명 사이의 피비린내 나는 살육전이 장장 4개월간 지속되기도 했다. 검투사와 맹수들 간에 피의 향연이 벌어지는 사이사이에는 중죄인들의 잔혹한 공개 처형이 이루어지며 양념 역할도 했다.

대욕탕(thermae) 목욕은 로마인들에게 매우 중요한 일상 활동이었다. 몸을 깨끗이 한다는 것은 위생이나 기분의 문제였을 뿐만 아니라 종교적인 의미도 있었다고 한다. 로마 시대에 좀 산다는 가정이라면 당연히 목욕탕이 있었음은 물론, 역대 황제들까지 아예 국가적 사업으로 대규모 공중목욕탕을 세우는 데 열을 올렸다는 사실에서도 로마인들이 얼마나 목욕을 좋아했는지 알 수 있다. 좋은 공중목욕탕을 세우면 그만큼 국민들에게 사랑받는 황제가 되었던 것이다. 이렇게 황제들이 막대한 자금을 들여 세운 대욕탕을 라틴어로 '테르메(*thermae*)'라고 하는데, 이 말의 어원은 뜨겁다는 의미의 그리스어 '테르모(*thermo*)'다.

로마의 대욕탕은 단순히 동네 사우나처럼 건물 한 채가 달랑 있는 것이 아니라, 열탕, 온탕, 냉탕, 증기탕에다 수영장, 체육관, 도서관, 식당까지 갖춘, 요즘으로 치면 대규모 리조트 시설이었다. 여러 황제들이 자신의 이름을 딴 포럼과 대욕탕을 하나씩 남기는 것을 필생의 업으로 삼을 정도였다. 로마의 전성기에는 로마 시내에만 한때 11곳의 대욕탕이 있었다고 한다. 그 가운데 가장 크고 유명한 것이 카라칼라(Caracalla, 재위: 198~217) 황제가 세운 카라칼라 대욕탕(Thermae of Caracalla)으로, 그

영국 바스에 있는 로마 시대 대욕탕. 브리타니아(영국)는 로마의 속주였다. 이 대욕탕의 유적은 속주의 주민들과 주둔군 역시 수도 로마에 못지않은 수준의 문화와 복지 혜택을 누렸음을 알게 해 준다.

유적은 지금도 로마를 찾는 관광객들의 인기 방문지 가운데 1~2위를 다툰다. 정작 카라칼라 황제는 욕탕이 완공된 서기 217년 그해에 암살 당해서 자기가 세운 사우나에 발 한번 제대로 담가 보지도 못하고 말았 다. 현대에 카라칼라 욕장 유적은 예술 공연의 무대로도 곧잘 사용된다. 1990년 월드컵 결승전 전날 세계 3대 테너들(the Three Tenors)이 공연한 장소도 바로 이 유적지였다.

비록 규모나 품질의 차이는 조금씩 있었을지언정 속주의 시민들 역시 제국의 복지 혜택을 누리기는 마찬가지였다. 원형경기장과 공중목욕탕 등의 공공시설은 수도 로마뿐 아니라 제국의 영토와 식민지 어딜 가나 있었다. 심지어 당시로서는 변방 중의 변방이었던 브리타니아(현재의 영 국)도 마찬가지였다. 영어 bath(목욕)는 원래 영국 남부에 있는 유명한 온 천지의 지명 바스(Bath)에서 유래한 단어로, 이 바스 역시 원래 로마 시 대에 휴양지로 개발된 곳이었다.

식사(dining) 로마인들이 누린 사치와 향락을 이야기하려면 따로 책한 권이 필요하겠지만, 여기서는 그중 내 개인적 관심사이기도 한 음식 문화를 잠시 살펴보자. 로마인들은 하루 두 끼를 먹는 것을 기본으로 했고, 보통 저녁을 푸짐하게 먹었다. 서기 1세기의 인물인 페트로니우스(Gaius Petronius, ?~66)가 쓴 일종의 풍자 소설 『사티리콘Satyricon』은 풍성한 파티 장면과 여러 진기한 요리의 묘사로 유명하다. 다음은 『사티리콘』의 한 등장인물이 자신이 참석했던 파티에 나온 음식을 설명하는 장면의 일부다.

첫 번째 요리는 큼직한 돼지였는데, 그 위를 화환으로 장식한 데다 주위에는 푸딩이며 거위 내장, 양의 고환, 송아지 췌장, 새의 모래주머니를 둘러놓았더군. 사탕무와 일상적인 식빵도 있었네. 다음은 따뜻한 스페인 산 고급 꿀을 끼얹은 차가운 타르트였지. (…) 또 보조 테이블에는 곰 엉덩잇살 요리가 있었네. 나는 족히 한 파운드는 먹었는데 꼭 산돼지 고기 맛이더군. 게다가 우린 크림치즈에 증류 포도주며 달팽이 튀김, 돼지 곱창, 간, 계란, 순무, 겨자에다 포도주도 한 갤런 했네. 설탕 케이크가 한 바구니 나오길래 마구 집어 먹었고, 훈제 베이컨은 돌려보내 버렸지.

For the first dish we had a goodly porker, with a garland upon him, and puddings, goose giblets, lamb-stones, sweetbreads, and gizzards round him; there were also beets and houshold-bread. The next was a cold tart, with excellent warm Spanish honey running upon it. (…) We had also on a side-table the haunch of a bear. I eat a pound of it or better, for me it tasted like boars flesh; We also had cream cheese, wine boil'd off to a third part, fry'd snails, chitterlings, livers, eggs, turneps, mustard, and a gallon of wine; there were also handled about a basket

19세기 프랑스 화가 쿠튀르(Thomas Couture)의 대표작 〈퇴폐기의 로마인들〉. 기번의 표현대로 로마인들은 전성기 로마 제국의 부와 사치가 주는 이득을 마음껏 향유하고 오용했다.

of sugar-cakes, of which we wantonly took some, and sent away the gammon of bacon.

아무리 파티라지만 일반 시민이 이 정도 수준의 요리를 먹을 수 있었다면 황제와 귀족들은 도대체 얼마나 잘 먹었을까? 요리라고 할 수는 없지만, 로마에서 황제와 귀족들만 즐길 수 있었던 귀한 별미 가운데 하나가 얼음이었다. 냉장고가 없던 당시에 얼음은 만드는 것이 아니라 가져오는 것이었다. 가져오다니, 어디서? 바로 알프스였다. 로마의 지배층은 노예나 하인을 전차(chariot)에 태워 보내 이탈리아 북부의 알프스 산 중턱에서 얼음을 가득 실은 채 로마까지 달려오게 했다. 물론 얼음은 시간이 지나면서 점점 녹는다. 그래서 얼음 상자에 눈금을 매기고 일정량 이상의 얼음을 가져오지 못하면 처벌을 받게 했다고 한다. 정말 공포의 철가방, 아니 철수레가 아닐 수 없다.

로마인들은 식사 도중 종종 먹은 음식을 뱉거나 토해 냈는데, 체했기 때문이 아니라 먹은 것을 게워 내어 속을 비운 뒤 계속 더 먹기 위해서 였다. 21세기에도 기아에 허덕이는 아프리카의 어린이들이 들으면 펄쩍 뛸 이야기다.

폼페이 유적, 로마의 타임캡슐

이렇듯 화려한 고대 로마의 생활상을 마치 과거에서 현재로 순간이동이라도 시킨 듯 생생하게 보존하고 있는 장소가 있으니, 바로 이탈리아 남부 나폴리 근처에 있는 폼페이(Pompeii) 유적이다. 폼페이는 로마 시대에 인기 있는 휴양 도시로 승승장구하다가 서기 79년 베수비오 화산(Mount Vesuvius)이 폭발하면서 순식간에 화산재에 묻혀 버렸다. 화산 폭발 직후 폼페이와 헤르쿨라네움(Herculaneum) 두 도시 일대에서 벌어진 아비규환의 참상을 전하는 문헌으로는 로마의 정치가이자 역사가 플리니우스(Pliny the Younger, 61~113?)가 묘사해 놓은 것이 유명하다. 플리니우스는 마침 사건 당시 폼페이에서 그리 멀지 않은 곳에 머물고 있었기에 화산 폭발에서 살아남은 생존자들의 증언을 생생하게 전할 수 있었다. 선배 역사가 타키투스에게 쓴 편지에서 그는 이렇게 말하고 있다.

[현장에 있었더라면] 여자들의 비명, 어린이들의 절규, 남자들의 고함을 들었을 것입니다. 사람들은 저마다 자식을, 부모를, 남편을 부르며, 대답하는 목소리로 서로를 확인하려 했습니다. 어떤 사람은 자신의 운명을, 또 어떤 이는 자기 가족의 신세를 한탄했습니다. 죽음의 공포 때문에 차라리 죽기를 소망하거나, 신들을 향해 [구원을 바라며] 손을 쳐든 이들도 있었지요. 하지만 대부분의 사람들은 신이 이제는 아예 없다고, 그리고 우리가 들어 오던 그 최후의 끝없는 암흑이 세상에 내렸다고 확신했습니다.

You might hear the shrieks of women, the screams of children, and the shouts of men; some calling for their children, others for their parents, others for their husbands, and seeking to recognise each other by the voices that replied; one lamenting his own fate, another that of his family; some wishing to die, from the very fear of dying; some lifting their hands to the gods; but the greater part convinced that there were now no gods at all, and that the final endless night of which we have heard had come upon the world.

그때 현장에서 목숨을 잃은 로마인들에게는 정말 미안한 말이지만, 그 가공할 재앙이 후손들에게는 조금은 축복이기도 했다. 도시 전체가 화산재로 뒤덮이면서 일종의 박제 표본처럼 되어 이후 1,600여 년간 완벽한 상태로 보존되었기 때문이다. 17세기 무렵부터 조금씩 발굴되기 시작한 폼페이 유적은 이제 한 해에 100만 명이 넘는 사람들이 찾아오는 세계적 관광지가 되었다. 폼페이 유적에 들어서면 문자 그대로 타임머신을 타고 딱 서기 1세기의 로마로 돌아간 느낌이다. 옛 모습 그대로 보존된 잘 닦인 중앙 도로를 걷다 보면 당장에라도 길모퉁이에서 토가(toga)를 입은 로마인들이 불쑥 나타나 말을 걸 것만 같은 느낌에 사로잡힌다. 이 말은 결코 농담이나 과장이 아니다.

한 가지 유의할 것은 폼페이 유적지에서 감상할 수 있는 것은 주택, 신전, 목욕탕 등의 건물, 즉 '하드웨어'뿐이라는 사실이다. '소프트웨어', 즉 유적지에서 발굴된 각종 진귀한 예술품, 장신구, 가재도구 등을 보려면 폼페이가 아니라 나폴리에 있는 국립 박물관에 가야 한다. 폼페이 유적지에서 입이 딱 벌어졌다면, 나폴리에 전시되어 있는 유물들을 보게 되면 벌어진 입이 이제 거의 찢어질 지경이 된다. 당대에 쓰이던 각종

로마 제국의 대표적 휴양지였던 폼페이 유적. 베수비오 화산 폭발 이후 화산재로 1,000년 넘게 덮여 있었던 탓에 보존 상태가 매우 양호하다. 상류층의 주거지(위 왼쪽), 스낵바(위 오른쪽), 중앙 도로(아래).

장신구와 가정용품 등은 지금 당장 뉴욕의 유명한 보석점 티퍼니 (Tiffany)에 가져다 놓아도 손색이 없을 만큼 시대를 초월한 감각을 자랑한다. 박물관에는 폼페이 유적에서 뜯어 온 모자이크 그림도 많으며, 심지어는 폼페이에서 유행했던 고대의 '성인용품'들만 모아서 진열한 방도 있다.

11th Brunch Time

로마 제국의 멸망

그리스도교가 로마를 쇠락하게 했을까

달도 차면 기울듯이 오현제 시대를 정점으로 로마 제국은 이후 서서히
쇠락의 길을 걷는다. 로마 제국의 쇠락과 멸망의 원인을 규명하고자 지
금까지 수많은 학자들과 저술가들이 여러 가지 이론을 제시해 왔다. 자
유 시민 계급의 붕괴, 북방 민족의 유입에 따른 국가적 정체성의 상실,
특히 후기로 갈수록 심각해졌던 재정 적자 및 통화 가치 하락 등의 다양
한 이론들이 거론되었는가 하면, 그저 시스템으로서의 수명이 다해 망
했을 뿐이라는 일종의 자연사 이론도 등장했다. 하지만 로마가 하루아
침에 이루어지지 않았듯이 하루아침에 망한 것도 아니며, 그 멸망의 원
인 역시 딱 한두 가지만 꼽기보다는 복합적으로 작용한 여러 요소를 두
루 살펴야 할 것 같다. 기번의 경우, 로마의 쇠퇴를 문화적 쇠퇴와 연결
한 것이 흥미롭다. 로마가 그 성공과 성취에 도취된 바로 그 순간 쇠락
의 싹이 잉태되고 있었다고 지적하는 다음의 문장은 인상적이다.

이 기나긴 평화와 로마인들의 늘 변함없는 통치 체제는 천천히 은밀하게 작용하는 독약을 제국의 신체 기관 속에 주입했다. 사람들의 정신은 점차 똑같은 수준으로 감퇴했고, 천재성의 불길은 꺼져 버렸으며, 심지어 무인 정신마저 증발했다. (…) 그들은 통치자의 뜻에 따라 법률과 총독을 받아들이고, 국방은 용병 군단에 의탁했다. 지극히 용맹한 지도자의 자손도 시민과 종복이라는 지위에 만족했다. 그나마 큰 포부를 가진 젊은이들조차 궁전에서 일하거나 황제의 근위대에 가입했다. 그리고 정치적 세력이나 결속의 기회를 박탈당한 채 버려진 속주들은 서서히 나른한 개인주의의 무관심 속으로 침잠해 갔다.

This long peace, and the uniform government of the Romans, introduced a slow and secret poison into the vitals of the empire. The minds of men were gradually reduced to the same level, the fire of genius was extinguished, and even the military spirit evaporated. (…) They received laws and governors from the will of their sovereign, and trusted for their defence to a mercenary army. The posterity of their boldest leaders was contented with the rank of citizens and subjects. The most aspiring spirits resorted to the court or standard of the emperors; and the deserted provinces, deprived of political strength or union, insensibly sunk into the languid indifference of private life.

기번은 개척 정신과 상무 정신이 실종되고, 장래가 촉망되는 젊은이들이 일신의 안위를 좇아 궁전과 황제의 깃발 아래로, 즉 근위대에나 들어가려고 하던 세태를 슬쩍 꼬집고 있다.

기번은 로마 멸망의 주범 가운데 하나로 다름 아닌 그리스도교의 융성을 지목하기도 한다. 원래 로마는 기본적으로 다신교 국가였다. 애초

로마에 있는 판테온(만신전)의 천장 돔. 판테온은 로마의 관용적인 종교관을 상징할 뿐 아니라 건축공학적으로도 뛰어난 걸작이다.

에 그리스의 신들을 죄다 가져와 만든 다신교를 제국의 공식 종교로 삼은 로마는 이후 정복 사업 도중 마주친 민족들의 종교나 신화 또한 계속 판테온(Pantheon, 만신전)에 편입시켰다. 또한 카이사르부터 시작해서 로마의 역대 황제들 역시 죽으면 생전에 큰 과오가 없는 한 원로원에서 자동으로 신격화되어, 즉 신의 지위에 올라 신전에 모셔졌다. 그러다 보니 제국의 수도 로마는 주신 주피터와 그 일족, 역대 황제들의 귀신뿐 아니라 이집트의 동물 신부터 북유럽의 산신령까지 각기 자기네 신을 모시는 온갖 종교와 컬트가 교세를 확장하기 위해 선의의 경쟁을 펼치는, 말하자면 현대 한국의 계룡산 비슷한 분위기가 되었다. 이런 가운데 정부는 오랫동안 종교적 중립 내지는 관용을 기본 방침으로 유지했다.

그런데 이런 로마 정부가 유독, 티베리우스 황제 시절 식민지 유대 땅 예루살렘에서 십자가형을 당한 예수 그리스도를 인류를 구원하는 구세주로 숭배하는 그리스도교는 지속적으로 탄압했다. 탄압의 본격적인 계기가 된 것은 서기 64년 발생하여 당시 로마 시의 절반 이상을 태운 '로마 대화재(Great Fire of Rome)'였다. 이 화재로 민심이 뒤숭숭한 가운데 당시 황제 네로가 피해 복구보다는 심지어 화재 현장 위에 새로운 궁전을 짓는 프로젝트를 추진하자 군중의 불만은 거의 폭동 직전까지 치솟았다. 이에 위기감을 느끼고 화재의 책임을 떠넘길 희생양을 찾던 네로는 당시 급속하게 성장하던 그리스도교 세력을 방화범으로 지목했고, 결국 수많은 그리스도교도들이 원형경기장(아직 콜로세움은 세워지기 전이었다.)에서 사자 밥이 되는 수난을 당했다.

하지만 네로가 실각한 뒤에도 그리스도교에 대한 정부 차원의 박해가 계속되었다는 점은 주목할 만하다. 종교 문제에 너그러웠던 로마에서 그리스도교만 유독 박해의 표적이 된 이유는 무엇일까? 하기야 생각해 보면, 그리스도교인들을 대화재의 주범으로 몬 네로의 계획에 로마 시민들이 별 반대 없이 따라갔다는 사실 자체도 당시 그리스도교도들을 보는 일반의 시각이 이미 별로 곱지 않았음을 보여 준다. 바로 그리스도교도들의 비타협적 노선이 문제였다. 그리스도교는 다른 종교들과의 '공존'을 인정하지 않는 거의 유일한 종교였기 때문이다. 그리스도교는 오직 한 분의 신, 즉 유일신(唯一神)을 믿는 종교였다. 따라서 당시 로마인들의 다신교적 종교관은 그리스도교인들의 눈에는 우상 숭배에 지나지 않았다. 그렇다면 다신교를 기본 이데올로기로 삼았던 로마 정부의 입장에서는 그리스도교와 같은 강력한 일신교의 부상은 체제에 대한 위협으로 간주되었을 것이다.

하지만 문제는 아무리 탄압하고 협박해도 시간이 갈수록 로마에서 그리스도교도의 숫자가 줄어들기는커녕 계속 늘어만 갔다는 것이다. 19세기 영국 경제학자이며 『인구론 On the Principle of Population』의 저자인 맬서스(Thomas Malthus) 식으로 말하면 처형되는 그리스도교도의 수는 산

그리스도교를 공인한 콘스탄티누스 황제의 상. 하지만 정작 본인이 세례를 받고 정식으로 개종한 것은 거의 임종 직전이었다.

술급수적(incrementally)이었던 데 비해 새로운 신자의 수는 기하급수적으로(exponentially) 늘어났다고 할까. 결국 서기 313년 콘스탄티누스 황제가 밀라노 칙령(Edict of Milan)을 발표하면서 제국 전역에서 그리스도교 박해를 중단하게 된다. 그가 이런 결정을 내린 배경을 둘러싼 여러 이론과 전설이 있지만 당시 이미 그리스도교도들이 로마 제국 전역의 각계각층에 퍼져 있어 별다른 방도도 없었을 것이다. 우선 콘스탄티누스의 모친 역시 독실한 그리스도교도였다고 한다.

이어서 테오도시우스(Theodosius) 황제 대에 이르러 서기 380년, 그때까지 300여 년간 핍박받던 그리스도교는 세계 제국 로마의 국교가 되었다. 이런 급작스러운 반전에는 그리스도교의 급성장과 함께 지배자들의 발상의 전환도 한몫했다. 즉 그리스도교를 뿌리 뽑는 것이 불가능하다면, 차라리 적극적으로 받아들여 활용하자는 전략이라고나 할까? 황제를 교회의 수호자이자 하느님을 대신해 백성을 다스리는 대리자로 포지셔닝하면 오히려 그리스도교가 위협이 되기는커녕 절대 권력의 강화에

이탈리아 르네상스 시대 화가 피에로 델라 프란체스카 (Piero della Francesca)의 〈그리스도의 세례〉. 동방의 촌구석에서 몇몇 유대인들의 컬트로 시작된 그리스도교는 결국 세계 제국 로마마저 삼키기에 이른다.

도움을 줄 수도 있겠다는 계산이었다.

그리스도교가 로마의 국교가 되자 이번에는 이전과 반대로 타 종교들이 탄압을 받기 시작했다. 동방에서 유래한 각종 종교는 물론 이전까지 로마의 주류 신앙 대상이었던 주피터 등의 그리스계 신들까지 하루아침에 천덕꾸러기가 되어 무대에서 밀려났다. 이런 배경을 알아 둔 뒤 이제 기번의 다음과 같은 주장을 감상해 보자.

그리스도교의 도입, 혹은 적어도 그 남용은 로마 제국의 쇠망에 얼마간 영향을 미쳤다. 성직자들은 성공적으로 인내와 무기력의 교리를 설파했다. 사회의 활동적인 미덕은 억압되었고, 그나마 최후까지 남은 무인 정신도 수도원의 회랑 속에 묻혀 버렸다. 상당량의 공공 및 개인 자산이 자선과 헌신이라는 허울 좋은 요청에 바쳐졌으며, 병사의 봉급은 오직 금욕과 순결의 공덕만을 내세울 뿐인 쓸모없는 남녀 무리에게 낭비되었다. (…) 황제의 관심은 병영에서 종교 회의로 바뀌었다. 로마 세계는 새로운 종류의 폭정으로 탄압되었고, 박해받는 교파들이 국가의 은밀한 적이 되었다.

The introduction, or least the abuse, of Christianity had some influence on the decline and fall of the Roman empire. The clergy successfully preached the doctrines of patience and pusillanimity; the active virtues of society were discouraged; and the last remains of military spirit were buried in the cloister. A large portion of public and private wealth were consecrated to the specious demands of charity and devotion, and the soldiers' pay was lavished on the useless multitudes of both sexes who could only plead the merits of abstinence and chastity. (···) the attention of the emperors was diverted from camps to synods; the Roman world was oppressed by a new species of tyranny, and the persecuted sects became the secret enemies of the country.

기번의 주장은 다시 말해 그리스도교의 발흥이 로마의 전통적 미덕인 상무 정신과 현세에 대한 애착을 거세하여 그 쇠락에 박차를 가했다는 것인데, 꼭 그렇게만 보아야 할지는 의문이다. 다만 그리스도교가 로마의 여러 전통 가치를 파괴하면서 한동안 심각한 사회적 혼란을 야기한 것만은 사실인 듯하다.

게르만족과 훈족의 침입

로마는 그 역사를 통틀어 북방의 야만족들과 때로는 싸우고 때로는 교역하면서 공존을 모색했다. 로마가 가장 먼저 상대했던 야만족은 갈리아족(Gauls)이었다. 율리우스 카이사르는 무려 8년간 지금의 프랑스, 벨기에 지방에 정착해 있던 갈리아족을 상대로 대규모 정복 전쟁을 벌였다. 이 과정에서 약 100만 명의 갈리아인을 죽이고, 100만 명을 포로로 사로잡았으며, 약 3,000군데의 촌락을 불태웠다고 한다.

당시 카이사르가 정복하지 못한 곳은 오직 아르모리카(Armorica)라는 갈리아 북부의 작은 마을뿐이었는데, 왜냐하면 그 마을에는 아스테릭스(Asterix)라는 꾀 많은 용사가 살고 있었을 뿐 아니라, 마을의 마법사가 만든, 마시면 잠시 동안 초인 같은 힘이 솟는 마법의 약물이 있었기 때문이다… 하는 내용의 인기 만화가 있다. 제목은 『갈리아 사람 아스테릭스*Asterix the Gaul*』로, 프랑스 만화가 알베르 위데르조(Albert Uderzo)가 카이사르의 갈리아 원정을 배경으로 로마 군에 맞서는 갈리아인들의 무용담을 코믹하게 그려 프랑스를 비롯한 전 유럽에서 대박이 난 만화 시리즈다. 내가 어렸을 때 한국에서는 어느 어린이 잡지에서 별책 부록으로 두세 달인 연재하다가 독자들의 반응이 별로였는지 슬그머니 자취를 감추기도 했다. 비록 로마 역사를 잘 모르던 시절이었지만 당시 흔하던 일본식 만화와는 그림의 필치나 스토리 전개가 상당히 달라서 나름 신선했던 기억이 있다. 물론 현실의 역사에서는 아르모리카 같은 마을이나 마법의 약물은 없었고, 갈리아는 카이사르에게 철저히 유린되었다. 그러니까 아스테릭스 시리즈는 한국으로 치면 조선 시대 청나라에 당한 병자호란의 치욕을 현실이 아닌 픽션으로 분풀이한 『박씨부인전』쯤 된다고 할까.

로마와 가장 인연이 질기고, 제국의 후반기에는 거의 공동 운명체가 되다시피 한 야만족은 게르만족(Germans)이었다. 현대 독일인의 조상뻘인 이들은 당시 로마의 북쪽 최전방인 라인 강과 다뉴브 강 근처에 흩어져 살고 있었다. 로마는 이들을 때로는 힘으로 제압하고 때로는 회유하는 강온 양면책을 오랫동안 구사했다. 로마 역사가 타키투스(Tacitus, 56?~120?)는 게르만족의 역사와 풍속을 다룬 『게르마니아*Germania*』라는 책을 남겼다. 그 초반부에 등장하는 유명한 대목을 잠깐 읽어 보자.

나는 게르만족은 그 기원이 다른 민족으로부터 유래한 것이 아니며, 이주나 교류를 통해 다른 종족과 섞인 바도 전혀 없다고 생각한다. (…) 거친 미지의 바다에 도사린 위험은 그렇다 치고, 대체 누가 아시아나 아프리카 혹은 이탈리아를 떠나서는 혹독한 기후 아래 흉측하고 황량하여 보기에도 농사를 짓기에도 음울한 땅 게르마니아로, 자기 나라가 똑같이 그 꼴이 아닌 바에야 어찌 그런 곳으로 향한단 말인가?

The Germans, I believe, derive their original from no other people ; and are nowise mixed with different races through immigration or intercourse. (…) besides the perils of rough and unknown seas, who would leave Asia, or Africa, or Italy for Germania, a region hideous and rude, under a rigorous climate, dismal to behold or to manure unless the same were his native country?

타키투스는 게르만족이 종족 혈통의 순수성을 유지했던 것은 그 땅이 너무도 척박하여 게르마니아에 가려는 사람이 아무도 없었기 때문이라고 말하고 있다. 그런데 이 구절은 어처구니없게도 약 1,800년 뒤 독일에서 히틀러와 나치가 그 악명 높은 인종학을 개발하는 데 결정적인 영감을 제공했다. 즉 나치는 "로마의 역사가 타키투스 선생도 게르만족이 순수한 단일민족이라는 것을 인정했다!"며 인종차별의 역사적 근거로 삼은 것이다. 역사 기록을 아전인수 격으로 해석한 대표적인 사례라고 하겠다.

타키투스는 "어떤 바보가 게르마니아에 정착하러 가겠나?" 하는 식의 경멸 조로 말했지만, 실제로 4세기 중반 그 척박한 땅에 발을 들인 불청객이 나타났으니 바로 훈족(Huns)이었다. 정말 문자 그대로 유럽의 역사에 갑자기 '툭' 튀어나온 훈족의 정체를 두고서는 지금까지 여러 이론이 나왔다. 최근에는 이 훈족이 당시 중국과의 다툼에서 밀려난 흉노족(匈奴族)의 일파에 투르크족(Turks, 한자어로는 '돌궐突厥')이 가담한 데다 심지어는 부여나 고구려 등 동이족 계열의 일파까지 합쳐진 일종의 민족연합 세력이었다는 가설도 나오고 있어 흥미롭다. 실제로 훈족에 관한 당대 로마인 역사가들의 묘사를 보면 유럽보다는 아시아계의 특징을 많이 가진 종족이었던 것만은 분명한 듯하다. 훈족은 375년 다뉴브 강과 흑해 북부 사이에 훈 왕국(Hun Kingdom)을 세웠는데, 어떤 역사학자들은 이 왕국을 헝가리(Hungary)의 시작으로 보기도 한다. 훈과 헝가리는 이름도 닮았을 뿐 아니라, 실제로 헝가리인들은 인종적으로 아시아계의 특징이 강하고, 언어도 인도 유럽어계가 아닌 우랄어계다.

게르마니아에 당도한 훈족은 계속 서쪽으로 진출하여 고트족(Goths), 반달족(Vandals), 부르군트족(Burgundians) 등 여러 게르만 부족의 전통적인 강역을 위협했다. 기마 민족인 훈족은 일단 그 기동력이 게르만족과는 비교가 되지 않았다. 또한 마치 우리나라 고구려 고분 벽화의 한 장면을 연상케 하는, 전투 중 말을 타고 달리면서 전후좌우 어떤 방향으로도 활을 쏘아 정확히 목표를 맞히는 기술은 그 당시 유럽에서는 상상도 못하던 솜씨라 거의 맞설 방도가 없었다고 한다. 훈족의 이러한 면모 역시 유럽보다는 고대 중국 변방의 흉노나 동이족 전사들과 닮았다. 이렇게 아시아계, 특히 중국이 아닌 몽골−동이에 가까운 것으로 보이는 훈족이 한때 유럽을 호령했다고 하니 아무래도 자꾸 관심이 간다.

그런 의미에서 훈족에 관해 서술한 서기 4세기의 로마 역사가 암미아누스(Ammianus Marcellinus, 330?~395?)의 기록을 잠시 살펴보자. 훈족이 한창 활약하던 당대를 살았던 로마인이 훈족을 분석한 글이라 그 정보 자체가 싱싱하고 흥미롭거니와 묘사에 생동감이 넘친다.

옛 기록에 거의 알려져 있지 않은 훈족의 나라는 그러나 아조프의 습지에서 얼음의 바다까지 퍼져 있는데, 그들의 거친 삶은 다른 모든 야만족을 능가한다. (…) 그들은 매우 흉측하게 생겼으며 등이 몹시 굽어서 일종의 두 발달린 야수로 비치거나, 다리의 난간에 쓸 법하리만치 거칠게 깎은 말뚝으로 보일 지경이다. (…) 그 나라의 모든 남자는 밤낮으로 말 위에서 생활하며, 말 위에서 물건을 사고팔고, 말 위에서 고기를 먹고 술을 마시며, 밤이면 말의 가는 목에 몸을 기대고 깊은 잠에 빠진다.

The nation of the Huns, little known to ancient records, but spreading from the marshes of Azof to the Icy Sea, surpasses all other barbarians in wildness of life. (…) they are of portentous ugliness and so crook-backed that you would take them for some sort of two-footed beasts, or for the roughly chipped stakes which one sees used for the railings of a bridge. (…) On horseback every man of that nation lives night and day; on horseback he buys and sells; on horseback he takes his meat and drink, and when night comes he leans forward upon the narrow neck of his horse and there falls into a deep sleep.

타키투스의 『게르마니아』 도입부와는 느낌이 다르다. 타키투스가 게르만족을 보며 선진 문명인의 입장에서 딱하다는 듯이 혀를 끌끌 차는 정도라면, 암미아누스의 훈족 묘사에서는 거의 '충격과 공포(shock and awe)' 수준의 정서가 느껴진다. 훈족의 전투 스타일에 관한 설명 역시 매우 흥미롭다.

공격을 받으면 그들은 때로 정형화된 전투를 벌이곤 한다. 그럴 때면 종대를 지어 싸움에 뛰어들면서 귀에 거슬리는 온갖 함성으로 사방을 울린다.

그러나 일정한 전투 형식을 갖추지 않고 싸우는 경우가 더 흔한데, 그럼에
도 움직임이 지극히 날렵하고 갑작스러워, 흩어졌다가 다시 재빨리 모여 느
슨한 대열을 이루면서 광활한 들판을 휩쓸어 버리는가 하면, 성벽 위로 날
아올라 적이 그들의 접근을 알아차릴 때쯤이면 벌써 적진을 약탈한다. 그들
이야말로 가장 민첩한 전사들이라는 점을 인정할 수밖에 없다.

When attacked, they will sometimes engage in regular battle. Then,
going into the fight in order of columns, they fill the air with varied and
discordant cries. More often, however, they fight in no regular order of
battle, but being extremely swift and sudden in their movements, they
disperse, and then rapidly come together again in loose array, spread
havoc over vast plains, and flying over the rampart, they pillage the
camp of their enemy almost before he has become aware of their
approach. It must be owned that they are the nimblest of warriors.

말 그대로 임기응변, 변화무쌍의 전사들이다. 훈족의 생활상을 묘사
한 부분을 하나 더 보자. 문장이 상당히 문학적, 시적이기까지 해서 소
개하지 않고 넘어가기가 좀 아깝다.

이들 가운데는 땅을 경작하거나 심지어 쟁기 자루 한번 만져 본 자도 없
다. 모두 일정한 거주지 없이, 집이나 법률, 고정된 관습도 없이 마치 영원한
도망자인 양 타지를 떠돈다. 유일한 거처는 짐마차이며, 아내는 그 안에서
조악한 옷을 짓고 아이들을 낳아 결혼할 때까지 기른다. 만약 누군가 물어도
출신지가 어디라고 대답할 사람은 아무도 없다. 그저 어떤 곳에서 잉태되어,
다른 곳에서 출생하고, 아마도 훨씬 먼 어느 곳에서 교육받았을 것이다.

Not one among them cultivates the ground, or ever touches a plough-

포로로 잡힌 야만족. 원래 로마의 포룸에 있던 장식물
이며, 현재는 루브르 박물관에 있다. 변경을 침입하는
야만족 문제는 로마 제국 후기로 갈수록 심각해졌다.

handle. All wander abroad without fixed abodes, without home, or law,
or settled customs, like perpetual fugitives, with their waggons for their
only habitations, in which their wives weave their foul garments, and
bring forth children, and rear them up to the age of puberty. If you ask
them, not one can tell you what is his place of origin; he was conceived
in one place, born in another, educated perhaps in some yet more
distant one.

당시 유럽인들의 눈에 비친 훈족은 말을 이용하여 파괴와 약탈을 일
삼으며 중앙아시아와 유럽을 주름잡던 신인류였다. 유럽인들은 일찍이
이런 종류의 종족을 알지 못했다. 심지어 같은 야만족인 게르만족에게
조차 훈족은 감당하기에 너무 부담스러운 존재였다. 결국 여러 게르만
부족 가운데 일부는 훈족의 공세를 피해 로마에게 보호를 요청하는가

하면, 또 일부는 로마의 허락도 없이 국경을 넘어가 먹고살기 위해 약탈을 벌이기도 했다.

로마가 게르만족의 국경 난입을 가까스로 저지하는 동안, 이번에는 훈족이 게르만족보다 물자가 풍부한 로마 제국 자체에 더 관심을 가지게 되면서 상황이 더욱 꼬인다. 게르만족을 막기에도 벅찼던 로마가 훈족까지 상대하게 되었기 때문이다. 당시 훈족은 아틸라(Attila)라는 불세출의 지도자가 등장하여 정복 사업에 한창이었는데, 결국 서로마 제국과 동로마 제국은 모두 아틸라의 서슬에 굴복하여 조공을 바치는 굴욕까지 겪게 된다. 훈족은 이렇게 전성기를 맞이했으나, 아틸라가 서기 453년 급서하는 바람에 구심점을 잃고는 일어났던 것만큼이나 빠르게 세력을 상실하며 역사의 무대에서 갑자기 사라져 버렸다.

'고대'가 끝나다

비록 아틸라는 죽었지만, 그 무렵 로마 제국은 이미 가뜩이나 국력이 약해진 데다 게르만족과 훈족에게 연달아 앞통수, 뒤통수를 얻어맞으면서 거의 그로기 상태에 빠지고 있었다. 게다가 국경을 넘어온 여러 게르만 부족들은 난민의 지위에 만족하지 않고, 로마가 힘이 빠진 틈을 타서 이탈리아 반도 각지에서 꼬마 왕국을 만들고는 아예 주인 행세를 하려 들었다. 그 와중에 드디어 서기 455년, 게이세리쿠스 왕(King Genseric)이 이끄는 반달족이 로마에 들이닥쳐서는 장장 14일에 걸쳐 도시의 기념물들을 훼손하고 보물을 왕창 약탈해 가는 사건이 벌어지고 말았다. 천하의 한니발도 발을 들이지 못했던 도시에 북방의 야만족이 난입한 것이다. 이런 반달족의 이름에서 공공 기물 파손, 문화재 파괴 등을 의미하는 vandalism(반달리즘)이라는 영어 단어가 유래했다.

미국 화가 토머스 콜(Thomas Cole)의 연작 〈제국의 궤적〉 가운데 네 번째 작품 〈파괴〉. 반달족의 로마 약탈에서 영감을 얻은 그림으로 알려져 있다. 그러나 로마의 멸망은 하루아침에 일어난 이벤트라기보다는 수백 년에 걸쳐 진행된 프로세스였다.

이렇게 반달족이 로마를 휩쓸고 간 지 약 20년 만인 서기 476년 드디어 로마는 오도아케르(Odoacer, 434?~493)라는 인물에게 멸망당한다. 로마는 말기로 갈수록 한때 무적을 자랑하던 로마 군단, 즉 정규군의 유지에 어려움을 겪게 되면서 점차 게르만족 출신으로 구성된 용병들에게 국방을 맡겼는데, 오도아케르는 그 게르만 용병의 유력한 지도자 가운데 한 명이었다. 용병에게 국방을 맡기는 것의 한계를 카르타고의 멸망으로 증명해 보인 로마가 말년 들어 카르타고의 전철을 그대로 밟았다는 것이 흥미롭다.

"로마 제국은 게르만 용병 대장 오도아케르에게 멸망당했다."는 내 학창 시절의 세계사 교과서를 비롯해 세계사 입문서에 항상 등장하는 구절인데, 도대체 이 '멸망'이란 구체적으로 어떤 방식으로 이루어진 것일까? 오도아케르는 로마의 마지막 황제와 그 일가를 몰살하고 스스로 로마의 왕임을 선언했을까? 마지막 황제는 오도아케르와 최후의 일전을 벌이다가 장렬하게 전사했을까? 맨날 "로마는 서기 476년 게르만 용병 대장 오도아케르에게…"라고 기계적으로만 기억하지 말고 그 역사적 사건의 디테일을 생각해 보자는 말이다. 기번이 이 장면을 구체적으로 어떻게 묘사하고 있는지 들여다보자.

야만족들에게 왕좌는 낯설지 않았고, 고분고분한 이탈리아 백성들 역시 그가 서로마 제국의 황제 대리랍시고 거들먹거리며 행사할 권력에 군소리 없이 복종할 준비가 되어 있었다. 그러나 오도아케르는 그 무용하고 돈만 많이 드는 자리를 폐기하기로 결심했다. (…) 불운한 아우구스툴루스는 바로 자신의 굴욕을 낳는 도구가 되었다. 그는 원로원에 퇴위할 의사를 표했으며, 이 의회는 로마의 군주에게 복종하는 마지막 행위를 통해 계속 자유의 정신과 헌정의 형식을 가장했던 것이다.

Royalty was familiar to the Barbarians, and the submissive people of Italy was prepared to obey, without a murmur, the authority which he should condescend to exercise as the vicegerent of the emperor of the West. But Odoacer had resolved to abolish that useless and expensive office; (…) The unfortunate Augustulus was made the instrument of his own disgrace: he signified his resignation to the senate; and that assembly, in their last act of obedience to a Roman prince, still affected the spirit of freedom, and the forms of the constitution.

결국 이런 묘사를 보면 오도아케르가 그렇게 막가는 야만인은 아니었던 것이다. 그는 궁궐에 난입해서 황제를 살해하고 궁녀들을 겁탈하는 식으로 로마를 멸망시킨 것이 아니라, 나름 심사숙고한 끝에 로마 황실의 폐쇄를 전격적으로 단행했는데, 그러면서도 격식 또한 그런대로 차린 셈이다. 476년 당시 이미 로마는 제국이라는 말이 무색하게 행정권이 로마 시 경계까지만 간신히 미치는 도시국가로 다시 졸아든 상태였다. 따라서 오도아케르는 이미 시대적인 효험이 다해 명맥만 유지하던 국가의 기능을 공식적으로 정지하여 로마가 더 스타일을 구기기 전에 그나마 남은 체면을 살려 준 측면도 있다. 썩어도 준치라고 그 와중에 원로원이 형식적으로나마 황제의 퇴위를 승인하는 절차를 수행했다는 것도 흥미롭다. 소개가 좀 늦었는데, 서로마 제국 마지막 황제의 이름은 로물루스 아우구스툴루스(Romulus Augustulus, 재위: 475~476)라고 한다. 하필이면 마지막 황제의 이름이 로마를 세운 시조와 같았다는 것이 의미심장하다. 끝이 결국 시작으로 이어진다는 역사의 간계일까? 오도아케르는 로물루스를 죽이는 대신 로마 교외에 저택까지 내주어 조용히 여생을 보내도록 배려해 주었다고 한다.

이렇게 해서 로마 제국의 멸망은 마무리되었다. 물론 엄밀히 말하면 476년에 멸망한 것은 서로마 제국이며, 동방의 콘스탄티노플을 수도로 삼은 동로마 제국은 이후에도 1,000년 가까이 존속하면서 자신들이 로마의 정통을 계승했다고 주장했다. 하지만 그리스도교적 신정 국가였던 동로마 제국, 즉 비잔틴 제국(Byzantine Empire)은 이탈리아 반도에서 기원한 원조 로마와 상당히 이질적인 체제였으며 그 전성기 역시 시기상 고대가 아닌 중세에 속한다. 역사학자들은 일반적으로 서로마 제국이 멸망한 476년을 유럽에서 '고대'가 종말을 고한 시점으로 본다.

로마인의 벤처 정신

기번은 26세 때인 1763년 처음 로마를 방문한 뒤 부친에게 보낸 편지에서 카피톨리누스 언덕의 유적을 돌아본 소감을 이렇게 술회했다.

저는 정말이지 거의 꿈속에 있습니다. 뭇 책이 우리에게 그 민족의 위대함을 놓고 어떤 생각을 전해 주었든 간에, 로마의 최전성기를 다루는 그런 이야기들은 그 폐허의 풍경에조차도 한없이 못 미칩니다.

I am really almost in a dream. Whatever ideas books may have given us of the greatness of that people, their accounts of the most flourishing state of Rome fall infinitely short of the picture of its ruins.

백문이 불여일견이라는 말도 기번이 하면 이렇게 멋지다. 하지만 이어지는 문장에서 기번은 청년답지 않은 냉정한 지성으로 로마에 대한 평가를 내리기를 잊지 않는다.

저는 그러한 나라는 결코, 결코 존재한 적이 없었다고 확신하며, 인류의 행복을 위해 다시는 존재하지 않기를 희망합니다.

I am convinced that there never, never existed such a nation, and I hope, for the happiness of mankind, there never will again.

이렇게 인류사에 전무후무한 자취를 남긴 로마, 그 성공의 비결은 무엇이었을까? 로마의 시인 베르길리우스의 서사시 『아이네이스』에는 다음과 같은 유명한 문장이 등장한다.

행운은 용감한 자의 편이다.

Fortune favors the bold.

바쁜 세상을 살면서 『아이네이스』까지 읽어 볼 여유가 없는 독자라도 이 한 문장만은 기억할 만하다. 행운을 뜻하는 영어 단어 'fortune'은 원래 로마 신화에 나오는 행운의 여신 포르투나(*Fortuna*)에서 유래했다. 로마의 역사를 읽어 보면 로마인들은 분명 "행운은 용감한 자의 편"이 라는 충고를 충실히 따랐던 것 같다. 그들은 국가의 명운이 걸린 중대한 결정의 순간마다 위험을 감수하는 대담한 행보를 택했고, 결국 이런 태 도는 행운의 여신 포르투나의 마음을 사로잡은 듯하다. 로마인들은 초 창기에 아이를 낳을 여자를 공급한답시고 인근 부락 사비니(Sabine)에서 처녀들을 납치해 온 것을 시작으로, 왕정을 폐지하고, 지중해의 강자 카 르타고와 총력전을 벌인 끝에 멸망시켰으며, 스파르타쿠스(Spartacus)가 주도한 노예 반란을 진압한 뒤 자그마치 6,000명의 포로를 동시에 십자 가형에 처해 본때를 보이고, 공화정에서 황제정으로 화려한(혹은 은밀한) 변신을 해냈으며, 한때 체제 위협적 이데올로기라고 박해하던 그리스도 교를 또 과감하게 국교로 채택하는 등 끊임없이 닥친 도전에 계속 화끈 한 해결책을 내놓으며 번영했다. 한 나라가 1,000년이나 흘러갔다는 것

다비드의 〈사비니의 여자들〉. 로마인 장정들이 배필감을 찾아 이웃 도시 사비니의 처녀들을 납치한 이 후의 사건을 묘사했다. 이미 로마인들과 결혼하여 가정을 꾸린 사비니의 여자들이 남자들 사이에 벌 어진 싸움을 뜯어말리는 모습이 인상적이다.

은 역시 그 DNA 속에 만만치 않은 뭔가가 있었다는 증거다. 분명 로마는 '리스크테이커(risktaker)', 즉 위험을 감수하는 벤처 기업가 타입이었지 공무원 시험 준비생 타입은 아니었다.

심지어 패배할 때조차도 로마는 적에게 거의 당한 만큼 돌려주었다. 적들이 로마를 어떻게 생각했는지 잘 보여 주는 표현이 지금까지도 영어에 남아 있는 'Pyrrhic victory(피로스의 승리)'라는 관용구다. 이 말은 기원전 279년 에페이로스의 피로스 왕이 로마 군과 이탈리아 남부의 아스쿨룸(Asculum)에서 벌인 대전투에서 유래했다. 이때 피로스는 비록 전투에서 이기기는 했지만 아군도 너무나 큰 피해를 입은 나머지 결국 로마 정복의 꿈을 접고 철수하면서 이렇게 말했다고 한다.

"로마인들에게 한 번만 더 승리를 거뒀다가는 완전히 파멸하겠구나."

"If we are victorious in another battle with the Romans, we shall be utterly ruined."

일단 로마와 싸우게 되면 너무나 많은 희생이 따르기 때문에 설사 이겨 봤자 남는 것이 없다는 말이다. 이런 유래에서 Pyrrhic victory는 '상처뿐인 승리', '상처뿐인 영광'이라는 의미가 되었다. 현대사에서 찾아보면 미국인들에게 막대한 인적, 물적 피해를 안긴 이라크 전쟁(Iraq War) 같은 경우를 '피로스의 승리'라고 부를 수 있겠다. 또 기업들 사이에서 '묻지 마' 식 가격 인하를 남발하는 출혈 경쟁이 벌어진다든지, 한 기업이 다른 기업을 인수하는 데 비용을 너무 많이 써서 오히려 재정 위기를 겪는 경우도 '피로스의 승리'에 속한다.

영원의 제국과 21세기 신질서

현대 이탈리아의 수도이자 세계 최고의 관광지인 로마의 별명이 '영원의 도시'인 것처럼 로마 제국 역시 '영원의 제국(Eternal Empire)'이라고 불릴 수 있을 것이다. 역사상의 로마 제국은 1,500여 년 전에 멸망했지만 이후 세계 역사에 등장한 강대국들은 모두 때로는 은밀히, 때로는 아예 대놓고 로마 제국이 되기를 갈망했다. 신성 로마 제국(Holy Roman Empire)이야 이름부터 로마를 그대로 계승했고, 나치 독일 역시 신성 로마 제국, 1차 대전으로 패망한 독일 제국(German Empire)을 계승한다는 명분으로 스스로를 제3제국(Third Reich)이라고 선포했으니 결국 로마 제국의 계보에 줄을 대어 정통성을 확보하려 했던 셈이다. 영국이 라틴 고전에서 '팍스 로마나(*Pax Romana*)'라는 용어를 발굴한 뒤 이를 '팍스 브리타니카(*Pax Britannica*)'로 둔갑시켰다는 이야기는 이미 했다.

런던 트라팔가 광장의 사자상과 그 뒤로 보이는 빅 벤(Big Ben). 대영제국을 비롯하여, 로마는 이후의 전 세계 모든 강대국이 본받고 싶어 한 '영원의 제국'이다.

19세기를 대체로 팍스 브리타니카의 시대라고 할 수 있다면, 20세기는 팍스 아메리카나(*Pax Americana*)의 시대라고 불러도 무리가 없다고 본다. 실제로 미국의 역사는 그 시작부터가 로마의 출범과 비교되며, 정치 이념과 제도에서도 놀라우리만치 공통점이 많다. 우선 미국이 영국의 식민지였다가 독립한 것은 로마가 에트루리아의 영향에서 벗어나 독립한 것과 닮은 꼴이다. 미국 건국의 아버지들(Founding Fathers) 가운데 대표 격이라고 할 제퍼슨(Thomas Jefferson), 매디슨(James Madison), 해밀턴(Alexander Hamilton) 등의 저작을 읽어 보면 이들이 고대 그리스와 로마, 특히 로마의 공화정 시대를 얼마나 흠모했는지 알 수 있다.

미국 국회 의사당 건물을 영어로 'Capitol Hill'이라고 부르는 것부터가 로마의 일곱 언덕 중 하나로 원로원 및 각종 정부 기관이 몰려 있었던 카피톨리누스 언덕을 모방하는 것이며, 의회를 상원(Senate)과 하원(House of Representatives)으로 나눈 것 또한 로마의 원로원과 민회를 연상시킨다. 대통령은 물론 국민들의 투표로 선출되지만 그나마도 완전한 직접 선거 대신 선거인단을 통한 형식상의 간접 선거를 지향하며, 부통령은 자동으로 상원의 의장이 되도록 하고 있는 것 역시 원로원에서 집정관을 뽑던 로마 공화정의 전통과 여전히 간접적으로 맥이 닿아 있다. 로마에서 늑대와 함께 '아퀼라(*aquila*)', 즉 검독수리가 신성한 상징 동물이었듯이 미국의 국조 역시 흰머리독수리(American eagle)다.

미국 독립 전쟁을 승리로 이끈 영웅이면서도 장기 집권을 거부하고 명예롭게 퇴임한 초대 대통령 조지 워싱턴(George Washington)의 모습은 거꾸로 비친 율리우스 카이사르라고 할 수 있다. 그런가 하면 현재 미국의 대표적인 보수 싱크 탱크로 공화주의와 개인의 자유를 옹호하는 논리 및 정책 개발에 주력하는 케이토 연구소(Cato Institute)는 그 이름을 바로 카이사르의 독주에 맞서 공화정을 수호하려 했던 로마 원로원 의원

미국 국회 의사당. 미국 건국의 아버지들과 초기 지도자들은 특히 로마 공화정의 철학과 시스템을 모방하고자 노력했다.

카토(Cato)에게서 가져왔다. 이민에 관대하고, 인종적 다양성을 에너지로 삼은 것, 한때 노예 제도를 가졌던 것도 똑같다. 로마가 주변의 강적들을 제압하고 최강의 지위에 올랐듯이 미국 역시 강력한 군사력과 경제력으로 독일, 일본, 소련 등 막강한 라이벌을 무너뜨리고 세계 역사를 주도했다.

최근 전 세계적으로 언론이나 학계에서는 김칫국부터 마시듯이 '아메리카 제국의 쇠망'을 거론하며 팍스 아메리카나 이후의 세계 질서 시나리오에 몰두하는 일이 유행인 것 같다. 하지만 마크 트웨인(Mark Twain)이 멀쩡히 살아 있는 자신의 부고를 실수로 내보낸 신문사를 꼬집으며 한 말처럼 미국의 쇠락에 대한 주장은 '크게 과장된(greatly exaggerated)' 경우가 많다. 워낙 인구와 부존자원이 많은 데다 대서양 건너로는 유럽, 태평양 건너로는 아시아를 양쪽에 둔 지정학적 위치에 더해 달러가 세계 기축 통화인 한 미국의 쇠락은 쉽게 점칠 수 없다. 설사 미합중국이 현재 쇠락기에 접어들었다고 해도 그 쇠락이 하루아침에 일어나고 종결되는 것도 아니다. 서로마 제국이 최초로 쇠퇴의 징후를 보인 뒤에도 거의 300년간 더 존속했던 사실을 생각해 보라. 이미 말했듯이 세계 제국의 멸망은 기본적으로 단발의 사건(event)이라기보다는 긴 프로세스(process)이다.

일부 학자들과 지식인들이 주도하고 있는 그 '김칫국의 세계', 즉 미국 이후의 신질서와 관련하여 가장 주목받는 나라는 물론 해마다 경제적, 군사적으로 급성장을 거듭하고 있는 중국이다. 벌써부터 팍스 시니카(Pax Sinica)라는 표현이 신문, 방송 등에서 심심찮게 언급되고 있다. 최근 미국의 경제지 『포브스Forbes』는 2030년경이면 팍스 시니카 체제가 완성된다는 기사를 소개하기도 했지만 그런 예단 역시 자못 김칫국스럽다. 역사적으로 겨우 몇 개의 초강대국에 주어졌던 '팍스 클럽('Pax' Club)'의 가입 자격은 녹록지 않다. 꼭 힘이 세고 돈이 많다고 해서 '팍스' 타이틀이 저절로 주어지는 것도 아니다. 세계 제국이라면 그에 따른 책임 의식, 고도의 문화, 윤리성 등이 필요하다. 현재의 중국이 역사상 진정한 세계 제국에 가까웠던 전성기 당나라 수준에 이르는 고도 문명 국가의 면모를 다시 갖추었다고는 판단하기가 어렵다.

숭어가 뛰면 망둥이도 뛴다더니 최근에는 '팍스 인디카(Pax Indica)'라는 용어도 등장했는데, 정말이지 나는 그와 관련된 기사를 읽다 말고 요샛말로 '뿜었다'. 팍스 인디카, 즉 '인도가 주도하는 세계 평화'의 주창자는 샤시 타루르(Shashi Tharoor)라는 UN 외교관 출신의 인도 정치인이다. 타루르에 따르면 인도는 막대한 인구와 경제력, 그리고 무엇보다 고유의 문화적 소프트파워로 21세기 세계 평화와 번영에 주도적 역할을 할 수 있다는 것이다. 물론 이제 인도 역시 슬슬 강대국 대접을 받고 싶어 하는 심정은 이해가 가지만, 길게 말할 것도 없이 저 악명 높은 카스트 제도와 여성 차별 등의 구습을 버리지 않는 한 조만간 전 세계가 우러러보며 모델로 삼는 나라가 된다는 것은 몽상일 뿐이다. 게다가 세계 평화는커녕 이웃 나라 파키스탄과도 매일 티격태격하는 수준이다.—하기야 파키스탄은 영국의 식민 지배가 끝날 때까지도 인도의 일부였으니 감정이 남다르겠지만…. 더군다나 '소프트파워'라니, 제 나라 국민들 가운데 많은 수를 달리트(Dalit), 즉 불가촉천민으로 낙인찍어 인간 이하로 차별하는 수준의 문화를 가지고 다른 나라 사람들은 또 얼마나 소프트하게 다뤄 주겠다는 건지 잘 모르겠다. 오히려 할 수만 있다면 아예 전 세계 여러 국가들을 모두 카스트 계급의 서열 속에 집어넣고 차별하려 들지 않을까. 인도가 가진 잠재력은 분명 대단하지만, 인도인들 사이에 만연한 구습을 뜯어고치지 않는 한 '팍스 인디카'는 언감생심일 뿐이리라는 생각이다.

혹시 '팍스 코레아나(*Pax Coreana*)'는 어떨까? 언젠가 우리 한국이 동북아시아의 강소국으로서 세계 평화와 번영을 위한 균형추 역할을 능동적으로 하는 시절이 올 수 있을까? 따지고 보면 로마도 원래는 이탈리아 반도의 작은 도시국가로 시작하지 않았던가? 아, 역시 김칫국의 유혹은 달콤하고 짜릿하다. 아마도 그런 야무진 꿈이 현실이 되려면 우선 남북 통일부터 이루는 것이 순서일 것이다.

Chapter
4
중국의 탄생

은, 주 시대

Middle Kingdom의 정체

독자 여러분은 혹시 중국(中國)을 영어로 어떻게 표기하는지 아는가? "아니, 그걸 질문이라고. 당연히 C…."라고 하기 전에 내 말을 조금만 더 들어 보라. 고백하건대 나는 과문한 탓인지 중국의 영어 명칭이 한 가지가 아니라는 사실을 비교적 최근에야 알게 되었다. 나는 차를 몰 때면 주로 음악을 듣는 편이지만, 몇 년 전 저녁 퇴근길에 〈존 배철러 쇼 *John Batchelor Show*〉라는 라디오 시사 토크쇼(미국에는 진행자의 이름을 앞세운 라디오 토크쇼가 많다.)를 듣게 되었다. 그날의 게스트를 불러 놓고 토크쇼 진행자가 이렇게 말했다.

"오늘 밤에는 'Middle Kingdom'에서 무슨 일이 벌어지고 있는지에 대한 최신 정보를 준비했습니다.(Tonight, we have an update on what's going on in the Middle Kingdom.)"

그 순간 'Middle Kingdom'이 도대체 무엇을 말하는 걸까 하는 생각이 들었다. 톨킨(J.R.R. Tolkien) 소설의 주 무대인, 호빗(Hobbit)과 오크(Orc)가 산다는 '중간계(Middle-Earth)'의 별명인가? 그런데 진행자의 말을 몇 마디 더 듣자 문제의 Middle Kingdom이 바로 중국을 뜻하는 것임이 분명해졌다. 토크쇼의 그날 주제가 중국에서 추진 중인 항공모함 자체 개발 프로젝트의 성공 여부였기 때문이다. 그런데 중국을 왜 China라고 하지 않고 Middle Kingdom이라고 불렀던 걸까…. 아하, 그렇군! 이 이름이 '中國'을 영어로 훈역한 것[中(가운데) → middle + 國(나라, 왕국) → kingdom = Middle Kingdom]이라는 사실을 깨닫기까지 다시 몇 초가 더 소요되었다. 역시 순발력도 부족하고 머리도 나쁘면 이런 간단한 것을 눈치채는 데도 시간이 걸린다.

나중에 알았지만, 이 토크쇼의 진행자이자 시사 평론가인 존 배철러는 평소 중국 문제에 관심이 커서 중국 전문가, 평론가들을 많이 초대하는 것으로 유명한 인물이었다. 흥미로운 점은 한 번 그렇게 귀를 '트고' 나자 그 이후로는 방송 등에서 Middle Kingdom이라는 표현과 종종 마주치게 되었다는 것이다. 미국의 중국 문제 전문가들 사이에서 이것이 중국을 부르는 별명으로 꽤 인기가 있기 때문이다. 왜 이전에는 이 표현이 귀에 잡히지 않았던 것일까? 어떤 인지과학적 이유가 있을지도 모르겠다.

물론 중국을 가리키는 가장 보편적인 영어 단어는 당연히 China이며 중국의 공식 영어 국호 역시 People's Republic of China다. 학자들은 대체로 China가 고대 진(秦)나라의 이름에서 유래했다고 본다. 대륙을 통일하고 대제국을 세운 진 왕조의 이름이 동방의 상인들을 통해 실크로드(Silk Road)를 타고 인도, 페르시아, 로마 등에 Chin 혹은 Cin 등의 발음으로 알려져 결국 중국을 가리키는 이름으로 굳어졌다는 것이다. 마치 한국의 고려 왕조 때 그 이름이 서역 상인들을 통해 서쪽으로 전파되어 Corea → Korea로 변했다는 가설과도 비슷하다.

중국 둔황(敦煌)의 명소인 월아천(月牙泉) 전경. 둔황은 고대 중국과 중앙아시아, 유럽을 연결하던 교역로 실크로드의 거점 도시였다. 비단뿐만 아니라 중국을 뜻하는 China, Cathay 등의 표현도 이 길을 타고 유럽에 전해졌다.

중국을 일컫는 영어 표현에는 Cathay도 있다. 홍콩에 본거지를 둔 항 공사 캐세이 퍼시픽(Cathay Pacific)이 여기서 사명을 따왔다. 하지만 Cathay는 오히려 홍콩이나 태평양과는 별 상관이 없는, 중국의 북서부에 근거를 두었던 타타르계 유목 민족의 이름 '키탄(Khitan)'에서 유래했다. 키탄은 우리가 흔히 한자로 契丹이라고 쓰고 '거란'이라고 읽는 바로 그 민족이다. Cathay라는 명칭은 이 거란족이 중국 대륙에 세운 요(遼)나라 시기에 역시 실크로드를 오가던 상인과 여행자들에 의해 유럽까지 전해졌다고 한다.

China나 Cathay와 비교하면 Middle Kingdom은 한국을 그냥 Korea 혹은 South Korea라고 하지 않고 '대한민국(大韓民國)'의 한자 뜻을 그대로 좇아서 Republic of Grand Han이라고 하는 것만큼이나 생뚱맞아 보이기도 하지만, 어쨌거나 중국을 문자 그대로 영어로 풀이한 것이니 중국인들도 큰 불만은 없을 것이다.

이번 챕터에서는 이 '중왕국(Middle Kingdom)', 즉 중국의 고대 역사를 여러분과 함께 둘러보고자 한다. 흔히 중국의 역사를 '만년(萬年)'이라고 하지만, 여기서는 전설 시대는 제외하고 청동기 시대에 번영했던 은과 주나라에서 시작하여 춘추전국시대, 그리고 한나라 말기까지 이르는 여정 가운데 몇 장면을 살펴보자. 중국의 고대 역사는 우리가 흔히 잘 안다는 인상을 가지고 있으면서도 막상 깊이 파고들면 모르던 사실이나 새로운 측면이 속속 드러나는 전형적인 사례다. 우리가 고사성어라고들 부르는 각종 한자 표현 뒤에 숨어 있는 고대의 역사적 에피소드들도 흥미롭기 그지없다.

한자 이야기가 나왔으니 말인데, 동양 문명권에서 한자와 한문의 위상은 서구에서 라틴어의 그것과 거의 흡사하다고 볼 수 있다. 라틴어가 서구 문명, 그중에서도 인문학적 전통을 이해하는 열쇠라고 한다면, 좋으나 싫으나 중국의 변방국으로서 삶과 문화를 일궈 온 한국을 비롯한 동북아시아 나라들에게 한자는 이들의 과거를 오랫동안 지배하던 위대한 문명을 이해하는 소스 코드다. 비록 현대 중국은 전통 한자를 포기하고 이른바 간체자(簡體字)로 전환했지만, 오히려 그렇기에 한국인들에게 전통 한자를 공부하는 것은 앞으로도 협력과 경쟁 관계를 지속해야 할 중국이라는 대국의 본질을 이해할 중요한 도구를 마련하는 일이다.

약간은 희한한 조합처럼 보이지만, 영어 실력에다 한문까지 다룰 수 있는 능력을 겸비한다면 인문학 독서 같은 지적 유희에서는 물론, 어떤 커리어를 쌓건 자신만의 독특한 경쟁력을 확보할 수 있을 것이다. 실제로 중국의 역사에서 유래하여 영어에 편입된 어휘, 관용 표현도 적지 않다. 좀 더 욕심을 낸다면, 아직 서구인들에게 그리 익숙하지 않은 중국역사의 여러 명장면을 영어로 제대로 표현할 줄 아는 테크닉을 미리 길러 두는 것도 미래를 위한 준비가 될 수 있다. 중국이 세계 무대에서 차지하는 비중이 커질수록 그 역사와 문화에 대한 미국을 비롯한 서구의 관심 역시 점점 늘어날 것이므로, 언제 어디서든 영어로 이루어지는 대화에서 중국 역사가 화제에 오를 수 있기 때문이다.

그런 취지로 이번 챕터에서 소개하는 고전 텍스트는 한글 번역문에 더해 영어 버전과 한문 원전을 동시에 실었으니 참고하기 바란다.(한문은 각주에 수록) 또 중국 역사와 관련된 대표적인 한자 표현과 고사성어를 몇 개씩 골라 영어로 풀어 보는 게임도 해 볼까 한다.

우리 한국인치고 적어도 진시황(秦始皇)이나 만리장성(萬里長城)이라는 이름을 한 번도 듣지 못한 경우는 없을 것이고, 독자 여러분 가운데는 『열국지列國志』, 『초한지楚漢志』, 『삼국지三國志』 등 중국 역사를 정면으로 다룬 대하소설을 탐독하여 나름 해박한 지식을 자랑하는 분들도 있으리라 생각한다. 이런 풍부한 지식을 한국어(그리고 한문)뿐만 아니라 영어로도 어느 정도 표현하는 능력을 기르는 것이 결코 시간 낭비는 아니라고 본다. 더구나 중국이 요즘 들어 한국 고대사의 많은 부분을 아전인수 식으로 해석하려 드는 이른바 '동북 공정'을 펼치고 있음을 생각하면 더욱 그렇다. 언제 중국인들과 역사 문제를 놓고 한국어도 중국어도 아닌 영어로 한판 토론을 벌일지 누가 알겠는가?

그뿐만 아니라 고대 중국사와 관련 용어들을 영어로 따라가다 보면 오히려 역설적으로 원래의 한자를 이해하지 못한 상태에서 한글 발음으로만 알고 있던 표현의 의미가 더 명확해지는 경우도 적지 않을 것이다. 왜냐하면 해당 표현을 정확하면서도 창의적으로 영어로 바꾸려면, 일단 오리지널 한자 표현이 무슨 의미인지부터 제대로 알아야 할 것이기 때문이다.

중국 고대사의 알파요 오메가라고 할 인물은 사마천(司馬遷, 기원전 139~86)이다. 그가 쓴 역사책 『사기史記』는 중국 고대사의 열쇠이자 바이블이며, 따라서 이번 챕터에서도 가장 빈번하게 인용될 고전이기도 하

중국 한대의 역사가 사마천. 그의 저서 「사기」를 펼치지 않고서 중국 역사를 논할 수는 없다.

다. 『사기』를 영어로는 보통 'The Records of the Grand Historian'이라고 표현하는데, 여기서 Grand Historian은 사마천의 관직이었던 태사령(太史令)을 옮긴 말이다. 태사령은 중국 왕조의 공식적인 역사 기록을 담당하던 직책이었다. 막연하게 『사기』라고 하면 왠지 딱딱하고 생기 없는 고대의 기록일 것 같지만 막상 직접 들여다보면 사마천의 생생한 묘사는 읽는 사람을 빨아들이는 흡인력이 있다.

상(商), 갑골 문자와 순장의 나라

『사기』를 비롯한 고대 기록에 따르면, 중국 대륙에는 먼 옛날 삼황오제(三皇五帝)의 시대에 이어 성군의 대명사 요(堯) 임금과 순(舜) 임금이 다스린 하(夏)나라가 있었다고 한다. 그러나 기록을 뒷받침할 고고학 발굴 결과를 근거로 대부분의 역사학자들이 인정하는 중국 역사상 최초의 왕조 국가는 상(商)이다. 상나라를 흔히 '은나라'라고 부르는 이유는 상나라의 수도 이름이 은(殷)이었기 때문이다. 한국인들의 귀에도 익숙한 은허(殷

墟)라는 말은 은의 폐허, 은의 유적지라는 뜻이다. 사마천 역시 『사기』에서 주로 은(殷)이라고 부르고 있다.

상나라 하면 우선 떠오르는 것은 갑골 문자(甲骨文字) 혹은 갑골문(甲骨文)이다. 갑골문을 영어로는 신탁을 뜻하는 oracle을 넣어 보통 oracle bones script라고 한다. 실제로 갑골문은 상(은)나라 왕실이 국가의 대소사를 결정하기 위해 신탁에 물은 내용을 거북 등가죽인 갑(甲)이나 짐승의 뼈인 골(骨) 등에 기록한 것이다. 상나라 역사는 수천 년간 베일에 싸여 있다가, 당시의 문자가 기록된 이 갑골 조각들이 19세기 말부터 은허를 중심으로 대량 발굴되면서 연구가 활발하게 이루어지기 시작했다.

상나라에서는 왕이나 귀족 등 신분이 높은 사람이 죽으면 그 심복, 몸종, 때로는 애완동물까지 모두 함께 묻는 순장(殉葬)의 전통이 있었다. 실제로 은허에서 발굴된 당시의 고분들 가운데는 무덤의 주인과 함께 순장당한 희생자의 수가 수십, 수백 명에 달하는 경우도 더러 있다. 순장에는 이승에서처럼 저승에서도 종들이 주인을 섬기도록 한다는 종교적 의미가 주로 있었지만, 동시에 주인이 살아 있을 때 더 열심히 충성하도록 만드는 실용적인 목적도 있었다고 한다. 주인이 죽으면 함께 죽어야 하는 공동운명체라는 사실을 종들이 아는 이상 주인이 건강하게 오래 살도록 정성을 다해 모셨을 것이 분명하다. 이 이상의 동기부여가 있을까? 가히 소름 돋는 고대인들의 지혜가 아닐 수 없다.

순장뿐 아니라 상나라에서는 종교 제례 때마다 전쟁에서 잡아 온 포로 등을 이용한 인신 공양(human sacrifice)을 대규모로 벌였다. 남미의 마야 문명을 배경으로 한 할리우드 영화 〈아포칼립토Apocalypto〉를 본 독자라면, 그 속에 등장하는 인신 공양 장면에 동양적 상상력을 약간 입히면 상나라에서 벌어지던 피의 향연을 대충 머릿속에 그려 볼 수 있을 것이다. 예를 들어 상나라 왕의 무덤에서는 여러 부장품과 함께 거의 어김

없이 정교한 도끼가 발견되는데, 이것은 전투용이 아니고 중요한 제사 때 왕이 직접 인신 공양 희생자들의 목을 치거나 때로는 허리를 두 동강 내는 데 썼던 도구라고 한다.

『사기』에 따르면, 상 왕조는 그에 앞선 하 왕조의 걸왕(桀王)이 휘두르는 폭정으로 신음하는 백성들을 구하기 위해 성탕(成湯)이라는 인물이 세웠다고 한다. 그렇게 세워진 '꿈과 희망의 새 나라'가 실은 순장과 인신 공양을 국가의 기본 법도로 삼던 체제였으니, 도대체 그 이전의 폭정이 어느 정도였을지는 상상조차 가지 않는다. 물론 하나라는 고고학적 증거가 빈약해서 아직까지는 공인된 중국 역사의 바깥 언저리에 머물러 있는 전설의 나라이기는 하다.

주지육림

대략 기원전 1700년경부터 1100년경까지 지속된 상나라는 중국 역사상 최초의 청동기 시대에 속한다. 철은 청동기보다 강력하지만 시간이 지나면 녹이 스는 반면, 청동기는 그 성질을 오랫동안 그대로 유지한다. 그 덕분에 중국의 박물관에 보존된 은나라 시대 청동기들 가운데는 지금까지도 수천 년 전과 그리 다를 바 없는 빛과 형상으로 보는 이들을 매료하는 경우가 많다.

청동기 얘기가 나왔으니 말인데, 최근 은나라 지배층이 실은 집단 수은 중독을 앓았을지도 모른다는 가설이 역사학자들 사이에서 꽤 설득력을 얻고 있어 흥미롭다. 은나라 왕족과 귀족들은 술을 즐겼는데, 술은 지위가 높을수록 고급 청동기 잔에 따라 마시는 것이 관례였다. 문제는 당시의 청동기에 수은이 다량으로 함유되어 있었다는 것이다. 술의 알코올 성분이 술잔 표면과 화학 작용을 일으키면 술잔의 수은은 술 속으

상(은) 왕조 시대의 청동기. 상나라는 구리를 다루는 고도의 테크닉을 뽐냈다.

로 빠르게 녹아들어 인체에까지 침투하는데, 그렇게 시작되는 수은 중독은 두통, 구토 등의 증상에서 시작하여 조만간 환각에 정신 분열까지 초래한다. 이 주장대로라면 은나라 지배층의 상당수가 제정신이 아니었을 수도 있다. 그렇다면 역설적으로 그나마 갑골 문자의 신탁에 따라 국가 중대사를 결정한 것이 위정자들의 '정신 나간' 판단보다는 나았을지도 모른다.

상나라의 마지막 왕은 중국 역사에서도 폭군계의 전설로 남아 있는 주왕(紂王)이다. 사마천은 『사기』에서 그의 인물됨을 다음과 같이 소개하고 있다.

주왕은 분별이 아주 빠르고 시력과 청력도 기민하였으며, 재능과 힘이 보통 사람보다 뛰어나 맨손으로 맹수와 대적할 정도였다. 간언이 필요치 않을 정도로 지혜가 충분하였고 언변은 거짓도 덮어 가릴 정도였다.

In natural ability and discrimination, King Zhou was acute and quick; his hearing and vision were superb; he possessed better physical talent and strength than ordinary humans so he could slay a beast with his bare hands. His intelligence was bright enough to ward off criticism and his verbal prowess proficient enough to conceal errors.●

즉 주왕은 상당히 출중한 능력을 타고난 인물이었음에도 결국 지독한 폭군이 된 것이다. 어쩌면 이 '변신' 역시 수은 중독이 모종의 역할을 한 것 아닐까? 기록에 따르면 주왕은 수은이 아닌 달기(妲己)라는 희대의 요녀(妖女)를 만나면서 본격적으로 망가지기 시작하는데, 이들이 벌인 전설적인 사치와 방탕을 지적하는 고사성어가 바로 '주지육림(酒池肉林)'이다. 『사기』는 이렇게 적고 있다.

왕은 술과 쾌락에 탐닉하고, 애첩 달기를 사랑하여 달기의 말이라면 모두 따랐다. 궁정의 악사에게 관능적인 춤과 음악을 위해 새로이 음란한 소리를 만들게 하였다. 세금을 두텁게 부과하여 녹대(鹿臺)를 금화로 채우고 거교(鉅橋)를 곡식으로 메웠다. 여기에 더하여 개, 말, 기이한 물품을 거두어 궁전의 방마다 가득하게 했다. 모래 언덕에 세운 정원과 누각을 더 넓히고 야수와 새를 많이 잡아들여 그곳에 풀어 두었으며, 귀신마저 업신여겼다. 모래 언덕에서 크게 음악을 연주하고 놀았으며, 술로 연못을 채우고 고기를 매달아 숲을 만들어서는 남녀들이 그 사이에서 발가벗고 서로 쫓으며 희롱하게 하고, 술을 마시며 온 밤을 보냈다.

The king indulged in wine and pleasure. He loved his mistress Daji and followed her every word. He had the court musician create new lustful sounds for sensual dances and music. He imposed heavy taxes in order to fill the Deer Tower with coins and stuffed the great bridge with

● 帝紂資辨捷疾, 聞見甚敏; 材力過人, 手格猛獸; 知足以距諫, 言足以飾非。

grains. Moreover he made the palace chambers overflow with his
collections of dogs, horses, and other unusual objects. He expanded his
garden tower built on a sand hill and there released many wild animals
and birds he had obtained. He was also contemptuous of ghosts and
spirits. Reveling in grand music and entertainment around the sand hill,
he made a pool of wine and a forest of hanging meat and had naked
men and women frolic with each other while he drank throughout the
night.●

어떤 책을 읽은 뒤면 무슨 이유에선지 유별나게 기억에 남는 문단이
나 장면이 있기 마련인데, 내게는 이 주지육림을 전후한 묘사가 『사기』
안에서도 특히 기억에 남는 대목 가운데 하나다. 분명 『사기』 속의 주지
육림은 무슨 은유나 상징이 아니라 문자 그대로 "술로 연못을 채우고 고
기를 매달아 숲을 만든(以酒爲池, 縣肉爲林)" 광란의 스테이지였던 것이다.
과연 이것은 어디까지가 사실일까?

우선 '주지(酒池)'부터 생각해 보자. 고대 청동기 국가의 생산력과 기술
을 고려할 때, 작은 수영장 정도 규모의 공간을 만들어 술로 채운 뒤 그
위를 왕과 애첩들이 조각배를 타고 돌며 술을 떠 마시는 장면은 연출이
가능하지 않았을까 싶다. '육림(肉林)' 역시 궁전 뒤뜰의 나무들 틈으로
줄을 걸고 고기를 매달아 두는 정도라면 그리 어렵지 않았을 것이다. 중
국의 고대 의례를 정리한 『주례周禮』는 제왕이 먹는 고기로 흔히 '육선

●好酒淫樂, 嬖於婦人。愛妲己, 妲己之言是從。於是使師涓作新淫聲, 北里之舞, 靡靡之樂。
厚賦稅以實鹿臺之錢, 而盈鉅橋之粟。益收狗馬奇物, 充仞宮室。益廣沙丘苑臺, 多取野獸
蜚鳥置其中。慢於鬼神。大聚樂戲於沙丘, 以酒爲池, 縣肉爲林, 使男女裸相逐其閒, 爲長
夜之飮。

옥으로 만든 상나라 시대의 장신구. 주왕의 애첩 달기가 차고 다녔던 액세서리 역시 이런 모양이었을 것이다.

(六膳)'이라고 불린 소, 돼지, 양, 말, 닭, 개 외에도 기러기, 생선까지 다양하게 열거하고 있는데, 그렇다면 주왕이 조성했다는 고기 숲은 요즘으로 치면 '무제한 고기 뷔페' 비슷한 분위기였을지도 모른다. 이렇게 말하고 보니 '육림'은 당장 동네 고깃집 이름으로 활용해도 그럴듯한 표현이다. 앞서 살펴본 대로 사마천에 따르면 주왕은 지용을 겸비한 인물이었다고 하는데, 역시 머리가 좋으니까 주지육림 같은 기괴하면서도 창의적인 아이디어가 나왔을 것이다.

녹대(鹿臺)는 사슴탑이라는 뜻인데, 높고 뾰족하게 솟은 탑이 아니라 여러 층으로 이루어진 목조 고층 건축물이었을 것이다. 다시 말해 주지육림에서 놀다 지친 주왕이 달기와 함께 휴식을 취하던 전각이라고 보면 되겠다. 사슴 '록(鹿)' 자가 붙은 것은 전각 입구에 큰 사슴뿔이 장식되어 있었거나, 혹은 건물 자체가 사슴 내지는 사슴뿔의 형상을 했기 때문일 것이다. 중국의 청동기 시대 유물 가운데는 사슴뿔을 형상화한 제기가 종종 눈에 띄는데, 분명 사슴은 그 유별난 모양의 뿔 덕분에 고대부터 상서로운 동물로 여겨졌을 것이다. 하여간 주왕의 행적은 로마 황제 칼리굴라나 네로가 부럽지 않은 레벨이었다. 이때가 기원전 11세기경이었으니 시기상 고대 그리스에서 트로이 전쟁이 벌어지던 무렵이다.

주나라의 개국

드디어 주왕의 폭정을 보다 못해 각지에서 격렬한 저항이 일어나기 시작했다. 그 반란 세력의 최고 지도자 역할을 한 인물이 상나라의 서쪽에서 등장한 주무공(周武公)이다. 무공은 이른바 목야(牧野)의 전투에서 상의 군대에 결정적 승리를 거둔 뒤 여세를 몰아 결국 상을 멸망시켰다. 『사기』가 전하는 폭군 주왕의 최후다.

은(殷)의 대사(大師)와 소사(少師)가 제기와 악기를 가지고 주(周)로 달아났다. 주무왕은 이리하여 제후들을 인솔하고 주(紂)를 정벌하기에 이르렀다. 주역시 병력을 내어 목야에 도달했다. 갑자일에 주왕의 군대는 패했다. 주는 달아나 궁성에 들어가서는, 녹대에 올라 보옥(寶玉)이 달린 옷을 입고 불에 뛰어들어 죽었다. 주무왕은 주의 머리를 베어 백기에 매달았고 달기도 죽였다. (…) 은의 백성이 크게 기뻐하니, 이리하여 주무왕은 천자(天子)가 되었다.

Yin's high priest and his auxiliary priest took the ceremonial bronzeware and musical instruments and were exiled to Zhou. Hence King Wu of Zhou led other lords to attack and punish King Zhou. King Zhou also sent his troops to Muye. His army was completely defeated. Zhou ran and ascended the Deer Tower, wearing the garment made of precious gems, jumped into the fire and died. King Wu of Zhou chopped Zhou's head off and displayed it in a white flag. He also killed Daji. (…) People of Yin rejoiced. King Wu of Zhou now became the Son of Heaven.•

• 殷之大師、少師乃持其祭樂器奔周。周武王於是遂率諸侯伐紂。紂亦發兵距之牧野。甲子日, 紂兵敗。紂走入, 登鹿臺, 衣其寶玉衣, 赴火而死。周武王遂斬紂頭, 縣之白旗。殺妲己。(…) 殷民大說。於是周武王爲天子。

은나라의 대사(大師)와 소사(少師), 즉 불교로 치면 고승과 상좌승 격인 두 사람이 국가의 제사에 올리는 제기와 연주하는 악기를 가지고 망명한 것은 은나라의 입장에서 보면 실로 중대한 사건이다. 이 점을 놓치지 않고 고대의 죽간 기록에서 골라내어 인용한 사마천의 눈썰미가 생각할수록 대단하다. 조상신의 혼령과 정령을 모시고 제사를 지내는 일에 목숨을 거는 주술과 샤머니즘의 나라인 은의 정체성을 사마천은 정확히 간파하고 있었던 것이다. 즉 국가 기능의 핵심인 제사를 관장하는 사제들이 제기와 악기를 들고 튄 상징적인 사건을 전함으로써 은나라의 운이 다했음을 일목요연하게 보여 준 셈이다.

무공은 이렇게 사제들에게마저 버림받은 주왕을 처치하고 주(周)나라를 세웠으니, 이때가 기원전 1046년경이다. 주나라를 세운 무공은 이제 무왕(武王)이 되었으며, 호칭도 그냥 왕이 아닌 천자(天子)로 불리게 되었다. 천자라는 말에는 하늘의 뜻을 대신해서 백성을 다스린다는 의미가 담겨 있다. 참고로 주나라는 보통 영어로 Zhou라고 쓰고, 상나라 마지막 군주인 주왕(紂王) 역시 영어 스펠링이 King Zhou라서, 한국어와 영어에서는 그 철자와 발음이 서로 똑같다. 오직 다른 것은 周와 紂라는 한자뿐이어서 약간 헷갈리니 주의하기 바란다.

주나라의 봉건제도와 작위

주나라는 영토를 왕의 친척과 귀족들에게 조금씩 떼어 주고 다스리게 하는 이른바 봉건제도(封建制度, feudalism)를 도입했다. 봉건제도는 중세 유럽의 역사를 설명하는 데 필수적인 개념이지만, 실은 중국의 주나라가 이 용어의 종주국인 셈이다. 디테일에서는 차이가 있지만 형식상 왕이 제후에게 땅을 떼어 준 것은 주나라나 중세 유럽이 동일하다.

주나라 시대의 마구(馬具) 장식. 용을 닮은 동물의 모습을 하고 있다.

　주나라 귀족들은 왕실과의 관계, 공적의 크고 작음 등에 따라 다양한 작위와 봉토를 받았다. 이를 보통 오등작위(五等爵位)라고 부르며, 이 5개의 작위는 각각 공(公), 후(侯), 백(伯), 자(子), 남(男)이다. 아니 잠깐! 이것들은 중국이 아니라 유럽 귀족의 작위 서열이 아닌가? 왜 유럽의 작위가 고대 중국에 이식된 것일까? 타임머신이라도 발명했나? 실상을 말하자면, duke(공작), marquis(후작), count(백작), viscount(자작), baron(남작)은 원래 로마 시대의 관직을 가리키던 라틴어에서 비롯되었다. 이 영어 어휘를 각각 공, 후, 백, 자, 남 등의 주나라 작위와 연결한 것은 역시 19세기에 문호를 개방한 후 서양 문물을 적극 받아들이면서 수많은 한자 용어를 발명해 낸 일본인들의 솜씨였다.

　이들 작위는 주나라뿐 아니라 그 이전 은나라 시대에도 이미 얼마간 존재했던 것 같다. 우선 가장 높은 작위인 공(公)만 해도 그렇다. 『사기』를 읽어 보면 주무왕은 왕이 되기 전에 주무공(周武公)이라고 불렸고, 주나라 건국에 큰 공을 세운 강태공(姜太公) 역시 '태공(太公)'은 이름이 아나라 작위다. 강태공은 흔히 강자아(姜子牙)라고도 불리는데, 이 역시 본명은 아니고 자(字)이며, 원래 이름은 강상(姜尙)이다. 최고 공신이어서 그냥 공작도 아닌 태공이라는 작위를 받은 것 같다. 강태공은 제(齊)나라 땅을 봉토로 물려받았기 때문에 제태공(齊太公)이라고도 한다.

공작 다음의 작위는 후작(侯爵)이다. 중국 역사에서 유명한 '후'야 워낙 많지만, 진시황(秦始皇)이 아직 통일 전 진나라의 왕이던 시절 그의 모친인 태후와 짜고 궁정 쿠데타를 일으킨 노애(嫪毐)라는 인물의 작위가 장신후(長信侯)였다. 또 독자 여러분 중『삼국지연의』팬이 있다면 제갈량의 작위가 무향후(武鄕侯), 관우의 작위가 한수정후(漢壽亭侯)였음을 기억할 것이다. 그러니까 제갈량과 관우는 모두 후작급 귀족이었던 것이다. 하지만 이들이 작위를 받은 것은 주나라가 성립한 뒤 1,000년도 더 지난 후한 삼국시대의 일이어서, 그 무렵의 작위란 이미 일종의 명예직일 뿐 주나라 시대처럼 방대한 봉토가 따로 주어지지는 않았던 것 같다. 한편 중국 고대사나 중세 유럽사에서 감초처럼 등장하는 '제후(諸侯)'라는 말은 '모두', '여러'라는 의미의 제(諸) 자에 작위 격인 후(侯)를 합친 것이니 결국 '여러 후작들', 혹은 '모든 후작들'이라는 뜻이 된다. 즉 '제후'라는 말은 원래 복수의 의미였는데, 시간이 지나면서 마치 단수처럼 쓰이게 된 것 같다.

백(伯), 즉 백작(伯爵)은 어떨까? 주무왕의 아버지는『주역周易』의 저자로 일컬어지는 문왕(文王)이지만, 문왕이란 사후에 추존된 시호이며,『사기』에는 애초에 '서백창(西伯昌)'이라는 이름으로 등장한다. 그런데 충격적이게도 이것은 성이 서에 이름이 백창인 '서백창 씨'라는 의미가 아니다. 서백창이란 '서쪽 영토(西)를 다스리는 백작(伯爵) 창(昌)'이라는 뜻이다.

한편 원래 백작의 후계자를 일컫던 자작(子爵)은 나중에 공자(孔子), 맹자(孟子), 한비자(韓非子) 등에서 보듯 봉건 귀족이 아닌 일반 사대부에게도 붙이는 존칭으로까지 추락한 것 같다. 한국 역사에서도 조선 후기에 너도나도 양반 족보를 사거나 조작해서 양반의 수가 급격하게 늘어난 것을 생각하면, 아마도 주나라의 작위들 역시 후대로 가면서 점점 흔해져 원래의 아우라가 많이 퇴색한 것으로 보인다.

오등작위의 맨 아래는 남작(男爵)이다. 그런데 서양 역사에서 baron(남작)이야 너무나 보편적인 작위지만, 중국 역사에서 남작의 작위를 가졌던 유명 인사로 언급되는 인물은 적어도 내 기억에는 없다.(물론 나는 중국사 전문가가 아니다.) 심지어 우리가 공자, 맹자라고 부르지 공남, 맹남이라고 하지는 않는 것에서도 알 수 있듯이 작위 인플레이션이 심해진 후대에도 남작은 최하위 작위라며 사람들에게 버림받은 것이 아닌가 싶다. 그렇다면 정말 천자가 내렸더라도 받는 사람한테 오히려 욕먹는 분위기의 그런 작위였을지도 모르겠다.

주나라는 문서상으로는 중국 역사상 가장 장수한 왕조(기원전 11~3세기)지만 정상적인 국가로 기능한 기간은 훨씬 짧았는데, 그 원인이 바로 봉건제도 자체에 있었다. 포상의 개념에 더해 왕족과 충신들에게 지방 통치를 맡겨 반란을 방지하려는 목적도 있었던 봉건제도였지만, 시간이 지나면서 중앙 정부의 권위가 약화되고 지방 세력이 자치를 넘어 사실상 독립 국가의 지위를 누리게 되는 결과를 낳고 말았던 것이다. 결국 주나라는 기원전 771년 오랑캐와 결탁한 봉건국 신나라의 공격에 수도가 함락되고 당시 천자였던 유왕이 목숨을 잃는 참변을 겪는다. 이후 주나라는 수도를 동쪽의 낙양으로 옮기게 되는데, 이해를 기점으로 이전을 서주(西周), 이후를 동주(東周)라고 한다. 동주 시대부터 제후국들이 본격적으로 몸집 불리기에 나서기 시작하면서 춘추전국시대의 문이 열렸다.

춘추전국시대

춘추오패와 전국칠웅

종종 '춘추전국시대'라고 뭉뚱그려 부르기도 하지만, 이 시대는 다시 춘추시대(春秋時代)와 전국시대(戰國時代)로 나뉜다. 영어로 흔히 'Spring and Autumn Period(봄[春]과 가을[秋]의 시대)'라고 표현하는 춘추시대는 대개 주나라가 수도를 낙양으로 옮긴 기원전 771년부터 기원전 5세기 중엽까지를 일컬으며, 그 이름은 사서오경(四書五經)의 하나인 『춘추春秋』에서 비롯되었다. 『춘추』는 다름 아닌 공자(孔子)의 저작으로 그의 고향이자 주 왕실의 제후국인 노(魯)나라의 역사를 간결한 문체로 기술한 책이다. 『춘추』는 춘하추동(春夏秋冬)의 줄임말로, 계절 혹은 시간의 변화를 의미한다. 역사책의 제목치고 이만큼 시적이기도 힘들 것 같다.

춘추시대의 뒤를 이은 전국시대는 기원전 5세기부터 진나라가 천하를 통일하는 기원전 221년까지를 가리킨다. 영어로는 'Warring States Period(전쟁하는[戰] 나라들[國]의 시대)'라고 번역한다. '전국(戰國)' 역시 책

이름에서 비롯된 명칭으로, 그 기원은 한나라 학자 유향(劉向)이 여러 역사 인물들의 에피소드를 모아 엮은 일종의 일화집인 『전국책戰國策』이다. 이 책이 집중적으로 다룬 시기가 마침 기원전 471년부터 221년까지로, 『춘추』에서 다룬 시기를 곧바로 뒤잇기 때문이다. 참고로 일본 역사에서 15~17세기 유력 군벌들 사이에 각축전이 벌어졌던 시기 또한 흔히 전국시대라고 표현한다.(영어로도 똑같이 Warring States Period라고 한다.) 비록 시기상으로는 거의 2,000년이나 차이가 나지만, 일본의 전국시대 역시 명목상의 군주인 천황의 지위가 유명무실해진 가운데 각 지방의 영주들이 천하(그래 봤자 일본 열도지만)를 제패하기 위해 치열하게 다툰 양상은 중국의 전국시대와 비슷하다.

기술적 측면에서 보면 중국의 춘추시대가 청동기 시대에서 초기 철기 시대를 아우르는 반면 전국시대는 본격적인 철기 문명의 시대였다. 또 춘추시대는 그나마 주 왕실에게 제후국들이 기본적인 예의를 지키며 심지어 주 왕실을 보호한다는 명분까지 내세웠던 데 반해, 전국시대 주나라의 존재는 요샛말로 거의 '투명국가' 취급을 당하는 수준으로까지 전락하여 모양새가 말이 아니었다. 한 걸음 더 나아가 전국시대 국가들의 지도자는 예전에 주나라가 내려 준 작위에 만족하지 않고 아예 대놓고 스스로를 왕이라고 칭하며 내부 권력 강화와 영토 확장에 힘쓰는 등 춘추시대와는 분명히 구분되는 행보를 보였다.

중국 역사에 관심이 있는 독자라면 춘추오패(春秋五覇)와 전국칠웅(戰國七雄)이라는 표현을 들어 보았으리라. 춘추오패 속의 '패'는 '패배한 자(loser)'라는 의미의 '패(敗)'가 아니라 패자(覇者), 곧 '제패한 자'라는 의미의 '패(覇)'다. 글자부터 참 멋지게 생겼다. 그래서 '춘추오패(春秋五覇)'는 춘추시대 '패자'의 대접을 받았던 5명의 군주, 혹은 그들이 다스리던 나라를 뜻한다. 보통 영어로는 '주도권', '헤게모니'를 뜻하는 hegemony

의 의인형인 hegemon(패자, 패권국가)을 써서 'the Five Hegemons'라고 한다. 춘추시대의 '패자'는 물론 자기가 스스로 패자라고 선언한다 해서 저절로 되는 것은 아니었다. 춘추시대 초기에는 제후국이 120여 개에 달해서 이 많은 나라들의 이해관계를 조정하고 강대국과 약소국이 공존하는 길을 찾기 위한 일종의 국제 정상 회의가 자주 열렸는데, 이를 회맹(會盟)이라고 했다. 그리고 당연히 이 회맹의 의장에는 제후국 가운데 가장 강력한 나라의 지도자가 뽑혔는데, 이를 맹주라고 했다. 실은 '춘추오패'란 다름 아니라 이 회맹을 주관한 '맹주'들의 계보였던 것이다. 지금의 G-20(선진 20개국)이나 UN 안전보장이사회와 비슷한 국제 조정 기구가 중국에서 이미 춘추시대에 존재했다는 사실 자체가 흥미롭다.

회맹의 한자를 보면 모일 '회(會)' + 약속/맹세할 '맹(盟)'으로, 원래는 회의의 합의 사항이라는 뜻이었던 것이 모임 자체를 부르는 말이 되었음을 알 수 있다. 또 '맹(盟)' 자의 구조를 뜯어보면 밝을 명(明)에 피 혈(血) 자가 합쳐진 모양이다. 즉 "피로써 밝게 한다."는 뜻으로, 고대에 어떤 맹세나 약속을 할 때 산 제물을 바쳐 문자 그대로 '피를 보던' 관습에서 유래한 글자다. 실제로 춘추시대의 회맹에서도 회의가 끝나면 합의 사항을 반드시 지킨다는 의미에서 군주들이 갓 잡은 소의 피를 나눠 마셨다고 한다. 이 춘추시대의 패자/맹주 가운데 가장 유명한 인물로는 제나라의 환공, 즉 제환공(齊桓公)이 꼽힌다.

그런가 하면 전국칠웅(戰國七雄)은 춘추시대를 거쳐 전국시대까지 살아남은 나라들 가운데 가장 존재감이 컸던 일곱 강국을 의미한다. '웅(雄)'은 수컷, 우두머리, 영웅 등의 의미인데, 그나마 제후국들이 서로 신사적인 예의와 염치를 챙기던 춘추시대와는 달리 전국시대에는 회맹 같은 모임은 제대로 열리지 않았다. 이들을 영어로는 보통 'Dominant Seven(압도적 7국)' 혹은 'Seven Powers(7대 강국)'라고 부른다.

오나라와 월나라의 대결

춘추전국시대 각 나라들 사이에 있었던 사건, 사고야 너무나 많지만, 그 가운데서도 춘추시대 말기 수십 년에 걸쳐 벌어졌던 오(吳)나라와 월(越)나라의 전쟁은 특히 유명하다. 이때 오나라에서는 오자서(伍子胥)라는 걸출한 장군과 병법서의 저자로 불멸의 이름을 남기게 되는 전략가 손무(孫武)가 힘을 모아 국왕 합려(闔閭, 재위: 기원전 514~496)를 보좌하고 있었고, 월나라는 왕 구천(句踐, 재위: 기원전 496~465)을 책사 범려(范蠡)가 돕고 있었다. 오왕 합려는 초나라와의 싸움에서 대승을 거둔 뒤 의기양양해져서 오자서와 손무가 아직 시기상조라고 말렸는데도 듣지 않고 곧바로 월나라를 침략했다. 하지만 월나라 군대가 예상외로 강력하여 합려는 대패했고, 결국 전투 중 입은 부상의 후유증으로 죽게 되면서 오나라와 월나라는 원수지간이 된다. 이런 관계는 저 유명한 오월동주(吳越同舟)라는 고사가 등장한 배경이 되었다. 이 말은 오자서의 파트너였던 손무가 썼다고 전하는 『병법兵法』, 즉 그 유명한 『손자병법孫子兵法』에서 유래한 표현으로 원래 문장은 다음과 같다.

대저 오나라 사람[吳人]과 월나라 사람[越人]은 서로 미워한다. 그러나 만약 그들이 같은 배[同舟]를 타고 강을 건너다가 바람을 만나게 되면 서로 돕기를 좌우의 손이 함께 협력하듯이 한다.

In general the people of Wu and the people of Yue hate each other; yet if they are crossing a river in the same boat and are caught by a storm, they will come to each other's assistance just as the left hand helps the right.•

• 夫吳人與越人相惡也, 當其同舟濟而遇風, 其相救也如左右手。

자세히 보면 원래 문장에서는 '오월동주', 즉 적과의 동침은 조건일 뿐이고, 강조점은 절박한 순간에는 적과의 협력도 가능하다는 것이었는데, 후대에는 그 '협력' 부분이 떨어져 나간 채 매우 껄끄러운 상황에 대한 은유로 더 유명해진 것임을 알 수 있다.

합려의 뒤를 이어 오나라 왕위에 오른 아들 부차(夫差, 재위: 기원전 495~473)는 아버지의 복수를 하기 위한 준비에 들어갔다. 심지어 궁궐의 편안한 침대 대신 장작 위에서 자면서 매일 밤 월나라에 대한 복수를 다짐하던 부차는 드디어 기원전 494년 오자서와 함께 월나라의 수도를 함락하고 구천의 항복을 받아 낸다. 이때 오자서는 구천을 죽여 후환을 없애야 한다고 주장했지만, 부차는 자만하여 이를 받아들이지 않았다. 간신히 목숨을 건진 월왕 구천은 부차의 밑에서 3년간 볼모로 잡혀 갖은 굴욕을 겪다가 월나라로 돌아갈 수 있었다. 구천은 이때부터 몰래 복수의 칼을 갈며, 부차에게 당한 치욕을 잊지 않기 위해 쓸개를 매달아 놓고 매일 핥으며 쓴맛을 느꼈다고 한다.(사람의 쓸개인지 동물의 쓸개인지는 잘 모르겠다.)

이렇게 멀쩡한 침대 놔두고 장작 위에서 자던 부차의 특이한 잠버릇을 가리키는 '와신(臥薪)'과, 단 음식 다 놔두고 하필이면 쓸개를 핥던 구천의 희한한 입맛을 가리키는 '상담(嘗膽)', 즉 오왕과 월왕이 저마다 서로에 대한 복수를 꿈꾸며 스스로에게 강요했던 제스처가 하나의 표현으로 합체된 고사성어가 바로 그 유명한 '와신상담(臥薪嘗膽)'이다. 말 그대로 오월동주가 아닌 '오월동구(吳越同句)', 즉 오나라와 월나라가 같은 구절에 올라 오늘날까지 대대손손 함께하는 꼴이다. 장작 위에 누워 자고 쓸개를 핥는 일은 얼핏 간단하다고도 볼 수 있지만, 오랜 기간을 쉬지 않고 매일 하기란 여간 힘들지 않을 것이다. 그러니 그 복수심이 얼마나 크고 깊었던 것일까…. 와신상담과는 약간 성격이 다르지만 영어에는

"take Sicilian revenge(시칠리아 식 복수를 하다.)"라는 관용 표현이 있다. Sicilian revenge는 한 번 당한 것은 세월이 얼마나 걸리든 간에 반드시 갚고야 마는 중세 이탈리아 시칠리아인들의 전설적인 복수의 전통에서 유래했다. 시칠리아가 바로 마피아(Mafia)의 탄생지였다는 사실을 떠올리면 고개가 끄덕여진다.

다시 본론으로 돌아가서, 구천은 이렇게 카운슬러가 아니라 쓸개와 '상담(相談)'하는 나날을 보내면서 부차에게 서시(西施)라는 희대의 미녀를 보내 미인계를 쓰는가 하면, 오나라의 정치인들을 금은보화로 매수하여 부차 앞에서 오자서를 모함하게 했다. 결국 서시의 미모에 홀딱 빠지고 간신들의 설득에 넘어간 부차는 바른말만 하던 오자서에게 단검을 보내 자살할 것을 명한다. 그때가 기원전 485년. 사마천에 따르면 오자서는 스스로 목숨을 끊기 전 마지막으로 이렇게 말했다고 한다.

"내 무덤 위에 나무를 심어 이것으로 왕[부차]의 관을 삼으라. 그리고 내 눈을 후벼 내어 오나라의 동문(東門) 위에 걸어 놓으라. 내 죽은 뒤에라도 월나라 놈들이 들어와 오나라를 멸하는 꼴을 볼 테다."

"Plant a tree on my grave so that it shall be consumed to build the coffin for the king. And pluck my eyes and hang them on the east gate of Wu, so that even after my death I shall be able to see Yeh's thieves enter it and annihilate Wu."[*]

죽어서도 오나라의 멸망을 지켜보겠다.—저주를 내리는 것은 좋은 일이 못 되지만 기왕 하려면 이 정도로 화끈하게 해야 하지 않을까. 아니

---

[*] "必樹吾墓上以梓, 令可以爲器; 而抉吾眼縣吳東門之上, 以觀越寇之入滅吳也."

나 다를까 결국 오자서의 예언대로 구천과 그 참모 범려의 공작 정치에 넘어간 부차는 완전히 정신줄을 놓고 있다가 기원전 473년 월나라 군과의 전투에서 대패하고 적군의 포위망이 좁혀 드는 가운데 자살했다. 분명 부차는 스스로 칼날을 목에 갖다 대면서 오자서의 눈빛을 떠올리지 않았을까. 오나라는 이렇게 멸망하여 역사 속으로 사라졌다.

이참에 오나라 멸망의 일등 공신이라고 할 수 있는, 구천이 부차에게 바친 미녀 서시와 관련된 표현을 하나 분석해 보자. 서시는 중국 역사상 3대 혹은 4대 미녀의 한 명으로 종종 꼽히는데, 그 눈부신 미모와 관련하여 침어(沈魚)라는 고사성어가 전한다. 침어는 말 그대로 '가라앉는[沈] 물고기[魚]'라는 뜻이다. 이 말은 서시가 처녀 시절 고향의 강가에서 빨래를 할 때 강물 속에서 물 밖의 서시를 본 고기들이 그 아름다움에 반해 헤엄치는 것을 잊고 가라앉았다는 전설에서 유래한 표현이다. 과연 중국식 수사학은 대단하다. 이쯤 되면 단순한 과장이 아니라 이미 예술의 경지다. 불현듯 미국의 추리 소설가 얼 스탠리 가드너(Erle Stanley Gardner)가 쓴 『오리 익사 사건 *The Case of the Drowning Duck*』이라는 작품의 제목이 연상된다. 도대체 물 위에서 살다시피 하는 오리가 물에 빠져 죽는 황당한 일이 벌어질 수 있을까? 책을 읽기도 전에 독자들이 궁금증을 품게 만드는 아주 잘 지은 추리물 제목이지만, 그래 봐야 역시 '침어'의 그 예술적 모순성이 가지는 위엄에는 한 발짝 못 미친다.

이 침어에 비교할 만한, 눈부신 미인을 일컫는 중국식 과장법의 또 다른 걸작으로는 '낙안(落雁)'이라는 표현도 있다. 낙안은 떨어질 락(落) 자에 기러기/기러기 떼 안(雁) 자가 합쳐져 문자 그대로 '추락하는 기러기들'이라는 뜻이다. 한나라 11대 황제인 원제(元帝) 때 흉노족 제후와 정략결혼할 수밖에 없었던 비운의 여인 왕소군(王昭君)의 미모를 묘사한 고사성어다. 기러기들이 하늘을 날아가다가 저 아래 땅에 있는 왕소군을 보고 그 미모에 정신을 빼앗겨 나는 것조차 잊고 그만 모두 땅에 떨어졌다고 하여 나온 표현이다. 왕소군이 흉노의 제후에게 바쳐진 사건의 전말을 전하는 야사는 대단히 흥미롭지만, 여기서는 지면 관계상 아쉽게 생략한다. 익사하는 물고기와 떨어지는 기러기. 가드너 식으로 말해 보자면, The Case of the Drowning Fish(어류 익사 사건)와 The Case of the Free-Falling Geese(기러기 추락 사건)는 어느 쪽이 더 해결하기 힘들까? 다시 말해, 침어와 낙안은 어느 쪽이 그 과장법의 예술성이 더 뛰어날까? 가히 막상막하다.

전국시대의 역학 관계

춘추시대에는 제후국들 간에 전쟁이 벌어지더라도 승자가 진 쪽을 완전히 멸망시키는 단계까지는 가지 않는 것이 보통이었고, 간혹 제후국들 간에 평화적인 인수합병이 성사되기도 했다. 또 스포츠에 비유하면 춘추시대 제후국들의 경쟁은 일종의 라운드 로빈(round robin) 방식이라 패자부활전도 어느 정도 가능했다. 그러던 것이 춘추시대 말인 기원전 473년 월나라가 오나라를 멸망시킨 것을 시작으로 국가들 사이에 본격적인 사생결단 분위기가 조성되어, 한 번 전쟁에서 지면 나라가 바로 망하고 왕가가 멸문되는 가차 없는 토너먼트 방식으로 변한다. 이렇게 말 그대로 약육강식의 정글을 방불케 하는 투쟁이 벌어진 시기가 전국시대였다. '전국(戰國)'이라는 표현이 우연히 나온 게 아니다. 다만 전국시대 중반까지 이루어진 교통정리 속에서 살아남은 일곱 국가, 즉 전국칠웅은 저마다 상당한 전투력과 경제력을 보유하고 있었기 때문에 이들 사이에는 서로 견제와 협력을 모색하는 이퀼리브리엄, 즉 균형 상태가 한동안 존재하기도 했다.

전국시대의 동검. 칼의 몸체에 정교한 문양을 새겨 넣었는가 하면(위), 칼자루에 금박을 입힌 것(아래)
으로 보아 실제 무기라기보다는 왕족이 차는 의전용이었던 듯하다.

하지만 이러한 전국칠웅 간 힘의 균형은 기원전 3세기 중엽 진(秦)나
라에 의해 급격히 와해되기 시작했다. 원래 진은 칠웅 가운데서도 가장
서쪽 변방에 위치한 탓에 오랫동안 중원에서는 존재감이 미약한 나라였
다. 그러다가 기원전 4세기 중반 법치(法治)를 국가 경영의 근간으로 하
는 법가(法家) 사상을 받아들여 제도를 정비하고 부국강병에 힘쓰면서
점점 강대해지더니, 진왕 영정(嬴政, 기원전 259~210) 대에 이르러 본격적
인 정복 사업을 시작하면서 다른 여섯 나라를 위협하는 존재로 불쑥 성
장했다.

진은 기원전 230년 칠웅 가운데 최약체였던 한(韓)나라를 병합한 뒤,
다시 기세를 몰아 228년에는 유서 깊은 조(趙)나라를 멸망시켰다. 이렇
게 되자 다급해진 것은 연(燕)나라였다.

중국의 동북쪽 변경에 위치했던 연은 오랫동안 중국 서부 내륙에 위
치했던 진나라와는 직접적인 접촉이 없었다. 진과 연 사이에 조나라가
있었기 때문이다. 이러한 세 나라의 지정학과 관련하여 『전국책』은 유명
한 에피소드를 전한다. 기원전 284년 연나라가 남쪽의 제(齊)나라와 전
쟁을 치르느라 바쁜 사이 조나라의 혜왕(惠王)이 연나라를 공격하려고
했다. 조나라의 낌새를 눈치챈 연나라 왕은 소대(蘇代)라는 책사를 조나
라에 보내 혜왕을 설득하도록 했다. 소대는 혜왕에게 다음과 같은 비유

를 들었다.

"이번에 제가 오면서 역수를 지나는데, 조개가 입을 벌린 채 햇볕을 쬐고 있었습니다. 그런데 도요새가 와서 부리로 조갯살을 쪼자 조개는 얼른 입을 닫아 도요새의 부리를 놓아주지 않았습니다. 도요새가 말하기를, '오늘도 비가 오지 않고 내일도 비가 오지 않으면, 너는 죽은 조개가 되겠지!' 하자, 조개가 도요새에게 대꾸하기를, '오늘도 부리를 내주지 않고 내일도 내주지 않으면, 너는 죽은 도요새가 되겠지!' 했습니다. 둘이 서로 감히 상대를 놓아주지 않고 버티는데, 어부가 둘을 잡아가고 말더이다."

"Just on my way to your country, I passed by the waters of Yi. There, a (fresh-water) mussel came out and was basking in the sun. Then a snipe came to peck at its flesh. The mussel shut itself and gripped the snipe's beak. The snipe said, 'If it does not rain today or tomorrow, will there be a dead mussel.' Responding to the snipe, the mussel said, 'If I do not release your beak today or tomorrow, will there be a dead snipe.' The two did not dare let the other go. Then, a fisherman swooped both of them up (in a net) and walked away." •

물론 조개[蚌(방)]와 도요새[鷸(휼)](아주 어려운 한자다.)는 각각 연나라와 조나라를, 어부[漁者]는 진나라를 상징한다. 즉 소대의 비유는 조가 연을 공격하면 그 틈을 노리고 진이 조를 공격하여 결국 조와 연이 모두 진에게 먹힐 수 있다는 당시의 가공할 정세를 지적한 것이었다. 결국 소대의

• "今者臣來過易水, 蚌剛出來曬太陽, 鷸來啄他的肉, 蚌合攏而夾住鷸的嘴。鷸曰: '今日不下雨, 明日不下雨, 就有死蚌!' 蚌也對鷸曰: '今日出不, 明日出不, 就有死鷸!' 兩者都不肯放過對方, 漁者得而幷禽之。"

설득에 따라 조의 혜왕은 연나라 침공 계획을 접었다고 한다. 이 고사가 바로 사자성어 '어부지리(漁夫之利)'의 배경이다. 여기서 등장하는 어부는 어업뿐 아니라 '지리(地理)'에도 밝은 박식한 어부가 아니라 길 가다 땡잡은 어부다. 다시 말해 어부지리는 A, B 두 세력이 피 터지게 싸운 결과 엉뚱한 C가 재미를 보는 '제3자의 이득(third party's gain)'을 일컫는 표현이다.

알고 보면 세계 역사는 어부지리의 사례로 가득하다. 스파르타와 아테네가 펠로폰네소스 전쟁을 벌여 국력을 소모하는 바람에 득을 본 것은 마케도니아였다. 15세기 영국에서 왕위 계승 문제를 두고 랭커스터(Lancaster)와 요크(York) 가문이 벌인 장미 전쟁(Wars of the Roses)의 최후 승자는 튜더 가문(Tudors)이었다. 그런가 하면 19세기 말 조선 땅에서 중국과 일본이 벌인 청일전쟁이 일본의 승리로 끝난 직후, 러시아가 끼어들어 힘이 빠진 일본을 상대로 삼국간섭(Triple Intervention)을 통해 요동반도를 확보한 것도 어부지리라고 볼 수 있다. 또 2차 대전에서 패망한 일본 역시 남한과 북한이 치열하게 대결하던 한국전쟁 당시 미군의 병참 기지 역할로 경제를 다시 일으켜 세우는 어부지리를 얻는다. 그러고 보니 우리나라는 역사적으로 강대국들 사이에 끼여 새우등 터진 적은 많아도 어부지리를 누린 예는 별로 없는 것 같아 유감이다.

다시 전국시대 말로 돌아가 보자. 소대가 전한 이야기 속의 어부, 즉 진나라가 직접 도요새(조나라)를 먼저 잡아 버리자 조개(연나라)의 처지는 극도로 위태로워졌다. 강대한 진이 조를 친 여세를 몰아 연을 정복하는 것은 시간문제였다. 연나라의 태자 단(丹)은 어떻게 하면 진나라의 파죽지세를 멈출 수 있을지 고민하다가 결국 비장의 계책을 꺼내 들었다. 자객을 보내 진왕을 암살하는 승부수를 띄우기로 한 것이다.

왕과 자객─진왕과 형가의 이야기

때는 기원전 227년, 연나라의 서쪽 국경 역수 근처. 따라온 사람들에게 작별 인사를 마친 한 사내가 발길을 옮기기 전 즉흥시 한 수를 읊었다.

> 바람은 쓸쓸하고 역수는 차네, 장사(壯士)는 한번 가면 돌아오지 못하리.
> Lonely wind, freezing river,
> Once the hero departs, he will never return. •

그러자 흰 옷 입은 또 다른 사내가 그에게 울며 큰절을 올렸다. 시를 읊은 남자의 이름은 형가(荊軻, ?~기원전 227)였으며, 그에게 절을 올린 인물이 바로 연나라의 태자 단이었다. 막 길을 떠나는 형가의 목적지는 진나라의 수도 함양(咸陽). 그는 비록 연나라 사신의 옷을 입고 있었지만 다시는 살아서 연나라 땅을 밟을 수 없으리라는 사실을 잘 알고 있었다. 이 장면의 자초지종을 알기 위해서는 사마천의 『사기』에 수록된 「형가열전荊軻列傳」을 펼쳐 들어야 한다.

조금 전 설명했듯, 연나라 태자 단은 진나라의 침공을 막으려면 결국 진왕을 암살할 수밖에 없다는 결론을 내렸다. 하지만 과연 거사를 이룰 적임자를 찾을 수 있을까? 마침 연나라에는 위나라 출신의 학식 높은 검객 형가가 머물고 있었는데, 단의 측근인 전광(田光)이 형가의 사람됨을 높이 평가하여 태자에게 소개했다. 형가를 만난 태자는 그 앞에서 고개를 숙이고 다음과 같이 말했다.

• 風蕭蕭兮易水寒, 壯士一去兮不復還。

"지금 진나라는 탐욕이 끝이 없어 천하의 땅을 다 삼키고 바다 이편의 왕들을 모두 신하로 삼을 때까지 만족을 모를 것이오. (…) 연은 작고 약한지라 여러 차례 전쟁으로 곤란을 겪은 터이며, 이제 국력을 다해 군대를 일으킨다 해도 진을 감당할 수가 없소이다. 다른 제후들도 진에 굴복해서는 아무도 연합하여 진에 대항하려 하지 않소."

"Now Qin is avaricious and its desires know no boundaries. It will never be satisfied until it has made subject the kings of all the lands. (…) Yan is small and weak and has often suffered from war. Even if we raise the troops on a nationwide scale, it will not be sufficient to cope with Qin. Other feudal lords are submissive to Qin and none of them dare to join in an alliance for resistance."●

이어서 태자는 구체적인 계획을 설명한다.

"내 어리석은 계책이라면, 천하의 용사를 확보하여 진에 보내 막대한 이득으로 꼬드기는 것이오. 진왕이 욕심이 생긴다면 필시 기회를 얻어 원하는 바를 이룰 수 있을지 모르오. 만약 진왕을 위협하여 제후들에게서 빼앗은 땅을 모두 돌려주게 할 수만 있다면야 조말(曹沫)이 제환공(齊桓公)과 교섭한 것보다도 더 큰 성취일 것이오. 하지만 이것이 가능하지 않다면 곧바로 그를 찔러 죽이는 수밖에 없소. 진의 장군들이 바깥에서 군사를 부리고 있는 동안 국내에 혼란이 일어난다면, 바로 군신 간에 의심이 일 것이며, 그 기회를 놓치지 않고 제후들이 연합하면 반드시 진을 쳐부술 수 있을 것이외다. 이것이야말로 나의 높은 소원이나, 그런 사명을 맡길 자는 오직 형경(荊卿)

● "今秦有貪利之心, 而欲不可足也。非盡天下之地, 臣海內之王者, 其意不厭。(…) 燕小弱, 數困於兵, 今計擧國不足以當秦。諸侯服秦, 莫敢合從。"

뿐이오."

"My simple scheme is to secure one of the world's bravest men and dispatch him to Qin, where he could allure the king of Qin by the promise of great profit. If the king of Qin could be persuaded, we would be able to obtain the desired results. With his strength, he would certainly obtain for us what we desire. Were he successful in carrying off the king of Qin and forcing him to return all the territory of the states he previously invaded, it would be a greater accomplishment than that of Cao Mo who negotiated with the Duke of Huan of Qi. If this were not attainable, however, he could stab and kill him immediately. While Qin's generals were holding their troops outside the borders, if there were to be trouble within, then distrust between the ruler and his vessels would brew and if at this juncture the feudal lords could succeed in forming an alliance, Qin could certainly be defeated. This is my highest wish, but I know not to whom to entrust such a mission but you, Sir Jeng."●

여기서 태자가 형가를 '형경(荊卿)'으로 부르는 것이 인상적이다. 떠돌이 선비에게 이제 고위 신료 대접을 하는 셈인데, 사실 지금 형가에게 제시하는 계획의 무모함을 생각하면 '경'도 부족하다. 이쯤 되면 뭐 계획이랄 것도 없이 그냥 연나라와 천하의 평화를 위해 목숨을 바쳐 달라는 말이다. 태자가 언급한 조말은 춘추시대 패자(覇者)인 제환공을 협박

● "丹之私計愚, 以爲誠得天下之勇士使於秦, 闚以重利; 秦王貪, 其勢必得所願矣。 誠得劫秦
王, 使悉反諸侯侵地, 若曹沫之與齊桓公, 則大善矣; 則不可, 因而刺殺之。 彼秦大將擅兵
於外而內有亂, 則君臣相疑, 以其間諸侯得合從, 其破秦必矣。 此丹之上願, 而不知所委命,
唯荊卿留意焉。"

하여 점령한 노나라 땅을 돌려주도록 한 인물이었다. 당시 제환공은 인자한 인물이라 조말을 죽이지 않았지만, 잔인하고 야심만만한 진왕에게는 어림도 없는 소리다. 일이 어떻게 흐르건 암살자가 살아 돌아올 가망은 전혀 없다. 형가는 자신이 그런 대사를 맡을 그릇이 못 된다고 겸양하였으나 결국 태자의 계속되는 애원에 승낙한다.

하지만 도대체 연나라의 사신을 직접 만나 볼 마음이 들게 하려면 진왕에게 무엇을 바쳐야 할까? 형가는 당시 진나라가 눈독을 들이고 있던 연나라의 곡창 지대 독항(督亢)의 지도, 그리고 원래 진왕의 휘하 장수였으나 그의 미움을 사 전 가족이 죽음을 당한 가운데 단신으로 연에 망명해 온 번오기(樊於期)의 머리를 꼽았다. 태자는 지도야 내줄 수 있다고 쳐도 자신에게 몸을 의탁한 망명객을 죽이는 것은 도리가 아니라며 망설인다. 태자가 주저하는 모습을 본 형가는 번오기의 숙소로 가서 함께 술을 마시며 진왕에게 복수할 방법이 있다고 말한다. 번오기가 그 방법이 무엇이냐고 묻는다. 그러자…

형가가 말하기를, "장군의 목을 얻어 진왕에게 바치고자 합니다. 진왕은 반드시 기뻐하며 저를 만나 줄 것이며, 그때 제가 왼손으로 그의 소매를 잡고 오른손으로 그의 가슴을 찌를 터이니, 그러면 장군의 원수도 갚고 연이 그동안 당한 굴욕도 씻을 수가 있습니다. 어찌 생각하시는지요?" 했다. 번오기가 소매를 걷어 올리고 팔을 움켜쥐며 나아와 답하기를, "이야말로 제가 밤낮으로 절치부심(切齒腐心)하던 일이외다. 지금에야 가르침을 받았구려." 하고는 마침내 스스로 목을 베어 죽었다.

Jing Ke said, "I would like to obtain your head to present to the king of Qin. Then the king of Qin would certainly be delighted to see me. I would seize his sleeve with my left hand and would stab his chest with my right hand. By doing so, your revenge would be fulfilled and the degradation of Yan would also be wiped out. What do you think of this?" Fan Yuqi, rolling up his sleeve and grasping his arm, left the room, saying "Day and night I have been grinding my teeth and grilling my heart on this matter. Finally I have heard my instructions." And at last he cut his throat himself.[•]

고대 중국의 호걸들, 정말 화끈하다! 진왕 제거라는 대의를 위해 하나뿐인 목숨도 아까워하지 않고 그냥 죽어 준다. 이렇게 하여 독항의 지도와 번오기의 목을 담은 상자가 준비되었다. 그러자 태자 단은 세상에서 가장 날카로운 비수를 입수하고, 사형수들을 상대로 임상 실험까지 끝낸 맹독을 칼끝에 묻힌 뒤 그것을 지도 속에 숨겼다. 형가가 진왕 앞에서 두루마리로 된 지도를 펼치면서 바로 비수를 꺼낼 수 있도록 한 것이다. 이렇게 모든 준비가 끝나자 형가는 앞서 소개한 노래를 부르며 역수를 건너 이미 진나라 영토가 된 옛 조나라 땅을 밟고 함양으로 향했다.

진의 수도 함양에 다다른 형가는 당시 진왕의 신임을 얻고 있던 몽가(蒙嘉)라는 인물에게 천금의 뇌물을 바쳤다. 그러자 몽가는 진왕에게 독항의 지도와 번오기의 머리를 가져온 사신이 연나라 왕의 인사를 전하고자 한다고 아뢨다. 진왕은 이 말을 듣고 매우 기뻐하며 직접 사신을 만나 보겠다고 했다. 이렇게 해서 드디어 형가는 궁궐에서 진왕에게 접근할 수 있게 되었다. 진왕은 형가에게 지도부터 보자고 말했다. 형가는 지도를 들고 진왕에게 다가서는데… 이후에 진행되는 사건의 클라이맥

[•] 莉軻曰:"願得將軍之首以獻秦王, 秦王必喜而見臣, 臣左手把其袖, 右手揕其匈, 然則將軍之仇報而燕見陵之愧除矣. 將軍豈有意乎?"樊於期偏袒搤捥而進曰:"此臣之日夜切齒腐心也, 乃今得聞教!"遂自剄。

스를 읽어 보자. 아직 『사기열전』을 펼친 적이 없는 독자들에게는 스포일러가 되겠지만, 솔직히 이 이야기를 여기서 감질나게 중단하고 싶지가 않다.

형가가 곧바로 지도를 가져와 진왕에게 바쳤다. 진왕이 지도를 펼치니 안에 있던 비수가 나타났다. 형가는 왼손으로 진왕의 소매를 꽉 쥐고 오른손으로 비수를 들어 진왕을 찔렀으나 왕의 몸에 닿지 않았다. 진왕이 놀라 팔을 빼며 일어나는 바람에 소매가 뜯겨 나갔다. 왕이 차고 있던 칼을 뽑으려 했으나 칼이 길어 칼집에서 빠지지를 않았다. 황급한 상황에서 칼은 더욱 칼집에 꽉 끼여 뽑히지 않았다. 형가가 진왕을 쫓자 왕은 기둥을 돌아 도망쳐 달렸다. 모든 신료들은 경악하여 어찌할 바를 모르고 서 있을 뿐이었다. 진나라 법에, 어전에 오른 모든 신하는 자그마한 병기도 지닐 수 없었고, 무기를 든 호위병들은 모두 어전 아래 늘어섰으나 왕의 부름 없이는 올라올 수가 없는 탓이었다. 워낙 상황이 급박한지라 왕은 휘하 군사를 불러올릴 여유도 없었고, 형가는 계속 진왕을 쫓았다. 상황이 그토록 긴급한데 정작 진왕은 형가를 칠 무기도 없이 맨손으로 맞선 격이었다. 이때 약을 바치러 온 시의(侍醫) 하무저가 약봉지를 형가에게 던졌다. 이 틈에 진왕은 다시 기둥을 돌며 도망쳤다. 왕이 허겁지겁 당황해서 어쩔 줄을 모르는데, 좌우에서 "왕이시여, 칼을 등에 지십시오." 하고 외쳤다. 드디어 진왕이 등에 칼을 지고 뽑아내어서는 형가를 쳐 왼쪽 다리를 잘랐다. 형가는 쓰러지며 비수를 진왕에게 던졌으나 맞지 않고 대신 기둥을 맞혔다. 진왕이 연거푸 칼을 내리쳐 형가는 여덟 군데를 베였다. 형가는 이제 사태가 틀렸음을 알고 기둥에 기대어 껄껄 웃다가 앉은 채로 스스로를 꾸짖으며 말하기를, "일을 망친 것은 왕의 목숨을 담보로 협박하여 태자를 위해 약속을 받아내려 했기 때문이다." 했다. 좌우에서 형가를 베어 죽였으나 왕은 오랫동안 안정을 찾지 못했다.

Jing Ke brought the map and presented it. The king of Qin took out the map and as it was being unfolded the dagger appeared. Jing Ke immediately seized the sleeve of the king of Qin with his left hand, while with his right hand he grasped the dagger and struck at him, but it did not reach his body. As the surprised king of Qin drew himself back and rose, his sleeve tore off. He pulled at his sword but the sword was long and clung to its scabbard. As he repeatedly tried out of panic, the sword got caught in the scabbard even more. Jing Ke pursued the king of Qin, who ran around the pillars. All the courtiers, utterly shocked, kept standing where they were, not knowing what to do. According to Qin law, courtiers who ascended to the royal hall floor of the palace were not allowed to bear even the tiniest of weapon. The officers of the royal guard all gathered below the hall level but were not allowed to come up without summons from the king himself. The situation was so urgent that the king did not even have time to bring up the guards from below. Jing Ke kept chasing the king of Qin and in such an emergency, the king of Qin almost had no weapon to defend himself other than his bare hands. It was at the moment Xia Wuju, an attendant physician, threw a medicine bag at Jing Ke. That helped the king of Qin gain some time to run around the pillars again, but in a complete panic he did not know what to do next. The bystanders left and right then cried out: "Sire, put your sword on your back!" Finally the king of Qin did put his sword on his back, pulled it out, and stuck Jing Ke with it and cut his left thigh. Jing Ke collapsed and then raised the dagger and threw it at King of Qin. But it missed him and hit a bronze pillar instead. The king of Qin struck repeatedly at Jing Ke, who received eight wounds. Realizing that the attempt had failed, Jing Ke leaned against the pillar and laughed. Then squatting down, scolded himself, saying, "The reason why I failed was that I tried to carry him off alive, threaten him with his own life and obtain a pledge from him for the Crown Prince." Those around rushed forward and killed Jing Ke, but the king found it hard to relax for an extended time.•

진왕 입장에서는 정말 구사일생이라는 말이 딱이다. 그런데 약간 이해가 가지 않는 것은 형가의 마지막 말이다. 그렇다면 형가는 진왕을 바로 죽이지 않고 정말 조말과 제환공의 고사를 본떠 빼앗은 영토를 제후들에게 되돌려주라고 진왕을 협박하려 했다는 것인가? 하지만 진왕은 제환공과는 DNA가 전혀 다른 인물이라 그런 약속을 할 리도 없거니와, 설령 당장의 궁지를 모면하고자 약속을 하더라도 지킬 턱이 없는 인간이었다. 결국 암살이 실패한 것은, 진왕의 운이 엄청나게 좋았던 탓도 있겠지만 형가 역시 살인의 아마추어이지 프로가 아니었기 때문이라고도 볼 수 있다. 전문 자객이 아닌 협객의 한계였다고 할까.

중국 산둥 성에서 발굴된 후한(後漢) 시대 무씨(武氏) 집안의 사당 유적

• 軻旣取圖奏之, 秦王發圖, 圖窮而匕首見. 因左手把秦王之袖, 而右手持匕首揕之. 未至身, 秦王驚, 自引而起, 袖絶. 拔劍, 劍長, 操其室. 時惶急, 劍堅, 故不可立拔. 荊軻逐秦王, 秦王環柱而走. 群臣皆愕, 卒起不意, 盡失其度. 而秦法, 群臣侍殿上者不得持尺寸之兵; 諸郎中執兵皆陳殿下, 非有詔召不得上. 方急時, 不及召下兵, 以故荊軻乃逐秦王. 而卒惶急, 無以擊軻, 而以手共搏之. 是時侍醫夏無且以其所奉藥囊提荊軻也. 秦王方環柱走, 卒惶急, 不知所爲, 左右乃曰: "王負劍!" 負劍, 遂拔以擊荊軻, 斷其左股. 荊軻廢, 乃引其匕首以擿秦王, 不中, 中桐柱. 秦王復擊軻, 軻被八創. 軻自知事不就, 倚柱而笑, 箕踞以罵曰: "事所以不成者, 以欲生劫之, 必得約契以報太子也." 於是左右旣前殺軻, 秦王不怡者良久.

형가의 진왕 암살 시도를 묘사한 한나라 시대 화상석(畵像石)의 이미지. 기둥에 꽂힌 단도, 뒷걸음치는 진왕 영정, 번오기의 목을 담은 상자 등 사마천이 묘사한 사건의 디테일이 모두 담겨 있다. 형가의 머리 모양은 전국시대의 헤어스타일이 아니라 노기가 탱천하여 솟구친 것이라고 한다.

은 그 벽면에 설치된 화상석(畵像石)으로 유명하다. 이 화상석에는 중국 역사 속의 여러 명장면이 새겨져 있는데, 그 가운데 바로 형가의 진왕 암살 미수 사건의 순간을 마치 스냅 사진처럼 포착하고 있는 그림이 있어 눈길을 끈다. 그림 한 점 속에 기둥에 꽂힌 비수부터 땅에 널브러져 있는 번오기의 머리를 담은 상자, 형가를 막아서는 시의 하무저, 몸을 굽히고 달아나는 진왕 등 사건의 모든 디테일이 들어가 있는 것이다. 굉장히 길고 뾰족하게 묘사된 형가의 머리카락 또한 눈에 띄는데, 이는 전국시대에 유행했던 최신 헤어스타일이 아니라 거사에 실패한 것이 너무도 분한 나머지 곤두선 머리카락을 표현한 것이라고 한다.

진왕 암살 실패의 후폭풍은 엄청났다. 연나라 내부에서도 큰 혼란이 일어났음은 물론이다. 당시 연나라 국왕은 물의를 일으킨 책임을 물어 아들인 태자 단을 처형하며 진에 사죄의 제스처를 보였지만 때는 늦었다. 기원전 222년 진나라의 총공격을 받고서 연나라는 멸망하고 말았다. 그리고 1년 뒤인 221년 끝까지 남아 있던 제(齊)마저 멸망하면서 진의 천하통일은 완성되었다.

만약 형가가 진왕을 암살하는 데 성공했다면 어땠을까? 프로페셔널 역사가들은 역사에 가정을 세우는 것은 부질없는 짓이라고 나무라곤 하는데, 아무래도 우리 같은 역사 아마추어들이야 하지 말라는 짓은 자꾸 하는 법이다. 만약 형가의 거사가 성공했더라면, 분명 현장에서 살해당했을 형가는 열외로 치고, 또 이미 작전을 위해 목숨을 바친 번오기 장군이나 독약 생체 실험용 죄수들도 열외로 치고, 적어도 태자 단과 연나라 백성들은 그 후 오래오래 행복하게 살았을까? 내 생각에 그때 진왕이 형가의 칼에 찔려 죽었다고 해도, 그것은 기껏해야 진의 천하통일을 겨우 몇 년 늦추는 정도의 결과만을 가져왔을 것이다. 우선 당시 진나라에 맞설 만큼 강력한 세력은 이미 중원에 존재하지 않았고, 연의 함락은 어차피 시간문제였다.

또한 기원전 3세기 말의 중국은 중소국가들의 소모적인 전란으로 점철된 전국시대라는 시스템의 피로가 절정에 달해 극적인 변화가 불가피한 단계였다. 당시 철기의 본격적인 도입이 가져온 농업 및 공업 기술의 급격한 발전으로 대량의 잉여 재화가 발생한 탓에, 이제는 전쟁을 통한 약탈 경제 방식보다 대륙 전체를 아우르는 안정된 유통과 거래 체제의 확립이 요청되었다. 또한 상업의 발달을 위해 도량형, 화폐 제도 등의 표준화도 물론 필요했다. 간단히 말해 대륙 전체가 주나라의 봉건제도 이래 거의 1,000년을 이어 온 분열을 지양하고 강력한 중앙집권국가를 맞이할 준비가 되어 있었던 것이다.

그뿐만 아니라 중국인들은 전국시대 말기에 접어들면서 북적(北狄), 서융(西戎), 동이(東夷), 남만(南蠻) 등 대륙을 둘러싼 이른바 '오랑캐'들과 자기들을 구별하면서 스스로를 동일 문명권의 멤버로 강하게 인식하기 시작했다. 따라서 문화적으로도 하나의 문명권이 여러 국가로 쪼개진 채 서로 소모적인 경쟁을 할 이유가 없어진 상태였다. 이런 시대적 요구가 없었다면, 아무리 진왕의 개인적인 역량과 진나라 군대의 전투력이 뛰어났다고 해도 정복 전쟁을 시작한 지 단 10년 만에 천하통일을 이루기란 불가능했을 것이다. 그런 의미에서 형가의 암살 시도는 천하통일에 반대하고 현상 유지를 선호한 전국시대 기득권 및 반동 세력의 최후 발악이었다고도 할 수 있다.

하지만 역사를 딱딱한 산문이나 논문으로 보는 것은 전문적인 역사학자들에게 맡기고 가끔은 역사를 한 편의 시로 보고 싶다. 더구나 고대 중국의 역사 같은 대서사시 앞에서 어찌 아무런 감정이 솟지 않으랴. 형가의 진왕 암살 미수 사건은 누가 뭐래도 전국시대 역사 가운데 가장 남자다우면서도 슬프기 짝이 없는 장엄한 드라마다. "장사는 한번 가면 돌아오지 못하지만" 역사는 그를 기억한다.

14th Brunch Time

시황제와 초패왕

최초의 황제가 남긴 유산

기원전 221년 제나라가 진나라에게 멸망당하면서 중국 역사상 최초로 천하통일(天下統一)이 완성되었다. 천하의 주인이 된 진왕은 전국시대 각 나라의 지배자를 뜻하는 '왕(王)'보다 더 폼 나는 칭호를 찾다가 '삼황오제(三皇五帝)'에 주목했다. 삼황오제는 고대 중국의 전설적 지배자로 전해 내려오는, 단순한 인간이라기보다는 반신반인(半神半人)에 가까운 존재였던 3명의 황(皇)과 5명의 제(帝)를 가리킨다. 진왕은 이 황과 제가 마음에 들었는지 아예 둘을 합쳐 황제(皇帝)라는 새로운 합성어를 스스로 만들어 냈다. 그리고 이렇게 선언했다.

"짐이 첫 번째 황제다. 후세는 수를 헤아려 2세, 3세에서 만세(萬世)에 이르도록 끝없이 전해지게 하라."

"I am the First Emperor. My successors will count the number and become the Second, the Third and so on even down to the Ten Thousandth. Let my lineage last to eternity." [*]

첫 번째 황제, 그래서 시황제(始皇帝)다. 앞서 주나라의 서백창이 '서백창 씨'가 아니었듯, '진시황' 또한 진시황제(秦始皇帝)의 줄임말이지 성은 진씨요 이름은 시황인 '진시황 선생님'이 결코 아니었다. 실제로 진시황의 이름은 영정(嬴政)으로 황제가 되기 전에는 진왕 정이라고 불렸고, 집안으로 말하면 영(嬴)씨 집안 자손이다. 같은 맥락에서 우리 조선 말기 고종의 아버지도 이흥선 씨가 아니다. 흥선대원군(興宣大院君)의 본명은 이하응(李昰應)이다. 원래 대원군이란 조선 시대 국왕이 후사 없이 사망했을 때 종친 가운데 왕위를 계승한 인물의 부친에게 내린 작위였다. 세종대왕 역시 이름이 이도(李祹)이며 정조는 이산(李祘)이지, 이세종 씨와 이정조 씨가 아니다. 옛날 사람들은 이름뿐 아니라 별명에다 칭호도 다양해서 우리를 헷갈리게 한다.

한편 진시황의 영어 표기는 the First Emperor of China가 표준으로 되어 있다. 말 그대로 '중국의 첫 번째 황제'다. 그 밖에 종종 진시황의 중국식 발음을 그대로 따서 Qin Shi Huang이라고 하는 경우도 있으며, 간혹 영화나 책에서 영어와 중국어가 합쳐진 Emperor Qin Shi(황제 진시 = 진시황)도 나타나는데, 이 경우에는 뜻은 그런대로 통하지만 약간 '이흥선', '이세종' 분위기가 나기도 한다.

이런 역사적 배경을 생각해 보면 영어에서 황제(皇帝)를 emperor로 번역하는 것은 순전히 편의상의 선택이며, 이 두 단어의 출생 배경은 서로 매우 다르다는 것을 알 수 있다. 이미 로마 제국 챕터에서 알아보았

---

[*] "朕爲始皇帝。後世以計數, 二世三世至于萬世, 傳之無窮。"

듯이, emperor는 로마의 독재자 아우구스투스가 로마인들이 전통적으로 알레르기 반응을 보이던 왕(king, 라틴어: *rex*)이라는 칭호를 쓰는 것이 무서워 대용품으로 쓴 타이틀 '임페라토르(*imperator*)'에서 유래한 반면, 한자 황제(皇帝)는 진왕 영정이 기존의 '왕(王)'이라는 타이틀만으로는 성이 차지 않아 더 격이 높은 칭호를 찾은 끝에 고안해 낸 것이니 그 동기와 철학에는 많은 차이가 있다. 이렇게 언어라는 것은 무슨 수학 공식처럼 '황제 = emperor'라는 식으로 흘깃 보고 넘어가기에는 그 역사적 배경과 숨은 논리가 너무나 흥미진진할 때가 많다.

이렇게 중국 역사상 전대미문의 타이틀인 황제를 스스로 부여한 진시황은 제국의 사상 통일을 위해 실용적인 학문을 제외한 대부분의 사상 서적을 불태우고 유학자 400여 명을 구덩이에 산 채로 매장했는데, 이것이 유명한 분서갱유(焚書坑儒)다. 진시황은 북쪽에 있던 흉노족의 침입을 막기 위해 만리장성(萬里長城)을 쌓은 것으로도 유명하다.

여기서 영어 퀴즈 하나. 만리장성은 영어로 어떻게 표현할까? 혹시라도 수학 문제를 풀듯이, 만(萬, 10,000) → ten thousand + 리(里) → li + 장(長, 길다) → long + 성(城) → castle = Ten Thousand Li Long Castle이라는 1차원적 답이 나온다면 우리는 너무 슬프다. 영어를 못해서 안타깝다기보다, 이런 식의 표현은 중국 고대사에 대한 이해가 전혀 없다는 반증이기도 하기 때문이다. 우선 중국사를 비롯한 세계 역사에 조금만 관심이 있다면 성(城)도 다 같은 성이 아니라는 것쯤은 쉽게 기억해 낼 수 있을 것이다. 영어 단어 castle은 유럽의 중세 봉건 영주의 저택이기도 하다가 적의 침략과 같은 유사시에 요새로 바뀌는 높은 언덕 위의 성채를 뜻한다. 반면 만리장성의 성(城)은 길게 뻗어 있는 방어벽(wall)을 가리킨다. 따라서 만리장성에 가까운 개념의 건축물을 서양에서 찾자면 로마 제국의 하드리아누스 황제가 지금의 영국 땅에 세운 하

만리장성. 천하통일 뒤 진시황은 흉노족의 침입을 막으려는 목적으로 전국시대부터 존재했던 각국의 방벽을 연결, 확장했다.

드리아누스의 방벽(Hadrian's Wall)을 들 수 있다. 브리타니아의 남부를 속주로 삼은 로마가 북부의 야만족으로부터 영토를 보호하기 위해 세운 방어선으로 비록 만리장성의 규모에는 한참 못 미치지만 목적과 기능은 같았다. 만리(萬里)를 'ten thousand li'라고 하는 것도 리(里)라는 중국식 거리 개념이 서구인들에게는 생소하여 어색하다.

만리장성의 공식 영어 표현은 'Great Wall of China'다. '만리'를 세세하게 따지지 않고 'great' 한 방으로 처리한 것은 깔끔한 솜씨다. 흔히 만리장성을 달에서 보이는 유일한 인공 건조물이라고 일컫지만 이는 사실이 아니라고 한다. NASA의 공식 발표에 따르면 달에서 육안으로 볼 수 있는 지구상의 인공 건조물 같은 것은 존재하지 않는다.

진시황은 기원전 210년 지방을 순회하던 도중 사망했다. 왕도 모자라 황제라는 칭호를 만든 인물이니 자기가 죽은 뒤 들어갈 무덤에도 엄청

신경 썼을 것은 당연하다. 만리장성만큼이나 우리의 귀에 익숙한 진시황릉(秦始皇陵)을 영어로는 흔히 Mausoleum of the First Emperor라고 한다. 무덤을 뜻하는 영어 단어에는 게르만족의 방언에서 유래한 grave, 라틴어에서 유래한 tomb 등이 있지만, 황제나 군주의 유해를 모신 장대한 규모의 무덤은 보통 mausoleum(묘, 능)이라고 한다. 이 단어는 헤로도토스의 출생지이기도 한 소아시아의 그리스계 국가 할리카르나소스(Halicarnassus)의 지배자였던 마우솔로스(Mausolus)의 이름에서 비롯되었다. 그의 시신을 모신 묘가 워낙 크고 화려하기 때문이었다고 한다.

『사기』에서는 이 진시황릉도 상세히 묘사하고 있다. 그 부분을 감상해 보자.

시황이 처음 제위에 올랐을 때 이미 역산(酈山) 내부를 파서 공간을 내고, 천하를 병합한 뒤에는 천하의 인부 70여만 명을 보내 세 길의 지하수를 지나 땅을 파게 하고 구리를 부어 외관을 지은 뒤, 궁전, 누각, 문무백관의 모형, 온갖 신기한 도구, 진기하고 괴이한 보물을 옮겨서 내부를 가득 채웠다. 장인들에게 명하여 석궁과 화살을 담은 기계를 만들고는 무덤을 몰래 파고 들어오는 자에게 갑자기 발사되도록 했다. 수은을 부어 수많은 하천, 강, 대해의 모양을 본뜬 뒤 기계 장치를 설치하여 이것이 흐르도록 했으며, 천장은 천체의 모습을, 바닥은 천하의 지리를 본뜨도록 했다. 인어(人魚)의 기름으로 양초를 만들어 등불이 언제까지고 꺼지지 않게 하였다.

When the First Emperor newly ascended to the throne, he ordered digging inside Mount Li to secure the space. Once he had unified all lands under Heaven, about 700,000 workers were sent there from all around the country to dig through three layers of underground water and poured copper to make the outer tomb structure. The inside was filled with replicas of palace buildings, scenic towers, hundred officials, devices and rare and wonderful treasures. Engineers were ordered to make and install crossbows for the arrows to be suddenly shot at those who would raid the tomb. Mercury was used to simulate all small and big rivers and the great sea and set to flow mechanically. On the ceiling were representations of the heavenly constellations and on the floor, the features of earthly geography. Candles were made from mermaid oil, which was supposed to never extinguish ever.[*]

이 내용은 어디까지가 사실일까? 이미 우리는 침어(沈魚)와 낙안(落雁)에서 중국인들의 예술에 가까운 과장 테크닉을 본 바 있다. 사마천도 중국인이니 이런 습관에서 완전히 자유롭지는 않았을 터, 무슨 이집트의 피라미드도 아니고 무덤 속에 궁전과 누각을 짓고 천하의 모습을 그대로 재현했다니 이게 어디 믿을 만한 소린가? 난데없이 인어 기름은 또 뭐지? 모두 중국인 특유의 뻥이겠지… 했는데, 1974년, 진시황릉 회의론자들의 주장을 한 방에 날려 버린 사건이 발생했다. 진의 수도였던 시안의 교외에서 밭을 매던 농부들이 땅속에서 진흙으로 빚은 실물 크기의 병사상 몇 점을 캐낸 것이다. 이 보고를 받고 심상찮은 낌새를 느낀 중국 정부가 일대를 본격적으로 발굴하자 수천 점의 점토 병사, 말, 전차 모형 등이 쏟아져 나오기 시작했다. 바로 우리가 병마용(兵馬俑)이라고 부르는 유물이다. 영어로는 흔히 Terracotta Soldiers라고도 하지만, 한자 표현에는 말[馬]도 포함되어 있으며 용(俑)은 허수아비라는 뜻이다.

[*] 始皇初卽位, 穿治酈山, 及幷天下, 天下徒送詣七十餘萬人, 穿三泉, 下銅而致槨, 宮觀百官奇器珍怪徒臧滿之. 令匠作機弩矢, 有所穿近者輒射之. 以水銀爲百川江河大海, 機相灌輸, 上具天文, 下具地理. 以人魚膏爲燭, 度不滅者久之.

테라코타 병사와 마차 모형. 시안에서 이루어진 이른바 진용(秦俑)의 대량 발굴로 진시황릉의 존재는 의문의 여지가 없어졌다.

진시황의 무덤을 수호한다는 의미로 제작된 이 '진흙 군단(Terracotta Army)'은 진시황이 생전에 거느리던 친위대 장병들의 모습을 그대로 재현한 것으로 알려져 있다. 병마용 발굴을 계기로 계속 진행된 정부 조사는 병마용이 발굴된 지점에서 서쪽으로 약 1킬로미터 떨어진 언덕 내부에 실제 진시황릉이 존재한다는 결론을 내리기도 했다. 무덤 안도 아니고 무덤 주변에다 실제 사람 크기의 병사와 군마 모형을 수천 점씩 묻어 둘 정도라면 정작 진시황릉의 내부는 얼마나 엄청날 것인가? 심지어 조사단은 진시황릉 근처의 토양에서 상당량의 수은이 검출되는 것까지 확인했다고 한다. 그렇다면 방금 읽었던 "수은을 부어 수많은 하천, 강, 대해의 모양을 본떴다."는 대목도 허풍이 아닐 가능성이 크다.

아직 중국 정부는 기술적 문제 등을 들어 진시황릉 내부의 본격적인 발굴을 차일피일 미루면서 나 같은 역사광들의 애를 태우고 있다. 하지만 언젠가 발굴이 본격적으로 시작되어 무덤 내부가 모습을 드러내는 날이면, 이집트의 투탕카멘 왕릉, 터키의 트로이 유적, 이탈리아의 폼페이 유적 발굴 작업을 모두 합친 것만큼이나 엄청난 초대박 고고학 프로젝트가 탄생할 것임이 틀림없다.

그러나 자신부터 시작하여 만세를 꿈꿨던 진시황의 '작은 소망'과 달리 진 제국은 그의 죽음과 거의 동시에 붕괴하기 시작했다. 형가의 암살미수 사건 이후 암살 노이로제에 걸린 진시황은 생전에 자신의 후계자를 명확히 해 두기를 꺼렸는데, 결국 이것이 화근을 불렀다. 진시황이 지방 순회 도중 갑자기 죽자 조고(趙高, ?~기원전 207)라는 환관이 황제의 유서를 조작하여 충직하고 능력 있는 큰아들 부소(扶蘇)에게는 자살을 명하고, 나이 어리고 순진한 왕자 호해(胡亥)를 2세 황제로 삼았던 것이다. 이후 조고는 호해의 명령을 빙자하면서 진나라 정치를 장악했으니 당연히 나라가 잘 돌아갈 리 없었다.

실제로 조고가 워낙 짧은 기간 동안 진나라를 말아먹은 탓에 조고의 음모 자체에 대한 음모 이론을 제시하는 역사가들도 있다. 즉 조고는 원래 조나라의 왕족 출신으로, 조나라가 망한 것에 앙심을 품고 진나라와 진시황의 일족에게 접근하여 파멸시킨 일종의 '자체 발광' 버전 트로이 목마였다는 것이다. 정말 조고가 영씨 문중(다시 말하지만 진시황은 진씨가 아닌 영씨였다.)에 미친 파괴력은 형가의 암살 기도와는 비교도 할 수 없을 만큼 엄청난 것이었다. 호해가 2세 황제로 있었던 기간은 기원전 210년 부터 207년까지 딱 3년이었는데, 그동안 조고는 선대부터 남아 있던 충신들을 모두 숙청하고 국가 재정을 결딴냈을 뿐 아니라, 50여 명에 달하던 진시황의 직계 자손들을 대부분 암살, 처형했다. 형제들이 살아 있으면 언제라도 황제 자리를 넘볼 수 있다고 호해를 세뇌했던 것이다. 진 제국은 이렇게 급속히 붕괴했다.

귀족 항우와 농민 유방의 대결

중앙 정부가 삐걱거리는 사이 그동안 진나라의 지나치게 급진적이고 강압적인 정치에 불만을 느끼던 전국시대의 구 지배층과 농민들을 중심으로 곳곳에서 반란이 일어나기 시작했다. 그 가운데 항우(項羽, 기원전 232~202)와 유방(劉邦, 기원전 247?~195)이 이끄는 세력이 가장 유력했다. 항우는 전국시대 중국 남부의 강국이었던 초(楚)나라 귀족 출신으로 천하장사 겸 일당백의 무사 스타일이었다. 반면 서주 지방에서 농부의 아들로 태어난 유방은 무술은커녕 농사일도 잘 못하고 변변한 기술도 없었지만 말주변이 좋고 보스 기질이 있어 사람들이 잘 따르는 정치가 형이었다. 둘은 유방이 항우 밑의 부장으로 들어가면서 연합군을 형성하여 진나라 수도 함양으로 진격했다. 항우는 유방이 출신도 미미하고 용모나 무술 솜씨 뭐 하나 봐 줄 만한 게 없어 그리 높이 평가하지 않았지만, 유방은 특유의 붙임성으로 그 아래에 한신(韓信), 번쾌(樊噲) 같은 싸움 잘하는 장수들과 장량(長良, 장자방) 같은 머리 좋은 참모들을 여럿 끌어들였다. 유방의 부대는 결국 항우가 이끄는 주력군보다 먼저 함양에 도착했는데, 유방에게 선수를 뺏긴 항우는 자존심이 크게 상했다. 이를 시작으로 약 5년간 진나라 이후의 천하 대권을 놓고 둘 사이에는 양보할 수 없는 운명의 한판 승부가 벌어진다.

대결의 전반전은 항우의 절대적 우세로 진행되었다. 우선 항우는 유방에게 한왕(漢王)이라는 허울뿐인 작위를 준 뒤, 당시로서는 오지 중의 오지였던 파촉(巴蜀)으로 좌천시켰다. 이어서 항우는 초나라의 왕족 회왕(懷王, 후에 의제義帝로 추존)을 찾아 꼭두각시 천자로 세운 뒤 자신은 패왕(覇王)이라는 타이틀을 차지하고 춘추시대의 패자(覇者)를 본뜬 지존 격으로 군림했다.

그러나 간신히 목숨을 건져 파촉에서 은둔하던 유방은 수년 만에 다시 동쪽으로 슬금슬금 기어 나와 자기 영토를 꾸준히 늘려 가기 시작했다. 이때부터 항우와 유방은 여러 차례 전투를 치르게 된다. 계속되는 전쟁으로 양측의 피해가 너무 커지자 유방과 항우는 홍구(鴻溝)라는 강 근처에서 휴전 협정을 맺고 군대를 돌리기로 합의했다. 그런데 이때 유방의 참모 장량이 지금 항우를 돌려보내는 것은 '양호유환(養虎遺患)', 즉 호랑이를 길러 후환을 남기는 것이나 다름없다고 말하며 항우의 배후를 치자고 제안했다. 결국 유방은 휴전 약속을 어기고 항우를 배후에서 기습 공격했다.

기습을 받은 항우는 계속 전투에서 밀리다 해하(垓下)의 한 성채에서 한나라 군대에 포위당한다. 이 대목이 바로 유명한 고사성어 '사면초가(四面楚歌)'가 탄생한 배경이다. 사면초가란 네 방향에서 초나라 노래[楚歌]가 들린다는 뜻이다. 한나라 군대에 포위당했다면서 왜 사면한가(四面漢歌)가 아니라 사면초가(四面楚歌)가 되었을까? 유방의 장군 한신이 초나라 포로들을 모아 성을 둘러싸고 초나라 노래를 부르게 해서 항우의 군대가 전의를 상실토록 했기 때문이다. 이렇게 사면초가에 몰려 군대의 사기가 크게 떨어지고 탈주병이 속출하자 사태가 틀린 것을 짐작한 항우는 그날 밤 군막에서 술을 마시며 시 한 수를 지었다. 역시 궁지에 몰려서도 시를 지으며 풍류를 즐길 줄 아는 것이 고대의 영웅들이다.

힘은 산을 뽑고 기개는 세상을 덮건만,

때가 불리하니 오추마도 나아가지 않는구나.

오추마가 가지 않으면 이를 어찌한단 말인가,

우희여, 우희여, 어찌한단 말인가!

My strength uproots mountains and my valor pales the world,

But Fortune is against me and my horse is hesitant to run.

When my horse will not run any more, what shall I do?

Oh, Lady Yu, Lady Yu, what will your fate be?●

시 첫 행에는 천하를 힘(力)과 기개(氣), 즉 자신의 개인적 역량으로만 정복하려 했던 항우의 밀어붙이기 식 사고가 잘 나타나 있다. 항우로서는 돌아보니 힘도 없고 기개도 없는 유방에게 밀려 막판까지 온 자기 신세가 참 처량했을 것이다. 오추마(烏騅馬)는 항우의 애마이며, 우희(虞姬)는 항우가 사랑한 여인이다. 때로 우미인(虞美人)이라고도 하는데 둘 다 본명은 아닌 것 같고, 항우의 정비가 아니라 후궁이었던 듯하다. 이런 항우의 한탄을 들은 우미인은 그의 짐을 덜어 주기 위해 스스로 목숨을 끊었다. 유명한 중국 경극 〈패왕별희覇王別姬〉는 바로 이 에피소드를 다룬 것이다.

● 力拔山兮氣蓋世,
　時不利兮騅不逝。
　騅不逝兮可奈何,
　虞兮虞兮奈若何!

초패왕 항우와 애첩 우희의 마지막을 그린 경극 〈패왕별희〉의 한 장면. 같은 제목의 유명한 영화도 있다.

  애첩마저 잃은 항우는 야밤을 틈타 단 800기의 기병만을 이끌고서 한 나라 군대의 포위망을 뚫고 탈출하지만, 결국 추격병들에게 쫓겨 오강(烏江) 근처에서 최후의 일전을 벌이다 자살했다. 이때가 기원전 202년으로 그의 나이 겨우 30세였다. 항우가 죽은 뒤 천하 대권을 잡은 유방이 황제에 올랐으니, 바로 한(漢)나라의 시작이다.

15th Brunch Time

한 제국의 부상

유방의 리더십

일본 속담에 "노부나가가 밥을 짓고 히데요시가 반찬을 만들어 이에야스에게 바쳤다."는 말이 있다. 16세기 일본의 전국시대에, 다이묘(大名)라고 불리던 여러 쟁쟁한 군벌들 간의 대권 경쟁에서 초반만 해도 존재감이 미미하던 도쿠가와 이에야스(德川家康)가 천하를 잠깐씩 호령했던 반짝 스타들을 모두 누르고 최종적으로 대권을 잡은 과정을 꼬집은 것인데, 다소 고개가 끄덕여지는 면이 있다.

이와 비슷하게 고대 중국 역사에서도 진 제국이 득세했다 멸망한 뒤 한 왕조가 들어서기까지의 과정을 보면, "진시황이 밥을 짓고 항우가 밥상을 차려 유방에게 바친 것"이라고 말할 여지도 있다. 진시황은 6국을 멸망시키고 여러 급진적 개혁을 벌여 통일 중국을 경영할 제도적 인프라를 만들었지만, 그가 죽자마자 '자체 발광' 트로이 목마 조고가 주연

한나라를 세운 유방의 상상화. 마치 신선처럼 점잖
은 모습으로 그려졌지만 실제 역사 기록에 드러나는
유방은 매우 입체적인 인물이었다.

한 원맨쇼(2세 황제는 조연)에 힘입어 진 제국은 정말 어이없이 망하고 말
았다. 이어서 중국 역사상 최강의 전사라고 해도 손색이 없는 항우는 진
나라의 잔존 세력을 모두 처치하고, 저마다 천하의 지분을 주장하던 여
러 반란 세력도 모두 평정했다. 그런데 이렇게 동분서주하느라 기진맥
진한 항우를 슬쩍 밀어내고 대권을 잡은 것은 결국 시골 건달 출신 유방
이었던 것이다. 물론 이런 식의 정리는 지나친 단순화일지도 모른다.
『사기』에 따르면 유방은 황제에 오른 뒤 공신들과 연회를 가진 자리에서
이렇게 물었다.

"여러분은 숨김없이 말해 보시오. 어째서 내가 천하를 얻은 자가 되었는
지? 어째서 항우가 천하를 잃은 자가 되었는지?"

"My lords and generals here, tell me your opinion. Why do you think
it was I who ended up as the one who won all the lands under Heaven?
Why was Xiang Yu the one who lost them?" •

• "列侯諸將無敢隱朕, 皆言其情。吾所以有天下者何? 項氏之所以失天下者何?"

몇몇 신하들이 내놓는 이런저런 분석을 듣던 유방은 이렇게 말했다.

"경들은 하나만 알고 둘은 모르는군. 장막 안에 앉아 모든 계책을 두루 운용하면서 천리 밖의 승리도 결정짓는 일이라면 나는 장자방만 못하오. 나랏일을 잘 살피고 백성을 위무하며 군량을 조달하고 보급로가 끊기지 않도록 하는 일이라면 나는 소하만 못하오. 백만 대군을 이끌고 전투에서 반드시 이기며 공격한 성은 반드시 함락하는 일이라면 나는 한신만 못하오. 하지만 나는 이 세 사람과 같은 인재들을 기용할 줄 알았기에 천하를 얻게 된 것이오. 항우는 단 한 사람 범증조차 제대로 쓸 줄 몰랐으니, 아집에 사로잡힌 탓에 그리된 것이지."

"You were partially right but not entirely. When it comes to running all the scheming behind the curtain of the camp to determine the victory in a place far away, I cannot match Zhang Jifang. When it comes to managing the bureaucratic affairs of the nation, taking care of people, distributing provisions to the troops and securing the supply route, I cannot match Shuhe. Leading a large army, winning every battle, and conquering every fortress under attack, I am no match for Han Xin. However, I knew how to utilize those three talented resources and that is why I won all the lands under Heaven. Xiang Yu could not even utilize Fan Zeng, the only talent he has. It was all due to his stubbornness."●

● "公知其一, 未知其二。夫運籌策帷帳之中, 決勝於千里之外, 吾不如子房。鎭國, 撫百姓, 給餽饟, 不絶糧道, 吾不如蕭何。連百萬之軍, 戰必勝, 攻必取, 吾不如韓信。此三者, 皆人傑也, 吾能用之, 此吾所以取天下也。項羽有一范增而不能用, 此其所以爲我擒也。"

여기 유방이 언급한 범증(范增, ?~기원전 204)은 항우를 섬긴 노 전략가로 일찍이 유방이 위험한 존재임을 간파하고 항우에게 계속 그를 제거할 것을 주장한 인물이었다. 『사기』에 따르면 범증은 항우가 진의 수도 함양을 함락한 뒤 유방을 초청하여 개최한 '홍문의 연회(鴻門之會)'에서 유방을 죽일 계획을 세웠지만 항우가 결국 머뭇거리다 유방을 놓아주자 이렇게 탄식했다고 한다.

"젠장! 애송이(豎子)하고는 함께 일을 도모할 수가 없구나!"
"Damn it! I cannot pursue the plan with a mere kid." •

여기서 범증이 사용한, '더벅머리 아이 수(豎)', '아이/아들 자(子)'로 된 '수자(豎子)'는 분명 항우를 가리킨다. 유방을 놓친 것이 너무나 분해 자기 주군을 '애송이' 혹은 '애새끼'라고 뒤에서 욕하며 분을 토로하고 있는 것이다. 얼마나 안타까웠으면 그랬을까? 아니나 다를까 항우는 이후 유방의 정치 공작에 말려들어 서서히 범증을 의심하며 멀리하게 되었고, 결국 실의에 빠진 범증은 병에 걸려 죽었다. 당대 최고의 전략가를 잃은 항우의 운명은 이때 정해진 셈이다.

초나라 명문 귀족의 후예인 항우는 매사에 체면과 모양새를 중요시했던 것으로 보인다. 자존심과 허영심도 상당했다. 진의 수도 함양에 입성하여 진시황이 세운 아방궁을 불태우고 황실의 보물을 긁어모은 뒤 보인 항우의 행태를 사마천은 이렇게 전하고 있다.

항우는 진나라 궁전이 불에 타 폐허가 된 것을 보며 문득 강동에 돌아가고

• "唉! 豎子不足與謀!"

싶은 마음이 생겨 말하기를, "부귀를 얻은 자가 고향으로 돌아가지 않는 것은 마치 잘 지은 옷을 입고 밤에 돌아다니는 것과 같으니 그 누가 알아주겠는가!" 했다. 누군가 이를 평하기를, "초나라 사람은 귀 둘레에 관을 쓴 원숭이에 불과하다더니, 과연 그렇구나." 했다. 이를 전해 들은 항우는 그를 삶아 죽였다.

Looking down at the ashes of the Qin Palace, Xiang Yu said, "To become rich and noble and then not go back to one's hometown is like putting on a splendid outfit and walking at night. Who will see it?" A critic mentioned, "It is said that men of Chu are nothing but monkeys wearing hats around their ears. Sure they are." Once King Xiang heard about it, he had the critic boiled to death.•

즉 항우는 진 제국의 수도를 함락한 기세를 타고 천하를 경영할 큰 뜻을 품기보다는 우선 고향 초나라에 돌아가서 그간의 공적을 자랑하고 싶어 못 견뎠던 것이다. 게다가 또 그런 좁은 스케일을 비판하는 소리를 듣자 자존심이 상해 말한 사람을 죽여 버린다.

이렇게 체면과 모양새를 따지는 항우의 스타일은 결국 마지막 순간까지도 그의 발목을 잡았던 것 같다. 해하의 전투에서 한나라 군의 포위를 뚫은 항우는 고향 땅과 중원을 가르는 오강(烏江)에 도착했는데, 마침 강에는 작은 배가 한 척 정박해 있었다. 이때 항우를 알아본 뱃사공이 강 건너 강동(江東)에서 후일을 기약하라며 이렇게 말한다.

"강동이 비록 땅은 작지만 사방 천리에 달하고 백성의 수가 십만에 이르니

• 項王見秦宮皆以燒殘破, 又心懷思欲東歸, 曰: "富貴不歸故鄉, 如衣繡夜行, 誰知之者!" 說者曰: "人言楚人沐猴而冠耳, 果然." 項王聞之, 烹說者。

그곳 또한 왕 노릇을 할 만합니다. 원컨대 대왕께서는 어서 건너십시오. 지금 저에게만 배가 있으니 한나라 군대가 쫓아온다 해도 강을 건널 수 없습니다."

"Although Jiangdong is small, it is a land of a thousand square li and the population reaches a hundred thousand, big enough for you to rule as a king. Please hurry and cross the river. Since I am the only one who has a boat, even if the Han army arrives, they will not cross it." •

그런데 사공의 말을 들은 항우는 웃으면서 다음과 같이 대답했다.

"하늘이 나를 망하게 하려는데, 내가 건넌들 무얼 하겠는가? 또한 내가 예전에 강동 젊은이 8천 명과 함께 강을 건너 서쪽으로 갔는데 지금 한 사람도 살아 돌아오지 못했으니, 비록 그 부모 형제들이 나를 불쌍히 여겨 왕을 시켜 준다 한들 무슨 면목으로 그들을 본단 말인가? 설사 그들이 아무 말도 하지 않는다 해도 어찌 나 스스로 부끄럽지 않을 수 있겠는가?"

"What is the use of crossing the river as Heaven is seemingly determined to destroy me? When I crossed the river heading for the west the last time, I was accompanied by a group of 8,000 Jiangdong youths, and none of them now came back alive. How can I see their parents and brothers even if they take pity on me and let me be their king? Even if none of them says anything, how would it not be a grave shame to me?" ••

• "江東雖小, 地方千里, 衆數十萬人, 亦足王也。 願大王急渡。 今獨臣有船, 漢軍至, 無以渡。"
•• "天之亡我, 我何渡爲! 且籍與江東子弟八千人渡江而西, 今無一人還, 縱江東父兄憐而王我, 我何面目見之? 縱彼不言, 籍獨不愧於心乎?"

이렇게 말한 뒤 항우는 추격하는 한나라 군 쪽으로 말을 돌려 장렬하게 싸우다가 부상을 입고 자살한다. 하지만 『사기』의 이 대목에는 약간 의아스러운 점이 있다. 어쨌건 일단 오강까지 온 것은 강 건너로 도망가기 위해서가 아니었던가? 그런데 왜 항우는 갑자기 막판에 마음을 바꾼 것일까? 내 소견으로는 그 뱃사공의 말이 결정적으로 항우의 자존심을 상하게 한, 이른바 '염장 샷'이 된 것이 아닌가 싶다. 사공의 말은 요약하자면 "강동이 쬐그맣기는 해도 뭐 거기서라도 왕초 하면 될 거 아닌교."인데, 명색이 초패왕으로 천하를 호령했던 항우는 이 말을 듣고 갑자기 인구 십만에 고작 천리 정도의 땅에서 한동안 숨을 죽이고 살 생각을 하니 얼굴이 화끈거렸던 것 아닐까? 그래서 속된 말로 '쪽팔려서' 갑자기 마음을 바꿔 싸우다 죽기로 결심한 것이 아닐까 싶다.

이렇게 항우는 너무 경직되어 있었던 반면, 유방은 유연해야 할 때, 비겁해야 할 때, 그리고 무엇보다도 뻔뻔해야 할 때를 아는 인간이었다. 유방의 넉살을 보여주는 에피소드는 많지만 다음의 이야기는 정말 압권이다. 유방은 기원전 205년 초나라 수도인 팽성(彭城)을 직접 공략하다가 오히려 항우의 역습을 받고 대패하면서 그만 부친인 유태공(농사꾼 출신이었지만 아들이 한왕에 오르면서 덩달아 태공이 되었다.)과 아내 여씨마저 항우에게 볼모로 잡히는 처지가 되었다. 그런데 불과 1년 뒤 전세가 항우에게 불리하게 돌아가자 항우는 다급한 마음에 인질로 잡고 있던 유방의 부친을 부뚜막에 올려놓고 유방에게 항복하라고 협박했다. 이 대목에서 사마천이 전하는 두 사람의 기 싸움을 잠깐 구경해 보자.

항우가 한왕 유방에게 말하기를, "당장 항복하지 않으면 〔네 아버지〕 태공을 삶아 죽이겠다!" 하자, 한왕이 대답하기를, "전에 나와 그대가 회왕의 신하로 있을 때 '형제가 되기로 약속하자.' 했으니 내 아버지는 곧 그대의 아버지이다. 그대가 아버지를 반드시 삶아야겠다면 내게도 국 한 그릇〔一杯羹〕은 나눠 주시게." 했다.

King Xiang said to the King of Han, "Unless you immediately surrender, I will boil the Grand Duke alive." King of Han replied, "When we were serving King Hui together, you and I took an oath of brotherhood, so my father is your father as well. There is not much I can do if you insist on boiling your own father alive, but at least give me a bowl of broth from it." •

유방은 한때 항우와 의형제를 맺으면서, 실제 나이는 항우보다 열 살도 더 많은 주제에 망설임도 없이 항우의 동생을 자처한 적이 있었다. 협박을 하려 들던 항우는 해묵은 의형제 인연을 들춰내며 부자 관계까지 혼란스럽게 만든 유방의 너살에 결국 유태공을 죽이지도, 유방의 군대를 철수시키지도 못한 채 분만 삭였다고 한다.

여기서 쉬어 갈 겸 다시 한자 및 영어 상식 하나 짚고 넘어가자. 유방이 "내게도 국 한 그릇은 나눠 주시게."라고 했을 때 사용된 한자는 국 갱(羹) 자로, 주로 제사상에 올리던 맑은 국을 뜻한다. 그런데 한국어 국에 해당하는 영어 단어에는 soup와 broth 두 가지가 있다. 이 가운데 우리는 국 혹은 국물이라고 하면 대뜸 soup를 떠올리는 경향이 있지만, 실제로는 broth라는 표현이 더 적절한 경우가 많다. 엄밀히 말해 broth는 고기나 야채를 고아 낸 즙, 즉 한국인들이 보통 말하는 '국물'을 뜻하고, soup는 이 국물과 건더기(substance)로 이루어진 하나의 요리를 가리

• 告漢王曰: "今不急下, 吾烹太公!" 漢王曰: "吾與項羽俱北面受命懷王, 曰: '約爲兄弟', 吾翁卽若翁, 必欲烹而翁, 則幸分我一杯羹."

킨다. 이런 맥락에서 보면 유방이 사용한 갱(羹)도 영어로는 아무래도 soup보다는 broth 쪽에 해당하는 것 같다. 왜냐하면 문맥상 유방은 항우에게 아버지 태공을 삶아 우려낸 국물 맛이나 좀 보여 달라고 했지 태공의 손발이나 눈알 등 건더기도 함께 넣은 어엿한 '태공탕'을 만들어 한 상 차려 달라고 부탁하지는 않은 것으로 보이기 때문이다. 설명하고 보니 좀 엽기스럽기도 하지만, 실제 중국 역사 속에서 처형이나 고문에 사용된 다양한 테크닉을 읽어 보면 사람을 삶아 죽이는 것은 양반에 속한다. 사람의 고기를 먹은 식인의 기록도 드물지 않다.

비극적 영웅 한신

유방은 황제가 된 뒤 처음에는 공신들에게 봉토를 나누어 주고 왕과 제후도 시켜 주면서 잘 대접했지만, 곧이어 이런저런 구실을 들어 하나씩 숙청해 갔다. 이렇게 유방의 손에 제거된 공신들 가운데는 불세출의 군사 지휘관 한신(韓信, ?~기원전 196)도 있었다. 한신은 당시로서는 상식을 초월하는 여러 전술(가령 병법에서 금기로 하는 배수진 등)을 동원하여 항우를 무찌르는 데 결정적인 공로를 세운 인물이었지만, 결국 유방에게 반란 모의 혐의를 뒤집어쓰고 '팽' 당했다. 이 '팽(烹)'이라는 말, 아니 한국인들에게는 너무나 유명한 '토사구팽(兔死狗烹)'이라는 이디엄이 불멸의 명성을 얻게 된 것은 실은 이 한신을 통해서였다. 사마천에 따르면 한신은 항우의 고향 초나라 지역을 물려받아 초왕(楚王)으로 있었지만 곧 반역 혐의로 유방에게 체포된다. 『사기』에는 이때 한신이 내뱉은 다음과 같은 탄식이 소개되어 있다.

"과연 사람들의 말과 같도다. '꾀 많은 토끼가 죽고 나면 좋은 사냥개도

불세출의 군사 지휘관이었던 한신. 하지만 '토사구
팽'이라는 표현을 유명하게 만든 비극적 인물이기도
하다.

삶기며, 높이 나는 새가 잡히고 나면 좋은 활도 광에 들어가며, 적국이 무너

지고 나면 계략을 도모한 신하도 끝장이다.' 천하가 평정되었으니 나도 마땅

히 삶기는구나."

"(It is) just as people say. When the cunning hare is dead, the good

hound is boiled. When the soaring bird is gone, the good bow is taken

away to the shed. When the enemy state is demolished, the vassal who

plotted the campaign is doomed. Since all the lands under Heaven have

been pacified, it would be a fitting finale that I be boiled!" •

여기서 토끼[兎]의 죽음과 개[狗]의 최후가 따로 뽑혀 나와 이용 가치가

다한 사람이 버림받는 경우를 가리키는 '토사구팽'이라는 사자성어가

탄생했다. 이 말은 원래 춘추시대 말기 월왕 구천이 오나라를 멸망시킨

뒤 점점 교만해지고 의심이 많아지는 것을 보고 신하였던 범려가 그의

• "果若人言, '狡兎死, 良狗亨; 高鳥盡, 良弓藏; 敵國破, 謀臣亡.' 天下已定, 我固當亨!"

곁을 떠나면서 남긴 말이었는데, 한신이 자신의 기구한 처지를 묘사하면서 재활용하는 바람에 더욱 유명해졌다.

이렇게 반란 혐의를 받고 체포된 한신은 간신히 목숨은 건졌지만 초왕에서 회음후(淮陰侯)로 강등되어 한나라 수도 장안(長安)에서 살게 되었다. 한신의 능력을 두려워한 유방이 가까이 둔 채 감시하고 싶어 했기 때문이다. 『사기』에 실려 있는, 이 무렵 유방과 한신 사이에 있었던 뼈 있는 대화를 감상해 보자.

주상이 물었다. "나는 군사를 몇 명이나 거느릴 수 있겠는가?" 한신이 답했다. "폐하께서는 기껏해야 십만 정도밖에 거느리지 못하십니다." 주상이 "그럼 자네는 어떠한가?" 하니, 한신이 "소신이야 많으면 많을수록[多多] 좋사옵니다[益善]." 하고 답했다. 주상이 웃으며 "많을수록 좋다… 그런데 자네는 왜 나한테 잡힌 것인가?" 묻자, 한신이 말하기를 "폐하께서는 병사들을 거느리는 데는 능하지 않지만, 장수들을 거느리는 데는 뛰어나십니다. 이것이 제가 폐하에게 잡힌 까닭이옵니다. 폐하의 능력은 하늘이 내리신 것이요, 사람의 힘으로 되는 바가 아닙니다." 했다.

The Emperor asked, "So, how many soldiers do you think I can command?" Han Xin replied, "Your Majesty can command about 100,000 at best." The Emperor said, "What about you?" Han Xin said, "For me, the more the better." The Emperor, said, laughing, "The more the better... Then why were you captured by me?" Han Xin said, "Although Your Majesty is not that capable of commanding soldiers, since Your Majesty commands generals so well, that is why I was captured. Your Majesty's talent (to govern generals) was afforded by Heaven and no human endeavor can match it."•

우선 눈에 띄는 것은 호칭의 문제다. 한신은 유방을 꼬박꼬박 폐하(陛下)라고 깍듯이 칭하는 반면 유방은 한신을 그냥 자네(君)라고 부르는 것부터가 두 사람의 달라진 위상을 반영한다. 한창 잘나갈 때 한신은 자신의 군대를 거느리고 있으면서 유방이 항우를 공격하라고 하자 전리품으로 받을 봉토부터 먼저 약속하라고 했을 정도로 거의 대등한 관계에 있었다. 그런데 이제 유방은 천자가 되었고 한신은 봉토도 없는 허울 좋은 '후작'으로 전락한 것이다. 한신이 유방에게 군사들을 지휘할 능력은 없지만 장수들은 잘 지휘한다고 대답한 것은 병 주고 약 준 격이지만, 유방이 병법보다는 조직과 인재 경영의 귀재였다는 점에서는 일리가 있는 말이다. 한신이 말한 "많으면 많을수록 좋다.", 즉 '다다익선(多多益善)'은 '토사구팽'과 함께 이제 너무도 유명한 고사성어가 되었다.

한신은 이렇게 간신히 목숨을 부지하다가 기원전 196년, 유방이 북방의 반란을 진압하러 장안을 떠난 사이 유방의 아내이자 음모의 화신인 여황후(呂皇后)에게 모반죄를 뒤집어쓰고 처형당했다. 북방에서 돌아온 유방은 그 사실을 보고받고 크게 슬퍼했다고 하는데, 그렇다고 관련자들을 크게 문책하지도 않았으니 악어의 눈물이었을 가능성이 크다.

뻔뻔함, 공신들도 가차 없이 제거하는 단호함을 갖추었으며, 업무 분담뿐 아니라 책임 전가에도 능했던 풍운아 유방이 세운 통일 왕조 한(漢)제국은 이후 400년간 장수했다. 중국인이 쓰는 문자를 한자(漢字), 중국인을 한족(漢族)이라고 부르는 것에서도 알 수 있듯 한나라는 이후 중국의 문화적 정체성을 확립한 국가로 평가받는다.

• 上問曰: "如我能將幾何?" 信曰: "陛下不過能將十萬." 上曰: "於君何如?" 信曰: "臣多多而益善耳." 上笑曰: "多多益善, 何爲爲我禽?" 信曰: "陛下不能將兵, 而善將將, 此乃言之所以爲陛下禽也. 且陛下所謂天授, 非人力也."

사마천의 거대 역사 프로젝트

개국 이래 한나라의 가장 큰 골칫거리는 뭐니 뭐니 해도 오랑캐 흉노(匈奴)의 존재였다. 진시황이 쌓은 만리장성에도 아랑곳없이 흉노는 계속 중국의 국경을 침범하여 약탈과 파괴를 일삼았다. 초기 몇 차례의 정벌 전쟁에서 고배를 맛본 한나라는 이후 흉노에게 선물을 주고 한나라 공주와 흉노족 왕을 결혼시키는 혼인 동맹을 비롯한 각종 유화책을 추구했다. 한나라에게 흉노는 마치 완치가 불가능하여 조심스럽게 관리하지 않으면 안 되는 당뇨병과 같은 존재였던 것으로 보인다.

한동안 유화책을 기본으로 하던 한나라의 대 흉노 정책은 제7대 황제인 무제(武帝, 기원전 156~87) 대에 이르러 돌연 강경책으로 바뀌어 여러 차례 대규모 정복 전쟁을 감행했다. 그 과정에서 기원전 99년 토벌 작전에 참가한 이릉(李陵)이라는 장군이 흉노족과의 전투에서 포위된 끝에 항복하는 사태가 벌어졌다. 이 소식을 전해 들은 무제는 진노하여 이릉 대신 그의 가족을 처형하려고 했다. 기록을 보면 무제는 상당히 감정 기복이 심하여 홧김에 신하들을 벌주기도 하고 또 느닷없이 상을 내리기도 했던 인물이다. 재위 기간도 길어서 열다섯 살에 황제가 되어 거의 50년간 통치했다.

노발대발하는 무제의 서슬에 질려 여러 신하들이 입도 뻥긋하지 못하는 가운데, 오직 한 사람이 이릉의 처지를 변호하고 나섰다. 당시 한 황실의 공식 역사를 기록하는 책임을 진 태사령(太史令)이라는 직책에 있던 그의 이름은 사마천—『사기』의 저자, 바로 그 사람이었다. 사마천이 이릉을 변호하고 나선 것은 그와 무슨 특별한 친분이 있어서가 아니라 무제의 결정이 형평을 잃었다고 여겼기 때문이다. 당시 이릉과 함께 출정한 장군으로 이광리(李廣利)라는 인물이 있었는데, 사마천은 이광리의 군대 역시 흉노에게 엄청 깨지기는 마찬가지였음에도 무제가 그 일은 그냥 지나간 것을 지적하고 나섰다. 문제는 이광리가 무제의 처남이라는 것이었다. 무제는 사마천이 이광리의 경우를 거론하는 것을 자신이 이광리가 친척이기 때문에 봐준다고 꼬집는 것으로 여기고 격노하여 사마천을 처형하라고 명령했다.

당시 죄인은 사형 대신 생식기를 제거하는 궁형(宮刑)을 선택할 수 있었는데, 사마천은 바로 이 궁형을 택하여 목숨을 부지했다. 다만 사대부의 경우 궁형은 죽음보다 더한 치욕으로 여겼기 때문에 사마천이 궁형을 선택했을 때 주변에서는 거의 경악했다고 한다. 사마천의 선택은 목숨이 아까워서라기보다는 이릉 사건이 있기 수년 전 시작한 개인 프로젝트, 즉 『사기』를 완성하기 위해서였다. 원래 사마천이 『사기』를 쓰게 된 계기는 부친 사마담(司馬談)의 유언이었는데, 『사기』의 맨 마지막 권인 「태사공자서太史公自書」에 그 전말이 비교적 상세히 기록되어 있다. 이에 따르면 늙은 사마담은 공자가 『춘추』를 쓴 이래 제대로 된 역사책이 쓰이지 않고 있음을 탄식하며 아들 사마천에게 천하의 여러 사건과 인물의 업적을 정리한 역사책을 쓰도록 당부했다. 사마천은 부친이 사망한 뒤 유언을 받들어 바쁜 공무 중에도 틈틈이 집필을 계속하다 날벼락을 맞았던 것이다.

치욕적인 형벌을 받아들여 목숨을 부지한 사마천은 집필을 계속하여 결국 총 53만 자, 130여 책에 달하는 대작 『사기』를 완성했다. 『사기』는 제왕들의 행적을 기록한 본기(本紀), 각종 연표를 정리한 표(表), 각종 제도와 문물을 고찰한 서(書), 춘추전국시대 여러 제후국의 지배자들을 소개한 세가(世家), 그리고 오자서, 형가, 한신 등 고대 중국에 큰 발자취를 남긴 인물들의 삶을 그린 열전(列傳)으로 이루어진 방대한 책이다.

『사기』의 미덕이야 두 손으로 꼽기도 모자라지만, 특히 주목받는 것은 사마천이 역사가로서 보인 균형 감각이다. 예를 들면 『사기』의 본기는 삼황오제부터 한무제에 이르는 역대 제왕들의 흥망성쇠를 기술한 것인데, 그 속에는 항우의 전기인 「항우본기項羽本紀」, 그리고 유방의 아내 여태후(기원전 241~180)의 전기인 「여후본기呂后本紀」 등도 포함되어 있다. 이것이 특이한 이유는 항우와 여태후는 공식적으로는 당대에 천자가 아니었기 때문이다. 항우는 적어도 서류상으로는 허수아비 천자인 회왕의 아래 서열이었으며, 여태후 또한 유방의 뒤를 이은 아들 혜제(惠帝) 뒤에서 섭정을 했을 뿐이지만, 사마천은 형식과 호칭에 관계없이 항우와 여태후가 당대의 실세로서 사실상 천자의 역할을 수행했다고 보고 이들을 제왕의 반열로 밀어 올린 것이다. 낮에는 태사, 즉 왕실과 국가의 공식 기록을 책임진 어용 역사가로서 살아야 했던 사마천의 입장에서는 밤에 귀가하여 말하자면 공정한 '역사맨'의 복면과 망토를 쓰고 황제나 다른 정치인들의 눈치도 볼 필요 없이 선인들의 공과를 객관적으로 엄정하게 다루는 『사기』를 쓰면서 일종의 해방감 내지 카타르시스를 느낀 면도 없지 않았을 것이다.

사마천이 『사기』에서 어느 정도 자기 목소리를 드러내는 부분은 각 책의 말미에 등장하는, "태사공은 말한다.(太史公曰)"로 시작되는 짧은 품평뿐인데, 이조차도 근엄하고 절제된 톤이기는 마찬가지다. 『사기』에서 사마천이 자기 감정을 억제하지 못한 흔적이 보이는 거의 유일한 대목을 꼽으라면 열전의 첫 번째 이야기인 「백이열전伯夷列傳」의 후반부를 들 수 있다. 백이(伯夷)는 주무왕의 손에 은나라가 망해버리자 두 군주를 섬길 수 없다며 동생 숙제(叔齊)와 함께 산으로 들어가 풀만 뜯어 먹다가 영양실조로 죽은 인물이다. 그런데 흥미롭게도 정작 「백이열전」에서 백이 형제를 직접 소개한 부분은 전체의 절반 정도이며, 나머지는 사마천이 이른바 천도(天道), 즉 하늘의 도리를 격정적으로 논하는 내용으로 채워져 있다. 그 일부를 인용한다.

어떤 이가 말하기를, "천도(天道)는 사사로움이 없어 늘 선인(善人)과 함께 한다." 했다. 백이와 숙제 같은 사람은 정말 품행이 바른 선인이라고 할 수 있지 않겠는가? 그처럼 어질고 깨끗한 행위를 쌓았음에도 굶어 죽고 말았다니! 70명의 제자 중에서, 중니(仲尼)는 안연(顔淵)만이 배우기를 좋아한다고 칭찬했다. 이런 안회도 굶기를 밥 먹듯 하다가 술지게미[糟糠]조차 배불리 먹어 보지 못한 채 요절하고 말았다. 하늘이 선인에게 보답하고 베푸심이 어찌 이렇단 말인가? 도척(盜跖)은 날마다 죄 없는 이들을 죽이고 사람 고기를 먹는가 하면 멋대로 온갖 흉포한 짓을 일삼으며 수천의 무리를 모아 천하를 주름잡고 다녔음에도 끝내 천수를 다 누리고 죽었다. 이런 자가 무슨 덕을 행했을까? (…) 최근에도 하지 말아야 할 짓을 마음껏 일삼아도 죽을 때까지 온갖 즐거움을 누리고 부유함 역시 차고 넘쳐 대대로 끊어지는 일이 없는 자들이 있는가 하면, 땅도 가려 밟고 말도 때를 가려 하며 매사에 꼼수를 쓰지 않고 바른 일이 아니면 결코 힘써 행하지 않음에도 재앙을 입는 자는 셀 수 없이 많다. 나는 의심스럽다. 이른바 천도라는 것은 옳은 것인가, 그른 것인가?

Some say that "Providence has no preference and always lies on the side of the good men." Were such people as Bo Yi and Shuqi not enough to be called good and righteous? But they starved to death in spite of their virtues and purity. Among his 70 disciples, Confucius praised Yan Yuan as the only one who loved learning. However Yan Yuan frequently starved and died young without even having a chance to eat the dregs of wine to his heart's content. Why does Heaven treat good people like this? Dao Zhi died full of years although he slaughtered the innocent people and practiced cannibalism, roamed around the world committing vicious crimes at his pleasure. What kind of virtues were in a creature such as he? (…) In more recent times, there are people who wantonly commit prohibited deeds and still enjoy all the pleasures of the world, never running out of wealth for generations. Meanwhile, there are countless people who are prudent both in speech and in action, abhorrent to wickedness, and reserved in expressing emotions except for justifiable matters, find themselves in a disastrous situation after all. I am perplexed. Is this so-called Providence right or wrong?[•]

여기서는 백이, 숙제는 물론 사마천이 언급하는 다른 역사적 인물들의 면면도 흥미롭다. 우선 중니(仲尼)는 다름 아닌 공자의 자(字)다. 또 안연(顏淵)은 공자가 가장 아낀 수제자 안회(顏回)의 자로, 학문과 덕이 넘쳤지만 32세의 젊은 나이에 죽어 공자를 슬프게 한 인물이다. 한편 도척(盜蹠)은 9,000명의 도적 무리를 이끌던 우두머리로, 공자가 그를 교화하려고 찾아갔을 때 사람의 간을 회로 쳐 먹고 있었다는 인간이다. 이렇게 과거를 돌아보고, 다시 주변을 둘러봐도 도대체 착한 사람이 복을 받는다는 증거가 없다고 한탄하는 사마천의 절규—「백이열전」의 이 대목을 읽을 때마다 장장 2,000여 년의 시간을 넘어서 그 문장을 써 내려가던 순간 사마천이 토했을 절절한 울분이 그대로 전해지는 느낌이다. 천도, 다시 말해 정의가 승리하는 역사가 과연 존재하는가? 전한 시대의 태사령 사마천이 던진 질문은 지금도 유효하다.

• 或曰: "天道無親, 常與善人." 若伯夷、叔齊, 可謂善人者非邪? 積仁絜行如此而餓死! 且七十子之徒, 仲尼獨薦顏淵爲好學. 然回也屢空, 糟糠不厭, 而卒蚤夭. 天之報施善人, 其何如哉? 盜蹠日殺不辜, 肝人之肉, 暴戾恣睢, 聚黨數千人橫行天下, 竟以壽終. 是遵何德哉? (…) 若至近世, 操行不軌, 專犯忌諱, 而終身逸樂, 富厚累世不絕. 或擇地而蹈之, 時然後出言, 行不由徑, 非公正不發憤, 而遇禍災者, 不可勝數也. 余甚惑焉, 儻所謂天道, 是邪非邪?

『삼국지』의 시대

『삼국지』 vs. 『삼국지연의』

한나라는 서기 2세기 말 환관 집단인 십상시(十常侍)의 횡포로 상징되는 조정의 부패와 황건적(黃巾賊)의 난으로 표출된 민심 이반을 겪으며 급격히 쇠퇴했다. 이후 중국에서는 수많은 군벌들이 무한 경쟁을 벌인 혼란기를 거쳐, 화북을 장악한 조조(曹操), 서부의 쓰촨 지역을 차지한 유비(劉備), 양자강 남동쪽에 기반을 다진 손권(孫權)을 각기 시조로 하는 위(魏), 촉(蜀), 오(吳)가 대결한 삼국시대(三國時代, 기원후 220~280)가 잠시 펼쳐진다.

이 시기를 집중적으로 다룬 역사책이 진(晉)나라의 역사가 진수(陳壽, 233~297)가 저술한 『삼국지三國志』이며, 명나라 시대의 인물 나관중(羅貫中)이 쓴 동양 문학의 결작 『삼국지연의三國志演義』는 정사 『삼국지』의 내용을 기초로 상상력을 가미하여 지은 픽션, 혹은 요즘 말로 하면 팩션

(faction)이다.(참고로 영어의 faction은 원래 분파, 파당을 뜻하는 정치 용어이기도 하며 그런 의미로 훨씬 많이 쓰인다.) 『삼국지』는 영어로 'The Records of the Three Kingdoms', 『삼국지연의』는 'The Romance of the Three Kingdoms'로 표기하는 것이 보통이다. 정사 『삼국지』는 엄연한 'records(기록)'인 반면, 『연의』는 어디까지나 'romance(전기 소설傳奇小說)'인 것이다. 정사 『삼국지』의 첫 문장은 다음과 같다.

태조 무황제는 패국 초현 출신으로, 성씨는 조(曹), 휘는 조(操), 자는 맹덕 (孟德)이며, 한나라 상국 [조]참의 후손이다.

Tai-zu (Grand Ancestor) Emperor Wu, whose surname was Cao, name Cao, and courtesy name Mingduh, was a native of Qiao, Pei-guo, and a descendant of Chancellor Cao Shen.*

이를 "천하 대세란 분열되면 반드시 합쳐지고, 합쳐지면 반드시 분열 되기 마련이니(話說天下大勢, 分久必合, 合久必分)"라는 낭독 조로 시작되는 『삼국지연의』, 또는 "한 나그네가 있었다. (…) 눈썹은 수려하고 입술은 다홍색, 특히 총명한 눈동자에 도톰한 볼을 지니고 항상 미소를 머금 은" 운운하며 마치 무협지 주인공 소개하듯 유비를 등장시키며 시작하 는 일본 작가 요시카와 에이지(吉川英治)의 유명한 소설 『삼국지』 등과 비교해 보라. 정사 『삼국지』는 태생이 매우 다른 콘텐츠임을 단번에 알 수 있다.

역사책인 정사 『삼국지』는 팩션인 『연의』를 읽는 것과는 다른 독특한 재미를 선사한다. '조조의 재발견'만 해도 그렇다. 정사 『삼국지』의 첫

* 太祖武皇帝, 沛國譙人也, 姓曹, 諱操, 字孟德, 漢相國參之後。

청나라 시대에 간행된 『삼국지연의』에 등장하는 조조의 삽화. 조조라는 캐릭터에 썩 호의적이지 않은 『연의』의 시각을 잘 보여 준다. 그러나 공식 역사 기록이 전하는 조조의 인물됨은 『연의』의 그 '간웅(奸雄)'과는 사뭇 다르다.

권은 앞서 소개한 문장으로 시작하는 「무제기武帝紀」, 바로 조조의 일대기인데, 그 속에서 드러나는 조조의 면모는 『연의』의 그것과는 사뭇 다르다. 가령 「무제기」에는 다음과 같은 대목이 있다.

여포는 유비를 공격하여 하비를 취했다. 유비가 [조조에게] 도망 왔다. 정욱이 공[조조]에게 이르기를, "유비를 보건대 크게 민심을 얻을 만한 영웅의 자질이 있사옵니다. 다른 사람 밑에서 끝낼 인물이 아닙니다. 빨리 서두르느니만 못합니다." 했다.

Lu Bu attacked Liu Bei and took Xiapi. Fleeing from Lu Bu, Liu Bei came. Cheng Yu advised Duke Cao, saying, "Observing Liu Bei, I read in him heroic qualifications to win people's hearts. He is not the one who would minister under somebody else. A quick move would be rather desirable."●

● 呂布襲劉備, 取下邳。備來奔。程昱說公曰："觀劉備有雄才而甚得衆心, 終不爲人下, 不如早圖之。"

"빨리 서두르느니만 못하다.(不如早圖之)"—에둘러 말하기는 했지만 조조의 참모인 정욱은 속히 유비를 죽여 후환을 없애라고 충고한 것이다. 그런데 이때 조조의 대답이 매우 인상적이다.

공이 말하기를, "지금 당장은 영웅을 거둘 때다. 한 사람을 죽여 천하의 민심을 잃을쏘냐. 아니 된다.(不可)" 했다.
Duke Cao said, "Now is the time to protect heroes, not to kill one and lose public sentiment. No."•

'불가(不可)'—한자를 잘 모르는 독자라도 이 말 한마디의 단호한 느낌은 짐작할 수 있으리라. 이 대화에 따르면 조조, 확실히 대인배다. 유비를 일부러 살려 둔 조조는 우물쭈물하다가 실기하여 할 수 없이 유방을 살려 준 항우와는 멘탈이나 스케일 자체가 다르다. 조조는 천하 민심의 흐름상 유비 같은 영웅을 거두어 보호해야 할 때라고 결론을 내린다. 또 유비가 공을 세우고 업적을 이뤄 봐야 결국에는 모두 자기 품 안에 들어올 것이라는 여유도 느껴진다. 남들보다 긴 호흡으로 세상을 보는 것도 분명 리더의 자질이다.

『연의』속의 여러 빅 이벤트들이 정사『삼국지』에서는 단신 기사로 취급되거나 아예 언급조차 없는 경우, 혹은 그 반대의 경우도 허다한 것 역시 흥미롭다. 『연의』에 등장하는 그 유명한 관우(關羽)의 오관참육장(五關斬六將)이나 조자룡(趙子龍)이 단기필마로 조조의 백만 대군 속을 헤집고 다니는 등의 장면은 정사와 전혀 관계없는 창작이다. 또『연의』의 클라이맥스라고 할 수 있는 적벽대전(赤壁大戰)만 해도 정사『삼국지』는 기

• 公曰: "方今收英雄時也, 殺一人而失天下之心, 不可."

조조의 군대와 손권, 유비의 연합 세력이 접전을 벌인 것으로 알려진 적벽. 『삼국지연의』에서 적벽대전은 중반부의 클라이맥스를 이루는 대사건이지만, 정사 『삼국지』 속의 관련 기록은 비교적 간략하다.

껏 짧은 문단 몇 개로 처리하고 있다.

차이점은 그뿐이 아니다. 가령 『연의』를 보면 여러 전투에 동원된 병력 규모가 정말 장난이 아니다. 『연의』는 적벽대전 때 강남에 내려온 조조의 원정군 규모를 83만이라고 하고 있지만, 정사 『삼국지』에는 정확한 병력 수가 나와 있지도 않으며 역사가들은 10만 명 정도의 규모였을 것으로 본다. 또 『연의』에는 유비가 관우의 원수를 갚으려고 오나라를 공격할 때 72만의 대병력을 동원했다고 하는데, 역시 심각하게 '뿜뿌질'한 숫자다. 당시 촉의 인구는 많이 잡아 줘야 150만 명 남짓이었던 것 같은데, 그렇다면 온 나라의 장정들을 죄다 소집했다고 해도 72만 대군은 어림도 없는 소리다. 당시 유비가 거느린 실제 원정군의 규모는 최대 5~6만 명을 넘지 못했을 것이다.

「출사표」와 촉한 정통론의 허실

당연한 얘기지만 정사 『삼국지』에서 소개되는 제갈량(諸葛亮, 181~234) 역시 『연의』 속의 그 반신반인(半神半人) 같은 이미지는 아니다. 적벽대전에 앞서 남동풍을 불러오지도 않고, 자기 수명을 좀 더 늘려 보겠다고 하늘에 제사를 지내는 따위의 희한한 이벤트도 하지 않는다. 정사 속의 제갈량은 뛰어난 정치가, 행정가이기는 하지만 간혹 유연성이 부족하고 고집스러운 면도 있는 한 인간에 지나지 않는다. 하지만 출중한 재능에 더해 청렴했으며, 한 왕조 부흥이라는 대의에 온몸을 바친 충성스러운 인물임에는 틀림없다.

제갈량의 기질을 잘 드러내 보이는 것이 바로 「출사표出師表」다. 「출사표」는 오나라 정벌에 실패한 뒤 화병으로 죽은 유비의 유조를 받들어 위나라를 치려는 북벌을 떠나면서 제갈량이 촉의 2세 황제 유선(劉禪)에게 바친 상소다. 「출사표」에는 두 가지가 있는데, 서기 227년 북벌을 위해 한중(漢中)으로 진군하기에 앞서 유선에게 바친 것을 「전출사표前出師表」, 228년 2차 북벌에 앞서 제출한 것을 「후출사표後出師表」라고 한다. 유명하기는 「전출사표」가 더하지만, 내 개인적으로는 「후출사표」가 더 흥미롭다. 시간상 단 1년 간격을 두고 쓰였음에도 둘은 그 어투나 정서가 무척 다르다. 「전출사표」에는 그래도 뭔가 잘해 보려는 희망의 분위기가 있는 반면, 「후출사표」는 시종일관 비장한 어조다. 1차 북벌이 사실상 실패로 끝나고 조정에서 북벌 전략 자체에 대한 회의론이 고개를 들자 이를 잠재우기 위해 쓴 듯하다.

「후출사표」는 진수의 오리지널 『삼국지』가 아니라 동진(東晉) 시대 역사가 배송지(裴松之)가 진수의 책에 상세한 주석을 추가하여 새로 편찬한 진수-배송지 판 『삼국지』에 등장하는데, 후대의 위작이라는 주장도 끊

제갈량의 상상화. 풍운아 유비를 보좌하여 촉한을
세운 일등 공신이다. 재능보다는 오히려 충성심과
강직함으로 더 빛나는 인물.

이지 않는다. 내가 보기에는 비록 후대에 첨삭이 있었다고는 해도 제갈
량이 쓴 원본에 어느 정도 근거하고 있지 않은가 싶다. 고집스럽고 직설
적인 제갈량의 기질이 잘 드러나 있어서다. 「후출사표」에서 제갈량은 스
스로 "이해할 수 없다.(未解)"고 선언한 상황을 조목조목 나열하고 있는
데, 다음은 그 첫 번째 내용이다.

고조 황제[유방]께서는 영명하심이 해와 달과 같고 신하들의 재주도 못처
럼 깊었으나, 위태로움을 겪은 연후에야 비로소 안정되셨사옵니다. 지금 폐
하는 재능이 고조 황제께 미치지 못하시고 신하들 역시 감히 장량과 진평
같은 자가 없음에도, (…) 가만히 앉아 천하를 평정하려 하시니, 이는 신이
이해할 수 없는 첫 번째 일이옵니다.

Although Emperor Gao-zu (Supreme Ancestor) was as bright as the sun
and the moon, and the talent pool of his vassals as deep as a pond, his
regime became stabilized only after major crises were overcome. Now
while Your Majesty's greatness falls behind Emperor Gao-zu and talents

21세기의 청두 시. 현대 중국에서는 쓰촨 성의 성도이자 첨단 산업 및 물류, 관광의 중심지이기도 하지만, 역사적으로는 중화 문명권에서 다소 떨어진 사실상의 오지였다. 유비는 이 청두를 도읍으로 삼아 촉한을 세웠다.

as great as Jiang Liang or Jin Pin are not found in your council either, Your Majesty desires to calm all the lands under the Heaven, (⋯) but by just sitting idle, which is the first thing I am unable to comprehend.[•]

아예 시작부터 후주 유선에게 돌직구를 날리고 있다. 유방보다 훨씬 자질이 모자란 데다 유방을 도왔던 장자방이나 진평 같은 인재도 없는 주제에 현상 유지만 한다면 언제 대업을 이루겠느냐는 한탄이다. 제갈량의 논조는 뒤로 갈수록 더욱 절박해진다.

지금 백성들은 궁핍하고 병졸들은 피로하나 그렇다고 대사를 그만두는

• 高帝明竝日月, 謀臣淵深, 然涉險被創, 危然後安。今陛下未及高帝, 謀臣不如良、平, (⋯) 坐定天下, 此臣之未解一也。

청두 시에 있는 제갈량 사당.

것은 아니 될 일이옵니다. 그만둘 수 없다면 지키고 있는 것이나 진격하는 것이나 그 노고와 비용은 같사온데, 속히 도모하지 아니하고 오직 한 주의 땅에만 만족하여 역적과 더불어 그저 대치하려고만 하시니, 이는 신이 이해할 수 없는 여섯 번째 일이옵니다.

Now people are destitute and soldiers weary but we cannot drop the mission. If we cannot give up, then maintaining the status quo would consume the same efforts and resources as marching forward. However, Your Majesty appears content with ruling a single province, counterposing to the traitors, which is the sixth thing I am unable to comprehend.[*]

----

[*] 今民窮兵疲, 而事不可息, 事不可息, 則住與行勞費正等, 而不及今圖之, 欲以一州之地與 賊持久, 此臣之未解六也。

한 주〔一州〕란 촉이 차지했던 익주(益州)를 말하는데, 당시 중국 땅에서 위가 지배한 주는 9주, 오의 경우도 3주에 달했다. 당연히 그에 따른 국력의 격차도 어느 정도였을지는 그림이 나온다. 다시 말해 당시 위가 마음먹고 총공세를 펼친다면 촉은 언제라도 무너지게 되어 있었다고 할 수 있다. 이런 상황에서 결국 앉아 죽으나 나가서 싸우다 죽으나 마찬가지니 차라리 공격을 택하자는 제갈량의 어조는 비장하다 못해 눈물이 날 지경이다.

비록 제갈량은 조조의 아들 조비(曹조)가 세운 위나라를 역적이라고 불렀지만, 진수는 위나라를 한나라를 계승한 정통 왕조로 보았다. 이는 책의 구성에서도 곧 알 수 있다. 우선 진수는 위나라 역사를 다룬 「위서魏書」를 맨 앞자리에 놓았으며,(시기상으로도 위가 촉한보다 먼저 건국된 것이 사실이다.) 비록 생전에 황제는 아니었으나 사실상 천자 역할을 했던 조조를 위나라의 태조 황제로 대우했다. 반면 「촉서蜀書」와 「오서吳書」의 경우에는 유비, 손권의 일대기를 각각 「선주전先主傳」, 「오주전吳主傳」이라고 하는 등 칭호에서부터 분명히 선을 그었다. 즉 진수는 비록 저마다 나라를 세운 두 사람의 오너십까지는 인정하되―그래서 주인 '주(主)'다.―진정한 황제/천자는 아니었다고 본 것이다.

그럼에도 유비가 세운 촉을 정통으로 보는 촉한 정통론 역시 이후 중국 역사에서 심심찮게 고개를 들곤 했다. 특히 송대와 명대의 중국 지배층을 중심으로 성리학이 득세하면서 촉한 정통론은 새롭게 조명받았다. 명분을 중시하는 성리학적 분위기에서 위나라를 세운 조비는 한나라 마지막 황제 헌제(獻帝)로부터 제위를 빼앗은 찬탈자로 비친 반면, 한 왕조를 다시 일으키고자 고군분투한 촉한의 유비는 아무래도 동정표를 얻을 여지가 많았기 때문이다. 『연의』 역시 촉한 정통론의 톤을 따르고 있음은 물론이다.

하지만 한 황실의 계승자로서 유비의 자격은 논란의 여지가 있다. 유비는 한나라 경제(景帝)의 일곱째 아들인 유승(劉勝)의 후손이라고 말하고 다녔지만 그 족보가 확실한 것은 아니다. 그리고 설사 유비가 한나라 황족이었다고 쳐도 문제는 여전히 남는다. 유비와 제갈량이 내건 한 황실 재건이라는 기치가 정말 당대의 시대적 요청에 부응하는 것이었는지 의문스럽기 때문이다. 오히려 당시 천하의 민심은 계속되는 전란 속에 이미 한나라를 떠났으며, 유씨 왕조를 대신하는 새로운 질서에 대한 갈망이 높았다고 하는 편이 더 정확할 것 같다. 어쩌면 유비 + 제갈량의 노력은 마치 전국시대 막판의 태자 단 + 형가 콤비와 마찬가지로 시대적 분위기 파악을 제대로 하지 못한 반동 세력의 몸부림에 가까울지 모른다. 결국 촉은 위나라에(기원후 263), 오는 위나라를 무혈로 승계한 진나라에(기원후 280) 멸망당하면서 삼국시대가 막을 내리고 대륙은 다시 통일된다.

전문 역사가들이 들으면 펄쩍 뛸 얘기겠지만, 나는 정사 『삼국지』와 『연의』는 서로의 대체재라기보다는 상호 보완재라고 본다. 정사 『삼국지』는 분명 뛰어난 역사서다. 하지만 중국 역사의 큰 흐름에서 보면 그리 대단한 의미도 없는 짧은 혼란기였을 뿐인 삼국시대를 지금도 수많은 이들이 기억하도록 만든 것은 정사보다는 팩션 『연의』의 공이다. 그리고 정사 『삼국지』를 읽고 나서도, 『연의』에 등장하는 영웅호걸들의 활약에서 느끼는 감동의 무게는 결코 줄어들지 않는다.

다시 '중국'을 생각하며

정사 『삼국지』의 「오서」에는 다음과 같은 문단이 등장한다.

소(紹)는 유수까지 갔다가 〔오나라로〕 불려 돌아와 죽음을 당했고, 그의 가족은 건안으로 강제 이주되었다. 이전에 어떤 사람이 소가 중국(中國)을 칭찬했다고 보고했기 때문에 이런 일을 당한 것이다.

Shao went as far as Ru-xu, but was recalled and killed. His family was subsequently ordered to move to Jian-an. Such an incident occurred since someone had previously reported that Shao glorified the middle kingdom. •

여기서 소(紹)는 오나라 말기의 고위 관리 서소(徐紹)를 말한다. 그런데 왜 중국 사람이 중국을 칭찬했는데 처형까지 당했던 것일까? 그 이유는 여기서 중국이 다름 아닌 위나라를 뜻하기 때문이다. 당시 위가 천하의 중심 지대인 화북 지방에 위치하고 있었기 때문에 말 그대로 중국(中國), 즉 가운데 위치한 나라라고 부른 것이다. 즉 서소는 오나라의 적국인 위나라를 임금 앞에서 좋게 이야기했다가 '국가보안법 위반' 내지는 괘씸죄에 걸려 신세를 망친 것이다. 이렇게 중국은 삼국시대까지도 사실상 보통명사였다.

중국(中國)이라는 단어는 이미 주나라 시대에 최초로 사용된 기록이 전한다. 주나라의 제2대 군주 성왕(成王) 때에 제작된, 흔히 '하존(何尊)'이라고 불리는 제사용 술잔 표면에 새겨진 명문(銘文) 속에 등장하는 것이다. 명문에 따르면, 성왕의 아버지인 무왕(武王)이 상나라를 멸망시킨 뒤 상의 수도에서 하늘에 제사를 지내고 다음과 같이 말했다고 한다.

"이 가운데 지역〔中國〕에 살면서 여기서 백성을 다스리겠다."
"I shall reside in this central region and from here rule my people." ••

주나라 시대 청동기. 중국(中國)이라는 표현은 주나라 시대의 제기에서 가장 먼저 등장했다.

　문제의 술잔은 1960년대 산시 성의 한 농가에서 우연히 발견되었는데, 말할 것도 없이 지금 중국에서는 국보 중의 국보로 대접받고 있다. 1960년대라면 중국에서는 저 악명 높은 문화혁명(Cultural Revolution)이 한창이었을 때다. 마오쩌둥(毛澤東)을 광신적으로 추종하던 홍위병들이 여러 왕릉, 고분을 닥치는 대로 파헤치고 공자의 사당까지 공격하는 등 각종 문화재 훼손이 극심하던 시절에 이 술잔이 온전히 살아남아 박물관에 넘겨진 것은 불행 중 다행이다.

　중국(中國)이라는 표현을 사용할 당시 무왕에게 '중국 = 천하 = 전 세계'라는 생각은 없었던 듯하다. 오히려 '서백창 씨'의 아들로 서쪽 변방 출신인 그가 보기에 새로 점령한 상의 수도 주변 지역이 말 그대로 영토의 한가운데(中)에 위치하기 때문에 이 중심부에서 다스리는 것이 편리

　• 紹行到濡須, 召遷殺之. 徙其家屬建安, 始有白紹稱美中國者, 故也。

　•• "余其宅玆中國, 自玆乂民。"

베이징의 자금성(위)과 천단(天壇)(아래). 자금성은 원나라 이래 중국 황제의 거처였으며, 천단은 황제가 천자의 자격으로 하늘에 제사를 지내던 곳이다.

하리라는 의미로 언급했던 것으로 보인다. '국(國)' 자 역시 고대의 텍스트에서는 종종 큰 규모의 독립 국가가 아니라 제후에게 내린 봉토나 영지, 혹은 일개 행정 지역을 뜻하는 경우가 허다했다.

하지만 물론 현대 중국인들에게 중국이라는 말은 국호인 동시에 '세계의 중심(center of the world)'이라는 의미로 다가올 것이다. '중화(中華)'라는 말 역시 중심[中]에서 화려하게 빛난다[華]는 뜻이다. 중국은 현재 당면한 국내외의 여러 도전을 딛고 결국 아시아의 여러 나라들을 주도적으로 이끌며 평화와 번영을 구가하는 진정한 '중화', 즉 '팍스 시니카 (Pax Sinica)'를 21세기에 이룰 수 있을까? 아니면 서구의 일부 전문가들이 주장하듯이 1당 독재 체제의 구조적 모순을 비롯한 여러 정치, 사회, 경제적 문제들을 슬기롭게 해결하지 못한 채 결국 미국 같은 초강대국도 아니고, 그렇다고 약소국도 아닌, 어정쩡하게 가운데에 걸린 나라라는 의미의 Middle Kingdom, 즉 중국(中國)이 될까? 결론이 나오기까지는 아직 시간이 좀 더 필요할 듯하다.

Chapter
5

중세와 르네상스의 명장면

샤를마뉴의 추억

샤를마뉴라는 이름

'제과점 이름 같네.'—오래전 '샤를마뉴(Charlemagne)'라는 단어를 처음
접했을 때 든 느낌이다. 여기서 제과점 이름 같다고 한 것은 실은 굉장
히 그럴듯해 보인다는 뜻이다. 내가 어렸을 때만 해도 뉴욕 제과, 크라
운 제과 같은 제과점/빵집은 정말 일 년 중 아주 특별한 날에만 기웃거
릴 수 있는 고급스러운 장소였다. 제과점은 고사하고 심지어 동네 슈퍼
에 진열된 '샤니'니 '콘티넨탈' 같은 공장제 빵도 매일 사 먹을 수 있는
것은 아니었으니까.

그렇다고 뭐 우리 동네에 '샤를마뉴'라는 간판을 단 제과점이 진짜로
있었던 것은 아니다. 내가 그 이름을 처음 알게 된 것은 아니나 다를까
책을 통해서였다.(간서치가 별수 있나.) 어렸을 때 나는 한동안 프랑스 작가
모리스 르블랑(Maurice Leblanc)이 창조한, 탐정과 도둑이라는 도무지 양
립할 수 없을 것 같은 두 가지 임무를 종종 겸하는 캐릭터 아르센 뤼팽

샤를마뉴의 추억 17th Brunch Time 327

(Arsène Lupin)의 활약을 그린 추리/모험 시리즈에 푹 빠져 있었다. 그러던 어느 날 뤼팽이 등장하는 「하트의 세븐 *The Seven of Hearts*」이라는 단편을 읽게 되었는데, 그 이야기에 문제의 샤를마뉴가 등장했던 것이다. 말이 나온 김에 그 장면을 잠깐 소개해 볼까 한다. 여기 등장하는 두 화자는 바로 뤼팽과 르블랑이다. 마치 셜록 홈스(Sherlock Holmes) 시리즈의 왓슨 박사(Dr. Watson)처럼, 저자인 르블랑은 스스로를 뤼팽의 친구이자 조수로 작품 속에 종종 등장시킨다. 「하트의 세븐」은 유럽 열강들 사이에 군비 경쟁이 한창이던 1차 대전 직전이 그 배경인데, 뤼팽은 군사 기밀 서류가 숨겨져 있는 금고를 가리키며 르블랑에게 이렇게 설명한다.

"여기 왔을 때 나는 비밀 자물쇠로 채워진 금고 안에 작은 상자가 있다는 것을, 그리고 하트의 세븐 카드가 그 자물쇠를 여는 열쇠라는 것을 알았지. 나는 단지 그 카드를 분명히 의도된 것으로 보이는 위치에 맞추기만 하면 됐던 거지. 한 시간의 검토 끝에 나는 그 위치가 어디 있는지를 알았네. (…) 모자이크 속의 인물을 보게."

"노황제 말인가?"

"저 노황제는 모든 카드 게임에 등장하는 하트의 왕, 샤를마뉴를 그대로 재현한 것일세."

"Well, I knew when I came here that there was a casket concealed in a safe with a secret lock, and that the seven-of-hearts was the key to that lock. I had merely to place the card upon the spot that was obviously intended for it. An hour's examination showed me where the spot was. (…) Observe the fellow in mosaic."

"The old emperor?"

"That old emperor is an exact representation of the king of hearts of all card games, Charlemagne."

이 기억이 아직도 선명한 것은, 다시 말하지만 '샤를마뉴'라는 이름 속에 어딘지 고급 제과점이나 경양식 레스토랑을 연상시키는 분위기가 있었기 때문일 것이다. 게다가 명절날 일가친척들이 모이면 흔히 벌어지던 가벼운 노름판에서 사용되던 두 종류의 카드, 트럼프와 화투 중 아무래도 왕과 여왕의 화려한 이미지가 들어간 트럼프 쪽이 왠지 더 그럴듯해 보여 자꾸 눈길이 갔던 탓도 있을지 모른다. 뤼팽의 말은 바로 그 트럼프 카드 속에 등장하는 황제가 샤를마뉴라는 것 아닌가. 왜 샤를마뉴가, 아니 정확하게는 샤를마뉴를 묘사한 모자이크가 사건의 결정적 열쇠를 쥐고 있는 것인지 궁금한 독자들은 직접 작품을 읽어 보기를 권하며, 여기서는 그 트럼프 속 노황제의 모델이 된 실존 인물 샤를마뉴(747?~814)와 그가 살았던 시대를 한번 살펴보자.

어떤 사람들은 유럽의 중세를 '암흑시대(dark age)'라고 싸잡아 부르기도 하지만 이는 지나친 단순화다. 중세가 문명의 암흑기였다는 시각은 르네상스 사상가들을 필두로 계몽주의 시대에 절정에 달했는데, 워낙 그리스 로마 시대를 동경하다 보니 그 뒤를 이은 중세를 부정적으로 보게 된 측면이 있다. 군이 따지자면 암흑시대라는 말은 로마 제국이라는 구심점이 사라진 자리에서 여러 야만족들이 무한 생존경쟁에 돌입한 통에 유럽이 정치적으로나 문화적으로 정체 내지는 퇴보 상태에 놓였던 서기 5~7세기를 일컫는 데 적합한 표현이다. 이러한 암흑시대를 종식하고 유럽을 로마 제국 이후 가장 질서 있는 문명권으로 정리하는 데 크게 공헌한 이가 바로 프랑크 왕국(Frankish Kingdom)의 지배자 샤를마뉴였다.

중세가 낳은 가장 위대한 군주라고 할 수 있는 샤를마뉴는 전 유럽에 걸쳐 활발한 정복 사업을 벌이는 한편, 후대 역사가들이 '카롤링거 왕조의 르네상스(Carolingian Renaissance)'라고 부르는 문예 부흥기를 선도하기도 했다. 또 그가 지배한 프랑크 왕국은 현재의 프랑스, 독일은 물론 스페인 북부, 이탈리아 반도까지 뻗어 나가 있었기 때문에 샤를마뉴는 지금까지도 유럽 각국의 역사 속에서 매우 중요한 인물로 취급된다. 사실 지금의 유럽 연합(EU)이라는 것도 샤를마뉴가 정복과 회유를 통해 유럽의 주요 지역을 자신의 왕국과 그 연합 세력으로 재편성한 데서 그 원형을 찾을 수 있다. 영국의 시사 주간지 『이코노미스트 The Economist』가 유럽의 정치 경제 문제를 중점적으로 다루는 칼럼의 제목을 다름 아닌 '샤를마뉴(Charlemagne, 영어식 발음은 샬러메인)'로 하고 있는 것도 바로 그의 공적에 대한 오마주다.

이쯤에서 역사 상식 퀴즈 하나. 다음 보기 가운데 샤를마뉴를 부르는 가장 적절한 방법은 무엇일까?

1. 카를 대제
2. 찰스 대제
3. 샤를마뉴
4. 샤를마뉴 대제

혹시 4번을 선택한 독자가 있는지? 늘 그렇듯이 이번에도 약간의 함정이 있다. 정답은 1, 2, 3번이다. 카를 대제(Karl der Große)는 독일어로, 찰스 대제(Charles the Great)는 영어로 그를 부르는 호칭이다. 프랑스에서는 흔히 그대로 샤를마뉴(Charlemagne)라고 한다. 그런데 왜 4번의 샤를마뉴 대제는 틀린 걸까? 영어 텍스트에서도 Charlemagne the Great가 전혀 눈에 띄지 않는 것은 아니지만, 이는 동의어 반복의 오류다. 왜냐하면 Charlemagne 뒷부분의 '-magne'가 '위대한'이라는 뜻의 라틴어 마그누스(*magnus*)에서 변형된 어미로 이미 the Great(대제)라는 뜻을 포함하고 있기 때문이다. 다시 말해 샤를마뉴 자체가 찰스 대제(영어), 샤를 대제(프랑스어), 혹은 카를 대제(독일어)라는 의미다. 그러니까 샤를마뉴 대제라고 하는 것은 베이커리 혹은 빵집이라고 쓰는 대신에 '베이커리 빵집'이라고 하는 것과 같다.(또 빵집 얘기를 하고 말았다.) 뭐, 몰라도 사는 데 큰 지장은 없지만 알아 두면 나쁠 것 없는 역사 상식이다.

신성 로마 제국의 탄생

샤를마뉴는 유럽의 군주 가운데 최초로 교황에게서 신성 로마 제국(Holy Roman Empire)의 황제라는 칭호를 받은 인물이기도 하다. 이는 샤를마뉴의 개인적 야심과 당시 교황청의 정치적 계산이 절묘하게 맞아떨어진 결과였다.

중세를 종종 교황의 시대, 종교의 시대라고도 하지만, 이 역시 '암흑 시대'만큼이나 지나친 단순화다. 원래 교황은 그리스도교 초기에는 여러 교구 가운데 하나인 로마의 주교에 불과했다. 하지만 워낙 로마라는 도시가 가지는 아우라가 강했던 데다 북아프리카와 중동 지역의 교구들이 점점 이슬람과 동방정교 세력에 의해 가톨릭적 교리와는 다른 길을 걷게 되면서 자의 반 타의 반으로 서유럽 그리스도교를 대표하는 정신적 지도자 역할을 맡게 된 것이다. 중세의 교황들 가운데는 물론 세속의 군주를 초월하는 파워와 영향력을 행사한 인물도 있지만, 때로는 세속의 권력 투쟁과 정치적 이해관계에 휘둘리며 유명무실한 존재로 전락하거나 현실 권력의 꼭두각시가 된 인물도 적지 않았다.

서기 8세기의 교황 레오 3세 역시 로마의 몇몇 유력 귀족 가문들이 벌인 권력 투쟁의 소용돌이에 휘말린 희생자였다. 심지어 레오 3세는 그

로마 바티칸의 라파엘로 실 벽면을 장식한 프레스코화 〈샤를마뉴의 대관식〉. 르네상스 화가 라파엘로
가 이끈 공방의 도제들이 제작한 집단 창작 작품으로 알려져 있다. 역사적 사건의 현장에서 실제로 벌
어졌을 어수선한 상황을 꽤 사실적으로 묘사하고 있다.

를 반대하는 추기경들과 귀족 세력에게 백주에 테러 공격을 당해 혀가
잘리고 눈이 뽑히는 참변을 겪기까지 했다. 이때 간신히 목숨을 건진 교
황이 도움을 요청한 대상이 다름 아닌 샤를마뉴였다. 이탈리아에서의
영향력을 확대할 기회를 노리던 샤를마뉴는 교황의 부름에 즉각 호응하
여 로마에 입성한 뒤 교황의 정적들을 제압하고 정국을 안정시켰다. 그
러자 교황은 샤를마뉴의 공적을 치하할 이벤트를 준비한다. 여기서 잠
시, 샤를마뉴의 측근이기도 했던 역사가 아인하르트(Einhard, 770?~840)
가 주군의 행적을 기록해 놓은 『샤를마뉴 일대기The Life of Charlemagne』
속 한 대목을 읽어 보자.

　　따라서 샤를은 로마로 가서 큰 혼란에 빠진 교회의 상황을 정리하고 온 겨

울을 그곳에서 보냈다. 그가 황제이자 존엄한 자라는 칭호를 받은 것은 바로 그때였는데, 처음에는 이 칭호를 너무도 싫어한 나머지, 교황의 의도를 미리 알았더라면 그 수여일이 비록 성대한 축일이기는 했지만 교회에 결코 발을 들이지 않았을 것이라고 단언했다. 이 조처를 탐탁지 않게 여긴 로마의 황제들이 샤를의 이런 주제넘은 칭호에 드러내던 질투심을 그는 아주 참을성 있게 감내했다.

Charles accordingly went to Rome, to set in order the affairs of the Church, which were in great confusion, and passed the whole winter there. It was then that he received the titles of Emperor and Augustus, to which he at first had such an aversion that he declared that he would not have set foot in the Church the day that they were conferred, although it was a great feast-day, if he could have foreseen the design of the Pope. He bore very patiently with the jealousy which the Roman emperors showed upon his assuming these titles, for they took this step very ill.

이렇게 해서 샤를마뉴는 교황 레오 3세에 의해 신성 로마 제국의 황제에 올랐다. 서기 800년 크리스마스 날의 일이다. 아인하르트는 샤를마뉴가 교황의 의도를 사전에 전혀 몰랐다고 말하고 있지만, 이는 내숭 혹은 '눈 가리고 아웅'이었을 가능성이 높다. 가령 중국이나 우리나라 역사에서도 왕조가 바뀔 때면 보스의 집 앞에 부하들이 떼거리로 모여 왕위에 오르기를 '간청'하고 보스는 계속 자기가 자격이 안 된다며 몇 번씩 사양했다는 기록을 볼 수 있다. 하지만 자꾸 사양한다고 정말 더 이상 권하지 않았다가는 어떤 상황이 벌어질지는 권하는 쪽이나 거절하는 쪽이나 다 알고 있었던 셈이니 짜고 치는 고스톱이나 다를 바 없다. 샤를마뉴의 경우 역시 교황이 정말 느닷없이 깜짝쇼라도 벌이듯 덜컥 황제 즉위식을 거행했다기보다는 이미 사전에 분위기 파악 다 끝내고 이 심전심의 교감을 깔아 둔 가운데 벌인 이벤트라고 봐야 할 것이다.

영국의 교회사가 조지프 매케이브(Joseph McCabe)는 이 사건을 두고 신성 로마 제국이 사실 "신성하지도 않았고, 로마와 관계도 없었으며, 제국도 아니었다.(neither holy, nor Roman, nor an empire.)"고 꼬집기도 했다. 꼬치꼬치 따지자면야 이 말이 맞기는 맞다. 프랑크 왕국은 성 아우구스티누스(St. Augustine)가 제시한 신국(神國, Holy City) 같은 것과는 별 인연도 없는 세속 국가였을 뿐이며, 로마인들의 후손이 멸망한 나라를 다시 세웠다거나 로마가 수도인 것도 아니었으니 고대 로마와도 관계없고, 당시 프랑크 왕국의 강역 또한 로마 제국 전성기의 영역에는 비할 바가 아니었다. 하지만 샤를마뉴의 황제 즉위는 사실상 유럽 대륙의 최강 군주로 올라서려던 그의 개인적 야심과, 그 타이틀 앞에 '신성(Holy)'이 붙는 것에서도 알 수 있듯이 이제 전 유럽을 대표하는 황제가 되려면 반드시 교황의 승인을 받는 전통을 수립하려 한 교황청의 셈법이 만나 이루어진 작품이었다. 또 실제로 샤를마뉴는 로마 제국 이후 가장 넓은 지역을 평정했을 뿐 아니라 정복지마다 토착민들에게 민간 신앙 대신 그리스도교로 개종할 것을 강요하여 그리스도교가 유럽 각지에 뿌리내리는 데 기여하는 등 교황청이 귀여워할 짓을 많이 한 군주였다.

앞의 인용문에서 한 가지 흥미로운 대목은 아인하르트가 '로마의 황제들(Roman emperors, 라틴어 원전: *Romanis imperatoribus*)'을 언급하는 부분이다. 그렇다면 샤를마뉴가 황제가 되기 전에 이미 로마에는 황제들이 있었다는 말인데, 도대체 이들은 누구일까? 혹시 역대 로마 황제들의 혼령이 모여 집단 시위라도 했다는 이야기인지? 이는 다름 아니라 영어 emperor(황제)의 원형이 되는 라틴어 *imperator/imperatore*가 샤를마뉴의 시대까지만 해도 그리 특별한 칭호가 아니었음을 알 수 있는 단서다. 문맥상 로마의 황제들이란 그 시절 로마를 주름잡던 유력 가문의 문주들 혹은 호족들로 보이는데, 그렇다면 emperor는 당시 정말 말 그대로 '개나 소나' 쓰고 다닌 호칭이었던 것 같다. 이는 중국 역사에서 서진(西晉)의 멸망과 함께 시작된 5호 16국 시대(기원후 304~439)에 중원에서 발흥한 여러 군소 국가들이 너도나도 황제국을 칭했던 것과도 비슷하다. 게다가 원래 emperor가 로마 공화정 시대 군 지휘관의 칭호에서 유래했음을 고려하면 후대에도 한동안 그 의미는 '장군'이나 '대장' 정도가 아니었을까 싶다. 중세는 무력이 워낙 중요한 시대였으니 유력 정치 집단의 수장을 '장군님' 혹은 '대장님'으로 부르는 것이 자연스럽지 않았을까. 일본의 경우만 해도 11세기부터 19세기 말까지 최고 권력자는 쇼군(將軍), 즉 '장군님'이 아니었던가.

이 새끼 황제들과 샤를마뉴의 레벨이 결정적으로 갈린 것은 뭐니 뭐니 해도 교황이 그에게 emperor/imperator에 덧붙여 Augustus, 즉 '존엄한 자'라는 칭호까지 하사했기 때문이다. 이 '존엄한 자'야말로 '카이사르(Caesar)'와 더불어 로마 황제들에게만 대대로 수여된 특별한 호칭이었던 것이다. 그렇게 보면 때로는 '장군님'으로도 불리고 때로는 '최고 존엄'으로도 불리는 우리 북녘땅의 지도자 김정은의 경우는 보통의 왕이나 독재자도 아니고 자그마치 로마의 역대 황제들 및 샤를마뉴에 맞먹는 막중한 타이틀을 보유하고 있는 셈이다. 대단하다고 해야 할지 어이없다고 해야 할지 모르겠다.

『롤랑의 노래』, 「별」

샤를마뉴는 그런가 하면 영국의 『베오울프Beowulf』, 독일의 『니벨룽의 노래Nibelungenlied』와 함께 대표적인 중세 문학 작품으로 평가받는 『롤랑의 노래*The Song of Roland*』의 주요 등장인물이기도 하다. 중세 프랑스어로 쓰인 『롤랑의 노래』는 778년 샤를마뉴가 스페인 원정을 마치고 돌아오는 길에 피레네 산맥에서 사라센인과 바스크족의 습격을 받은 역사적 사건을 배경으로 하고 있다. 이때 철군하는 프랑크 군의 후방 방어를 책임진 기사가 샤를마뉴의 친조카이기도 한 롤랑(Roland)이었다. 흔히 전투가 벌어지면 스포트라이트를 받는 것은 맨 앞에 서는 선봉장이지만, 실은 부대가 퇴각할 때 후방을 맡는 후군장(rear guard) 역시 엄청 뛰어난 장수가 아니면 안 된다. 『롤랑의 노래』는 적에게 불의의 기습을 받은 상황에서 롤랑과 그 휘하 기사들이 보인 영웅적 활약과 장렬한 최후를 마치 종군기자의 취재기를 방불케 하는 담백한 톤으로 그리고 있다.

그런데 앞서 소개한 「하트의 세븐」과 더불어 내가 '샤를마뉴' 하면 거의 조건반사적으로 떠올리는 또 다른 문학 작품은 사실 위대한 서사시 『롤랑의 노래』가 아니다. 그보다는 틴에이저 시절 읽었던 19세기 프랑스 작가 알퐁스 도데(Alphonse Daudet)의 단편 소설 「별*The Stars*」이 더욱 기억에 남는다. 여기서도 「하트의 세븐」과 마찬가지로 정작 샤를마뉴가 작품 속에 등장하는 것도 아니고 화자를 통해 딱 한 번 언급될 뿐인데도 말이다. '어느 프로방스 목동의 이야기(The Tale of a Provencal Shepherd)' 라는 부제가 붙은 이 작품은 이제는 어른이 된 목동이 소년 시절 경험한 잊을 수 없는 추억을 들려주는 내용이다. 평소 산 위에서 혼자 양 떼를 돌보는 목동은 2주일에 한 번씩 산 밑 농장 주인댁에서 식량을 공급받는데, 어느 날 언제나 오는 심부름꾼 소년 대신 아리따운 주인댁 따님 스테파네트(Stephanette) 아가씨가 직접 노새를 타고 목동을 방문한다. 아가씨는 목동과 양 떼와 놀다가 그만 돌아갈 시간을 놓치고 하천의 물이 불어난 데다 날도 어두워지는 바람에 꼼짝없이 목동과 밤을 보내게 된다. 결국 잠 못 드는 아가씨와 목동은 한밤중에 나란히 앉아 하늘의 별들을 바라보며 대화를 나눈다.

"별들이 참 아름답구나! 이렇게 많은 별은 본 적이 없어. 목동아, 너는 저들의 이름을 아니?"

"아, 네, 아씨. 보세요! 우리 바로 위에 프랑스와 스페인을 잇는 성 자크의 길이 있답니다. 갈리시아의 성 자크께서는 용맹한 샤를마뉴께서 사라센인들과 전쟁을 할 때 길을 일러 주셨죠."

"How beautiful the stars are! I have never seen so many. Do you know their names, shepherd?"

"Oh, yes, mistress. See! Just above us is the Path of St. Jacques, which leads from France to Spain; it was St. Jacques de Galice who pointed out the road to the brave Charlemagne when he was making war on the Saracens."

'성 자크의 길'이라니… 당시 목동들 사이에 전해지던 황당한 천문 지식일까, 아니면 아씨를 즐겁게 하기 위해 목동이 즉석에서 꾸며 낸 얘기일까? 어느 쪽이건 이 목동, 양만 치는 줄 알았더니 입심도 나쁘지 않다. 그런데 왜 스페인으로 향할 때는 샤를마뉴를 위해 길을 일러 주었던 성 자크가 철군할 때 후방은 돌봐 주지 않았던 걸까? 그랬다면 롤랑 같은 훌륭한 기사가 목숨을 잃는 불상사도 없었을 텐데…. 「별」은 21세기 한국 작가 박민규가 재해석한 단편도 있으니 관심 있는 독자들은 참고하기 바란다. 한국 사회 속 소외된 '루저'들이 처한 참혹하면서도 어처구니없는 상황을 때로 초현실적으로, 때로 시적으로 그려 내는 저자의 스타일이 잘 녹아 있다. 박민규는 내가 한국을 방문할 때마다 신간이 나왔는지 일부러 서점을 기웃거리게 만드는 작가 중 한 명이기도 하다.

18th Brunch Time

십자군의 기사

십자군 운동, 침략인가 방어인가

지금도 ISIS를 비롯한 과격 이슬람 테러리스트들이 서방을 비난할 때 즐겨 쓰는 표현이 바로 '십자군(crusades)'이다. 이들은 서방 국가들이 비단 천연자원 확보나 기타 지정학적 목적뿐 아니라 어떤 이유로든 중동 지역에 얼씬거리는 것을 12~14세기에 실제로 벌어졌던 역사상의 십자군 운동에 빗대기를 즐긴다. 여기에는 서방이 중동을 침략하여 통째로 삼키려는 '음모'를 획책하고 있다는 전제가 깔려 있다. 하기야 미국이 주도한 이라크 전쟁 등을 생각하면 현지인들이 서구의 일거수일투족에 의혹의 시각을 가지는 것도 비난만 할 수는 없는 일이다. 그러나 오리지널 십자군 운동을 정말 서구 그리스도교 세력이 일으킨 이슬람 침략 전쟁으로 단정하기에는 약간 망설여지는 측면이 존재한다.

일부 독자들에게는 약간 놀라운 뉴스일 수도 있지만, 역사적으로 중동 지역을 먼저 '찜'한 것은 이슬람이 아니라 그리스도교 세력이었다.

서기 6~7세기 초까지만 해도 그리스도교는 유럽보다도 중동 지역에서 더 활기차게 번성했다. 그리스도교는 지중해를 중심으로 지금의 이집트, 터키, 이라크 지역에 큰 영향력을 발휘하고 있었다. 알렉산드리아, 안티오크(Antioch), 다마스쿠스(Damascus) 등 이 지역의 거점 도시들은 그리스도교 포교의 중심지였으며, 이곳에 상주하는 주교들은 로마의 교황과 사실상 대등한 지위를 누렸다. 예루살렘 또한 유럽과 중동에서 온 순례자들로 항상 벅적거리는 활기찬 그리스도교 성지였다.

이런 상황이 급격하게 반전된 것은 서기 7세기 중반이었다. 바로 선지자 마호메트(Prophet Mohammad)의 가르침을 받들어 시작된 이슬람교가 종교, 정치, 군사력이 혼합된 독특한 공동체를 형성하면서 급속도로 세력을 확장했기 때문이다. 대부분의 오리엔트 지역을 석권한 이슬람 세력은 연달아 그 기세를 타고 본격적인 유럽 침략을 시도하기도 했다. 서기 732년 이슬람 분파인 우마이야 왕조(Umayyad dynasty)의 대군이 프랑스 남부를 침공한 것이다. 하지만 이들은 투르-푸아티에 전투(Battle of Tours-Poitiers)에서 유럽의 제후들에게 의외의 일격을 받고 철수하게 된다. 이때 유럽 연합군을 승리로 이끈 인물이 프랑크족 지도자 샤를 마르텔(Charles Martel)인데, 바로 샤를마뉴의 조부다. 그때 샤를 마르텔의 군대가 이슬람 세력에 패했다면 이후 유럽 각 도시들은 고딕 성당의 첨탑대신 모스크로 뒤덮였을 가능성이 크다. 실제로 그 무렵 이슬람 세력인 무어인들(Moors)은 유럽 서남부 끝에 자리한 이베리아 반도를 성공적으로 점령했는데, 당시 무어인들이 수도로 삼았던 도시 코르도바(Cordova)는 지금도 세계에서 가장 아름다운 이슬람 양식 건축물을 다수 보유하고 있다.

유럽이 이슬람 세력의 위협을 다시 민감하게 느낀 것은 11세기 중앙아시아에서 일어난 셀주크 투르크(Seljuk Turks)를 통해서였다. 지금의 터

스페인 그라나다에 있는 알람브라 궁전의 일부. 이베리아 반도에 진출한 이슬람 세력이 남긴 문화유산이다. 샤를 마르텔이 아니었으면 전 유럽이 이런 아름다운 무어 풍 건물로 뒤덮였을지 모른다.

키, 시리아, 이라크 북부를 차지한 셀주크 투르크 세력은 곧이어 소아시아의 여러 지역을 압박하더니 급기야 동방 교회의 성지인 콘스탄티노플까지 사정권에 두었다. 그뿐 아니라 예루살렘을 점령하고 그리스도교 순례자들의 성지 출입을 엄격히 제한하기 시작했다. 상황이 여기에 이르자 당시 서유럽의 종교 지도자와 군주들 사이에는 계속 서방으로 뻗어 오는 이슬람 세력을 그대로 두고 볼 수 없다는 공감대가 형성되었다.

드디어 1095년 교황 우르바누스 2세(Urban II)가 이교도로부터 성지 예루살렘을 회복할 것을 촉구하고, 이에 유럽의 여러 군주와 기사들이 호응하여 대규모 병력을 오리엔트로 파병했으니, 이것이 십자군(Crusades) 운동의 시작이었다. 이런 배경을 생각하면 십자군 운동을 그리스도교 세력의 이슬람 침략으로 단정하는 것은 다소 섣부른 판단이다. 오히려 십자군 운동은 날이 갈수록 확대되고 강력해지는 이슬람 세력에게서 '존재적 위협(existential threat)'을 느낀 그리스도교 세력의 적극적 방어전 내지 구원전의 성격도 띠고 있었다고 볼 수 있다.

유럽의 제후들에게 성지 회복을 호소하는 교황 우르바누스
2세를 묘사한 판화.

다시 기번으로

이 십자군 운동과 관련해서는 에드워드 기번의『로마 제국 쇠망사』중에
서 몇 대목을 골라 소개해 보려 한다. 아니 여보쇼, 로마 제국 챕터가 끝
난 게 언젠데 중세 유럽에 와서도 여전히 기번 타령이야, 하고 생각하는
독자가 혹시 있을지 모르겠지만『로마 제국 쇠망사』는 로마뿐 아니라 중
세 역사를 배우는 데도 큰 가치가 있는 책이다. 일단 서기 476년 멸망한
것이 정확히는 서로마 제국이었다는 사실을 상기하자. 동로마 제국으로
말하면 서로마 제국의 멸망 이후에도 무려 1,000년 가까이 더 존속했
다. 실제로 기번은 476년의 시점에서 붓을 꺾기는커녕, 이후 동로마 제
국이 유스티니아누스 대제(Justinian the Great)의 전성기를 거쳐 갈수록 쇠
락하다가 드디어 1453년 난공불락으로 여겨지던 수도 콘스탄티노플이
오토만 제국(Ottoman)의 메흐메트 2세(Mehmed II)에게 함락당하고 성 소
피아 성당이 피로 물든 장엄한 최후의 순간까지를 남김없이 묘사하고
있다. 동로마 제국은 동방 교회, 즉 그리스 정교를 숭배했기 때문에 교

동방 교회의 대표적 성전이었던 하기아 소피아. 오토만 투르크가 동로마 제국을 멸망시키면서 이슬람 사원으로 개조되었다.

황을 구심점으로 하는 서유럽 가톨릭과는 여러모로 이질적인 정체와 생활양식을 유지한 나라였지만, 십자군 운동은 이슬람 세력이라는 공동의 적에 맞서 가톨릭과 그리스 정교 세력이 일시적이나마 공동 전선을 편 드문 케이스라고 할 수 있다.

설명이 약간 길어졌는데, 기번이 소개하는 십자군 원정의 전말은 매우 흥미롭다. 기번은 1~3차 십자군 운동을 다음과 같이 요약한다.

12세기에 팔레스타인의 해방을 위한 세 차례의 대이동이 서방으로부터 육로를 따라 이루어졌다. 롬바르디아, 프랑스, 독일의 군인과 순례자들은 1차 십자군 운동의 선례와 성공에 고무되었다. 그리스도의 성묘(聖墓)를 구해 낸 지 48년 뒤, 황제 콘라트 3세와 프랑스 왕 루이 7세는 라틴 민족의 기우는 운명을 떠받치기 위해 2차 십자군 운동에 착수했다. 3차 십자군 원정의 대부대는, 예루살렘을 잃었다는 상실감을 프랑스와 잉글랜드의 형제들과 함께 나눈 황제 프리드리히 바르바로사가 지휘했다. 이들 세 차례의 원정을 비교해 보면 엄청난 병력 수, 그리스 제국을 통과한 진로, 투르크족과 벌인 전쟁이라는 성격과 사건 등의 공통점을 찾을 수 있으며, 간결한 대비는 지겨운 사설을 반복하지 않게 해 준다.

In the twelfth century, three great emigrations marched by land from the West for the relief of Palestine. The soldiers and pilgrims of Lombardy, France, and Germany were excited by the example and success of the first crusade. Forty-eight years after the deliverance of the holy sepulcher, the emperor, and the French king, Conrad the Third and Louis the Seventh, undertook the second crusade to support the falling fortunes of the Latins. A grand division of the third crusade was led by the emperor Frederic Barbarossa, who sympathized with his brothers of France and England in the common loss of Jerusalem. These three expeditions may be compared in their resemblance of the greatness of numbers, their passage through the Greek empire, and the nature and event of their Turkish warfare, and a brief parallel may save the repetition of a tedious narrative.

기번은 이렇게 십자군 운동의 복잡다단한 전개 양상을 과감하게 정리한 뒤 그 핵심을 설명하고 있다. 1095년 시작된 십자군 운동은 이후 2세기 동안 도합 여덟 차례에 걸쳐 다양한 규모와 방식으로 전개되었지만, 그 가운데 성지 회복이라는 원래의 대의에 가장 충실했던 것은 1~3차 원정이었다. 주로 중급 규모의 제후들과 그들을 따라 자원한 기사들로 구성된 1차 십자군 운동은 실제로 예루살렘을 해방시키고 현지에 라틴 왕국(Latin Kingdom)이라는 그리스도교 정권을 세우는 등 상당한 성공을

1099년 1차 십자군의 지도자 고드프루아 드 부용(Godefroy de Bouillon)이 예루살렘에 입성하는 장면을 그린 도레(Gustave Dore)의 판화. 1차 십자군 원정은 실제로 상당한 성과를 이루었다.

거두었다. 한편 프랑스와 독일 국왕이 참여하는 등 규모가 더 커진 2차 십자군 운동은 성지를 비롯하여 1차 원정 당시 획득한 점령 지역을 이슬람 세력의 반격으로부터 보호하려는 목적이 컸다. 이어진 3차 십자군 운동은 1187년 예루살렘이 아이유브 왕조(Ayyūbid dynasty)의 술탄 살라딘(Saladin, 1137~1193)이 이끄는 이슬람 군의 손에 다시금 떨어지자 예루살렘의 재수복을 목적으로 소집된 것이었다.

사자심왕의 활약

십자군 전쟁에는 전 유럽의 유력 국가, 명문가, 파벌들이 참가했고 이 시기에 위명을 떨친 군주와 기사도 한둘이 아니지만, 역시 그 가운데서도 지금까지 가장 인구에 회자되는 인물이라면 '사자심왕(Lionheart)'이라는 별명으로 알려진 잉글랜드의 리처드 1세(Richard I, 1157~1199)를 들 수 있다. 리처드 1세는 중세 유럽이 배출한 대표적인 전사형 군주

(warrior king)다. 그가 직접 참전한 십자군 전쟁은 3차 원정이었는데, 기번은 그의 존재감을 이렇게 말하고 있다.

(…) 만약 영웅적 행위가 잔혹하고 흉포한 무용(武勇)으로 국한된다면, 리처드 플랜태저넷은 그 시대의 영웅들 가운데서도 높은 자리에 설 것이다. 용감무쌍한 사자심왕에 대한 기억은 그가 다스린 잉글랜드 신민들에게 오래도록 존경스럽고 영광스러운 것이었다. 그리고 60년이나 지나서도, 그가 싸웠던 투르크인과 사라센인의 손자들이 주고받는 속담 속에서 회자되었다. 리처드의 무시무시한 이름을 시리아 어머니들이 아기의 울음을 그치게 할 때 이용했던 것이다. 또한, 말이 갑자기 가던 길을 벗어나기 시작하면 그 위에 탄 사람은 "저 덤불 속에 리처드 왕이라도 있다고 생각하는 것이냐?" 하고 호통을 치곤 했다.

(…) if heroism be confined to brutal and ferocious valor, Richard Plantagenet will stand high among the heroes of the age. The memory of Cœur de Lion, of the lion-hearted prince, was long dear and glorious to his English subjects; and, at the distance of sixty years, it was celebrated in proverbial sayings by the grandsons of the Turks and Saracens, against whom he had fought: his tremendous name was employed by the Syrian mothers to silence their infants; and if a horse suddenly started from the way, his rider was wont to exclaim, "Dost thou think King Richard is in that bush?"

울던 아이가 리처드 왕이 온다고 하면 울음을 그쳤다니, 가히 아랍 어린이들의 '망태 할배'였던 셈이다. 기번은 계속해서 리처드 1세의 무공을 여러 페이지에 걸쳐 소개하는데, 아무래도 팔이 안쪽으로 굽는다고

십자군 원정 당시 보인 용맹으로 사자심왕이라는
불멸의 명성을 얻은 리처드 1세의 상.

잉글랜드 국왕의 활약을 소개했기 때문인지 스스로도 벅찬 감동을 먹은
듯하다. 그중 한 대목을 보자. 리처드 1세가 다른 군주들과 연합하여 당
시 살라딘 군이 점령하고 있던 예루살렘을 수복하기 위해 공세를 폈을
때의 분위기를 전하는 글이다.

혹심한 겨울 동안 군대는 동면했다. 하지만 봄이 되자 프랑크 전사들은 선
두에 선 그 잉글랜드 왕[리처드 1세]의 깃발 아래 진격하여 예루살렘까지 하
루가 채 걸리지 않을 거리만을 남겨 두었다. (…) 살라딘은 성도(聖都) 내에
미리 방어 기지를 세워 두었으나 도시에는 공포와 불화가 덮쳤다. 그는 금
식하고 기도하고 설교했으며, 농성전의 위험을 함께하자고 제안했다. 하지
만 아크레에서 동료들이 겪은 운명을 기억하는 맘루크 병사들은 충성심과
반발심이 뒤섞인 아우성으로, 장래에 신앙과 제국을 방어하려면 그의 신병
과 병사들의 용맹을 아껴 두어야 한다며 술탄을 압박했다.

During a severe winter, the armies slept; but in the spring, the Franks advanced within a day's march of Jerusalem, under the leading standard of the English king; (⋯) Saladin had fixed his station in the holy city; but the city was struck with consternation and discord; he fasted; he prayed; he preached; he offered to share the dangers of the siege; but his Mamalukes, who remembered the fate of their companions at Acre, pressed the sultan with loyal or seditious clamors, to reserve his person and their courage for the future defence of the religion and empire.

간단히 말해 살라딘은 싸우겠다고 했는데, 리처드의 용맹에 겁을 먹은 부하들이 예루살렘을 버리고 도망가기를 종용했다는 얘기다. 하지만 이렇게 예루살렘의 함락이 시간문제인 상황에서 갑자기 반전이 벌어진다.

이슬람교도들은 그리스도교도들의 갑작스러운, 혹은 그들이 생각하기에 기적적인 철수로 구원되었다. 그리고 리처드의 월계관은 동료들의 신중함 혹은 질투심으로 날아가 버렸다. 영웅은 언덕에 올라 얼굴을 천으로 가리고 분개한 목소리로 외쳤다. "그리스도의 성묘를 구출할 의향이 없는 자들은 무덤을 친견할 자격도 없소!"
The Moslems were delivered by the sudden, or, as they deemed, the miraculous, retreat of the Christians; and the laurels of Richard were blasted by the prudence, or envy, of his companions. The hero, ascending a hill, and veiling his face, exclaimed with an indignant voice, "Those who are unwilling to rescue, are unworthy to view, the sepulchre of Christ!"

리처드가 혼자 너무 잘나가는 듯싶자 동맹군의 다른 국왕들이 배신을 때렸다는 것이다. 우리는 이런 비슷한 장면을 다름 아닌 『삼국지연의』에서도 많이 본 바 있다. 가령 조조의 장수 방덕(龐德)이 형주에서 막 관우를 궁지로 몰고 있던 참에 조조의 직계가 아닌 서량 출신인 그가 공을 세우는 것이 못마땅했던 지휘관 우금(于禁)이 후퇴 명령을 내려 결국 관우를 놓친 에피소드가 떠오른다. 동료의 공적을 샘내는 것은 동서고금이 다 마찬가지인 모양이다.

하지만 이렇게 리처드를 시샘한 동료 그리스도교 군주들 때문에 예루살렘 공격이 실패한 뒤에도 사자심왕의 활약은 계속된다. 다시 기번이다.

아크레로 귀환한 뒤, 야파가 술탄의 기습을 받았다는 소식에 상선 몇 척을 끌고 간 그는 가장 먼저 해변에 뛰어내렸다. 성은 리처드가 출현한 덕분에 구출되었고, 그의 문장(紋章)을 본 투르크 군과 사라센 군 6만이 도주했다. 그의 약점을 발견하자 아침에 되돌아온 그들은 리처드가 겁도 없이 오직 기사 17명과 궁수 300명만 거느리고 성문 앞에 진을 친 것을 보았다. 그들의 수에 아랑곳없이 그는 공세를 막아 냈다. 우리는 적들이 남긴 증언을 통해, 창을 쥔 잉글랜드 국왕이 선봉에 나서서 맹렬하게 말을 몰고 우익에서 좌익을 휘저었으며, 그의 질주에 과감히 맞설 적군과는 한 명도 마주치지 않았음을 알 수 있다. 내가 지금 무슨 오를란도나 아마디스의 역사를 쓰고 있는 것인지?

After his return to Acre, on the news that Jaffa was surprised by the sultan, he sailed with some merchant vessels, and leaped foremost on the beach: the castle was relieved by his presence; and sixty thousand Turks and Saracens fled before his arms. The discovery of his weakness, provoked them to return in the morning; and they found him carelessly encamped before the gates with only seventeen knights and three hundred archers. Without counting their numbers, he sustained their charge; and we learn from the evidence of his enemies, that the king of England, grasping his lance, rode furiously along their front, from the right to the left wing, without meeting an adversary who dared to encounter his career. Am I writing the history of Orlando or Amadis?

기번은 이렇게 사자심왕의 무용담을 전하다 말고 스스로에게 되묻는다. 여기서 오를란도(Orlando)는 바로 샤를마뉴의 충성스러운 기사 롤랑(Roland)의 이탈리아 식 표기이며, 아마디스(Amadis)는 대표적인 중세 기사 로맨스인 『갈리아의 아마디스*Amadis de Gaula*』의 주인공이다. 『갈리아의 아마디스』는 바로 『돈 키호테*Don Quixote*』에서 키하노(Quixano) 노인(훗날의 자칭 돈 키호테)이 탐독하던 책이기도 하다. 기번조차 역사 기록, 그것도 십자군 전쟁 당시 적이었던 사라센인들의 기록에 담긴 리처드 왕의 활약상이 마치 픽션처럼 들려서 잠시 어이가 없었던 모양이다.

리처드와 로빈 후드

리처드 1세의 삶이 워낙 극적이다 보니 그와 그의 시대를 배경으로 한 문학 작품도 많다. 스코틀랜드 작가 월터 스콧(Walter Scott)은 리처드 1세가 비록 주인공은 아니지만 매우 중요한 캐릭터로 등장하는 『부적*The Talisman*』과 『아이반호*Ivanhoe*』 등의 걸작을 남긴 바 있다. 또한 리처드 1세는 미국 작가 하워드 파일(Howard Pyle)이 로빈 후드 전설들을 모아 정리한 책 『로빈 후드의 유쾌한 모험*The Merry Adventures of Robin Hood*』에도 우정 출연한다. 잘 알려져 있다시피 로빈 후드는 잉글랜드 국왕의 사유지인 셔우드 숲 속에서 패거리를 모으고 숲의 사슴을 잡아 식량으로 삼으면서 노팅엄 군수(Sheriff of Nottingham. 책을 읽어 보면 이 인간은 악당이라기보다는 불쌍한 동네북에 가깝다.)를 위시한 귀족들의 주머니를 터는 홍길동 + 임꺽정 스타일의 의적이다. 그런데 로빈 후드의 활약이 너무나 유명해져 결국 그 소문이 군주인 리처드 왕의 귀에까지 들어가게 되었다. 호기심이 동한 리처드 왕은 로빈 후드를 직접 만나 보려고 측근 몇 사람과 함께 수도승으로 변장한 채 셔우드 숲을 찾아든다.

의도했던 대로 숲 속에서 로빈 후드 일당에게 잡혀 통행료를 지불하게 된 리처드 왕 일행은 아예 내친김에 그들의 본거지에서 벌어진 술잔치에도 참석한다. 이어서 잔치의 여흥으로 활쏘기 시합이 벌어지는데, 로빈은 평소답지 않게 과녁을 조금 빗맞히는 실수를 저지른다. 화살이 빗나가면 벌칙을 받기로 약속했던 로빈은 부하들 대신 손님으로 (강제로) 데려온 수도승의 주먹을 한 방 맞겠다고 제안한다. 그 장면을 잠깐 보자.

"나는 이곳의 왕이고 모름지기 신하는 왕에게 손찌검을 할 수 없는 법이지. 하지만 우리의 위대한 리처드 국왕께서도 신성한 교황께는 수치심 없이 굴복하시고, 심지어 속죄의 방편으로 매까지 맞으실 수 있을 것이다. 따라서 나는 그럴 만한 권한이 있는 분으로 보이는 이 수도사께 굴복하여 그에게서 벌칙을 받을 테다." 이렇게 말하고는 왕을 향해 물었다. "수사님, 부디 당신의 성스러운 손으로 내게 벌을 내려 주시겠소?"

"I am king here, and no subject may raise hand against the king. But even our great King Richard may yield to the holy Pope without shame, and even take a tap from him by way of penance; therefore I will yield myself to this holy friar, who seemeth to be one in authority, and will take my punishment from him." Thus saying, he turned to the King, "I prythee, brother, wilt thou take my punishing into thy holy hands?"

리처드의 정체를 전혀 모르는 로빈이 자신을 하필이면 리처드 왕에 비유하는 것이 재미있다. 계속 이어지는 리처드와 로빈 사이의 기싸움을 좀 더 구경해 보자.

"기꺼이 그러리다." 하고 유쾌한 리처드 왕이 대답하며 자리에서 일어섰다. "내 지갑에서 50파운드에 달하는 돈의 무게를 덜어 준 신세도 졌으니까. 그럼 장정 여러분, 그를 위해 풀밭에 공간을 좀 만들어 주시게."

로빈이 말했다. "당신이 나를 쓰러뜨린다면 그 50파운드를 기꺼이 돌려 드리지. 하지만 수사님, 내 일러두는데 만약 내가 등짝에 잔디를 느끼도록 만들지 못하면 그 떠버리 발언의 대가로 당신의 동전 한 푼까지 몽땅 차지해야겠소."

왕이 말했다. "좋소. 한번 해 보리다."

"With all my heart," quoth merry King Richard, rising from where he was sitting. "I owe thee somewhat for having lifted a heavy weight of fifty pounds from my purse. So make room for him on the green, lads."

"And thou makest me tumble," quoth Robin, "I will freely give thee back thy fifty pounds; but I tell thee, brother, if thou makest me not feel grass all along my back, I will take every farthing thou hast for thy boastful speech."

"So be it," said the King, "I am willing to venture it."

로빈은 이 대목에서 평소 성경이나 읽고 기도나 드리는 수도승의 주먹이 세 봐야 얼마나 세겠냐는 경멸감, 게다가 한 대 가볍게 맞아 주고 그걸 구실로 아예 수도사가 가진 돈을 몽땅 차지하려는 흑심까지 노골적으로 드러낸다. 싸움에서 항상 방심은 금물인 것을…. 드디어 리처드는 슬슬 로빈에게 다가가는데, 자, 사자심왕과 쾌도의 대결은 어떻게 끝날까?

한편 리처드 왕이 참전하여 불멸의 이름을 남기는 계기가 되었던 3차 원정 이후에도 십자군 운동은 계속되었지만, 4~8차 십자군 운동은 원래의 목표였던 성지 회복과는 별 상관이 없는 이벤트로 변질되어 갔다. 심지어 4차 원정의 경우 십자군 지휘부가 동로마 제국의 후계 구도를 둘러싼 갈등에 발을 담근 끝에 콘스탄티노플을 공격하여 점령하고 약탈을 벌이기까지 했다. 또 13세기 프랑스 남부에서는 십자군 복장을 한 기사들이 이단 사냥을 명분으로 한 대규모 학살에 동원되었는가 하면, 심지어 10대 초반의 소년 수천 명으로 이루어진 십자군이 조직되었다가 그중 많은 수가 노예로 잡혀가는 사태도 있었다. 이렇듯 십자군 운동은 시간이 갈수록 다양한 '흑역사'를 만들며 점점 원래의 대의에서 멀어져 갔다.

오를레앙의 성처녀

백년 전쟁의 배경

사자심왕 리처드가 최후를 맞이한 곳은 잉글랜드가 아닌 프랑스 땅이었다. 샬뤼(Châlus)라는 도시를 공격하다 성의 수비대가 쏜 화살에 부상을 입고 상처가 도져 사망했다고 한다. 이때 나이가 41세. 하지만 아마 리처드 왕 본인은 그래도 예루살렘이나 잉글랜드가 아닌 프랑스에서 숨을 거둔다는 것에 나름 만족했을지도 모르겠다.—프랑스는 그의 정신적 모국이었기 때문이다. 잉글랜드 국왕을 두고 무슨 얼토당토않은 소리냐고 생각할 독자도 있을 테지만 이것은 터무니없는 얘기가 아니다. 가령 앞서 소개한 사자심왕과 로빈 후드의 만남은 물론 100퍼센트 픽션이지만, 만약 리처드 1세가 실제로 자신의 신민인 잉글랜드인들과 만나 직접 대화를 나눌 기회가 있었다면 그 자리에는 분명 통역이 배석해 있었을 것이다. 왜냐하면 리처드는 영어를 거의 할 줄 몰랐을 것이기 때문이다. 영어가 '안 되는' 잉글랜드 왕이라니 이게 말이 되나 싶은데, 엄밀히 따지면 리처드 1세는 잉글랜드인이라기보다는 문화적, 정서적으로 프랑스인에 가까웠다.

오랫동안 색슨족 출신 왕들이 지배하던 잉글랜드는 1066년 프랑스의 노르망디 공작 윌리엄(William, Duke of Normandy)에게 정복되면서 하루 아침에 프랑스계 국왕과 귀족들이 다스리는 나라가 된다. 당연히 이때부터 영어가 아닌 프랑스어가 지배층의 언어가 되었으며, 이후 수백 년간 잉글랜드 정부의 공문서도 모두 프랑스어로 쓰였다. 리처드 1세가 속한 플랜태저넷 가문 역시 한편으로는 잉글랜드를 지배하는 왕가였지만 동시에 앙주와 노르망디에 영지를 소유한 프랑스의 제후이기도 했다. 리처드와 그의 부친인 헨리 2세(Henry II)를 비롯한 프랑스계 국왕들은 아예 노르망디에 상주하다시피 하며 잉글랜드 땅에는 잠시 다녀가는 정도에 그쳤다. 이들의 관심사는 항상 조상의 무덤이 있는 프랑스 땅이었고, 잉글랜드는 좀 박하게 말하자면 그냥 덤으로 굴러들어온 영지에 불과했던 것이다.

상황이 이럴진대 당연히 오랫동안 잉글랜드 땅의 주인이었던 색슨족의 입장에서 보면 굴러 온 돌인 프랑스계 지배층은 증오의 대상이었다. 월터 스콧의 소설 『아이반호』에서 주인공 아이반호는 부친인 세드릭(Cedric)에게 의절당한 신세인데, 그 이유는 아이반호가 리처드 왕을 따라 십자군 전쟁에 참전했기 때문이다. 색슨족 명문 귀족인 세드릭으로서는 아들이 프랑스계 국왕의 부하가 되었다는 것이 견딜 수 없는 굴욕이었던 것이다.

리처드 1세가 후사 없이 사망하자 그를 이어 잉글랜드의 왕위에 오른 것은 동생 존(John)이었다. 존은 재위 중 프랑스 왕실과 불필요한 갈등을 빚는 등 일련의 헛발질을 거듭한 끝에 노르망디를 포함한 많은 프랑스 영지를 잃고 말았다. 이후 잃어버린 노르망디를 다시 수복하는 것은 잉글랜드 군주들마다 일생의 목표가 된다.

드디어 1346년 잉글랜드 왕 에드워드 3세가 15,000명의 병력을 거느리고 영불 해협을 건너 노르망디에 상륙하면서 이른바 '백년 전쟁(Hundred Years' War)'의 막이 본격적으로 올랐다. 에드워드 3세도 원정에서 상당한 전과를 거두기는 했지만, 프랑스를 문자 그대로 국가의 존망이 걸린 위기까지 내몬 인물은 70여 년 뒤 활약한 헨리 5세(Henry V)였다. 1415년 다시금 프랑스를 전격적으로 침공한 헨리 5세는 아쟁쿠르(Agincourt)에서 대승을 거둔다. 당시 프랑스 군은 중무장 기사들을 주력으로 삼아 백병전을 벌이는 중세식 전술을 선호했는데, 헨리 5세는 장궁수들을 활용한 장거리 타격술로 프랑스 기병대의 기동력을 무용하게 만들면서 크게 승리했던 것이다. 셰익스피어의 유명한 역사극 『헨리 5세Henry V』의 배경이기도 한 이 아쟁쿠르 전투에서 프랑스는 당대 최고의 엘리트라고 할 귀족 기사들의 거의 절반을 잃는 괴멸적 타격을 입었다고 한다.

이후 헨리 5세는 여세를 몰아 수도 파리를 함락했고, 프랑스 조정은 남쪽의 시농과 오를레앙까지 밀려났다. 게다가 엎친 데 덮친 격으로 당시 프랑스의 최대 귀족 파벌이던 부르고뉴 파와 오를레앙 파 사이에 내분이 벌어진 끝에 부르고뉴 파가 잉글랜드 군에 합류하는 사태까지 일어났다. 헨리 5세가 1422년 풍토병에 걸려 파리 근처에서 젊은 나이에 사망하지만 않았다면 정말 프랑스는 그때 잉글랜드에 병합되었을지도 모른다. 프랑스 군은 헨리 5세의 죽음으로 잠깐 숨을 돌리기는 했지만, 그 동생인 베드퍼드 공작(Duke of Bedford)이 형의 뒤를 이어 다시 공세의 고삐를 조이면서 점점 수세에 몰렸다. 이러한 절체절명의 위기 속에서 등장하여 전세를 역전시키는 데 혁혁한 공을 세운 인물이 바로 잔 다르크(Joan of Arc, 1412~1431)였다.

잔 다르크의 행적

잔 다르크를 부르는 방식은 샤를마뉴의 경우만큼이나 다양하다. 우리가 쓰는 '잔 다르크'라는 표기는 프랑스어 표기 Jeanne d'Arc의 발음을 그대로 옮긴 것이며, 영어 표기인 Joan of Arc는 Jeanne d'Arc의 d'를 의미가 같은 of로 바꾼 경우다. 실제로 중세에는 조상의 출신 지역을 성으로 삼거나 이름에 갖다 붙이는 경우가 흔했다. 예를 들어 레오나르도 다 빈치(Leonardo da Vinci)도 그 이름을 뜯어보면 빈치 출신의 레오나르도라는 뜻이다. 반면 Jeanne d'Arc의 d'Arc가 원래 당시의 성씨인 Darc였다가 변형된 것이라는 주장도 있다. 이 이론을 따른다면 '아르크의 조앤'이라는 뜻이 되는 영어 표기는 정확한 번역이 아닐 수도 있다. 독일에서는 잔 다르크를 '오를레앙의 요하나(Johanna von Orléans)'라고도 부른다.

프랑스 북동부 동레미라는 시골 마을 출신의 처녀 잔 다르크가 시농에 머물던 샤를 왕세자를 찾아온 것은 1428년 4월이었다. 왕세자는 잔 다르크와 독대를 한 뒤 곧 그녀에게 갑옷과 말을 내리고 호위병까지 붙여 주고는 잉글랜드 군에 포위되어 있던 오를레앙을 구출할 지원군의 지휘를 맡겼다. 왕세자가 이렇게 파격적인 결정을 내린 배경을 두고 다양한 이론과 가설이 제시되어 왔다. 전설에 따르면 잔 다르크는 그녀를 테스트하기 위해 사람들 속에 숨어 있던 왕세자를 바로 알아봤다고 하며, 심지어는 왕세자가 아무에게도 말하지 않고 혼자 올렸던 기도의 내용까지 알고 있어 왕세자를 경악시켰다고 한다. 하지만 워낙 상황이 엉망이다 보니 왕세자로서는 그저 정말 지푸라기라도 잡는 심정이었는지도 모를 일이다.

잔 다르크는 놀랍게도 출정한 지 단 1개월 만에 오를레앙의 포위를 풀

백년 전쟁의 영웅 잔 다르크. 현재 남아 있는 그림은 모두 후대에 제작된 상상화일 뿐 실제 잔 다르크가 어떤 용모였는지는 아무도 모른다.

며 왕세자의 기대에 보답했다. 잔 다르크가 사람들에게 성처녀, 오를레앙의 처녀라고 불리기 시작한 것은 이때부터다. 잔 다르크는 다시 7월에 북부의 유서 깊은 도시 랭스(Reims)를 탈환했고, 그사이 심기일전한 프랑스 정예 기병대가 파테에서 잉글랜드 군 장궁수들이 진열을 정비하기도 전에 빠른 기동력으로 측면을 치고 들어가 무력화시키며 대승을 거두기도 했다. 이렇게 해서 한때 답이 나올 것 같지 않던 상황은 다시 프랑스 쪽으로 유리하게 기울기 시작했다. 그런 분위기 속에서 랭스에 입성한 샤를 왕세자는 잔 다르크가 지켜보는 가운데 대관식을 치르고 샤를 7세로 즉위하여 프랑스 군과 국민들의 사기를 더욱 진작시켰다.

그러나 유감스럽게도 잔 다르크는 대관식이 열린 지 불과 10개월 만인 1430년 5월 콩피에뉴에서 잉글랜드 군에 협력하던 부르고뉴 파의 포로가 된다. 부르고뉴 파는 관습대로 샤를 7세에게 잔 다르크의 몸값을 요구했다가 거절당하자 바로 잉글랜드 군에 막대한 돈을 받고 신병을 양도했다고 하는데, 이는 상당히 뜻밖의 일이라고 하지 않을 수 없다.

왜 국왕은 몸값을 지불하고 잔 다르크를 데려오지 않았을까? 포로가 되
기 전 잔 다르크는 샤를 7세에게 총력전으로 잉글랜드 군에게 치명타를
가할 것을 주장했지만, 국왕과 그 측근들은 이제 전세도 유리해졌고 왕
위도 안정되었으니 굳이 서두를 필요가 없다는 분위기여서 갈등이 있었
다고 한다. 어쩌면 샤를 7세는 그 무렵 이미 정치적 부담이 되어 버린 강
경 노선의 잔 다르크가 적에게 사로잡히자 오히려 안도의 한숨을 쉬며
모른 척한 것인지도 모른다. 전형적인 '팽'이다.

잉글랜드 군에 넘겨진 잔 다르크는 베드퍼드 공작이 연출하고 프랑스
성직자들이 주연을 맡은 종교 재판에 서게 되었는데, 여기서도 전장에
서와는 또 다른 놀라운 전투력을 선보이며 세상을 놀라게 한다. 베드퍼
드는 잔 다르크를 종교 재판에서 마녀로 판결받게 하여 그런 마녀의 보
좌를 받고 왕위에 오른 샤를 7세 역시 프랑스의 적법한 군주가 될 수 없
다는 식으로 여론전을 몰아가려는 시나리오를 가지고 있었다. 그런데
잔 다르크는 재판에서 당대 최고의 신학자와 선지식들로 구성된 배심원

종교 재판 도중 잔 다르크가 유폐되었던 루앙의
성탑.

단의 심문에 거침없이 대응하며 재판이 장장 3개월간 이어지도록 했다.

픽션보다도 더 극적인 잔 다르크와 신학자들의 논쟁은 역설적으로 잉
글랜드 군과 부르고뉴 측이 꼼꼼하게 남긴 재판 기록 덕분에 지금까지
도 상세히 전해지고 있다. 예를 들어 보자. 신학자들은 재판 심문에서
잔 다르크에게 '신의 은총(God's grace)'을 입었다고 생각하느냐고 물었
다. 기본적으로 죄인인 인간이 신의 은총을 입을 수 있는지는 중세 신학
의 오랜 논쟁거리였다. 재판에서 신학자들은 만약 잔 다르크가 은총을
입었다고 생각한다고 대답하면 인간인 주제에 그걸 어떻게 아느냐고,
또 만약 은총을 입지 않았다고 대답하면 스스로 은총을 받을 수 없는 마
녀임을 고백한 것이라고 우길 작정이었던 것이다. 잔 다르크는 다음과
같이 대답했다.

"만약 은총을 입지 못했다면, 주여 은총을 내려 주소서. 그리고 만약 제가
은총을 입었다면, 주여 저를 그 속에 머무르게 하소서. 제가 주님의 은총을

입지 못함을 알게 된다면 저는 세상에서 가장 가련한 피조물일 것입니다."

"If I am not, may God put me there; and if I am, may God so keep me. I should be the saddest creature in the world if I knew I were not in His grace."

질문에 긍정도 부정도 하지 않음으로써 신학자들에게 먹이를 던져 주지 않은 잔 다르크의 식견이 돋보이는 장면이다.

신학자들은 잔 다르크에게 지상의 교회(교황청)가 내리는 결정에 복종하겠느냐 아니면 신의 결정에 복종하겠느냐고 묻기도 했다. 잔 다르크가 지상의 교회의 결정에 복종하겠다고 하면 하늘에 계신 신을 무시한 죄를, 신의 결정에 복종하겠다고 하면 신을 대리하는 지상의 교회를 능멸한 죄를 뒤집어씌울 속셈이었던 것 같다. 그러자 잔 다르크는 상황을 다음과 같이 간단하게 정리했다.

"나는 우리 주님과 교회가 모두 일체라고 생각합니다. (…) 모두가 일체이거늘 왜 문제를 어렵게 만드나요?"

"I think our Lord and the Church are all one. (…) Why do you make difficulties when it is all one?"

성서조차 혼자 힘으로 읽지 못하는 문맹 소녀 잔 다르크는 도대체 어디서 이런 신학적 내공을 기른 것일까? 하지만 물론 잔 다르크의 재판은 종교 재판의 탈을 쓴 정치 재판이었고, 따라서 그녀가 어떤 완벽한 변론을 펼치든 간에 결론은 애초부터 정해져 있었다. 잔 다르크는 1431년 5월 마녀로 사형 선고를 받고 루앙에서 화형에 처해졌다.

잉글랜드 군은 이렇게 무리수를 두어 가면서 눈엣가시 잔 다르크를 제거하는 데 성공하기는 했지만, 한번 기울어진 전세를 영영 다시 돌이키지는 못했다. 프랑스 군은 1436년 파리를, 다시 1449년에는 루앙을 점령했다. 샤를 7세는 루앙에 입성하자마자 당시 루앙의 잉글랜드 군 사령부에 보관 중이던 잔 다르크의 재판 기록을 압수한 뒤 이를 교황청에 보내 재심사를 요청했다. 재판 기록을 면밀히 검토한 교황청은 1456년 공식적으로 잔 다르크의 마녀 혐의에 대해 무죄를 선고했을 뿐 아니라 오히려 재판에 참여했던 성직자들과 신학자들을 이단으로 규정했다. 준엄한 역사의 심판이었다.

'성처녀'에 대한 다양한 시각

잔 다르크가 실제로 백년 전쟁에 어떤 구체적인 공헌을 남겼느냐는 역사가들의 영원한 관심사이자 논쟁거리다. 그녀가 비록 갑옷을 입고 말을 타기는 했지만 결국 전장에서의 역할은 기껏해야 장병들의 사기를 북돋는 치어리더 정도에 불과했을 것으로 보는 의견도 많다. 하기야 당시 여자의 몸으로 전신 무장을 하고 무기를 휘두른다는 것이 쉽지 않았으리라는 생각이 든다. 어쩌면 잔 다르크는 여성용으로 특수 제작한 작은 사이즈의 무기를 사용했을지도 모르겠다.

하지만 전사나 군 지휘관으로서의 자질은 논란거리라고 쳐도, 잔 다르크가 여론전과 심리전에서 보인 활약에는 의문의 여지가 없어 보인다. 잔 다르크가 왕세자로부터 지휘권을 받은 뒤 가장 먼저 내린 조치는 당시 프랑스 군대와 늘 함께 다니던 매춘부들을 모두 쫓아낸 것이었다. 잉글랜드 군을 몰아내라는 신의 명령을 수행할 군대라면 몸가짐도 깨끗해야 했기 때문이다. 동시에 잔 다르크는 자신의 명의로 잉글랜드 군 지휘부에 보낸 서신을 통해 프랑스 군대가 신의 뜻을 받드는 정의의 세력이라는 점을 대내외에 선포하기도 했다. 이렇게 잔 다르크는 차근차근 '프랑스 군 = 하느님의 군대 vs. 잉글랜드 군 = 악의 축'이라는 공식을 만들어 갔다.

그뿐 아니라 잔 다르크가 오를레앙의 포위를 풀어낸 뒤 그다음 수순으로 파리 대신 북부의 랭스를 탈환하는 데 전력을 모으자고 주장하여 관철시킨 것은 말 그대로 신의 한 수에 가깝다. 랭스는 서기 5~8세기에 프랑스 지역을 지배한 메로빙거 왕조(Merovingian Dynasty)의 군주 클로비스(Clovis)가 기름부음을 받고 기독교로 개종한 유서 깊은 도시로, 이후 프랑스 국왕들은 대대로 파리가 아닌 랭스의 대성당에서 대관식을 올리는 전통이 있었다. 그런 이유로 샤를 왕세자 역시 이곳에서 대관식을 올린 덕에 적법한 프랑스 국왕으로서 아우라를 지닐 수 있었던 것이다. 베드퍼드 공작은 샤를 7세 측이 랭스에서 선수를 치자 부랴부랴 어린 조카를 잉글랜드에서 모셔다가 프랑스의 군주로 선포하는 성대한 대관식을 거행하며 맞불을 놓기도 했다. 하지만 랭스가 아닌 파리의 노트르담

미국 화가 하워드 파일(Howard Pyle)이 그린 〈랭스에 입성하는 잔 다르크〉. 잔 다르크가 밀어붙인 랭스 탈환은 그야말로 신의 한 수였다.

성당에서 벌어진 잉글랜드 국왕 측의 대관식은 프랑스 국민들의 눈에는 짝퉁에 불과했다.

18세기 프랑스 사상가 볼테르(Voltaire, 1694~1778)는 저서 『철학 사전 *Philosophical Dictionary*』에서 잔 다르크의 행적을 소개하고 그에 대한 자신의 의견을 피력하고 있는데, 이것이 또 무척 흥미롭다. 그 일부를 소개해 본다.

서로 베껴 대는 대부분의 역사가들은 성처녀가 예언을 말했으며 그 예언들이 성취되었다고 여긴다. 그녀는 "잉글랜드인들을 왕국 밖으로 몰아내리라."라고 말한 것으로 되어 있는데, 그들은 그녀가 죽은 지 5년 뒤에도 여전히 거기 있었다. 잉글랜드 왕에게 장문의 편지를 썼다는 말도 있는데, 분명히 그녀는 읽을 줄도 쓸 줄도 몰랐다. 그런 수준의 교육을 바루아의 여인숙 하녀가 받지는 못했으며, 성처녀에 대한 고발장에는 그녀가 자기 이름조차 서명할 수 없었다는 언급도 있다.

Most of our historians, who copy each other, suppose that the Maid uttered prophecies, and that her prophecies were accomplished. She is made to say that "she will drive the English out of the kingdom," and they were still there five years after her death. She is said to have written a long letter to the King of England, and assuredly she could neither read nor write; such an education was not given to an inn servant in the Barois; and the information laid against her states that she could not sign her name.

척 봐도 볼테르는 잔 다르크에게 그리 호의적이지 않다. 이는 볼테르가 잔 다르크에게 무슨 개인감정이 있어서라기보다는, 계몽주의 철학의 선두 주자답게 잔 다르크를 두고 후대 사람들이 만들어 낸 신화와 전설을 해체하는 것을 목표로 삼았기 때문이라고도 볼 수 있다. 볼테르는 잉글랜드 군을 쫓아내는 것이 정말 신의 뜻이었다면 왜 잔 다르크가 죽은 뒤에도 한참 동안 잉글랜드 군이 계속 프랑스에 주둔할 수 있었느냐고 꼬집는다. 실제로 잉글랜드 군이 프랑스에서 완전히 철수한 것은 잔 다르크 사후 20여 년이 지난 1453년이었다. 볼테르는 또 문맹인 잔 다르크가 잉글랜드 군 지휘부에 편지를 썼다는 모순 역시 지적하고 있다. 하지만 비록 잔 다르크가 구술하는 내용을 왕세자의 신하 가운데 누군가가 받아 적고 편집을 약간 했을 수는 있을지언정 지금까지 전하는 그의 편지가 완전한 날조라고 볼 이유는 없기 때문에 볼테르의 비판은 좀 심하다. 볼테르의 '까기'는 계속된다.

진실보다는 차라리 이른바 역사의 윤색을 사랑하는 대부분의 역사가들은 잔이 두려움 없이 고문대로 갔다고 한다. 하지만 당시의 기록이 증언하는 바, 그리고 역사가 빌라레가 인정하는 바에 따르면, 그녀는 사형 선고를 받으며 울부짖었다.

Most of our historians, lovers of the so-called embellishments of history rather than of truth, say that Joan went fearlessly to the torture; but as the chronicles of the times bear witness, and as the historian Villaret admits, she received her sentence with cries and tears.

그럼 곧 죽게 생긴 판에 울지 말고 그냥 호탕하게 웃으라는 얘기지? 하지만 깐족 마왕 볼테르조차도 차마 끝까지 깐족거리기만 할 수는 없었는지 마지막에는 약간 톤을 누그러뜨린다.

(…) 나약함이란 여성, 그리고 어쩌면 우리 남성 사이에서도 용납될 만하며, 또한 이 소녀가 전쟁의 위험 속에서 보여 준 용기와도 능히 양립할 수 있으리라. 전장에서는 두려움을 모르는 자가 사형대 위에서는 민감해질 수도 있으니까 말이다.

(…) a weakness pardonable in her sex, and perhaps in ours, and very compatible with the courage which this girl had displayed amid the dangers of war; for one can be fearless in battle, and sensitive on the scaffold.

볼테르의 다소 야박한 평가에 상관없이, 누란의 위기에 처한 프랑스 국민들 앞에 혜성같이 나타난 잔 다르크가 보인 지혜와 용기는 인상적이다. 잔 다르크에 대한 기록은 역사가 소설이나 영화보다 더 극적일 수 있다는 것을 우리에게 새삼 일깨워 준다.

20th Brunch Time

『군주론』 바로 알기

『군주론』을 읽으면 대박?

요즘 한국에는 르네상스 시대 이탈리아의 정치 사상가 마키아벨리 (Niccolo Machiavelli, 1469~1527)의 저서 『군주론 *The Prince*』을 처세술의 바이블 비슷하게 홍보하여 재미를 보는 출판사들이 적지 않은 것 같다. 또 『군주론』의 여러 문장들을 뽑은 뒤 이런저런 다른 내용을 적당히 뒤섞은 칵테일을 만들고는 '군주론을 읽으면 인생 역전' 하는 식의 자극적 제목을 달아 놓은 자기 계발서들도 꽤 잘 팔리는 모양이다. 『군주론』을 처음 읽은 지 20년이 다 되어 가지만 아직 군주는커녕 구멍가게 사장님도 하지 못하고 있는 내 경우야 능력이 워낙 부족한 탓이겠지만, 혹시라도 '군주론을 읽으면 대박' 부류의 책을 사려는 (혹은 이미 사서 읽은) 독자 여러분에게 충고의 말을 좀 해야 할 것 같다.

우선 상기해야 할 점은 애초에 마키아벨리가 『군주론』을 쓰면서 염두에 둔 독자는 말 그대로 군주였지 일반인들이 아니었다는 것이다. 실제로 『군주론』은 1516년 당시 피렌체(Florence)의 지배자였던 로렌초 데 메디치(Lorenzo de' Medici, 1492~1519)에게 헌정된 책이다. 『군주론』은 약간 단순화하여 말하자면 군주라는 자리를 어떻게 활용해야 하는지를 밝힌 제품 스펙 및 사용 설명서지 '평민에서 군주 되기 3개월 완성' 혹은 '당신도 군주가 될 수 있다' 류의 책은 절대 아니다.

또 간혹 『군주론』과 고대 중국의 병법서 『손자병법』을 동렬에 놓고 비교하는 식자들도 적지 않은데,(한국뿐 아니라 미국도 마찬가지다.) 이 두 책은 내용의 구성이나 성격이 전혀 다르다. 내 생각에 『군주론』과 비교될 만한 책을 굳이 동양권에서 찾자면 중국 당나라 황제 태종과 그 신하들이 통치의 원리를 논한 내용이 담긴 『정관정요貞觀政要』 정도를 들 수 있다. 하지만 『정관정요』의 편찬자 오긍(吳兢)이 묘사하는 태종의 언행은 그야말로 너무도 완벽한 군주의 모습이라 정말 100퍼센트 사실에 입각한 것인지 신뢰하기 어려우며 그 내용 역시 현실과는 약간 괴리된 이상주의에 가깝다. 그에 비해 마키아벨리가 『군주론』에서 제시하는 원칙과 사상은 철두철미 당대의 현실과 인간의 본성에 바탕을 둔 리얼리스트(realist)의 것이다. 비유를 들자면 『정관정요』가 사진작가와 코디네이터를 동원하여 최대한 예쁘게 찍은 신랑 신부의 결혼 기념 사진집과 비슷한 반면 『군주론』은 아예 인체 해부도 내지는 엑스레이에 가깝다고 할까.

그렇다면 『군주론』을 어떻게 읽어야 좋을까? 어떻게 읽긴, 그냥 인문학 고전으로 읽고 즐기면 된다. 나로 말하면 『군주론』을 처음 읽었을 때의 느낌은 자기 계발서나 처세서는커녕 역사책이었다.(그런 이유로 여기 소개하는 것이다.) 마키아벨리는 군주가 어떻게 행동해야 성공하는지 원칙을 제시할 뿐 아니라 그 원칙들이 현실에서 작동한다는 것을 증명하기 위해 풍부한 역사적 사례들을 제공하고 있다. 『군주론』의 재미는 바로 마키아벨리가 직접 정리하여 소개하는 역사 속의 케이스 스터디가 상당

부분을 차지한다. 『군주론』은 간단히 말해 역사적 사례들로 풀어 보는 정치공학(혹은 공작 정치) 매뉴얼 + 정치심리학 책이다. 내 생각에 『군주론』은 어떤 번외의 이득이 생길 거라는 욕심 없이 어깨에 힘을 좀 뺀 다음 느긋하게 읽어도 충분히 흥미진진한 책이다. 또 그렇게 마음을 비우고 읽어야 정말 나중에 여러 사람들을 경영하는 자리에 올랐을 때 적용할 만한 지혜도 제대로 보이는 법이다.

더 진도를 나가기 전에 우선 『군주론』의 원제에 등장하는 'prince' 부터 잠깐 정리하고 넘어가자. prince는 원래 왕의 아들이 아니라 지배자 (ruler)를 뜻하는 말이다. 그 어원은 라틴어 '프린켑스(*princeps*)'인데, 으뜸을 뜻하는 라틴어 프리무스(*primus*)와 능력을 의미하는 카페레(*capere*)가 합쳐진 말로 '으뜸가는 인물', '제1의 인물'이라는 의미를 가진다. 로마 제국 편에서 잠깐 소개했다시피 이 프린켑스는 로마 최초의 황제 옥타비아누스가 로마 시민들의 자동 알레르기 반응을 불러일으키는 렉스(*rex*), 즉 '왕'이라는 칭호를 피하기 위해 고안해 낸 꼼수였다. 마키아벨리가 prince로 지칭하려 했던 것은 좁게는 당시 이탈리아 반도에 퍼져 있던 강소 도시국가들의 지배자, 나아가서는 황제, 왕, 교황, 공작 등 그 타이틀에 관계없이 한 주권 국가를 독재적으로 다스리는 위정자였다.

군주의 자질

마키아벨리는 『군주론』에서 군주의 이상적인 행동 지침을 다음과 같이 제시하고 있다.

따라서 맹수처럼 행동하는 법을 잘 알아야 하는 군주는 여우와 사자를 모방해야 한다. 사자는 덫으로부터 스스로를 보호하지 못하고, 여우는 늑대로

부터 스스로를 지키지 못하기 때문이다. 그러므로 덫을 알아채기 위해서는 여우가, 늑대들을 겁주기 위해서는 사자가 되어야 한다. 오직 사자가 되기를 소망하는 자들은 이 사실을 이해하지 못한다.

A prince being thus obliged to know well how to act as a beast must imitate the fox and the lion, for the lion cannot protect himself from snares, and the fox cannot defend himself from wolves. One must therefore be a fox to recognise snares, and a lion to frighten wolves. Those that wish to be only lions do not understand this.

즉 군주가 그냥 용맹하기만 한 것은 결격사유라는 것이다. 따라서 마키아벨리 식 관점에서 보면 리처드 1세의 별명인 '사자심왕'도 꼭 칭찬만은 아닌 셈이다. 마키아벨리가 사자와 여우의 자질을 겸비한 영웅적 군주상으로 높게 평가한 인물은 체사레 보르자(Cesare Borgia, 1476~1507)

체사레 보르자와 마키아벨리. 마키아벨리는 실제로 1502년 피렌체 공국의 외교 사절로 보르자의 궁정에 수 개월간 머물면서 이 젊은 군주의 행태를 가까이서 관찰할 수 있었다. 보르자의 능력과 한계에 대한 논의는 『군주론』 가운데서도 하이라이트에 속한다.

였다. 교황 알렉산데르 6세(Alexander VI)의 사생아로 태어난 체사레 보르자는 이탈리아 북부 로마냐(Romagna)의 지배자인 동시에 교황령(Papal States)의 방위를 책임진 뛰어난 군사 지휘관이기도 했다. 마키아벨리는 불과 서른한 살의 나이에 전장에서 전사한 보르자의 짧은 생애를 상당히 아쉬운 어조로 종종 언급하고 있으며, 동시에 그의 부친 알렉산데르 6세, 또 전쟁광으로 유명했던 교황 율리우스 2세(Julius II)의 행적 또한 즐겨 소개하고 있다.

아들을 둔 교황? 전쟁광 교황? 프란치스코나 요한 바오로 2세 같은 우리 시대 평화와 박애의 사도인 교황의 이미지에만 익숙한 현대인들에게는 약간 뜻밖일 수도 있겠지만, 르네상스 시대는 얘기가 다르다. 그 시절에는 한 손에 성경, 한 손에 칼을 든 교황의 모습이 그리 이상하지 않았다. 심지어 교황이 여자를 탐하고, 자식을 두는 것도 드물지 않은 일이었다.—물론 공식적으로 교황의 자식들은 모두 '조카'로 발표되기는 했지만.

교황은 오랫동안 유럽에서 그리스도교를 대표하는 인물임과 동시에 사실상의 세속 군주이기도 했다. 교황이 이렇게 1인 2역을 담당하게 된 계기는 프랑크 군주이자 샤를마뉴의 부친인 피핀(Pepin)이 교황청에 이탈리아 중부의 라벤나(Ravenna)라는 기름진 영지를 바친 것이었다. 중세 이래 교황은 이탈리아의 도시국가를 지배하는 보르자, 메디치 등 극소수의 명문가에서 계속 배출되었으며, 이렇게 선출된 교황은 다시 자기 가문 출신과 그 동맹 세력에서 추기경들을 대거 임명하여 후계자 선출에도 영향을 끼치는 등 집안끼리 다 해 먹는 악순환이 오랫동안 연출되었다. 체사레 보르자 역시 아버지의 후광을 입고 젊은 나이에 추기경에 오른 경력이 있다.

자기 땅을 지키고 나아가 더 많은 영토를 차지하려는 것은 군주의 자

로마 시 중심부 테베레 강변에 서 있는 산탄젤로 성(Castel Sant'Angelo). 원래는 로마 제국 하드리아누스 황제의 영묘(mausoleum)로 건설되었으나, 중세 이후 역대 교황들에게 군사 요새, 감옥, 피난처 등 다양한 기능으로 애용되었다. 유사시 교황은 지하의 비밀 통로를 통해 바티칸에서 이곳으로 이동할 수 있었다.

연스러운 행태였는데, 교황 역시 예외가 아니었다. 율리우스 2세의 경우 재위 기간 내내 교황령의 판도를 넓히고 정치적 영향력을 확대하기 위해 수많은 전쟁을 일으켰다. 이렇게 세속 군주들뿐 아니라 교황까지 나서서 치고받던 시대적 분위기 때문인지, 마키아벨리가 제시하는 성공적인 군주상은 무슨 인자한 '성군'이 결코 아니다. 가령 마키아벨리가 군주에게 정적을 어떤 방식으로 다뤄야 하는지를 충고하는 다음과 같은 대목을 보라.

(…) 인간은 잘 대접하든가 아니면 파멸시켜야 한다. 왜냐하면 인간은 가벼운 손상을 받으면 복수하려 하겠지만, 심각한 피해를 입으면 그러지 못하

기 때문이다. 따라서 누군가에게 피해를 가하려거든 복수를 염려할 필요가 없을 정도가 되어야 한다.

(…) men must either be caressed or else destroyed, because they will revenge themselves for small injuries, but cannot do so for serious ones. Thus, the injury done to a man must be such that there is no need to fear his vengeance.

정말 이런 내용의 책을 자기 계발서로 추천해도 되는 걸까? 이렇게 "밟으려면 철저하게 밟으라."는 마키아벨리의 권고를 충실하게 이행한 역사적 사례로는 소련의 스탈린과 북한 김일성의 권력 장악 과정을 들 수 있다. 스탈린은 그의 잔혹함을 과소평가한 레닌의 후원에 힘입어 당권을 잡은 뒤 한때의 혁명 동지였던 트로츠키, 부하린, 카메네프 등 쟁쟁한 볼셰비키 멤버들의 씨를 말렸다. 김일성 역시 한국전쟁 직후 남로당, 연안파, 소련파 등 경쟁 세력을 무자비하게 숙청하고 권력을 안정시킨 대표적인 경우다. 마키아벨리가 다시 살아온다면 분명 이들에게 높은 점수를 줄 것이다. 또 비록 가공의 인물이지만 걸작 한국 영화 〈친구〉의 주인공 준석도 비슷한 생각의 결을 보여 준다. 그 영화 속 한 장면—이미 고등학교 시절부터 거물 조폭으로 대성할 자질을 보이던 준석은 롤러스케이트 장에서 모범생 친구 상택을 해코지하려던 불량 학생들을 손봐 준 뒤 상택에게 이렇게 충고한다.

"다음에도 아새끼들 팰 일 있으믄 확실하게 조져야 된데이. 아예 용서해 주고 같은 편으로 만들든가, 아니믄 차라리 빙신을 만들어 삐라. 그래야 뒤탈이 없다."

"누군가에게 피해를 가하려거든 복수를 염려할 필요 없을 정도가 되어야 한다."(마키아벨리) vs. "차라리 빙신을 만들어 삐라."(준석)—16세

소련의 독재자 이오시프 스탈린. 쟁쟁한 볼셰비키 동료들을 차례로 제거하고 일인 독재 체제를 구축한 그의 행보는 일견 마키아벨리가 제시한 군주의 자질과도 상응하는 면이 있다.

기 이탈리아의 정치학자와 20세기 말 대한민국 부산의 조폭이 본질적으로 똑같은 얘기를 하고 있는 것이다. 〈친구〉의 시나리오 작가가 『군주론』을 읽어 봤는지는 잘 모르겠지만, 준석이라는 캐릭터가 이런 힘의 원리를 아는 것은 무슨 독서를 통해서가 아니라 원래 가지고 있는 권력에 대한 동물적인 감각 덕분이다. 이는 러시아 혁명 당시 볼셰비키 가운데서도 가장 가방끈이 짧았던 스탈린이나, 지적 수준으로 말하면 자신을 모델로 만든 '주체사상'에 관한 저작을 읽는 것도 힘겨웠을 만주 마적단(혹은 독립군) 출신 김일성 역시 마찬가지다. 준석, 스탈린, 김일성 등이 독서를 통해서가 아니라 본능적으로 알고 있었던 마키아벨리 식 원칙은 권선징악이나 사필귀정과는 아무런 상관이 없는 권력의 냉혹한 메커니즘 바로 그것이다. 다시 말하지만 정말 청소년들에게, 혹은 직장인들에게 이런 책을 자기 계발서랍시고 권해도 되는 걸까?

다음과 같은 견해를 읽다 보면 인간의 본성을 정확하게 꿰뚫고 있는 마키아벨리의 식견에 섬뜩한 느낌이 든다.

(…) 한 가지 쟁점이 발생한다. 두려움의 대상이 되기보다 사랑받는 것이 나을까, 아니면 그 반대가 나을까? 대답은 (군주라면) 양쪽 모두가 되기를 소망해야 한다는 것이겠지만, 그 두 가지를 함께 갖추기는 어렵기 때문에, 둘 중 하나를 결핍해야 한다면 두려움의 대상이 되는 것이 사랑받는 것보다 훨씬 안전하다. (…) 인간이란 두려움이 대상이 되는 인물보다 사랑받는 인물에게 해를 끼치기를 덜 주저하는 법이다. 왜냐하면 인간은 몹시 사악한 탓에, 사랑은 사리사욕을 도모할 기회가 있을 때마다 깨지고 마는 의무감의 고리로 지탱되지만, 두려움은 어김없이 닥쳐올 징벌에 대한 공포에 의해 유지되기 때문이다.

(…) there arises a dispute: whether it would be better to be loved than feared, or the contrary. The reply is that one should wish to be both, but as it is difficult to bring them together, it is much safer to be feared than to be loved if one of the two has to be lacking. (…) men have less hesitation about offending one who makes himself loved than one who makes himself feared, for love is held together by a chain of obligation which, because men are sadly wicked, is broken at every opportunity to serve their self-interest, but fear is maintained by a dread of punishment which never fails.

마키아벨리는 군주가 지녀야 할 이상적인 자질을 '비르투(virtu)'라고 부른다. 탁월함을 뜻하는 라틴어 비르투스(virtus)에서 유래한 비르투는 영어로 virtue, 한자로 덕(德), 덕성(德性)으로 흔히 번역되지만, 실제로 마키아벨리가 이 말을 사용한 맥락은 좀 다르다. 마키아벨리에게 비르투란 다양한 정치 상황을 깔끔하게 조정하는 재능, 임기응변의 순발력, 새로운 정치 질서를 창출할 수 있는 비전 등을 복합적으로 의미했다. 즉 군주로서 정적을 밟아야 할 때 철저히 밟아 주고, 부하에게 상을 내려야 할 때는 확실하게 주며, 백성들의 사랑을 받으면 좋지만 그러지 못할 바에는 차라리 두려움의 대상으로 이미지 관리를 할 수 있는 다채로운 자질인 것이다.

영어에서 마키아벨리의 이름을 형용사로 바꾼 Machiavellian은 '수단 방법을 가리지 않는', '음모에 능한' 등의 의미로 쓰인다. 또 마키아벨리가 남긴 명언으로 대중에게 가장 잘 알려진 것은 "목적이 수단을 정당화한다.(The end justifies the means.)"이다. 마키아벨리를 옹호하는 식자들은 흔히 'Machiavellian'이라는 표현이 마키아벨리 철학의 지나친 단순화이며, 마키아벨리가 "목적이 수단을 정당화한다."고 말한 적도 없다고 지적한다. 하지만 마키아벨리를 직접 읽어 보면 그가 어떤 형태로건 귀결주의(consequentialism)를 옹호했다는 것은 분명해 보인다. 마키아벨리가 "목적이 수단을 정당화한다."는 말을 『군주론』에서 하지 않은 것 역시 그런 생각을 하지 않아서라기보다는 너무나 당연한 얘기라 굳이 따로 언급할 필요가 없다고 여겼기 때문으로 볼 수 있다.

혼란과 창조의 시대

'다시 태어나다'라는 의미의 고대 라틴어 레나스키(renasci)를 어원으로 하는 르네상스(Renaissance)의 주 무대는 14~16세기의 이탈리아였다. 그 무렵 이탈리아 반도는 마치 중국의 춘추전국시대를 방불케 하듯 수많은 도시국가들로 분열되어 무한 경쟁이 벌어지던 극도의 혼란기였다. 베네치아와 피렌체 등 당시의 대표적인 도시국가들은 상공업, 무역업 등으로 막대한 부를 축적하고 이탈리아뿐 아니라 전 유럽에 영향을 끼치는 강소국들이었다. 이 도시국가의 지배자, 즉 군주들은 한결같이 상

미켈란젤로가 디자인한 메디치 가의 무덤. 메디치 가문은 대대로 피렌체를 지배하면서 예술과 문학의 부흥을 이끌었다.

당 수준의 교양을 지니고 있었으며, 당대에 자신을 기억할 기념비적인 건축물이나 걸작 예술품을 남겨야겠다는 개인적 야심도 있었다. 바로 이들의 교양과 축적된 부야말로 이 시기에 단테, 보카치오, 레오나르도 다 빈치, 미켈란젤로 등 기라성 같은 문화 예술의 거인들을 탄생시킨 토양이었다.

　이러한 르네상스라는 시대가 낳은 최고의 정치학자이자 역사가라고 할 마키아벨리는 알고 보면 무슨 책상물림 서생이었던 것만은 아니다. 마키아벨리는 피렌체가 메디치 가문의 오랜 지배에서 벗어나 잠시나마 진정한 의미의 공화국이 된 시기에 정계에 진출하여 권력 서열 2위까지 오르는 등 현실 정치에 발을 깊이 담그고 있었다. 하지만 1512년 문제의 전쟁광 교황 율리우스 2세의 후원을 등에 업고 메디치 가문이 다시 피렌체의 지배권을 장악하자 마키아벨리 역시 반역죄로 옥고를 치르기도 했다. 『군주론』은 이 급변기에 간신히 목숨을 부지한 마키아벨리가 1516년 피렌체의 지배자 로렌초 데 메디치에게 헌정한 것이다.

『군주론』의 첫 페이지에서 마키아벨리는 로렌초를 '대 로렌초(Lorenzo the Magnificent)'라고 칭하고 있는데, 이는 명백히 아부성 발언이다. '대 로렌초'는 원래 이 로렌초 데 메디치 2세의 조부인 로렌초 데 메디치 (Lorenzo de' Medici, 1449~1492)의 별명으로, 이 원조 로렌초 1세는 비단 당대의 피렌체뿐 아니라 르네상스 전 시대를 통틀어 가장 위대한 군주 가운데 한 명으로 꼽히는 인물이다.

말할 필요도 없이 마키아벨리는 『군주론』으로 로렌초의 환심을 사 다시 정계에 컴백하려는 계산이었지만, 로렌초는 오히려 『군주론』을 읽고 마키아벨리를 더욱 멀리하게 되었다고 한다. 왜 그랬을까? 알고 보면 당연한 얘기다! 『군주론』에는 정말 군주가 읽으면 얼굴이 화끈거릴 만한 내용이 너무도 많았기 때문이다. 그 시절 『군주론』을 읽어 본 뒤 마키아벨리에게 "자네, 훌륭한 책을 썼군. 많이 배웠네."라고 말했을 군주가 이탈리아 반도, 아니 전 유럽에 한 명이라도 있었을지 의문이다. 여러 면에서 마키아벨리는 당시 군주들끼리만 알고 있던 영업 비밀을 겁도 없이 책이라는 형태로 공개한 '천기누설'의 장본인이었기 때문이다. 그나마 책 표지에서 '대 로렌초' 운운하며 아부라도 했으니 망정이지 까딱했더라면 마키아벨리는 괘씸죄에 걸려 목숨을 잃었을지도 모른다.

자신의 저서가 현실의 군주에게 일종의 내부 고발서 내지는 풍자서 비슷하게 읽힐 수 있다는 것을 마키아벨리는 왜 생각하지 못했을까? 『군주론』 곳곳에서 인간 심리를 꿰뚫는 놀라운 통찰력을 보인 그였기에 더욱 드는 의문이다.

21st Brunch Time

여왕의 남자들

잉글랜드의 황금기

백년 전쟁에서 프랑스에 패퇴한 잉글랜드는 곧이어 장미 전쟁(War of Roses)이라고 불리는, 왕위 계승 문제를 둘러싸고 유력 귀족 가문들이 사생결단으로 충돌한 내전이 터지는 등 혼란기를 겪었다. 결국 헨리 7세를 시조로 하는 튜더 왕조(the Tudors)의 등장과 함께 내전을 끝낸 잉글랜드는 이때부터 프랑스와는 완전히 다른 정체성에 입각한 국민 국가의 모양새를 본격적으로 갖추게 된다.

특히 튜더 왕조의 제5대 군주 엘리자베스 1세(Elizabeth I, 1533~1603)의 시대는 잉글랜드가 유럽의 강대국으로서 거듭나는 전기가 된 동시에 문화적으로도 여러 분야에서 놀라운 성취를 이룩한 시기였다. 역사가들은 이 엘리자베스 1세의 통치기(특히 마지막 15년)를 따로 '황금기(The Golden Age)'라고 부른다. 그런데 이 황금기를 그냥 누런 황금색만이 아니라 차라리 무지개처럼 다채로운 광채로 물들인 것은 흔히 'Elizabethans', 즉

중년의 엘리자베스 1세. 역사가들은 그녀의 통치기를
종종 영국의 '황금기'로 부른다.

'엘리자베스 시대인들'로 불리는 한 무리의 영웅호걸들이었다. 세계의
역사에서 한 나라가 잘되려면 어느 한 시기에 뛰어난 인재들이 갑자기
무더기로 쏟아지는 일이 간혹 있는데, 잉글랜드의 경우 엘리자베스 여
왕의 통치기가 바로 그런 인재의 대박을 목격한 시대였던 것이다.

　엘리자베스 여왕의 궁정 안팎을 누빈 당대의 인물 가운데는 정치가,
모험가, 철학자, 극작가, 시인(혹은 이 모두를 겸업하는 경우)에다 심지어는 해
적과 사기꾼도 있었다. 또한 이들이 저마다 맡은 역할을 살펴보자면 여
왕의 자문역, 여왕의 해결사, 여왕의 보디가드, 그리고 물론 여왕의 연
인도 있었다. 하지만 이들이 모두 일차원적으로 단순, 우직한 충신열사
였던 것은 아니다. 엘리자베스 시대를 주름잡은 영웅호걸들의 특징을,
20세기 초에 활동한 영국의 문필가 리턴 스트레이치(Lytton Strachey,
1880~1932)는 『엘리자베스와 에식스 Elizabeth and Essex』라는 저서에서 다
음과 같이 말하기도 했다.

　우리의 상상력을 차단하고 지성을 당혹게 하는 것은 무엇보다도 그 시대

의 모순성이다. 만일 인간이 모순적이지 않다면 인간이기를 그만둔 것이 분명하지만, 엘리자베스 시대인들의 모순성은 인간에게 허락된 한계를 넘어선다. (…) 그들의 미묘함과 단순함, 그들의 연약함과 잔혹함, 그들의 경건성과 욕망을 일관성 있게 설명하는 것이 어떻게 가능하겠는가?

It is, above all, the contradictions of the age that baffle our imagination and perplex our intelligence. Human beings, no doubt, would cease to be human beings unless they were inconsistent; but the inconsistency of the Elizabethans exceeds the limits permitted to man. (…) How is it possible to give a coherent account of their subtlety and their naïveté, their delicacy and their brutality, their piety and their lust?

한마디로 엘리자베스 시대인들은 예측 불허의 럭비공 같은 삶을 영위했다는 얘기다. 스트레이치의 평가는 계속된다.

당시는 바로크의 시대였으며, 아마도 그 구조와 장식 사이의 부조화야말로 엘리자베스 시대인들의 수수께끼를 가장 잘 설명할지도 모른다. 그들 내면의 본성에 있는 미묘하고 비밀스러운 성향을 그 넘치는 장식을 통해 가늠하기는 매우 어렵다.

It was the age of baroque; and perhaps it is the incongruity between their structure and their ornament that best accounts for the mystery of the Elizabethans. It is so hard to gauge, from the exuberance of their decoration, the subtle, secret lines of their inner nature.

눈부실 만큼 화려한 장식으로 대표되는 바로크 예술 양식처럼, 엘리자베스 시대를 빛낸 남성들은 흥미롭다 못해 신비스럽기까지 한 기질과 재능을 갖추고 저마다의 방식으로 군주와 국가에 봉사했던 것이다.

여왕의 남자들—프로필

여기서 엘리자베스 1세 시대를 빛낸 영웅호걸 몇 명의 프로필을 정말 수박 겉핥기 식으로 한번 살펴보자.

월터 롤리(Sir Walter Raleigh, 1552?~1618) 오대양을 누빈 탐험가이자 시인, 작가, 역사가이기도 했다. 아메리카 대륙을 방문했을 때 원주민에게 배운 담배를 유럽에 최초로 소개한 인물로도 알려져 있는데, 그가 거실 의자에서 담배를 피우는 것을 뒤에서 본 하인이 불이 난 줄 알고 물을 뿌렸다는 일화가 있다. 롤리와 엘리자베스 여왕의 첫 만남에 얽힌 에피소드 또한 유명하다. 장교 출신으로 런던의 왕궁을 처음 방문한 롤리는 정원을 산책하고 있는 여왕 일행과 마주쳤는데, 당시의 에피소드를 역사가 토머스 풀러(Thomas Fuller)는 『잉글랜드의 고귀한 인물들 *Worthies of England*』에서 이렇게 전하고 있다.

롤리는 (…) 걷고 있는 여왕을 발견했는데, 그녀는 질척한 곳에 이르러 건너기를 주저하는 듯했다. 즉시 롤리는 자기의 새 고급 망토를 땅에 던져 펼쳤고, 여왕은 그 위를 사뿐히 밟고 갔으니, (…)

Raleigh (…) found the queen walking, till, meeting with a plashy place, she seemed to scruple going thereon. Presently Raleigh cast and spread his new plush cloak on the ground; whereon the queen trod gently, (…)

월터 롤리 경(왼쪽)과 에식스 백작(오른쪽). 엘리자베스 1세의 시대는 탁월한 능력과 다채로운 기질로 당대를 장식한 영웅호걸들을 대거 배출했다.

당시 귀족들의 의복은 워낙 비싸서 재산 목록에 들 정도였기 때문에 여왕은 롤리의 행동에서 좋은 인상을 받은 것 같다. 롤리는 그 덕분인지 엘리자베스 시대에 줄곧 승승장구했으나, 그 뒤를 이은 제임스 1세 (James I)로부터는 신임을 잃은 것도 모자라 반역죄를 쓰고 사형 선고를 받는 지경에 이르렀다. 롤리는 그 와중에도 화려한 언변으로 왕을 설득하여 남아메리카 어딘가에 있다고 전해지던 전설의 황금 도시 엘도라도 (El Dorado)를 찾는 원정을 감행하기도 했지만, 결국 실패하고 빈손으로 돌아온 직후인 1618년 처형당했다. 참수되기 직전 롤리는 도끼날을 슬쩍 만져 보고 만족한 표정으로 "매서운 약이지만 모든 질병과 고통을 없앨 명의로다.(This is a sharp medicine, but it is a physician for all diseases and miseries.)" 하고 말했다고 한다. 정말 대단한 넉살이다.

필립 시드니(Sir Philip Sidney, 1554~1586) 군인이자 시인, 문장가였으며, 월터 롤리와 함께 신사도, 기사도의 화신으로 쌍벽을 이룬다. 빼어난 용모와 재능을 갖춘 인물이었다. 시드니는 1579년 몇몇 신하들이 엘리자베스 여왕을 프랑스의 앙주 공작(Duke of Anjou)과 결혼시키는 계획을 세웠을 때 반대 상소를 올리기도 했는데, 상당한 명문으로 알려져 있다. 그 서두만 잠깐 감상해 보자.

지극히 경외로우시며, 지극히 상냥하고 자애로우신 군주시여,

소신의 대담한 행동을 두고서 변명거리를 찾고, 잘못을 인정하면서도 그것에 이유를 둘러치는 것은, 소신의 불경을 제가 익히 알고 있었음을, 그 시도를 무마하는 그 어떤 방식보다 오히려 더 잘 드러낼 법도 합니다. (…)

Most feared and beloved, most sweet and gracious sovereign;

To seek out excuses of this my boldness, and to arm the acknowledging of a fault with reasons for it, might better show I knew I did amiss, than any way diminish the attempt, (…)

굳이 더 읽어 보지 않아도 확실히 우리 사극에 많이 등장하는 "마마, 아니 되옵니다…. 통촉하옵소서." 식의 상소문과는 느낌이 무척 다르다. 우선 눈에 띄는 것은 "지극히 경외로우시며(Most feared and beloved)"라는 찬양이다. 이 말이 사실이라면 엘리자베스는 마키아벨리가 그토록 겸비하기 힘들다고 지적했던 두 가지 소양(두려움의 대상 + 사랑의 대상)을 동시에 지닌 드문 군주였을까? 아니면 시드니가 『군주론』을 읽어 보고 영감을 받은 것일까? 게다가 감히 무례한 상소를 바치기는 하지만 논리적인 설명을 덧붙이는 것을 이해해 달라는 첫 문장 역시 충성스럽지만 아직은 젊은 신하의 풋풋한 혈기가 느껴진다. 아마 엘리자베스 여왕 역시 상소를 읽으면서 슬쩍 웃음 짓지 않았을까 싶다.

이렇게 열정과 지성을 겸비한 신사였던 시드니는 1586년 네덜란드 독

립 전쟁에 참가했다가 고작 32세의 나이에 사망했다. 치명상을 입고 병상에서 사경을 헤매면서도 곁에 누운 병사에게 "그대의 갈급이 나보다 훨씬 크나니(Thy necessity is yet greater than mine)"라고 말하면서 물을 양보했다는 에피소드 또한 유명하다.

에식스 백작(Earl of Essex, 1565~1601) 엘리자베스가 장년에 접어들 무렵 두었던 연인으로, 본명은 로버트 데버루(Robert Devereux)지만 그 작위를 따서 흔히 에식스 백작이라고 불린다. 초상화를 보면 1930년대 할리우드의 명배우 에롤 플린(Errol Flynn)을 닮은 꽃미남으로 카리스마나 리더십이 대단했다. 하지만 한동안 여왕의 후광을 입고 잘나가던 에식스는 아일랜드 군사 원정에 실패한 뒤 떨어진 위상에 초조해하던 나머지 쿠데타까지 획책하다 발각되어 결국 반역죄로 런던 탑에서 처형당했다. 리턴 스트레이치는 에식스의 파멸을 다음과 같이 극적인 문구로 요약했다.

(…) 로버트 데버루, 에식스 백작. 영광스러운 그 불꽃은 유서 깊은 작위의

런던 탑. 원래는 노르만 왕족의 거주지 겸 요새로 건설되었으나 후대에는 정치범, 시국범의 수용 시설로 더 유명해졌다.

색채와 과거의 찬란한 용맹으로 빛났지만, 그것을 지필 연료가 없었다. 격렬하게 타오르던 불꽃은 바람에 이리저리 흔들리다 급작스레 꺼져 버렸다.

(…) Robert Devereux, Earl of Essex. The flame was glorious—radiant with the colours of antique knighthood and the flashing gallantries of the past; but no substance fed it; flaring wildly, it tossed to and fro in the wind; it was suddenly put out.

명문가에서 태어난 꽃미남으로 자부심과 에너지가 가득했던 에식스는 결국 그 에너지를 주체하지 못하다 순식간에 사그라진 것이다.

이 밖에도 '여왕의 남자'들은 널려 있었다. 여왕의 정적들을 차례로 제거하여 왕권이 안정되는 데 큰 공을 세우며 문자 그대로 '음지에서 양지를 지향한' 공작 정치 및 첩보전의 달인 프랜시스 월싱엄(Sir Francis Walsingham), 사실상 여왕에게서 약탈 면허를 받아 스페인과 프랑스의 상선에서 강탈한 보물로 국고에 이바지했던 해적이자 모험가 프랜시스 드레이크(Sir Francis Drake), 철인 정치가로 에식스 백작의 반역 혐의 조사를 진두지휘하기도 했던 프랜시스 베이컨(Sir Francis Bacon)—그러고 보니 왜 이렇게 '프랜시스'라는 이름이 당시에는 많았던 걸까?—등 이 시대에 활약했던 쟁쟁한 인물들의 면면을 모두 소개하기에는 지면이 모자란다.

갑옷을 입은 여왕

이 모든 영웅호걸들의 정점에는 다름 아닌 엘리자베스 여왕이 있었다. 여왕의 삶은 그 자체로 셰익스피어 사극이다. 먼저 그가 대권을 잡은 과

정부터가 기적에 가까웠다. 헨리 8세가 아들을 낳지 못한 두 번째 왕비 앤 불린에게 반역죄를 씌워 처형했을 때 그 딸 엘리자베스가 언젠가 왕위에 오르리라고 믿은 사람은 거의 없었다. 그러나 엘리자베스는 헨리 8세의 뒤를 이은 이복동생 에드워드 6세(Edward VI)가 16세의 나이로 요절하고, 다시 무자비한 신교도 탄압으로 '피의 메리(Bloody Mary)'라고 불린 언니 메리 여왕(Mary I)까지 즉위 5년 만인 1558년 사망하면서 극적으로 대권을 잡을 수 있었다.

왕좌에 오른 뒤 엘리자베스의 삶이 편안해진 것도 아니었다. 엘리자베스는 재위하던 내내 가톨릭 세력이 획책한 끊임없는 암살 시도와 반란 음모를 분쇄해야 했다. 또 왕권을 안정시키기 위해서는 하루 빨리 유럽 열강의 왕족을 남편으로 맞아 왕자를 생산해야 한다는 신하들의 권고를 뿌리치고, 오히려 "나는 이미 잉글랜드 왕국이라는 남편과 결혼했다.(I have already joined myself in marriage to a husband, namely the kingdom of England.)"라고 선언하며 독신을 고집하기도 했다.(단 일생 동안 애인은 여럿 두었다.)

엘리자베스 1세는 1588년 스페인과의 전쟁 중 틸버리 항(Tilbury)에서 해군을 출정시키는 자리에 돌연 잔 다르크처럼 완전 무장으로 말을 탄채 나타나 다음과 같은 연설로 장병들의 사기를 북돋기도 했다.

나는 내가 고작 여성의 연약하고 가냘픈 육체를 가졌음을 안다. 하지만 나는 왕의, 그것도 잉글랜드 국왕의 심장과 배짱이 있나니, 파르마나 스페인, 혹은 유럽의 어떤 군주라도 감히 내 왕국의 경계를 침략하려는 것을 가소로이 여기며, 나로 말미암아 불명예를 키우느니 내 직접 무기를 들고 제군들의 장군, 판관이 되어 그대들이 전장에서 세울 무훈에 일일이 상을 내리리라.

I know I have the body but of a weak and feeble woman ; but I have

런던 탑에 전시되어 있는 헨리 8세의 갑주. 젊은 시절의 헨리 8세는 만능 스포츠맨으로 특히 중세의 기사들을 흉내 낸 기마 창술 경기를 즐겼다. 그 딸 엘리자베스 1세 역시 스페인과의 전쟁에 앞서 갑옷을 입고 장병들을 격려한 바 있다.

the heart and stomach of a king, and of a king of England too, and think foul scorn that Parma or Spain, or any prince of Europe, should dare to invade the borders of my realm: to which rather than any dishonour shall grow by me, I myself will take up arms, I myself will be your general, judge, and rewarder of every one of your virtues in the field.

여왕의 격려에 용기백배하여 출정한 잉글랜드 해군은 스페인의 자랑인 무적함대를 격파하고 잉글랜드가 해양 강국으로 우뚝 서는 전기를 마련했다. 용장 밑에 약졸 없다는 말처럼 이렇게 여장부 군주 아래 영웅호걸들이 우글우글 나올 수밖에 없었던 것이다. 엘리자베스 1세 시대 최고의 인물은 바로 여왕 자신이었다.

Chapter
6

혁명의 시대

메인 브런치

· 영국의 의회 혁명

· 미국 혁명

· 프랑스 혁명

원전 토핑

·『청교도 혁명 문집』

·『리바이어던』 홉스

·『밀턴 문집』 밀턴

· 「상식」 페인

·『미국 혁명 문집』

·『프랑스 혁명사』 칼라일

· 「프랑스 혁명에 대한 성찰」 버크

· 「루이 보나파르트의 브뤼메르 18일」 마르크스

영국의 의회 혁명

革命 vs. revolution

'혁명(革命)'처럼 가슴을 설레게 만드는 단어도 드물다. 여기에는 뭔가 세상이 확 바뀐다든가, 한판 큰일이 단단히 터진다는 식의 강렬한 느낌이 있다. 한자 '革命'을 뜯어보면 '가죽 혁(革)'과 '목숨 명(命)' 자로 이루어져 있다. 물론 그렇다고 혁명이 '가죽의 수명'을 뜻하는 것은 아니다. '혁(革)'은 짐승의 가죽을 벗겨서 새로운 물품을 만들던 작업에서 유래하여 '바꾸다, 변화시키다'라는 의미로 발전했고, '명(命)'은 자세히 보면 입 구(口) 자와 시킬 영(令) 자가 합쳐진 형태로 임금이나 주인의 입에서 나오는 명령이나 분부, 혹은 여기서 더 나아가 천명(天命), 즉 하늘의 부름을 의미했다.

이 두 글자가 모인 '혁명'이라는 표현을 처음 소개한 중국의 고전은 다름 아닌 『주역周易』이다. 64괘 중 변화의 괘인 '혁괘(革卦)'에 대한 해설 가운데 이런 문장이 있다.

하늘과 땅이 변하여 사계절이 이루어지듯, 탕왕과 무왕이 혁명을 일으킴은 하늘의 부름에 따르고 사람의 부름에 응한 것이니, 변화의 시기란 위대한지고!

天地革而四時成, 湯武革命, 順乎天而應乎人, 革之時大矣哉!

탕왕은 하나라의 걸왕을 내치고 은나라를 세운 전설의 제왕이며, 무왕은 은의 주왕을 죽이고 주나라를 세운 인물이다. 즉 『주역』에서 말하는 혁명이란 바로 정권 교체 내지는 왕조 교체를 의미했다. 천하의 주인이 바뀌는 것이 바로 혁명이었던 것이다.

그렇다면 혁명에 해당하는 영어 단어 'revolution'에는 어떤 유래가 있을까? revolution은 '돌리다', '뒤집다'라는 의미를 가진 라틴어 레볼베레 (*revolvere*)의 명사형 레볼루티오넴(*revolutionem*)에서 유래한 것으로, 중세 유럽에서는 오랫동안 천체의 움직임과 관련된 천문학 용어로 사용되었다. 코페르니쿠스가 지동설을 주장한 저서 『천체의 회전에 관하여*On the Revolutions of the Celestial Spheres*』의 라틴어 원제는 'De revolutionibus

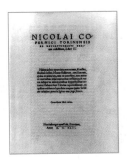

코페르니쿠스의 역사적 저서 『천체의 회전에 관하여』 초판 본 표제지. 영어 revolution 의 어원이자 '회전'을 뜻하는 라틴어 *revolutionibus*가 보인다.

orbium coelestium' (*revolutionibus*는 *revolutionem* 의 복수형)이다. revolution이 천문학의 경계를 벗어나 "한 정체(政體)의 지배를 끝내고 새로운 정체를 시작하려는 다수에 의한 폭력적 기도 (violent attempt by many people to end the rule of one government and start a new one)", 즉 기존의 것을 모조리 확 '뒤엎는(revolve)' 사태를 일컫는 용어로 자리 잡은 계기는 이 단어가 17세기 영국에서 일어난 일련의 정치적 변혁을 칭하는 데 사용되면서부터라고 한다.(이에 대해서는 잠시 뒤 상세히 소개한다.)

공산주의 이론에서는 혁명을 "양적 변화에서 질적 변화로의 변환(transformation of quantitative into qualitative changes)"이라고 정의하기도 한다. 일찍이 엥겔스(Friedrich Engels)는 변증법적 유물론(materialist dialectics)의 기본 법칙 중 하나로 "양에서 질로의 변환과 그 반대 현상(transformation of quantity into quality and vice versa)"을 제시한 바 있다. 실제로 이를 역사에 대입해 보면, 혁명이란 들끓는 민중의 불만이 '양적으로' 어떤 임계치를 넘어서면 결국 사회 자체가 '질적으로' 변화를 일으켜 기존과는 다른 정치/사회 체제가 탄생하는 사건이라고 할 수 있겠는데, 이게 제법 말이 되는 발상이다.

이번 챕터에서는 서구 역사 속에서 모던(Modern), 즉 '근대(近代)'라고 불리는 시기와 그 이후의 전개 방향을 상당 부분 결정지은 세 가지 정치 혁명, 즉 영국의 의회 혁명, 미국의 독립 혁명, 그리고 프랑스 대혁명을 간략하게 살펴보자. 실제로 이들 혁명은 단지 서양의 역사뿐만 아니라 아리스토텔레스가 정의한 '사회적 동물'로서의 인간이라는 종의 발전에도 크게 기여한 인류사적 터닝 포인트였다. 물론 세계 제국의 멸망이 대개 한 번의 깜짝 이벤트라기보다는 여러 단계를 거치는 긴 프로세스인 것처럼, 이 3대 혁명 역시 하룻밤에 일어난 천지개벽 같은 사건이라기보다는 혁명 세력과 반혁명 세력의 밀고 당기기가 수년, 심지어는 수 세대에 걸쳐 전개된 길고 험난한 과정이었다. 당연히 그러한 대하드라마를 단 몇 페이지로 압축하여 소개한다는 것은 무리인 정도가 아니라 터무니없다. 여기서는 큰 욕심을 부리기보다 이들 3대 혁명의 주요 장면 몇 가지를 뽑아 관련 텍스트와 함께 가볍게 감상하는 기회로 삼고, 언제나처럼 '폴로 스루(follow through)'는 독자 여러분의 몫으로 남길 수밖에 없을 것 같다.

마그나 카르타, 왕 입에 물린 재갈

영국 역사상 최고의 명군 혹은 최악의 폭군이 누구였는지는 역사가들 사이에서 견해가 분분한 반면, 최악의 암군 내지는 혼군, 즉 무능한 군주의 챔피언을 꼽으라면 사자심왕 리처드 1세의 동생 존 왕(King John, 1167~1216)에 맞설 경쟁자가 별로 보이지 않는다. 존 왕의 시대는 지금도 영국 왕실에서 별로 거론하고 싶어 하지 않는 어두운 기억이다. 우선 존은 당시까지 잉글랜드 왕이 실효 지배하고 있던 금싸라기 노르망디 지역을 프랑스에 도로 빼앗긴 인물이다. 게다가 교황과도 쓸데없는 마찰을 일으켜 파문을 당했다가 간신히 용서를 받는 국제 망신을 자초하기도 했다. 그뿐만 아니라 존은 잃어버린 노르망디 지역을 회복하기 위

마그나 카르타. 영국 역사상 최악의 암군으로 꼽히는 존 왕이 귀족과 성직자들의 연합 세력에 굴복하여 할 수 없이 서명한 문서지만 그 역사적 의의와 후대에 미친 영향력은 메가톤급이다.

해 재위 중 여러 차례 프랑스와 전쟁을 벌이면서 그 비용을 조달할 목적으로 막대한 세금을 계속 거둬들였다. 결국 이를 견디다 못한 귀족들이 1215년 일제히 들고 일어나 존에게 자신들의 동의 없이 세금을 올리지 못하게 하는 문서에 서명토록 했는데, 이것이 바로 그 유명한 '마그나 카르타(Magna Carta)', 즉 '대헌장(大憲章)'이다.

"우리 왕국에서는 일반 평의회의 승인 없이 병역 면제세나 상납금을 부과할 수 없다.(No 'scutage' or 'aid' may be levied in our kingdom without its general consent.)"고 명시한 마그나 카르타는 비록 왕과 귀족

들 사이의 협약이기는 했지만 당시 국왕의 가장 핵심적인 권력이라고 할 과세권을 독점하지 못하도록 만든 획기적인 문서였다. 비단 세금 문제를 규정했을 뿐 아니라 마그나 카르타는 자유민이 "동류들의 적법한 판결이나 국가의 법률(the lawful judgement of his equals or by the law of the land)"에 의하지 아니하고는 체포, 투옥되거나 재산을 박탈당하지 않는다고 명기함으로써 잉글랜드의 인권 신장에 기여하는 동시에 법치(rule of law)의 전통을 확립하기도 했다.

이후 마그나 카르타는 두고두고 영국 군주들의 행보를 크게 제한하는 크립토나이트가 되었다. 왕이 무리한 권한을 행사한다 싶으면 영국의 신하들은 우리 조선 시대처럼 걸핏하면 땅바닥에 머리를 찧으며 "통촉하옵소서!"를 외치는 대신 그냥 왕 앞에 마그나 카르타를 쑥 들이밀면 되었던 것이다.

잉글랜드에서는 다시 존의 아들 헨리 3세(Henry III)의 치세 때인 1265년 귀족, 성직자, 기사, 시민들의 대표로 구성된 의회(Parliament)가 발족하여 국왕의 절대 권력을 견제할 수 있는 제도적 기구가 마련되었다. 의회는 대토지 세습 귀족들로 구성된 상원(House of Lords)과 평민들의 대표로 구성된 하원(House of Commons)의 양원제였으며, 특히 하원에서는 평민들의 이해관계가 반영된 법안을 별도로 제출하고 국왕의 세금 부과에 대한 동의권을 행사하게 되었다.

왕과 의회의 기 싸움

1603년 잉글랜드의 엘리자베스 1세가 후사 없이 사망하자 뒤를 이은 것은 여왕의 먼 조카뻘인 스코틀랜드 왕 제임스 6세(James VI, 1566~1625)로, 그는 잉글랜드 국왕의 자격으로는 제임스 1세(James I)라고 불린다.

모르긴 몰라도 작은 나라 스코틀랜드의 군주였다가 잉글랜드의 왕위까지 물려받자 제임스 1세는 나름 횡재를 한 줄 알았을 것이다. 그러나 유감스럽게도 상황이 그렇게 순조롭지만은 않았다. 비록 튜더 왕조의 대가 끊겨 할 수 없이 모셔 오기는 했지만, 잉글랜드의 귀족들은 심한 스코틀랜드 사투리를 쓰고 과격한 사냥과 화끈한 파티를 비롯한 스코틀랜드 식 라이프 스타일에 익숙한 왕을 일종의 '촌닭'으로 여기며 은근히 깔보기까지 했다. 게다가 제임스가 잉글랜드에 오면서 미처 계산에 넣지 못했던 복병이 있었으니, 바로 의회가 버티고 앉아 왕이 하려는 일에 사사건건 트집을 잡았던 것이다. 의회와 티격태격하는 것을 견디다 못한 제임스는 다음과 같이 푸념하기도 했다.

하원은 머리 없는 몸뚱이다. 의원들은 난잡스럽게 의견을 개진한다. 그 회의에서는 비명과 고함, 소란밖에 들리지 않는다. 내 선조들이 그런 기관이 존재하도록 허락했다는 것이 놀랍다. 나는 이방인으로 여기 도착해서야 그것을 발견했기에, 내가 없애지 못하는 것을 감내할 수밖에 별도리가 없다.

The House of Commons is a body without a head. The members give their opinions in a disorderly manner. At their meetings nothing is heard but cries, shouts, and confusion. I am surprised that my ancestors should ever have permitted such an institution to come into existence. I am a stranger, and found it here when I arrived, so that I am obliged to put up with what I cannot get rid of.

한마디로 의회 때문에 왕 노릇 못해 먹겠다는 얘기다. 이렇게 제임스 1세 때 시작된 의회와 국왕 간의 갈등은 급기야 그 아들 찰스 1세(Charles I, 1600~1649) 대에 이르러 대폭발한다. 1625년 26세의 나이로 즉위한 젊

플랑드르 출신 화가 반 다이크(Anthony van Dyck)가 그린 사냥터의 찰스 1세(왼쪽)와 그의 가족 초상
(오른쪽). 찰스 1세는 왕권신수설을 철두철미 신봉한 인물이었으나 군주로서의 카리스마는 많이 부족했
다. 어딘가 빈약한 그의 이미지는 왕실 화가의 붓끝에서조차 완전히 감추어지지 않는다.

은 군주 찰스 1세는 스페인과의 전쟁 자금을 마련하기 위해 의회를 소
집하고 새로운 세금을 도입할 것을 주문했지만, 의회는 이를 거부했다.
그러자 찰스는 영국 정부가 국왕에게 장기 융자를 해 주는 우회적인 방
식으로 자금을 조달하려 했으나 이를 눈치챈 의회와 법원의 제지로 무
산되고 말았다. 이때 의회의 대표들은 왕이 저지른 꼼수에 대한 경고의
의미로, 마그나 카르타의 정신에 입각하여 다시 한 번 국민과 그 대표인
의회가 누리는 제반 권리를 재천명해 달라고 찰스에게 요구했다. 이 사
건이 그 유명한 '권리 청원(Petition of Right)'이다.

　권리 청원을 마지못해 승인하며 스타일을 구긴 찰스 1세는 이후 의회
의 간섭 없이 통치할 것을 결심하고 무려 12년간 의회를 소집하지 않았
다. 그러나 1640년 스코틀랜드의 귀족들이 반란을 일으키자 군자금을
조달해야 했던 찰스는 할 수 없이 의회를 소집했다. 그런데 오랜만에 소
집된 의회의 대표들은 세금 승인은 뒷전이고 아예 이 기회에 의회를 상

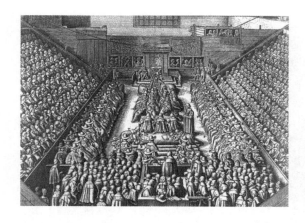

1628년 소집된 의회를 묘사한 판화. 찰스 1세는 이때 의회의 강경함에 질겁한 나머지 이후 의회의 도움 없이 통치할 것을 결심했다.

설 기관으로 만드는 계획을 밀어붙였다. 이들이 의회가 국왕의 명령에 관계없이 3년에 한 번씩은 자동으로 소집되어야 하며 국왕은 일단 소집된 의회를 멋대로 해산할 수 없다는 내용을 골자로 하는 '3년 소집령(Triennial Act)'에 서명할 것을 요구하자 찰스는 격분했다.

이렇게 국왕과 의회가 계속 엇박자를 내며 멀어지게 된 것은 찰스 1세의 서툰 리더십 탓도 있지만, 당시 영국 의회가 '퓨리턴(puritans)', 즉 청교도라고 불리는 급진 종교 세력에게 장악되어 있었기 때문이기도 하다. 청교도주의는 칼뱅주의의 한 갈래로 발생한 근본주의 기독교 종파였다. 영국은 이미 헨리 8세 시절 수장령(Act of Supremacy)을 통해 교황청과 인연을 끊고 사실상 프로테스탄트 국가가 된 바 있지만, 청교도들은 심지어 영국 국교회의 눈에도 너무 급진적인 종파인지라 한동안 정부의 탄압을 받았다. 이때 일부 청교도들이 정부의 박해를 피해 대서양을 건너간 것이 아메리카 대륙 식민지 역사의 시작임은 주지의 사실이다. 영국의 청교도들은 토지 소유에 기초한 중세식 세습 귀족이 아닌 상공업에 종사하는 사업가와 전문직이 절대 다수를 차지했는데, 이들이 종교적 자유에 더해 경제적, 정치적 권리를 보장받기 위해 의회 진출에 주력하면서 단기간에 의회를 좌지우지하는 강력한 세력으로 부상했던 것이다.

이렇게 아슬아슬한 관계에 놓여 있던 왕과 의회가 드디어 돌아올 수 없는 다리를 건너게 된 계기는 1641년 아일랜드에서 터진 또 다른 반란이었다. 이때 반란의 배후에 다름 아닌 찰스 1세가 있다는 괴소문이 퍼졌고, 의회 대표들은 기다렸다는 듯이 소문을 기정사실화하며 국왕 대신 의회가 직접 진압군을 지휘해야 한다고 주장했다. 이에 진노한 찰스는 아일랜드 반란에 대한 소문을 퍼뜨린 자로 지목받던 몇몇 의회 대표들을 반역죄로 체포하기 위해 1642년 1월 4일 직접 근위병들을 통솔하여 하원에 진입했다. 하지만 용의자들은 이미 피신한 뒤였고, 찰스는 민의를 대표하는 하원에 무단으로 침입하는 선례를 남긴 군주라는 오명만 쓰고 말았다. 이때부터 민심은 왕에게서 급격히 멀어졌으며 의회 역시 국왕과의 정면 대결을 주장하는 강경파의 독무대가 된다. 이런 상황에서 신변의 위협을 느낀 찰스가 런던을 빠져나와 의회파를 토벌할 근왕병을 조직하면서 영국은 본격적으로 내전에 돌입하게 되었다.

'반역자' 찰스를 처형하라

1642년부터 1647년까지 5년간 이어진 내전은 의회파의 승리로 막을 내렸고, 찰스 1세는 의회파에 의해 유폐되는 신세가 되었다. 왕을 포로로 삼은 의회 지도자들은 처음에는 찰스를 폐위하기보다는 왕의 권한을 대폭 축소하여 왕과 의회의 위치를 좀 더 동등하게 만드는 온건 개혁에 관심을 두기도 했다. 그러나 찰스가 왕권신수설의 골수 신봉자로 의회파에게 한 치의 양보도 하지 않으려 하면서 문제는 복잡해졌다. 당시 의회는 내전을 지휘했던 올리버 크롬웰(Oliver Cromwell, 1599~1658)이 이끄는 군부가 장악하고 있었는데, 이들은 찰스의 강경한 자세에 자극받아 향후 왕당파 잔당의 준동을 막기 위해서는 극단의 조치를 취해야 한다는 결론을 내렸다. 결국 영국 의회는 1648년 찰스 1세를 반역죄로 재판하기 위한 별도의 고등 법원을 설립하는 법령을 통과시킨 뒤 150명의 하원 의원으로 재판정을 구성했다.

엄밀히 말하면 당시 영국의 관습법상 국왕은 의회(입법부)와 사법부보다 상위에 있는 존재였기 때문에 의회가 국왕을 재판한다는 것 자체가 언어도단이었다. 게다가 그때까지 영국의 역사에서는 비록 왕이 권력 투쟁의 와중에 암살당하는 경우는 종종 있었을지언정 신하들이 왕을 재판에 회부한 전례는 존재하지 않았다. 그럼에도 청교도 지도자들은 정치적 목적과 함께 불의한 임금을 백성의 이름으로 단죄하는 것은 신의 뜻과도 일치한다는 종교적 신념을 가지고 1649년 1월 국민의 대표들이 군주를 치죄하는 전대미문의 재판을 강행했다. 이에 찰스 1세는 하원 의원들로 구성된 재판정의 권위 자체를 부정하는 방식으로 저항했다. 그가 법정에 제출한 항의서의 일부 내용을 살펴보자.

이제 나는 오늘의 재판이 주님의 법으로 보장되지 못한다는 것을 전적으로 확신하노니, 이는 오히려 국왕에 대한 복종이라는 권위야말로 신구약 성서가 분명히 보장하고 엄중히 명령하기 때문이며, 만약 이 권위를 부인한다면 내가 즉각 증명할 터이다. 작금의 문제에 관해서라면 "왕의 말에는 권능이 있나니 누가 그에게 왕께서 무엇을 하시나이까 할 수 있으랴." 하고 언급되어 있다.

Now I am most confident this day's proceeding cannot be warranted by God's laws; for, on the contrary, the authority of obedience unto Kings is clearly warranted, and strictly commanded in both the Old and

New Testament, which, if denied, I am ready instantly to prove. And for the question now in hand, there it is said, that "where the word of a King is, there is power; and who may say unto him, what dost thou."

찰스 1세가 청교도들에게 바로 그들이 금과옥조로 떠받드는 성서의 구절(「전도서」 8장 4절)을 들어 반박하는 것이 인상적이다. 왕권신수설의 논리로 무장한 찰스는 계속해서 법정의 정통성 문제를 물고 늘어졌다.

이제 이 나라의 법률에 대해서도, 국왕에 대한 탄핵이 성립될 수 있다고 인증할 식견 있는 법률가는 아무도 없음을 나는 또한 확신하며, (…) 그뿐 아니라, 그대들이 재판 절차의 근거로 삼는 법률이란 기존의 것이거나 새로운 것이어야 할 터인데, 만약 기존의 법률이라면 나에게 보여 주고, 만약 새로운 법률이라면 이 나라의 기본법이 보장한 무슨 권한으로 언제 그것이 제정되었는지 말하라.

Then for the law of this land, I am no less confident, that no learned lawyer will affirm that an impeachment can lie against the King. (…) Besides, the law upon which you ground your proceedings, must either be old or new: if old, show it; if new, tell what authority, warranted by the fundamental laws of the land, hath made it, and when.

찰스 1세는 이제 영국 백성들이 조만간 구관이 명관, 아니 구군이 명군이라고 생각할 날이 있으리라고 예언하면서 자신의 주장을 마무리한다.

(…) 잉글랜드의 백성들은 (…) 이러한 불행한 문제들이 시작되기 전까지, 근래에 엘리자베스 여왕, 내 부왕, 그리고 나의 통치하에서 얼마나 행복했

는지를 기억할 것이며, 어떤 새로운 정부 밑에서도 그토록 행복하지는 못할 것임을 응당 염려할 것이다. 그리고 이때쯤이면 내가 무기를 들고 일어선 것이 오직 이 왕국의 기본법을 수호하기 위해서였음이 너무도 현저히 명백해질 것이다. (…)

(…) the Commons of England (…) will remember how happy they have been of late years under the reigns of Queen Elizabeth, the King my father, and myself, until the beginning of these unhappy troubles, and will have cause to doubt, that they shall never be so happy under any new : and by this time it will be too sensibly evident, that the arms I took up were only to defend the fundamental laws of this kingdom, (…)

찰스가 법정의 권위를 인정하건 말건 재판은 의회 지도자들의 각본대로 진행되었고, 며칠간의 형식적인 심리가 이어진 뒤 법정은 다음과 같이 선고했다.

모든 반역과 범죄 행위에 대해, 본 법정은 폭군, 반역자, 살인자이자 이 나라 선량한 국민들의 공공의 적인 상기인 찰스 스튜어트를 신체에서 머리를 자르는 방식으로 사형에 처하도록 판결한다.

For all which treasons and crimes this Court doth adjudge that he, the said Charles Stuart, as a tyrant, traitor, murderer, and public enemy to the good people of this nation, shall be put to death by the severing of his head from his body.

찰스 1세의 처형은 선고가 내린 지 사흘 뒤에 집행되었다. 처형 당일 아침 찰스는 셔츠 2벌을 요구했다고 한다. 혹시라도 얇은 셔츠 1장만 입

1649년 찰스 1세의 처형을 그린 독일 판화. 처형 현장의 디테일이 상세하게 묘사되어 있다. 혁명 세력은 처형 장소로 하필이면 국왕이 외국 사절을 영접할 때 즐겨 사용했던 화이트 홀(White Hall) 앞을 선택했다

고 사형대에 오르면 추운 날씨 때문에 몸을 떨어 구경하는 국민들에게 왕이 죽음을 두려워한다는 인상을 줄까 봐 염려했던 것이다. 찰스는 마지막 기도를 주재한 사제에게 이렇게 말했다.

"나는 이제 소멸할 왕관을 버리고, 소란, 이 세상의 소란이 존재할 수 없는 곳으로 불멸의 왕관을 향해 가겠소."
"I go from a corruptible to an incorruptible crown ; where no disturbance can be, no disturbance in the world."

왕의 머리가 망나니의 도끼질로 잘려 나감과 동시에 영국은 사상 최초로 공화정(Commonwealth) 시대의 막을 열었다.

왕당파 홉스와 공화파 밀턴

이렇게 왕당파와 의회파의 내전, 백성들에 의한 국왕 처형, 공화정 수립

등으로 숨 가쁘게 이어진, 영국 역사에서 가장 다사다난했던 한 시대를 대변한 대표적인 지성으로는 왕당파의 토머스 홉스(Thomas Hobbes, 1588~1679)와 공화파의 존 밀턴(John Milton, 1608~1674)을 꼽을 수 있다. 정치철학서 『리바이어던Leviathan』의 저자로 유명한 홉스는 철학자 프랜시스 베이컨의 제자이기도 했다. 『리바이어던』이라는 제목은 『구약 성서』 「욥기」에 나오는, 히브리어로 용, 큰 바다뱀을 뜻하는 전설의 괴물 리비아탄(livyathan)에서 따온 것인데, 홉스는 이를 통해 무엇을 말하고자 한 것일까? 먼저 홉스는 『리바이어던』에서 인간이 처한 실존적 상황에 대한 진단을 시도한다.

> 자연은 인간들을 신체와 정신의 능력이 매우 동등하도록 만들어 놓았다. 한 사람이 때로 신체가 현저히 강인하거나 다른 사람보다 빠른 두뇌를 가졌음이 발견되기도 하지만, 일체를 함께 고려하면 인간과 인간 사이의 차이란 그리 대단한 것이 아니다. (…) 가장 연약한 자도 은밀한 책략을 쓴다든가 다른 이들과 연합함으로써 가장 강인한 자를 죽이기에 충분한 힘이 있다. (…)
>
> Nature hath made men so equall, in the faculties of body, and mind; as that though there be found one man sometimes manifestly stronger in body, or of quicker mind than another; yet when all is reckoned together, the difference between man, and man, is not so considerable, (…) the weakest has strength enough to kill the strongest, either by secret machination, or by confederacy with others, (…)

즉 홉스에 따르면, 핵심적인 문제는 인간들 사이에 능력의 불평등이 존재하는 것이 아니라 오히려 그 능력이 모두 고만고만하다는 데 있다. 매우 독특한 발상이다. 그 유명한 "만인에 대한 만인의 투쟁"이 벌어지는 것은 바로 이 때문이다.

항상 만인에 대한 만인의 투쟁이 벌어지며, 이로써 인간들 모두를 항상 두렵게 만드는 공동의 권력 없이 살아가는 시기에는 인간들이 전쟁이라는 상태에 처하리라는 것이 명백하다.

There Is Always Warre Of Every One Against Every One Hereby it is manifest, that during the time men live without a common Power to keep them all in awe, they are in that condition which is called Warre; (⋯)

홉스는 '공동의 권력(Common Power)'이야말로 인간들의 상호 파괴적 성향을 억제할 해결책이라고 주장한다. 이 공동의 권력은 어떻게 만들어질까?

외적의 침입, 서로 간의 상해로부터 인간들을 보호할 수 있을 만한 공동의 권력을 수립하는 유일한 방법은 (⋯) 그들의 모든 권한과 힘을 한 사람, 혹은 한 집합체에 부여하는 것이다. (⋯) 이것은 합의나 화합 이상의 것이다. 그것은 만인과 만인의 계약으로 이루어져 하나의 단일한 인격을 가진, 모든 인간들의 진정한 통합체이다. (⋯)

The only way to erect such a Common Power, as may be able to defend them from the invasion of Forraigners, and the injuries of one another, (⋯) is, to conferre all their power and strength upon one Man, or upon one Assembly of men, (⋯) This is more than Consent, or Concord; it is a reall Unitie of them all, in one and the same Person, made by Covenant of every man with every man, (⋯)

이렇게 전체 구성원의 권한과 기대를 한 개인이나 한 집단에 '몰빵'한 체제를 뭐라고 부를까?

> (…) 하나의 인격으로 통합된 군집을 국가(commonwealth), 라틴어로 키비
> 타스라고 한다. 이것은 저 거대한 리바이어던의 탄생, 혹은 차라리 (좀 더 경
> 건하게 말하자면) 불멸의 신을 섬기는 우리의 평화와 방위를 책임져 주는 저
> 유한한 신의 탄생인 것이다.
>
> (…) the Multitude so united in one Person, is called a COMMON-
> WEALTH, in latine CIVITAS. This is the Generation of that great
> LEVIATHAN, or rather (to speake more reverently) of that Mortall God, to
> which wee owe under the Immortall God, our peace and defence.

즉 리바이어던이란 본래부터 상호 파괴적 성향을 지닌 위험한 동물인 인간이 모든 권력을 위임하고 그 대가로 안전을 보장받는 '딜'을 통해 탄생하는 체제다. 서로 죽고 죽이는 파멸보다야 절대 권력에 예속되더라도 목숨을 보전하는 차악이 낫지 않은가… 하는 것이 홉스의 자못 씁쓸한 제안이다.

홉스가 이렇듯 내전에서 패하고 국왕마저 잃은 왕당파의 심리적 공황 및 니힐리즘을 정치철학으로 승화시킨 인물이라면, 밀턴은 당시 새로운 역사의 장을 열던 청교도 세력의 순수성과 포부를 대변한 지성이었다. 청교도주의 정신을 문학적으로 구현한 걸작 서사시 『실낙원*Paradise Lost*』의 저자이기도 한 밀턴은 찰스 1세의 처형 직후에 「국왕과 위정자의 재임권*The Tenure of Kings and Magistrates*」이라는 정치 팸플릿을 발표했다. 여기서 밀턴은 국민들이 군주의 권력을 통제, 견제할 수 있는 최선의 방책에 대한 논의를 펼치면서 불가피한 경우라면 국왕 살해(regicide)

도 정당화될 수 있음을 주장했다.

　나는 도대체 어떤 양심이나 신성, 법률, 이유가 국가로 하여금, 밤낮으로 이 모든 신성한 중대사를 뒤엎을 궁리만 하며 앉아 있는 사악한 군주를 제거하기보다, 이것들을 영속적인 위난과 극단의 위험 아래 내버려 두도록 강제하는지 묻겠다. 사람들은 자연법이 어떤 사람이든 스스로를, 심지어 상대가 국왕 본인일지라도 방어하는 것을 정당화한다고 말한다. 그렇다면 각 개인이 왕을 상대로 자기를 방어하는 것이 합법적일진대, 도대체 똑같은 법이 한 국가나 인민 전체가 왕에게 정의를 행하는 것을 더욱더 정당화하지 못할 이유가 무엇인가. (…) 폭군에게 행하는 정의란 다름 아닌 국가 전체의 불가피한 자기 방어이다.

　I ask by what conscience, or divinity, or Law, or reason, a State is bound to leave all these sacred concernments under a perpetual hazard and extremity of danger, rather than cut off a wicked Prince, who sits plotting day and night to subvert them: They tell us that the Law of nature justifies any man to defend himself, eev'n against the King in Person: let them shew us then why the same Law, may not justifie much more a State or whole people, to do justice upon him, against whom each privat man may lawfully defend himself; (…) justice don upon a Tyrant is no more but the necessary self-defence of a whole Common wealth.

　인간은 누구에게나 정당 방어의 권리가 있다. 심지어 국왕이 직접 덤벼들 때도 마찬가지다. 그렇다면 인간들이 모여 이루어진 공동체나 국가가 생존을 위해 폭군을 제거하는 것 역시 정당화될 수 있는 것 아닌가?

밀턴은 그 시절 이미 언론의 자유를 적극 옹호한 투사이기도 했다. 실제로 그가 정치적 명성을 획득한 것은 1644년 영국 의회에 제출한 「아레오파지티카Areopagitica」라는 기고를 통해서였다. 「아레오파지티카」라는 제목은 고대 아테네의 최고 법정이었던 아레오파고스(Areopagus)에서 따온 것으로, 밀턴은 심지어 아테네의 법정조차도 당대의 영국 정부처럼 출판물의 사전 검열을 심하게 하지는 않았다고 꼬집으며 언론과 발언의 자유를 주장했다.

하지만 나는 정의와 용기의 규율로 다스려지는 국가, 혹은 믿음의 반석과 참된 지식 위에 세워지고 설립된 교회라면 그토록 겁이 많을 리가 없다고 확신합니다. (…) 교회 지도자들에게서 모방한 규율로, 그리고 우리 모두가 검열관의 품속에서 다시금 침묵하도록 만드는 종교 재판에서 익힌 규율로 저술의 자유가 제한되어야 한다는 주장은 필시 모든 지식인과 종교인들에게 근심과 좌절을 불러일으킬 것이 틀림없습니다.

But I am certain that a State govern'd by the rules of justice and fortitude, or a Church built and founded upon the rock of faith and true knowledge, cannot be so pusillanimous. (…) that freedom of writing should be restrain'd by a discipline imitated from the Prelats, and learnt by them from the Inquisition to shut us up all again into the brest of a licencer, must needs give cause of doubt and discouragement to all learned and religious men.

그의 어조에서는 종교 운동인 동시에 정치 이데올로기이기도 한 청교도주의에 대한 신뢰와 자신감이 뚝뚝 묻어난다. 밀턴은 청교도 혁명의 장래를 확신한 대표적 지식인이었지만, 유감스럽게도 그의 이상주의와 혁명 정부의 현실은 시간이 갈수록 점점 멀어져 갔다.

왕정복고와 명예혁명

찰스 1세의 처형 이후 영국 땅에 수립된 새로운 정체가 밀턴이 꿈꾸었던 이상적인 공화정이 아니라 오히려 왕당파 홉스가 난세의 대안으로 제시한 리바이어던에 더욱 흡사한 모습이었다는 것은 역사의 아이러니다. 입법, 사법, 행정권 모두가 크롬웰과 군부에 집중되면서 밀턴의 주장 대신 홉스의 "모든 권한과 힘을 한 사람, 혹은 한 집합체에 부여하는" 권력의 '몰빵'이 실현되었기 때문이다. 절대 권력을 쥔 크롬웰은 의회의 상원을 아예 폐지하고 하원 의원들 역시 선출직에서 임명직으로 바꾼 뒤 이들의 투표를 통해 이른바 '호국경(Lord Protector)'의 지위에 올랐다. 호국경 크롬웰의 교시에 따라 전국에 금주령이 내렸으며, 사창가와 극장이 폐쇄되었고, 도박, 경마, 닭싸움 등이 모두 금지된 가운데 교회 예배 참석이 의무화되었다. 숨 쉴 틈 없는 금욕과 규율의 생활을 강제하는 신정 국가 체제가 영국 땅에 탄생했던 것이다.

상황이 이렇게 돌아가자 애초에 공화정을 지지하던 국민들마저 정권에 빠르게 피로감을 느끼기 시작했으며, 찰스 1세 또한 불의에 항거하다 의로운 죽음을 맞이한 '순교자 왕(royal martyr)'으로 대접받기 시작했다. 결국 급진 공화국 체제는

영국 청교도 혁명의 주역 올리버 크롬웰의 상.

19세기 말 영국 국회 의사당(위)과 하원 내부(아래)의 모습. 청교도 혁명 이래 영국 국왕은 지금까지 하원에 발을 들이지 못하고 있다.

1658년 크롬웰의 죽음과 거의 동시에 붕괴되었다. 곧이어 10여 년 만에 다시 열린 총선거를 거쳐 왕당파 의원들이 대거 의회로 진출했으며, 1660년 의회는 망명 중이던 찰스 1세의 아들을 데려다 국왕으로 모실 것을 결의했다. 이렇게 해서 영국의 공화국 실험은 종말을 고하고 '왕정 복고(Restoration)'가 이루어졌다.

그렇다고 시계가 완전히 과거로 되돌아간 것은 아니었다. 왕정복고 이후 찰스 2세의 뒤를 이어 동생 제임스 2세(James II)가 등극했는데, 그는 영국을 다시 절대왕정 체제로 돌리려는 시대착오적인 음모를 획책하다 바로 의회의 역풍을 맞고 프랑스로 망명했다. 그러자 의회는 제임스 2세의 딸 메리(Mary)와 그의 독일계 남편 윌리엄(William)을 대륙에서 모셔다 여왕과 왕으로 삼은 뒤 1689년 국민의 권리를 다시 한 번 획기적으로 강화한 법령인 '권리 장전(Bill of Rights)'을 발효시켰다.

이로써 영국에서는 군주제와 의회 민주주의라는 도저히 양립 불가능할 것 같은 2개의 원칙이 공존할 확고한 기초가 마련되었다. 그 과정에서 인명의 피해가 없었고 국왕과 의회가 잘 협력했기 때문에 '명예혁명 (Glorious Revolution)'이라고 불린다. 이후 영국은 독불장군 행세를 하다가 목숨을 잃은 국왕을 기억하는 왕가와, 왕정을 폐지하려다가 도리어 한술 더 뜨는 공화정을 겪은 트라우마를 간직한 국민들이 서로 적절한 양보와 타협을 이루어 가며 오늘에 이르고 있다.

지금까지도 영국 국왕은 적어도 일 년에 한 번, 의회의 개원을 선포하기 위해 등원한다. 2015년 현재 왕좌에 있는 엘리자베스 2세 여왕도 마찬가지다. 그러나 여왕은 오직 상원 회장으로만 향할 뿐 하원 근처에는 얼씬도 하지 않는다. 1642년 찰스 1세가 '깽판'을 친 이래 국왕은 하원에 발을 들이지 못하는 것이 불문율로 굳어져 오늘날까지 이어지고 있기 때문이다.

미국 혁명

아메리카, 제국의 '봉'이 되다

1620년 한 무리의 영국 청교도들이 종교의 자유를 찾아 메이플라워 호를 타고 대서양을 건너오면서 아메리카 식민지의 역사는 본격적으로 시작되었다. 아메리카에 정착한 청교도들은 오랫동안 영국 정부의 간섭 없이 곳곳에 퓨리턴 공동체를 세우며 번영했다. 이들 초기 이민자의 후손들은 거대한 아메리카 대륙을 계속 탐험하고 개척하는 한편 전 세계를 무대로 삼는 제조업과 무역을 통해 상당 규모의 부를 축적하기 시작했다. 이렇게 형성된 식민지의 신흥 부르주아 계급은 본국 영국에서 오는 뉴스에 민감했고, 계몽주의를 비롯하여 당대 유럽에서 유행하는 사상적 조류에 큰 관심을 보이기도 했다.

반면 영국에게 아메리카 식민지는 오랫동안 그리 중요한 존재가 아니었다. 워낙 멀리 떨어져 있기도 했던 데다가, 당시 영국의 세계 전략상 관심 지역은 아무래도 유럽과 오리엔트였기 때문이다. 총 13개에 달하

미국 화가 존 밴덜린(John Vanderlyn)이 그린 〈신대륙에 상륙하는 콜럼버스〉. 이탈리아 출신인 콜럼버스는 스페인 왕가의 재정 지원을 받아 탐험을 계속한 끝에 신대륙을 발견했다.

는 아메리카의 식민주들(colonies)은 한동안 말하자면 부모(본국 정부)가 방임하는 와중에도 자기들끼리 알아서 잘 자라 주는 아이들 같은 존재였다.

영국의 아메리카 식민지에 대한 자유방임 정책이 근본적으로 바뀐 계기는 북아메리카 대륙의 주도권을 놓고 프랑스와 영국이 벌인 이른바 '프랑스 인디언 전쟁(French and Indian War, 1754~1763)'이었다. 이름에 굳이 인디언이 들어가는 이유는 프랑스와 영국이 저마다 다양한 인디언 부족들과 교차 동맹을 맺으며 전쟁을 수행했기 때문이다. 미국 문학의 걸작 소설 『모히칸족의 최후 The Last of the Mohicans』의 배경이기도 한 이 전쟁에서 영국은 많은 병력과 자원을 소모했는데, 그 과정에서 식민지 주민들을 대하는 태도에도 큰 변화가 생겼다. 일단 자기 땀과 자본을 투자하게 되면 본전 생각이 나면서 애착도 더 생기는 법이다. 영국은 전쟁에서 승리하여 루이지애나를 제외한 아메리카 전 지역에서 프랑스를 몰아내는 데 성공했지만, 이후에는 부쩍 식민지의 정치와 행정 전반에 대한 간섭을 늘려 가게 된다.

한편 프랑스 인디언 전쟁은 식민지 주민들의 본국에 대한 시각도 상당히 바꿨다. 그때까지 다소 추상적인 영역에 머무르던 존경하는 국왕과 위대한 대영제국의 존재가 갑자기 전쟁과 함께 군대라는 강력한 공권력의 형태로 일상 속에 들어왔기 때문이다. 당시 진주한 영국군이 식민지 주민들에게 보인 점령군 식 태도는 적지 않은 쇼크로 다가왔다.

물론 이건 어디까지나 식민지 주민들 입장이고, 영국 입장에서는 프랑스에 통째로 먹힐 뻔한 걸 간신히 구해 줬더니 불평만 한다고 나무랄 법도 했다. 게다가 막대한 전쟁 비용이 곧바로 영국 본국의 재정 악화로 이어지자, 의회는 그 해결책으로 식민지 주민들의 호주머니를 털 방안을 궁리하기 시작했다. 먼저 의회는 출판물, 증명서, 기타 서류 등 사실상 식민지에서 제작, 발행되는 모든 인쇄물에 인지세를 부과하는 인지세법(印紙稅法, Stamp Act)으로 막대한 세수를 확보했다. 계속해서 의회는 다양한 관세 및 통상 정책을 통해 식민지 기업인들의 상거래 행위를 통제하여 영국 본국을 통하지 않는 재화의 수출입을 사실상 불가능하게 하는 등 고삐를 조여 갔다.

이런 상황에서 식민지 주민들이 품은 근본적인 불만을 한 문장으로 요약한 것은 제임스 오티스(James Otis)라는 인물이었다. 변호사였던 오티스는 1761년 보스턴에서 군중 연설을 하던 중 다음과 같이 말했다.

대표 없는 과세는 폭정입니다.
Taxation without representation is a tyranny.

그렇다, 문제는 바로 이것이었다. 식민지 주민들은 영국 정부에 막대한 세금을 바치면서도 자신들의 권익을 대변할 대표를 선출하여 런던의 의회로 보내지 못하고 있었던 것이다. 이미 마그나 카르타 이후 영국은 국왕이 마음대로 세금을 부과할 수 없는 나라였다. 따라서 의회에서의 발언권 없이 과세를 당한다는 것 자체가 독재의 희생물이 되는 셈이었다. 오티스의 이 문장은 곧 "대표 없이 과세 없다.(No taxation without representation.)"라는 보다 간결한 슬로건으로 변해 인구에 회자되었다. 이만큼 본국 정부에 돈이나 바치는 '봉 노릇'을 거부하려는 식민지 주민들의 정서를 완벽하게 대변하는 표현도 달리 없었다.

티 파티 사건, 독립 전쟁의 서막

이런 영국 정부의 압력에 식민지 주민들은 산발적으로, 혹은 조직적으로 저항하며 불만을 표출했다. 저항의 중심지는 당시 아메리카의 교역 중심지이기도 했던 보스턴 일대였는데, 1773년 벌어진 '티 파티 사건(Tea Party)'은 특히 유명하다. 당시 영국을 비롯한 전 유럽에서는 인도 산 차가 큰 인기를 끌어 수요가 높았고, 아메리카 역시 예외가 아니었다. 그런데 영국 정부가 아메리카 식민지에 오직 영국 동인도 회사를 통해 수입된 고가의 차 제품만 소비할 것을 강제하고 저가의 네덜란드 산 차를 구매할 기회를 원천적으로 차단하자 주민들의 불만이 고조되었다. 이런 상황에서 1773년 12월, 지역 유지들의 자금 지원을 받으며 영국 정부의 정책에 저항하는 비밀결사 단체 '자유의 아들(The Sons of Liberty)' 소속 단원들이 인디언으로 변장하고 밤을 도와 부두에 정박한 영국 상선에 실려 있던 1만 파운드 상당의 찻잎 상자를 모두 바다에 던져 버리는 사건이 발생했다.

이 보스턴 티 파티 사건은 아메리카 대륙 전체에 큰 반향을 불러왔을

보스턴 티 파티 사건을 묘사한 19세기 판화. 아메리카 인디언으로 변장한 식민지의 과격파 인사들이 영국 정부가 운영하는 동인도 회사를 통해 유통된 차 상자를 압수하여 바다에 던지고 있다.

뿐 아니라, 영국 내에서도 향후 식민지 경영 전략을 둘러싼 지도층의 열 띤 논쟁을 일으켰다. 비록 인명 피해도 없었고 피해액이 엄청난 것도 아 니었지만, 티 파티 사건은 영국의 국왕과 의회에 아메리카의 식민주들 이 그냥 명령만 내리면 따르던 처지에서 벗어났음을 알리는 신호탄이었 다. 티 파티 사건 이후 식민지의 지식인과 지도자들은 더욱 노골적이고 강경한 어조로 영국 정부의 정책을 비판했다. 그러다 드디어 1774년 식 민주 대부분이 참여한 대륙 의회(Continental Congress)가 결성되었으며, 조지 워싱턴(George Washington)을 사령관으로 하는 대륙군(Continental Army)이 조직되었다.

1775년 4월, 매사추세츠에서 대륙군과 영국군 간에 최초의 본격적인 교전이 벌어져 양측이 상당한 피해를 입는 사태가 발생했다. 렉싱턴 및 콩코드 전투(Battles of Lexington and Concord)라고 불리는, 사실상 전쟁의 시발점이 된 사건의 보고를 접한 영국 정부는 크게 놀랐다. 식민지의 무 력이 예상외로 강력했던 것이다. 이 사건을 계기로 의회에서도 식민지에 대한 관용을 주장하는 온건파보다는, 더 이상 밀리다간 위험하니 이 기회에 식민지에 강공을 펼치자고 주장하는 강경파의 목소리가 빠르게 힘을 얻기 시작했다.

강경론의 대표 주자 가운데는 다름 아닌 국왕 조지 3세(George III)도 있었다. 아메리카의 전략적 가치와 잠재력을 잘 알고 있던 조지 3세는 1775년 10월 22일 상원까지 행차하여 아메리카에 대한 대영제국의 강경 대응을 요구하는 연설을 펼쳤다.

독립 제국을 세우려는 목적으로 반역적 전쟁이 진행되고 있음이 분명해졌다. 그러한 계획이 성공할 경우 발생할 치명적 결과를 짐이 구구절절 거론할 필요는 없다. 영국이 엄청난 근면성으로 가꾸고, 무한한 애정으로 돌보며, 수많은 상업적 혜택으로 북돋고, 막대한 생명과 재산을 바쳐 보호하고 방어해 온 그 많은 식민지를 포기하기에는, 그 목표가 너무나 중요하고, 영국의 정신이 너무나 숭고하며, 신께서 내려 주신 자원이 너무나 풍부하다.

영국 국왕 조지 3세의 초상. 아메리카 식민지의 가치와 잠재력을 높이 평가한 그는 독립을 저지하기 위해 동분서주했다.

The rebellious war (⋯) is manifestly carried on for the purpose of establishing an independent empire. I need not dwell upon the fatal effects of the success of such a plan. The object is too important, the spirit of the British nation too high, the resources with which God hath blessed her too numerous, to give up so many colonies which she has planted with great industry, nursed with great tenderness, encouraged with many commercial advantages, and protected and defended at much expence of blood and treasure.

이렇게 국왕까지 직접 나서 분위기를 띄운 덕분인지 결국 10월 26일, 영국의 상하 양원은 아메리카 식민지에 대한 전면 공격을 결의했다.

독립의 정당성을 설파한 「상식」

1776년 1월, 영국 출신의 미국인 사상가 토머스 페인(Thomas Paine, 1737~1809)은 냉정하고 논리적인 어조로 식민지 독립의 당위성을 역설하는 47페이지짜리 정치 팸플릿 「상식Common Sense」을 발표했다. 불과 몇 개월 만에 50만 부 이상 팔리면서 당시로서는 초대형 베스트셀러에 오른 이 책은 독립을 주장하는 분리파(separatists)와 계속 영국을 지지하는 충성파(loyalists)로 분열되어 있던 식민지 여론이 독립 전쟁 쪽으로 기울게 하는 일등 공신이 되었다. 그 「상식」의 몇 대목을 감상해 보자. 먼저 페인은 정부(= 국가)라는 제도가 결코 절대선이 아니라고 선언한다.

사회는 모든 경우에 축복이지만, 정부는 심지어 최상의 경우에도 필요악에 지나지 않으며, 최악의 경우에는 견딜 수 없는 것이다.

아메리카 독립 혁명을 가장 조리 있게 정당화한 선동 문건 「상식」의 저자 토머스 페인.

> Society in every state is a blessing, but Government, even in its best state, is but a necessary evil; in its worst state an intolerable one.

이렇게 잘해 봐야 필요악에 불과한 정부 형태 가운데서도 군주정은 최악에 속한다. 페인은 책에서 군주제의 폐해를 증명하는 데 상당한 공을 들이는데, 이는 물론 대영제국이 공식적으로 군주제 국가라는 점을 부각하려는 의도다.

군주정의 구조에는 극도로 어처구니없는 점이 있다. 먼저 어떤 사람을 정보를 얻는 수단으로부터 배제하지만, 다시 그에게 최고의 판단력이 요구되는 상황에서 행동할 권력을 부여한다. 왕의 지위는 세상으로부터 그를 차단하지만, 왕의 책무는 그 세상사를 철저히 알도록 요구한다.

> There is something exceedingly ridiculous in the composition of monarchy; it first excludes a man from the means of information, yet empowers him to act in cases where the highest judgment is required.

The state of a king shuts him from the world, yet the business of a king requires him to know it thoroughly.

인의 장막에 가려 세상 물정에 어두울 수밖에 없는 왕이 세상 사람들에게 직접적인 영향을 미치는 여러 중요한 결정을 내린다는 맹점을 꼬집은 페인은 심지어 군주제를 우상 숭배의 또 다른 형태라고까지 단정한다.

왕이 다스리는 정체는 먼저 이교도들이 세상에 도입했으며, 이스라엘의 자손들이 그 풍속을 베꼈다. 그것은 악마가 우상 숭배의 촉진을 위해 착수한 발명 가운데 가장 성공적인 것이었다. 이교도들은 죽은 왕에게 신성한 영예를 바쳤는데, 기독교 세계는 살아 있는 왕에게 같은 짓을 함으로써 그 의도를 뛰어넘어 버렸다.

Government by kings was first introduced into the world by the Heathens, from whom the children of Israel copied the custom. It was the most prosperous invention the Devil ever set on foot for the promotion of idolatry. The Heathens paid divine honors to their deceased kings, and the Christian world hath improved on the plan by doing the same to their living ones.

왕위 세습도 터무니없기는 마찬가지다.

우리는 군주제의 악폐에 세습도 추가했다. (…) 국왕 세습권이라는 어리석은 행태에 대한 가장 강력한 자연적 증거 가운데 하나는 자연이 이를 불인정한다는 것이며, 만약 그렇지 않다면 자연이 그토록 빈번히 인류에게 사자의 자식으로 나귀를 줌으로써 이를 웃음거리로 만들지는 않으리라.

To the evil of monarchy we have added that of hereditary succession;
(…) One of the strongest natural proofs of the folly of hereditary right in
kings, is, that nature disapproves it, otherwise, she would not so
frequently turn it into ridicule by giving mankind an ass for a lion.

자연이 "사자의 자식으로 나귀를 준다."는 대목은 역사적으로 훌륭한
군주의 자식이 전혀 군주의 재목이 아닌 경우가 다반사임을 꼬집은 것
이다. 이렇게 군주제의 모순을 '상식'적으로 마구 공격한 페인은 식민지
가 영국으로부터 독립했을 때 어떤 이점을 누릴 수 있는지 설명한다.

우리가 후손들에게 안정된 정체, 자체의 독립적 헌법을 남겨 줄 수만 있다
면, 이를 얼마에 구입하든 저렴한 것이 되리라. (…) 아메리카만큼 적절한 곳
에 위치하여 자체적으로 선단을 육성할 능력을 가진 나라는 지구상 어디에
도 없다. 타르와 목재, 철, 섬유재는 아메리카의 천연 산물이다. 우리는 해외
에 아무것도 찾으러 갈 필요가 없다.

Can we but leave posterity with a settled form of government, an
independent constitution of its own, the purchase at any price will be
cheap. (…) No country on the globe is so happily situated, so internally
capable of raising a fleet as America. Tar, timber, iron, and cordage are
her natural produce. We need go abroad for nothing.

끝으로 페인은 아메리카 독립을 위한 전쟁은 정의로운 싸움이자 정당
방위라고 역설하며 저작을 마무리한다.

우리의 포도나무 그늘 아래서 우리는 공격받고 있다. 바로 우리 집에서, 우리 땅에서 우리에게 폭력이 자행되는 것이다. 우리는 적들이 노상강도 및 가택침입범의 성격을 지닌 것으로 간주하며, 민법상 우리 자신을 방어할 수 단이 없기에 어쩔 수 없이 군사적 수단으로 처벌하고, 예전 같으면 교수형 을 집행하던 상황에서 이제는 칼을 휘둘러야 한다.

Beneath the shade of our own vines are we attacked; in our own houses, and on our own lands, is the violence committed against us. We view our enemies in the character of Highwaymen and Housebreakers, and having no defence for ourselves in the civil law, are obliged to punish them by the military one, and apply the sword, in the very case, where you have before now, applied the halter.

토머스 페인의 글은 영국에 항거하여 일어난 식민지 주민들의 결의와 명분을 대변한 정치 팸플릿의 걸작이다.

독립 선언서—생명, 자유, 행복 추구

영국 정부가 식민지에 '따끔한 맛'을 보이자는 결의를 하고 전력을 모으 는 사이, 아메리카 대륙 의회 역시 발 빠르게 대응했다. 대륙 의회는 1776년 2월 영국과 영국령 서인도 제도에 대한 무역 봉쇄령을 발효시켰 고, 3월에는 주민들 가운데 공개적으로 영국 국왕에 대한 충성을 표명 한 이른바 충성파의 무장 해제를 단행했으며, 5월에는 영국을 제외한 모든 유럽 열강에 문호를 개방할 것을 결의하는 등 과감한 행보를 이어 갔다.

대륙 의회는 존 애덤스, 벤저민 프랭클린, 토머스 제퍼슨 등으로 구성

존 트럼불(John Trumbull)이 그린 〈독립 선언서의 채택〉. 제2차 대륙 의회 의원들이 토머스 제퍼슨의 초고를 바탕으로 완성된 독립 선언서를 채택하는 장면을 묘사했다.

된 특별 위원회에 문서 한 건의 집필을 위촉했다. 여기서 제퍼슨이 작성한 초고에 위원회 위원들이 첨삭을 하여 1776년 7월 4일 대륙 의회 의원들이 만장일치로 채택한 것이 '미합중국 대표자 총회 선언문(A Declaration by the Representatives of the United States of America, in General Congress Assembled)'이다. 보다 간략한 명칭인 '독립 선언서(Declaration of Independence)'로 더 잘 알려진 이 문서는 미합중국이라는 인류 역사상 유례가 없는 새로운 국가의 탄생을 인증하는 출생증명서라고 할 수 있다. 그럼 이제 독립 선언서의 몇 대목을 감상해 보자. 먼저 문서는 독립 선언서가 왜 작성되었는지를 밝히는 것으로 시작한다.

인간사의 과정에서 한 인민이 자기들을 다른 인민에게 얽매어 놓은 정치적 속박을 해소하고, 지구상의 열강들 사이에서 자연과 신의 법이 부여하는 독립적이고 평등한 지위를 획득하는 일이 불가피해질 때, 인류의 의견에 온당한 경의를 표하려면 분리를 하지 않을 수 없게 된 원인을 공표하는 것이

미국 독립 선언서 원본. 비단 미국 역사뿐 아니라 인류사적으로도 막대한 의의를 지닌 문서다.

마땅하다.

When in the Course of human events, it becomes necessary for one people to dissolve the political bands which have connected them with another, and to assume among the powers of the earth, the separate and equal station to which the Laws of Nature and of Nature's God entitle them, a decent respect to the opinions of mankind requires that they should declare the causes which impel them to the separation.

이어 '독립 선언서' 안에서도 가장 유명한 문단이 등장한다.

우리는 이러한 진리, 즉 모든 인간은 평등하게 창조된다는 것, 창조주에게서 특정의 양도할 수 없는 권리를 부여받는다는 것, 이 가운데는 생명, 자유, 그리고 행복 추구가 있다는 것, 이러한 권리를 보장하기 위해 사람들 가운데 설립된 정부가 피지배자들의 동의를 통해 정당한 권력을 얻는다는 것 등이 자명하다고 믿는다.

We hold these truths to be self-evident, that all men are created equal, that they are endowed by their Creator with certain unalienable Rights, that among these are Life, Liberty and the pursuit of Happiness, that to secure these rights, Governments are instituted among Men, deriving their just powers from the consent of the governed.

"생명, 자유, 행복 추구(Life, Liberty and the pursuit of Happiness)"는 비단 독립 선언서 전문을 직접 읽어 보지 않은 사람들에게도 친숙한 대목이다. 특히 '행복 추구'라는 말은 영국 철학자 로크(John Locke)의 저작에도 등장하는 표현으로 '독립 선언서'의 사상적 족보를 짐작할 수 있게 한다. "창조주에게서 특정의 양도할 수 없는 권리를 부여받아(endowed by their Creator with certain unalienable Rights)"라는 구절은 '창조주(Creator)'라는 단어가 등장하기 때문에 미합중국이 유대-그리스도교적 이념으로 세워졌다고 주장하는 기독교 신자들이 즐겨 인용하는 표현이기도 하다. 이렇게 양도할 수 없는 기본적 권리를 향유하려는 피지배자들의 동의에 따라 정당한 권력을 행사하도록 만들어진 제도가 정부(혹은 정체)라는 주장을 받아들인다면, 정부가 그런 방향으로 움직이지 않을 경우 어떻게 해야 할지 또한 자명하다.

어떤 형태의 정부라도 이러한 목적에 해가 될 때면 언제든, 그 정부를 변경하거나 철폐하고 새로운 정부를 설립하여, 인민의 안녕과 행복을 실현할 가능성이 가장 높다고 여겨지는 원칙 위에 그 토대를 마련하고, 또한 그런 형태로 권력을 조직하는 것은 인민의 권리라는 것이다.

That whenever any Form of Government becomes destructive of these ends, it is the Right of the People to alter or to abolish it, and to institute new Government, laying its foundation on such principles and organizing its powers in such form, as to them shall seem most likely to effect their Safety and Happiness.

"기존의 정부(정체)를 변경하거나 철폐하고 새로운 정부(정체)를 설립하는 것", 그리고 "인민의 안녕과 행복을 실현할 가능성이 가장 높다고 여겨지는 형태로 권력을 조직하는 것" ─바로 '혁명'이 아닌가!

계속해서 문서에서는 영국 국왕의 지배 아래서 '신음'하는 식민지의 인민들이 겪은 온갖 고초가 장황하게 나열되는데, 그 내용대로라면 조지 3세는 거의 네로 급 폭군이다. 그러나 엄밀히 말해서 당시 이미 본격적으로 입헌 군주제를 표방하던 영국의 국왕 조지 3세는 절대 권력을 누리지도 않았으며 폭군도 아니었다. 게다가 당시 영국 정부의 정책들은 비록 분하고 짜증나는 것이었다고는 할 수 있을지언정 아메리카의 민중이 견딜 수 없을 정도의 횡포였다고 단정하기도 어렵다. 예를 들어 아메리카의 주민들이 누린 자유와 생활의 질은 당시 전제 군주제 아래 있던 프랑스의 인민들에 비해서도 상당히 높았다. 어쩌면 본국의 간섭과 규제 없이 1세기 이상 고도의 자치를 누리던 식민지 주민들이 영국 정부의 갑작스러운 '군기 잡기'에 상대적으로 민감하게 반응한 것이 미국 혁명이라는 아무도 예측하지 못한 결과로 이어졌다는 해석도 가능할 것 같다. '독립 선언서'는 다음과 같이 끝난다.

이러한 선언을 지지하고자, 신의 섭리로 보호받으리라는 굳건한 믿음으로, 우리는 상호 간에 생명, 재산, 그리고 신성한 명예를 걸고 서약하는 바이다.

And for the support of this Declaration, with a firm reliance on the protection of divine Providence, we mutually pledge to each other our Lives, our Fortunes and our sacred Honor.

독립 전쟁에서 연방 헌법까지

페인은 「상식」에서 아메리카 대륙의 잠재력을 강조했지만, 실제로 미합중국의 국력은 당시 세계 최강의 제국으로 발돋움하고 있던 영국과 비

영국군을 기습하기 위해 얼음을 깨고 델라웨어 강을 건너는 조지 워싱턴. 독일 출신의 미국 화가 로이체(Emanuel Leutze)의 유명한 작품이다.

교할 때 여러모로 부족했다. 1776년 당시 미합중국 13주 전체 인구는 약 250만(영국 약 650만)이었고, 15,000명 내외에 불과한 정규군을 민병대(militia)로 근근이 보충하고 있었으며, 국가 재정 또한 그리 충분하지 못했다. 실제로 콘월리스(Charles Cornwallis) 장군이 이끄는 정예 영국군은 전쟁 초기에 한동안 전투의 주도권을 잡은 채 훈련도 빈약하고 보급도 형편없는 혁명군을 몰아붙였다. 비록 자잘한 전투에서 연전연패하기는 했지만 워싱턴은 전투마다 아군의 피해를 최소화하며 계속 역전의 기회를 노렸다. 워싱턴은 기본적으로 혁명군이 핵심 전력을 보존한 채 계속 영국군을 괴롭히며 버틸 수만 있다면 대서양을 건너 계속 병력을 충원해야 하는 영국이 장기적으로는 불리할 수밖에 없다는 계산을 가지고 있었던 것이다.

전쟁은 1777년 미합중국과 프랑스가 동맹 조약을 맺으면서 새로운 전기를 맞았다. 프랑스는 라파예트(Lafayette) 후작을 필두로 하는 군사 고문단을 파견하여 혁명군의 전쟁 수행을 조언하는 한편 군수 물자와 군

콘월리스 경이 이끄는 영국군이 혁명군에 항복하는 장면을 그린 존 트럼불의 회화. 미국 독립 전쟁이 시작되었을 때 심지어 건국의 아버지들조차도 당대 세계 최강의 영국군이 아메리카 대륙에서 결국 패퇴하리라고 확신하지 못했다.

자금을 아낌없이 지원하는 등 합중국이 영국과 장기전을 벌이며 버틸 수 있는 기반을 제공했다. 드디어 1781년 혁명군은 버지니아 주 요크타운의 전투에서 결정적인 대승을 거두며 승기를 잡은 뒤 오랜 소강상태 끝에 1783년 프랑스의 중재로 영국과 파리 조약을 맺으면서 전쟁을 마무리 지었다.

영국과의 전쟁에서 승리한 합중국 지도부가 곧바로 착수한 일은 신생 국가의 기본적인 법률 프레임이 될 헌법을 제정하는 것이었다. 합중국 헌법(Constitution of the United States)은 1787년 필라델피아에서 개최된 제헌 회의(Constitutional Convention) 대표들에 의해 초안되어 1788년 의회를 통과했다. 이 헌법을 통해 합중국의 지도자들이 실현하려던 비전은 개인에 의한 통치가 아니라 법률과 제도에 의한 통치였다. 또한 견제가 없는 권력은 반드시 부패한다는 생각을 가지고 권력 기관 사이의 견제와 균형의 묘를 최대한 살릴 수 있는 정치 체제를 찾는 데 골몰했는데,

1788년 필라델피아에서 소집된 제헌 의회가 합중국 헌법을 승인하는 역사적인 장면. 미국 화가 크리스티(Howard Chandler Christy)의 상상화.

그러한 고뇌의 결과는 헌법 전편을 관통하는 연방주의(federalism)와 삼권 분립(separation of three powers)에 잘 나타나 있다.

　연방주의가 평소 각 주의 자치를 최대한 보장하면서 동시에 국가 중대사가 발생할 경우 연방 정부의 역할에 힘을 실어주는 등 '연방 정부 → 주 정부 → 각 지방 자치 단체' 식의 수직적 권력 분점을 가능케 하는 기본 틀이라면, 입법, 행정, 사법부가 각각 독립적인 지위를 누리며 서로를 견제하도록 하는 삼권 분립의 원칙은 수평적 권력 분점을 위한 디자인이다. 입법부는 법을 만들고, 행정부는 만들어진 법을 집행하며, 사법부는 법률을 해석하고 판결을 내린다.—지금이야 민주 국가의 가장 기본적인 원칙으로 생각되지만, 왕과 독재자가 지배하는 나라가 지구상에서 절대 다수를 차지하고 있던 미국 독립 전쟁 당시로서는 삼권 분립이란 문자 그대로 혁명적인 개념이었다. 약 7,000단어로 이루어진 합중국 헌법은 세계에서 가장 짧은 헌법 가운데 하나인 동시에, 놀랍게도 현

미합중국 헌법 원본. 독립 선언서와 함
께 미국 역사를 넘어 인류사적 의의를
지닌 문서로 평가받는다.

재까지 효력을 발휘하고 있는 세계에서 가장 오래된 성문 헌법이기도 하다.

건국 이후 지금까지 미국 헌법은 총 27차례에 걸쳐 새로운 조항이 계속 추가되었다. 그 가운데 1791년 승인된 최초의 10가지 수정 조항(the First 10 Amendments)은 영국의 그것에 빗대어 미국의 '권리 장전(Bill of Rights)'이라고 불리며, 이 조항들은 미국 시민으로서 누릴 수 있는 다양한 권리를 집중적으로 다루고 있다.

원래 합중국 헌법을 제정한 건국의 아버지들의 의도는 법률가가 아닌 일반 시민들이 쉽게 이해할 수 있도록 헌법의 각 조문을 가능한 한 명쾌하고 쉬운 영어로 작성하는 것이었다. 미국 독립 전쟁을 주도했던 시민들 대부분이 상공업자, 농민, 군인 등으로 극소수의 지도층을 제외하고는 고등교육과 거리가 멀었던 점을 생각하면, 헌법의 기안자들이 염두에 둔 당시 일반 시민들의 지적, 교육적 수준이란 지극히 평범했던 셈이다. 실제로 미국 헌법 전문을 읽어 보면 고난도의 단어나 표현이 별로 눈에 띄지 않는다.

그럼에도 불구하고 헌법이 승인된 당시부터 지금까지 각 조문에 대한 해석을 놓고 격렬한 논쟁이 끊이지 않았다. 특정 법률이나 사회 제도의 위헌성 여부를 판결하는 미국 연방 대법원(Supreme Court of the United States)을 관장하는 연방대법관들 사이에서도 지난 200여 년간 조문의 구절 하나하나를 두고 극명한 견해차가 있어 왔다. 헌법의 초안자들이 무덤에서 살아 돌아와 이러한 상황을 본다면 뭐라고 할지 궁금하다. 특히 종교, 언론, 집회와 결사의 자유 등을 언급한 수정 헌법 1조와 총기 휴대에 관한 권리를 규정한 2조를 둘러싼 논란은 아마도 미국이라는 나라가 존재하는 한 영원히 끝나지 않을 것이다. 말이 나온 김에 여기서는 비교적 짧은―실은 딱 한 문장이다.―수정 헌법 2조 조문만 잠깐 살펴보자. 이 문장은 정확히 무슨 뜻일까?

A well regulated Militia, being necessary to the security of a free State, the right of the people to keep and bear Arms, shall not be infringed.

평이한 단어들로 이루어진(가장 어려운 단어라면 'militia' 정도) 별로 길지도 복잡하지도 않아 보이는 문장을 두고 지난 200여 년 간 미국 국내에서는 총기 소유 지지파와 반대파가 치열하게 대립해 왔다. 두 진영은 심지어 문장 구조, 핵심 단어들의 의미, 역사적 배경 등 온갖 측면을 따져 가면서 한 치의 양보도 없는 논전을 벌인다. 예를 들어 조문에 등장하는 State를 국가로 이해하느냐, 아니면 연방 속의 한 주로 이해하느냐에 따라서도 해석이 달라지며, 문장의 무게 중심을 미국 독립 전쟁에서 중추적 역할을 맡았던 '민병대(militia)'에 두느냐, 아니면 '인민들(people)'에 두느냐에 따라서도 해석이 전혀 달라진다. 총기 소유 지지파의 경우는 수정 헌법 2조가 시민들이 무기를 소지하고 휴대하는 권리를 기본으로 놓으면서 유사시 민병대를 조직하는 건을 양념으로 언급했다고 본다. 따라서 이들의 해석에 따르면 위의 문장은 "민병대를 조직하기 위해서라도 국민들의 총기 소유 권리는 침해될 수 없다."는 식으로 이해될 수 있다. 반면 총기 휴대의 제한을 주장하는 진보 진영의 논리에 따르면, 2조의 문장은 주 방위의 핵심인 민병대 조직을 그 중심에 놓고 있으며, 시민들의 총기 휴대 권리란 오로지 민병대 결성의 종속 변수로 이해되어야 한다. 이렇게 볼 때 위의 문장은 "민병대의 역할이 주 방위에 워낙 중요하기 때문에 주민들이 (유사시) 총기를 휴대할 권리가 있다."는 식이 된다. 독자 여러분 같으면 어느 쪽 손을 들어 주겠는가?

건국의 아버지들, 그 신화와 실상

앞서 한번 말했다시피 역사에서 이따금 한 나라가 융성할 조짐이 있으면 동시대에 기라성 같은 인물들이 대거 출현하는 패턴을 볼 수 있다. 가령 페르시아 전쟁부터 페리클레스 시대까지의 아테네라든가, 엘리자베스 여왕 시대의 영국이 그랬으며, 일본 또한 개항 이후 메이지 유신을 전후한 시기에 사이고 다카모리(西鄕隆盛), 사카모토 료마(坂本龍馬), 후쿠자와 유키치(福澤諭吉) 등 뛰어난 인물들이 마구 쏟아져 나오는 복을 누렸다.—물론 불행하게도 그 결과 조선이 병합당하기는 했지만 말이다.

독립 직전의 아메리카 식민지도 그런 경우에 해당했다. 이른바 독립선언서에 서명한 56인, 혹은 1787년 제헌 의회의 멤버였던 55인(이 두 경우의 구성원은 상당수가 서로 겹친다.)을 '건국의 아버지들(Founding Fathers)'이라고 부르는데, 이들은 대부분 개인적으로 비범한 인물이었을 뿐 아니라 합중국 건국 과정에서 실로 인상적인 집단적 지혜와 협력의 기록을 남겼다. 이들 가운데 몇 명의 프로필을 간략하게 살펴보자.

조지 워싱턴(George Washington, 1732~1799) 초대 대통령. 독립 전쟁 중 총사령관의 신분이면서도 전투가 벌어지면 항상 최전방에서 싸웠던 것으로 유명하다. 190센티미터의 키로 18세기 기준으로는 거인에 가까웠던 워싱턴은 손쉽게 영국군의 집중 표적이 되곤 했지만 전쟁 내내 가벼운 부상 한 번 입은 적이 없었다. 덕분에 부하 장교들과 병사들은 그가

미합중국 초대, 2대, 3대 대통령인 조지 워싱턴(왼쪽), 존 애덤스(가운데), 토머스 제퍼슨(오른쪽). 대통령의 권한을 둘러싸고 합중국 건국 초기에 다소 혼란이 일었으나 이들 3인을 거치면서 행정 및 외교 수반으로서의 위상이 확립되었다.

신의 가호를 받고 있다고 믿었으며 군의 사기도 올라갔음은 물론이다. 그는 종신 대통령이 되라는 의회의 권유도 뿌리치고 임기를 마치자마자 곧바로 은퇴하여 버지니아 농장으로 돌아갔다. 워싱턴이 권력의 정상에서 스스로 물러난다는 소식을 들은 영국 왕 조지 3세는 "그렇게 한다면, 그는 세계에서 가장 위대한 인물이 될 것이다.(If he does that, he will be the greatest man in the world.)"라며 감탄했다고 한다.

벤저민 프랭클린(Benjamin Franklin, 1706~1790) 미국 혁명의 주역이자 언론인, 기업인, 발명가, 작가 등 다방면에서 탁월한 업적을 남긴 르네상스 맨이다. 1776년부터 1785년까지 프랑스 대사를 지내면서 프랑스로 하여금 미국 혁명의 지원을 결정하도록 이끈 탁월한 외교관이기도 했다. 대사 시절 유창한 프랑스어를 구사하며 파리 사교계의 스타가 된 일화는 유명하다. 정규 교육이라고는 고작 열한 살 때까지 받은 것이 전부였지만 당대 최고의 지성으로 꼽혔으며, 자서전을 비롯한 그의 여러 저서는 비단 미국뿐 아니라 인류의 고전이다. "변명으로 사과를 망치지 마라.(Never ruin an apology with an excuse.)", "움직임과 행동을 혼동하지

파리 사교계에서 스타 대접을 받는 벤저민 프랭클린을 묘사한 당대의 삽화. 건국의 아버지들 가운데서도 프랭클린은 사업가, 발명가, 작가, 외교관 등으로 다양한 능력을 펼친 대표적인 팔방미인이었다.

마라.(Never confuse Motion with Action.)", "지식에 대한 투자야말로 최고의 이자를 낸다.(An investment in knowledge always pays the best interest.)" 등 그가 남긴 문장들은 그 자체로 인생살이를 위한 주옥같은 명언이다.

존 애덤스(John Adams, 1735~1826)　중앙 정부의 역할을 강조한 연방주의자(Federalist)로 합중국 제2대 대통령을 역임했다. 혁명 전에는 1770년 보스턴에서 영국군이 민간인에게 발포한 사건의 재판에서 영국군 병사들의 변호를 맡아 무죄를 이끌어 내면서 이름을 알렸다. 그는 영국군 병사들의 변호를 자임한 이유를 영국을 좋아해서가 아니라 누구라도 변호를 받을 권리가 있다는 믿음 때문이었다고 술회했다. 철저한 노예제 반대주의자였으며, 제6대 대통령 존 퀸시 애덤스(John Quincy Adams)의 부친이기도 하다.

토머스 제퍼슨(Thomas Jefferson, 1743~1826) 독립 선언서의 필자이자 합중국 제3대 대통령. 정치 및 외교 분야에서 탁월한 재능을 발휘했으며, 대통령 재임 시 북미에 유일하게 남아 있던 프랑스 식민지 루이지애나 일대를 프랑스 정부로부터 구입하여 하룻밤 사이에 영토를 거의 2배로 늘렸다. 퇴임 후에는 고향에서 버지니아 대학교(University of Virginia) 설립을 주도하여 후학 양성에 힘쓰기도 했다. 그가 평생 수집한 서적들은 이후, 흔히 런던 대영 박물관 부속 도서관, 바티칸 도서관과 함께 세계 3대 도서관으로 불리는 미국 의회 도서관(Library of Congress) 컬렉션의 시작이 되었다.

제임스 매디슨(James Madison, 1751~1836) 건국의 아버지들 가운데서도 프랭클린, 제퍼슨, 애덤스에 필적하는 최고 지성으로 꼽힌다. 합중국 헌법의 기본 골격을 제시한 인물로 헌법의 아버지라는 별명도 있다. 제퍼슨 대통령 재임 시 국무 장관을 지냈으며, 그의 뒤를 이어 합중국 제4대 대통령에 올랐다. 1812년 다시 벌어진 영국과의 전쟁에서 한때 수도 워싱턴을 빼앗기는 굴욕을 당했으나 결국 영국군을 격퇴하는 데 성공했다.

알렉산더 해밀턴(Alexander Hamilton, 1755~1804) 미국 초대 재무 장관. 독립 전쟁에서 많은 전공을 세웠으며, 각 주에 대한 연방 정부의 영향력 확대를 옹호한 급진 연방주의자였다.(존 애덤스는 온건파) 중앙은행의 설립을 주장하여 현 연방 준비 위원회(Federal Reserves)의 전신이라고 할 '합중국 제1은행(the First Bank of the United States)'의 창설을 주도했다. 해밀턴이 미국 재무 정책에 남긴 공적은 그의 초상이 현재까지 통용되는 10달러 지폐에 등장하는 것에서도 짐작할 수 있다.

존 마셜(John Marshall, 1755~1835) 미국 연방 대법원 제4대 대법원장.
존 애덤스 대통령 내각에서 국무 장관을 지내기도 했다. 지금까지도 미
국의 모든 로스쿨에서 명판결로 연구, 토론되는 유명한 마베리 vs. 매디
슨 사건(Marbury vs. Madison)의 판결을 통해 연방 대법원의 정치적 중립
을 지켜 냈을 뿐 아니라 연방 대법원을 특정 법률의 위헌 여부를 결정짓
는 강력한 권력 기관으로 자리매김시킨 인물이다.

워싱턴 D.C.의 스미스소니언 박물관에는 조지 워싱턴의 대형 석상이
놓여 있다. 워싱턴 탄생 100주년인 1832년 의회의 발의로 제작된 석상
의 워싱턴은 미국 초대 대통령이라기보다는 차라리 율리우스 카이사르
혹은 심지어 주피터를 연상케 한다. 이뿐 아니라 워싱턴 D.C. 도처에 세
워져 있는 이들 건국의 아버지를 기리는 기념관, 기념비, 석상 등은 도
시 전체에 장엄한 신전 같은 분위기를 드리운다. 실제로 많은 미국인들
이 건국의 아버지들을 바라보는 시선에는 고대 신화의 영웅들을 바라보

미국 연방 대법원 건물. 마치 그리스-로마 시대 신전을 방불케 한다. 미국의 수도 워싱턴 D.C.는 연
방 정부의 위엄을 상징하도록 장엄하게 지어진 건축물과 기념비로 가득하다.

는 듯한 경외감이 깃들어 있다. 이런 현상을 짧은 역사를 가진 미국이 빈약한 족보를 최대한 그럴듯하게 보이도록 만들려는 '몸부림'이라며 웃어넘길 수도 있을 것이고, 좀 더 삐딱한 시각으로는 '위대한 미국'이라는 이데올로기를 위한 고도의 상징조작이라고 볼 수도 있겠다.

건국의 아버지들도 인간인지라 매사에 서로 동의하고 대동단결한 것만은 아니었다. 특히 영국을 패퇴시킨 뒤 신생 국가의 경영을 본격적으로 맡게 되면서 이들의 다양한 정치 노선과 이해관계에 따른 경쟁 및 갈등이 표면화되었다. 그중에서도 특히 제2대, 3대 대통령 애덤스와 제퍼슨의 평생에 걸친 정치적, 개인적 앙숙 관계는 전설적이다. 심지어 두 사람은 마지막 순간까지도 경쟁하듯 같은 날 사망했는데, 그날이 또 하필이면 미국 건국 50주년 기념일인 1826년 7월 4일이었다. 그날 오후 애덤스가 숨을 거두면서 마지막으로 남긴 말은 "제퍼슨은 계속 사는군.(Jefferson survives.)"이었다.—그 순간 애덤스는 몰랐지만 제퍼슨은 이미 그날 오전에 사망한 뒤였다.

해밀턴과 에런 버(Aaron Burr)의 관계도 악명 높다. 버는 해밀턴과 정치적으로 사사건건 부딪치던 끝에 결국 권총 결투를 벌여 해밀턴의 목숨을 빼앗았다. 문제는 당시 버가 현직 부통령이었다는 것. 결투가 비록 두 사람의 동의로 이루어지긴 했지만, 결과적으로 현직 부통령이 라이벌 거물 정치인을 백주에 총으로 살해한 꼴이 되고 말았다.

건국의 아버지들 가운데 사업가 출신 몇 사람은 영국과 교역을 하면서 영국 측 사업 파트너에게 부채를 지고 있기도 했다고 한다. 다시 말해 영국과의 전쟁이 일어나면 진 빚을 '먹튀' 할 수 있는 인센티브도 없지 않았다는 얘기다. 하지만 이들이 순전히 개인적 취향이나 사소한 경제적 이익 때문에 독립 선언에 가담할 만큼 당시 영국에 반기를 드는 것이 그렇게 한가로운 사안은 아니었다. 오히려 이들은 영국의 국력과 객관적 전력으로 볼 때 혁명 전쟁에서 미국이 패배할 가능성이 훨씬 높다는 현실을 직시하고 있었다. 독립 선언서에 버지니아 주 대표 중 한 명으로 서명했던 벤저민 해리슨(Benjamin Harrison)은 매사추세츠 대표 엘브리지 게리(Elbridge Gerry)에게 보낸 편지에서 영국이 전쟁에서 승리하면 반역죄로 처형될 것이 뻔한 자신들의 처지를 두고 이렇게 말한 바 있다.

나야 1분이면 끝나겠지만, 자네는 내가 죽은 뒤에도 한 시간 동안 바람에 날려 춤출 걸세.

With me it will all be over in a minute, but you will be dancing on air an hour after I am gone.

반역죄로 교수형을 당하게 되면 몸집이 육중한 자신은 비교적 빨리 숨이 끊기겠지만 작고 깡마른 게리는 죽기까지 한참이 걸릴 거라는 농담을 한 것이다. 사실상 혁명군이 연전연패하던 전쟁 초기 한동안은 해리슨의 예언이 실현되는 듯싶기도 했다.

노예 해방으로 완성된 혁명

미국 혁명의 한계랄까, 혁명의 주역들이 당대에 해결하지 못한 가장 큰 문제는 노예제(slavery)였다. 미국의 노예제는 원래 식민지 시절 영국의 법률을 따른 것이었으나, 정작 영국이 1831년 노예제를 금지한 후에도 노동집약적인 담배 및 면화 산업을 일구며 번영하던 미국 남부의 대규모 플랜테이션을 중심으로 계속 유지되었다. 노예 문제에 대해서는 건국의 아버지들 사이에서도 상당한 이해관계의 충돌이 일어났다. 이들 가운데 노예를 거느린 경우도 적지 않았으며, 토머스 제퍼슨의 경우는 아예 샐리 헤밍스(Sally Hemings)라는 여자 노예를 첩으로 삼고 자식을 보기까지 했다.

그러나 미국은 그 말도 많던 노예 제도를 결국 100만 명이 넘는 사상자를 낸 남북 전쟁(American Civil War, 1861~1865)을 통해 자발적으로 종식시켰다. 어떻게 보면 미국 혁명은 1783년 독립 전쟁의 승리를 1막으로, 다시 남북 전쟁과 그에 따른 노예 해방을 2막으로 하여 완결되었다고도 할 수 있다. 무엇보다 남북 전쟁을 통해서, "모든 인간은 평등하게 창조되고, 창조주에게서 특정의 양도할 수 없는 권리를 부여받는다."고 밝힌 독립 선언서의 정신이 선언 당시 '열외'로 빠졌던 흑인 노예까지 아우르게 되었기 때문이다.

남북 전쟁을 주도한 인물은 미국의 제16대 대통령 링컨(Abraham Lincoln, 1809~1865)이다. 아직 남북 전쟁이 한창이던 1865년 극적으로 재선에 성공한 링컨이 2기 대통령 취임사에서 언급한 다음과 같은 구절은 노예 해방 없이는 미국의 미래도 없다는 그의 역사 인식을 가감 없이 드러낸다.

미국 제16대 대통령 에이브러햄 링컨. 처절한 희생을 치른 남북 전쟁을 통해 노예 해방을 실현하여 미국이 진정한 선진 문명 국가로 거듭나는 결정적 계기를 마련했다.

우리는 이 엄청난 전쟁의 재앙이 속히 사라지기를 간절히 희망하고 열렬히 기도합니다. 그러나 만약 250년간 노예의 무보수 노역으로 쌓아 올린 부가 모두 꺼질 때까지, 그리고 채찍질로 흘렀던 피 한 방울 한 방울이 칼로 흐르는 피 한 방울 한 방울로 모두 보상될 때까지 전쟁이 계속되는 것이 신의 뜻이라면, 일찍이 3천 년 전의 말씀대로 지금도 "주의 심판은 한결같이 참되고 바르도다."라고 말해야 할 것입니다.

Fondly do we hope, fervently do we pray, that this mighty scourge of war may speedily pass away. Yet, if God wills that it continue until all the wealth piled by the bondsman's two hundred and fifty years of unrequited toil shall be sunk, and until every drop of blood drawn with the lash shall be paid by another drawn with the sword, as was said three thousand years ago, so still it must be said "the judgments of the Lord are true and righteous altogether."

성서 「시편」의 구절을 인용하면서 마무리되는 위 문단에서 링컨은 노예제를 없앨 때까지 어떤 희생도 치를 각오가 되어 있다는 결의를 다지고 있다. 링컨은 여러 면에서 건국의 아버지들의 정신적 직계 자손이다.

대영제국에 반기를 든 시민 혁명을 통해 200여 년 전 건국된 미합중국은 여전히 놀랍도록 젊은 나라다. 그리고 독립 선언서 속에 표현된 아메리카 혁명의 이상은 21세기에도 여전히 유효하다. 그 혁명 정신이야말로 내가 세계의 지도 국가로서 미국이 수행할 역할에 여전히 기대를 걸도록 하는 근거이자, 먼 훗날 인류가 미국이라는 나라를 레이건(Ronald Reagan) 대통령의 말마따나 '언덕 위의 찬란한 도시(shining city on the hill)'로 추억하도록 만들 바탕이라는 생각이다.

24th Brunch Time

프랑스 혁명

혁명의 전개, 1789~1794

위대한 프랑스 혁명의 이야기를 도대체 어디서, 어떻게 시작하면 좋을까? 우선은 그 전개 과정을 간략하게 요약, 정리해 보자. 『철학 브런치』를 읽어 본 독자라면 내가 '요점 정리'를 별로 좋아하지 않는다는 것을 알겠지만, 옛말처럼 뭣도 약에 쓸 때가 있는 법이다. 프랑스 혁명의 역사는 너무나 복잡하고 다채로워 조금만 섣불리 발을 들여도 곧장 길을 잃을 수가 있기 때문에 나름 아우트라인을 잡고 시작하는 것이 좋다. 바쁠수록 돌아가라는 말도 있지 않은가. 또 너무 먹을 것이 많은 뷔페식당에서는 허겁지겁 접시를 들고 눈에 띄는 음식부터 닥치는 대로 집어 들기보다는 우선 슬쩍 진열대를 둘러보면서 음식을 한발 떨어져 슬슬 감상해 보는 편이 좋은 것과 마찬가지다.

문제의 시작은 돈이었다. 어딜 가나 돈이 '웬수'다. 프랑스의 루이 14세(Louis XIV)는 살아생전 태양왕(Sun King)으로 불리며 절대 권력을 만끽

태양왕으로 불린 절대 군주 루이 14세의 초상(왼쪽)과 그가 건설한 베르사유 궁전의 안마당 일부(오른쪽). 베르사유 건설에 소요된 막대한 비용은 두고두고 프랑스의 국가 재정에 부담으로 작용했다.

한 군주였지만, 베르사유 궁전 건설을 비롯한 대규모 건설 프로젝트와 잦은 전쟁으로 국가 재정을 악화시키는 유산을 남기기도 했다. 루이 14세에 이어, 루이 15세(Louis XV), 다시 루이 16세(Louis XVI)의 집권기에도 나아질 줄 모르던 프랑스의 재정 적자에 최후의 일격이 된 것이 바로 미국 독립 전쟁이었다. 프랑스가 미국을 지원하기로 한 결정에는 프랑스 인디언 전쟁의 패배에 간접적으로 복수하려는 의도가 숨어 있었을 뿐만 아니라 숙명의 라이벌 관계였던 영국의 세계 전략에 제동을 걸려는 정치적 목적도 도사리고 있었다. 하지만 전쟁 지원을 위해 발행한 국채 때문에 화폐 가치가 폭락하여 경제가 휘청거리고 민심이 급격히 동요하기 시작했다.

갈수록 심각해지는 국가 재정 문제를 해결하기 위해 루이 16세(1754~1793)는 1789년 5월, 그때까지 약 2세기 동안 한 번도 열리지 않았던 삼부회(Estates General)를 소집했다. 삼부회는 프랑스에서 국왕의

왼쪽: 혁명 직전 프랑스 귀족, 성직자, 평민의 상황을 그린 풍자화. 조세 부담을 둘러싼 계급 갈등은 프랑스 혁명의 기폭제가 되었다.
오른쪽: 루이 16세의 왕비 마리 앙투아네트. 이미 혁명 이전부터 왕비의 사치와 관련된 각종 괴담이 퍼져 민심 이반이 일어났다.

요청에 따라 귀족, 성직자, 평민의 대표가 만나 국가 중대사를 논하는, 영국의 의회와 달리 의결권은 없는 자문 기관이었다. 그런데 루이 16세가 소집한 삼부회는 시작되자마자 평민 대표와 기득권 세력 대표 간의 이전투구로 일대 혼란에 빠졌다. 당시 불만에 차 있던 평민 부르주아들이 언로를 펼칠 기회를 벼르고 있던 차에 삼부회가 멍석을 깔아 준 격이었다.

문제는 당시 프랑스가 계급 구조의 모순으로 폭발 직전의 상태였다는 것이다. 왕족은 물론이고 방대한 영지를 가진 귀족들, 그리고 교회의 신성함을 앞세운 성직자들은 납세의 의무를 전혀 지지 않은 반면, 신흥 부르주아 및 농민 같은 평민들만이 국가 재정을 떠받치는 세금을 전적으로 부담하면서도 정치적 목소리는 전혀 내지 못했기 때문에 그 불만이 하늘을 찔렀다. 평민 대표들은 결국 루이 16세가 소집한 삼부회를 박차고 나와 국민 의회(National Assembly)를 자체적으로 결성하고, 기득권층만이 아닌 전 국민의 이해를 반영하는 헌법이 제정될 때까지 해산하지 않을 것을 결의했다. 국민 의회는 다시 제헌 의회(National Constituent Assembly)로 이름을 바꾸었는데, 이 무렵부터 서서히 시민 계급의 대의에 동정적이던 일부 성직자와 진보적 성향의 귀족들까지 포섭하며 국왕을 압박하기 시작했다.

1789년 7월 11일, 한 무리의 파리 시민들이 파리 시내 정치범들의 수용소로 쓰이던 요새 바스티유(Bastille)를 공격했다. 베르사유에 머물던 국왕이 파리로 군대를 보내 대학살을 자행하려 한다는 헛소문이 돌자 시민들이 봉기했던 것이다. 당시 바스티유에 수감된 죄수라고는 고작 몇 명뿐이었지만, 군중은 요새의 무기고를 털어 무장을 강화한 뒤 수비 대장과 파리 시장을 살해하고 한동안 파리 시내 전체를 국가 권력이 미치지 못하는 민중 해방구로 만들었다. 그러자 이에 호응하여 지방 곳곳에서도 농민들이 무리를 이루어 귀족들의 장원과 성채를 약탈하고 방화를 저지르는가 하면 중앙 정부에서 파견된 관리까지 살해하는 등 무정부 상태가 벌어졌다.

이런 혼란 속에서도 제헌 의회는 약 1개월 뒤인 8월 26일 자유(liberty), 평등(equality), 박애(fraternity) 등을 명시한 '인권 선언'을 발표하게 된다. 앙시앵 레짐(Ancien Régime), 즉 구체제의 봉건적 이데올로기와 결별하고 시민 사회의 구성 원리를 천명한 이 '인권 선언'은 미국의 '독립 선언서'에 비할 만한 역사적인 문건이었다. 한편 루이 16세가 제헌 의회와 파리 시민들의 요청에 따라 파리로 환궁하면서 루이 14세 이후 베르사유에서 나라를 통치하던 부르봉 왕가의 전통도 끝난다. 파리로 환궁한 루이 16세는 정국 장악력을 급속히 상실했으며 국왕 가족은 튀일리 궁에 사실상 연금된 상태가 되었다.

이후 헌법 창제를 두고 제헌 의회가 서서히 과격파의 손에 휘둘려 가는 상황에 불안을 느낀 루이 16세는 측근들의 제안에 따라 1791년 6월 가족과 함께 파리를 빠져나갔는데, 그만 국경 근처에서 발각되어 다시 송환되고 만다. 이 탈출 시도는 결과적으로 엄청난 자충수가 되었다. 국민들은 국왕이 개혁을 포기하고 야반도주하려 한 데에 심한 배신감을 느꼈으며, 이때부터 제헌 의회에서 입헌 군주제를 비전으로 삼던 온건파 대신 과격파 정치인들을 중심으로 아예 군주제를 폐지하자는 목소리가 힘을 얻기 시작했던 것이다. 엎친 데 덮친 격으로 오스트리아와 프로이센의 연합군이 국경을 침입하자 국민들 사이에서는 루이 16세가 왕좌를 지키려고 외세를 끌어들였다는 소문까지 퍼지면서 민심은 완전히 왕가에서 멀어졌다.

1792년 의용군의 활약으로 침략군이 변경으로 퇴각하고 전쟁이 소강 상태에 이르면서 정치권에서는 제헌 의회에 이어 다시 국민 공회 (National Convention)가 성립되었다. 그해 9월 국민 공회는 드디어 공식적으로 왕정의 폐지와 공화제의 수립을 선포했다. 이에 따라 폐주(廢主)가 된 루이 16세는 군주로서의 지위와 모든 특권을 잃고 '시민 루이 카페 (Citizen Louis Capet)'로 불리게 된다. 당시 국민 공회는 로베스피에르 (Maximilien Robespierre, 1758~1794)가 이끄는 급진주의자들의 모임인 자코뱅 파와 온건 우파인 지롱드 파가 양분하고 있었는데, 루이 카페의 신병 처리를 놓고 두 진영은 첨예하게 대립했다. 자코뱅 파는 루이를 제거하는 것을 공화정 수립의 마침표로 본 반면, 지롱드 파는 폐주를 살려두고 활용하는 쪽이 신생 공화국의 국제적 승인을 위한 외국 열강들과의 교섭에 유리하다는 입장이었다.

우여곡절 끝에 국민 공회의 주재로 루이에 대한 재판이 1792년 12월 11일 시작되었고, 1793년 1월 14일 국민 공회 의원들의 표결에서 루이

재판에서 최후 변론을 펼치는 루이 16세(위), 그리고 결국 단두대에 오르는 모습(아래)을 그린 19세기의 스케치. 루이 16세는 혁명 이후의 난국을 헤쳐 나가기에는 자질이 모자란 인물이었지만 죽음이 가까워지면서 오히려 군주로서의 위엄을 되찾기도 했다.

는 큰 표 차로 반역죄에 대해 유죄 판결을 받았다. 루이에 대한 유죄 판결은 쉽게 내려졌으나, 처벌의 수위를 결정하는 표결은 훨씬 치열했다. 총 721명의 의원이 참가한 가운데 열린 1월 17일의 2차 투표에서 361명이 왕의 즉각적인 사형 집행에, 34명이 사형 선고 뒤 무기 연기에, 319명이 징역형에 투표했다. 간발의 차이였다.

한때 하느님으로부터 권위를 내려 받은 절대 군주였다가 시민 루이 카페, 다시 반역자로 신분이 급전직하한 루이는 1793년 1월 21일 파리의 혁명 광장에 설치된 단두대에서 처형당했다. 같은 해 10월에는 루이의 아내 마리 앙투아네트 역시 반역죄로 재판에서 사형 선고를 받고 단두대에 섰다. 이렇게 해서 프랑스에서는 국왕 부처가 국민들의 손에 목이 잘리는 사상 초유의 사태가 마무리되었다.

루이 16세의 신병 처리를 둘러싼 헤게모니 싸움에서 승리한 자코뱅파는 여세를 몰아 정국을 장악했다. 그리고 이때부터 로베스피에르가 이끄는 '공안 위원회'가 국정을 총괄하는 '공포 정치(Reign of Terror)'가 본격적으로 시행되었다. 위원회는 그리스도교를 혁명의 적으로 선언하고 전국의 교회를 폐쇄했으며, 다양한 군중집회를 개최하고 통제 경제 정책을 실시하는 등 여러모로 국민을 피곤하게 했다. 그와 동시에 로베스피에르는 그때까지 프랑스에 남아 있던 귀족 및 성직자들은 물론 에베르, 당통을 비롯한 과거의 동지들과 일부 지지 세력까지 반혁명의 죄를 씌워 차례로 단두대로 보냈다. 역사가들은 이 공포 정치 기간 동안

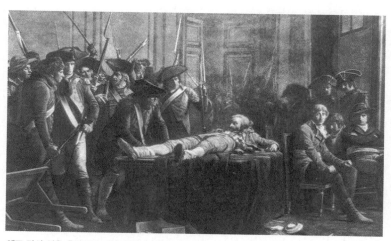

체포 당시 입은 총상으로 피가 철철 흐르는 채 취조받는 로베스피에르. 그로부터 이틀 뒤 단두대에서 처형되었다. 급진 세력의 지도자였던 로베스피에르 역시 자신이 시작한 공포 정치의 마수에서 자유롭지 못했다.

적어도 2만 명 이상이 단두대에서 목숨을 잃은 것으로 본다.

이렇게 언제 누가 반혁명 분자로 낙인찍힐지 모르는 통제 불능의 상황이 되자 로베스피에르를 지원했던 중립파 의원들마저 신변에 불안을 느끼기 시작했다. 결국 이들은 먼저 선수를 치기로 결정했다. 1794년 7월 26일 국민 공회가 로베스피에르에 대한 탄핵과 체포를 결정하고 나서 이틀 뒤인 7월 28일 그를 전격적으로 처형하면서 공포 정치는 막을 내렸다. 이 사건은 당시 혁명 정부가 새로 제정한 달력의 한 주기인 테르미도르(Thermidor)의 달에 일어났기 때문에 '테르미도르의 반동(Thermidorian Reaction)'이라고 불린다. 자, 이쯤에서 잠깐 스톱!

칼라일의 『프랑스 혁명사』

이 대목에서 우리의 관람 열차에 잠시 브레이크를 걸고 중간 점검을 해 보자. 주마간산 식으로 프랑스 혁명의 전개 과정을 훑어본 소감이 어떠한가? 지금까지 요약한 내용의 어느 대목이라도 더 상세히 알고 싶은 독자들은 프랑스 혁명을 집중적으로 다룬 별도의 책들을 읽어 보기 바란다. 프랑스 혁명에 대해 쓴 책은 많고 많다. 간단한 입문서부터 시작해서 홉스봄(Eric Hobsbawm)의 『혁명의 시대*The Age of Revolution*』 같은 고도의 역사 교양서, 혹은 거의 픽션을 읽는 듯한 느낌에 빠지게 만드는 전기 작가 츠바이크(Stefan Zweig)의 『마리 앙투아네트*Marie Antoinette*』까지 독자 여러분은 입맛대로 골라 읽으면 된다.

여기서 내가 잠깐 소개하고 싶은 책은 19세기 영국의 문필가 토머스 칼라일(Thomas Carlyle, 1795~1881)의 저작인 『프랑스 혁명사*French Revolution : A History*』다. 우선 이 책과 관련해서는 흥미로운 뒷이야기가 전한다. 원래 프랑스 혁명의 역사에 관한 책을 쓰고 싶어 했던 인물은

마치 현장 중계라도 하는 듯 혁명의 전모를 극적
이고 생생한 필치로 묘사한 기념비적 저서 『프랑
스 혁명사』를 남긴 칼라일의 초상.

칼라일이 아니라 영국의 철학자 존 스튜어트 밀(John Stuart Mill)이었다.
하지만 그 작업이 방대한 자료의 수집부터 시작해서 워낙 큰마음 먹고
몰두해야 하는 일이다 보니 밀은 집필을 차일피일 미루게 되었다. 그러
던 어느 날 밀은 친구인 칼라일에게 그때까지 모은 자료를 모두 넘겨줄
테니 자기 대신 프랑스 혁명사를 쓸 것을 권했고, 칼라일은 흔쾌히 제안
을 받아들였다고 한다.

  이후 칼라일은 약 1년간 두문불출 집필에 몰두하여 『프랑스 혁명사』
제1권을 완성한 뒤 밀에게 원고를 보여 주고 의견을 구하기로 했다. 그
런데 밀이 자택에서 칼라일이 두고 간 원고를 읽다가 잠깐 자리를 비운
사이 그만 하녀가 그 원고를 폐지와 혼동하여 모두 소각해 버리는 사태
가 발생하고 말았다. 복사기도, 클라우드 컴퓨팅도 없던 시절이라 당연
히 원고는 그 초고 한 벌뿐이었는데, 유일한 원고가 불타 버렸으니 칼라
일이 얼마나 망연자실했을지는 짐작이 간다. 그러나 칼라일은 절망감을
극복하고 심기일전하여 기억에 의존하면서 다시 처음부터 집필을 시작
했고 드디어 1837년 총 3권으로 이루어진 『프랑스 혁명사』를 완성했다.

이렇게 우여곡절 끝에 나온 책은 대성공을 거두어 비단 친구 밀뿐 아니라 영국과 유럽 전역의 지식인들 사이에서 극찬을 받았으며 대중적으로도 베스트셀러가 되었다. 찰스 디킨스(Charles Dickens)의 대표작 가운데 하나이자 프랑스 혁명을 배경으로 한 소설 『두 도시 이야기』*A Tale of Two Cities*는 많은 면에서 칼라일의 저서를 소설로 재구성한 작품에 가깝다.

그럼 이제 칼라일의 저서에서 그의 필력을 느낄 수 있는 몇 대목을 감상해 보자. 먼저 혁명 직전 프랑스 지배층의 부패상—더 정확히 표현하자면 정치적, 사상적 무기력—을 묘사하는 문단이다. 칼라일의 문체는 낭만주의 특유의 과장, 의인, 은유를 한껏 동원하고 있다. 먼저 그는 당시 교회의 실상을 지적한다.

700년 전 그 전성기에는 황제를 속죄차 맨발로 사흘간 눈 속에서 기다리도록 만들 수 있었던 교회는, 수 세기 동안 퇴락을 겪어 온 끝에 결국 예전의 목적과 원한조차 잊고 왕권과 이해관계를 함께할 정도로 영락했다. 이 훨씬 젊은 권력에 기댄 채 교회는 기꺼이 노후한 상태에 머무르고자 했고, 이 둘은 이제 흥망을 함께할 터이다. 슬프게도, 소르본은 여전히 그 낡은 교사(校舍)에 자리하고 있으나, 그저 망령된 신학 용어만을 웅얼거릴 뿐 더 이상 인간의 양심을 선도하지 않는다.

The Church, which in its palmy season, seven hundred years ago, could make an Emperor wait barefoot, in penance-shift; three days, in the snow, has for centuries seen itself decaying; reduced even to forget old purposes and enmities, and join interest with the Kingship: on this younger strength it would fain stay its decrepitude; and these two will henceforth stand and fall together. Alas, the Sorbonne still sits there, in its old mansion; but mumbles only jargon of dotage, and no longer leads the consciences of men:

700년 전 교회가 무릎 꿇린 황제란 신성 로마 제국의 하인리히 4세
(Heinrich IV)를 말한다. 하인리히 4세는 교황 그레고리우스 7세와 정치
적 갈등을 빚은 끝에 파문을 당하자 1076년 이탈리아 북부의 카노사에
머물던 교황을 찾아가 얇은 셔츠만 입고 맨발로 사흘을 기다린 끝에 겨
우 교황을 알현하고 용서를 받을 수 있었다. 이 사건이 바로 그 유명한
'카노사의 굴욕(Humiliation of Canossa)'이다. 칼라일에 의하면, 그렇게 한
때는 황제조차 길들였던 교회가 이후 퇴락과 부패를 거듭한 끝에 이제
는 왕과 공동 운명체가 되고 말았다는 것이다. 그리고 당시 소르본을 비
롯한 신학교는 토마스 아퀴나스 이후 중세 유럽의 지성과 학문의 전당
이었다. 실제로 서구의 유서 깊은 대학들은 대부분 신학교에 뿌리를 두
고 있다. 칼라일은 이렇듯 단 한 문단 속에 대단히 풍부한 역사적 사례
와 평가를 담아 놓고 있는 것이다! 그는 계속해서 혁명 직전 프랑스 군
주의 모습을 묘사한다.

이제 (…) 왕이 지휘하는 자는 누구인가? 그의 전속 사냥꾼과 창꾼들이다.
사냥이 없을 때에는 당연히 "오늘 폐하께서는 아무 일도 않으시리라." 하는
말이 나온다. 왕이 그곳에서 연명하는 것은 그저 지금 그곳에 살고 있기 때
문이며, 또한 아직 아무도 왕을 건드리지 않았기 때문일 따름이다.

Who is it that the King (…) now guides? His own huntsmen and
prickers: when there is to be no hunt, it is well said, "Le Roi ne fera rien
(Today his Majesty will do nothing)." He lives and lingers there, because he
is living there, and none has yet laid hands on him.

마치 자동 항법 장치에 비행기를 맡긴 조종사처럼 국정에는 아무 할 일이 없어진 프랑스 국왕은 이제 사냥이나 하며 소일하는 신세가 되었다는 것이다. 누군가 툭 손대지 않는 한 군주제는 그렇게 권태의 영구 운동을 계속할 터였다. 그런 점에서는 당시의 귀족들도 다르지 않았다. 다시 칼라일이다.

　　귀족들 또한 마찬가지로 백성들을 인도하거나 오도하기를 중단할 지경에 이르렀고, 이제는 그들의 주군처럼 장식용 인물상이나 다를 바 없다. 귀족들이 서로를, 혹은 그들의 왕을 살육한 지도 오래다. (…) 귀족은 전투용 검을 궁정용 양날검으로 바꾸어 버렸고, 이제는 수발드는 시종처럼 왕을 충성스럽게 수행하며, 폭력과 살인이 아니라 흥정과 수완으로 얻은 전리품을 서로 나눈다.

　　The nobles, in like manner, have nearly ceased either to guide or misguide ; and are now, as their master is, little more than ornamental figures. It is long since they have done with butchering one another or their king : (…) the Noble has changed his fighting sword into a court rapier, and now loyally attends his king as ministering satellite ; divides the spoil, not now by violence and murder, but by soliciting and finesse.

　　한때 거의 국왕과도 맞먹는 세력을 누리기도 했던, 또한 백년 전쟁을 승리로 이끈 주역이었던 귀족들 역시 이제 그 '수컷적 폭력성'을 잃고 거세된 환관처럼 재물을 탐닉할 뿐이다…. 칼라일의 문체는 확실히 전문적인 역사학자의 것은 아니다. 오히려 팩트가 픽션이 되지 않는 한에서 최대한 극적인 묘사를 즐기고, 저자 본인이 완전히 전면에 모습을 드러내지 않는 선에서 개인적 견해나 인상을 문체 속에 담뿍 녹여 내는 스타일이다. 시제 역시 과거형보다는 현재형을 사용하여 묘사에 생동감을 부여한다.

이번에는 칼라일이 프랑스 혁명의 본격적인 시작이라고도 볼 수 있는 바스티유 함락 과정을 묘사하는 대목의 초반부를 잠깐 감상해 보자.

9시부터 아침 내내 사방에서 바스티유로 가자는 외침이 들렸다. 무기 확보에 혈안이 된 '시민 대표단'이라는 자들이 연달아 왔지만, 드 로네(바스티유 수비대장—옮긴이)는 총안(銃眼)을 통해 부드럽게 타이르며 해산시켰다. 정오쯤 [제헌 의회] 대의원 튀리오 드 라 로지에르(시민 측 협상 대표—옮긴이)는 경내 입장을 허락받고 들어가, 드 로네가 항복할 의향이 있기는커녕 차라리 그곳을 폭파할 태세임을 알아차린다. 튀리오는 그와 함께 방어용 난간에 오른다. 도로 포장석 더미와 낡은 포탄이 쌓여 있고, 대포는 모두 적절히 조준되어 있다. 모든 총안마다 하나씩 놓인 대포가 다만 뒤쪽으로 약간 물러나 있을 뿐이다! 그러나 튀리오가 바깥을 내다보니, 수많은 군중이 계속 밀려들어 거리 구석구석까지 넘쳐 나고, 경종이 맹렬하게 울려 대며 온갖 북소리가 대중을 고동치게 하고, 생앙투안 구역 전체가 이편으로 일제히 밀려오고 있지 않은가! (…) 바스티유는 포위되었다!

All morning, since nine, there has been a cry everywhere: To the Bastille! Repeated "deputations of citizens" have been here, passionate for arms; whom de Launay has got dismissed by soft speeches through portholes. Towards noon, Elector Thuriot de la Rosiere gains admittance; finds de Launay indisposed for surrender; nay disposed for blowing up the place rather. Thuriot mounts with him to the battlements: heaps of paving-stones, old iron and missiles lie piled; cannon all duly levelled; in every embrasure a cannon,—only drawn back a little! But outwards behold, O Thuriot, how the multitude flows on, welling through every street; tocsin furiously pealing, all drums beating the generale: the Suburb Saint-Antoine rolling hitherward wholly, as one man! (…) The Bastille is besieged!

역시 일촉즉발의 긴박감을 생생히 묘사하는 칼라일의 필력이 빛난다. 『프랑스 혁명사』는 19세기 유럽 낭만주의 스타일이 역사서 저술에 성공적으로 적용된 케이스다. 그런 방식은 이상과 현실 사이에 벌어지는 한판 힘겨루기의 현장인 혁명을 기록하기에 의외로 효과적인 접근법이었는지도 모른다.

버크와 페인의 신중론

내가 언제 프랑스 혁명을 처음 알게 되었는지는 정확히 기억이 나지 않는다. 하지만 어린 마음에도 막연하게 '혁명'이란 뭔가 좋은 일이 일어나는 것, 혹은 더 나은 세계를 향해 나아가는 작업이며, 그 과정에서 악당, 즉 부패한 왕족, 귀족, 성직자들을 '처단'하는 것은 당연하다는 정도의 생각을 품고 있었다는 것만은 또렷이 떠오른다.

그런 나의 소박한 '혁명관'을 약간 혼란스럽게 만든 책이 있었으니 틴에이저 시절 읽었던 『빨간 별꽃Scarlet Pimpernel』(성문각 판 번역본)이라는 소설이다. 영국의 여류 작가 엠마 오르치(Emma Orczy, 1865~1947)가 쓴 『빨간 별꽃』은 프랑스 혁명의 '공포 정치' 시절 자코뱅 파 지도부와 민중의 타깃이 되었던 프랑스 귀족들을 영국으로 망명시킨 비밀 결사의 활약을 다룬 이야기다. 책을 펼치고 한동안 읽어 나갈 때의 내 심정은 '아니 왜 사악한 귀족들을 도와준다는 거지? 혁명을 이루려면 부패한 기득권 세력을 모조리 처단해도 모자랄 판에, 정신이 있는 거야? 이런 반동 같으니…' 뭐 이런 식이었던 것 같다. 하지만 소설의 내용이 워낙 흥미진진했던 데다 주인공의 캐릭터도 매력적이어서 슬슬 빠져 들어갔던 기억이 있다. 고백하자면 막판 클라이맥스 부분을 읽을 때는 '제발, 제발, 탈출에 성공하길…' 하면서 손에 땀을 쥐고 주인공을 응원하기까지 했다. "때로는 힘내라 범인! 하는 밤도 있는 것이다."라는 어느 일본 추리소설의 광고 문구가 생각나거니와, 그때 『빨간 별꽃』을 읽던 내 심정은 바로 '힘내라, 반동!'이었던 셈이다.

이후 프랑스 혁명에 관해 좀 더 배우게 되자 혁명이 당대 프랑스에 마냥 긍정적인 결과만을 가져온 것은 아니었음을 깨달았고, 그 혁명의 광채 뒤에 숨어 있는 어두운 그림자랄까, 각종 부작용의 실상도 더욱 자세히 알게 되었다. 언제나 빛이 밝으면 그늘도 깊은 법이다. 일단 혁명기란 워낙 격동의 시기인지라 다소 인명의 희생이 발생하는 것은 어쩔 수

왼쪽: 튀일리 궁에 난입한 군중의 강요로 혁명군 모자를 쓴 루이 16세. 이 무렵 이미 전권을 상실한 식물 국왕이었다.
오른쪽: 튀일리 궁에 있던 왕실 와인 저장고를 터는 파리 시민들을 묘사한 판화. 혁명과 광란극은 정말 종이 한 장 차이일까.

없겠으나, 프랑스 혁명의 경우 상황이 점차 악화되어 심지어 혁명 주역
들마저도 통제할 수 없는 집단 광기로 변질된 사례가 여럿 있었다. 그
광기의 클라이맥스는 로베스피에르가 지휘한 공포 정치의 기간이었는
데, 당시 앙시앵 레짐에 속해 있던 관리와 귀족들에 대한 '묻지 마' 식
처형은 혁명의 파급을 두려워하던 유럽 각국의 지배층은 물론, 처음에
는 프랑스 혁명에 호의적이던 계몽적 귀족과 지식인들조차도 몸서리치
게 만들었던 것이다. 『빨간 별꽃』은 픽션이지만, 당시 실제로 영국을 비
롯한 유럽 각국의 인사들이 프랑스 상류층의 국외 탈출을 도왔던 것은
역사적인 사실이다.

　프랑스 혁명을 초창기부터 의심스러운 눈으로 바라본 대표적인 인물
로는 영국의 정치가이자 사상가 에드먼드 버크(Edmund Burke, 1729
~1797)를 들 수 있다. 버크는 당시 프랑스 혁명으로 대표되는 급진주의
및 대책 없는 낙관론적 세계관을 경계하는 신중론자의 자세를 견지함으
로써 현대 보수주의의 원조로 꼽히게 된 인물이다. 버크의 시각은 1790
년 발표한 「프랑스 혁명에 대한 성찰Reflections on the Revolution in France」
이라는 팸플릿에 잘 나타나 있다. 1790년이라면 바스티유가 함락된 직
후이며, 루이 16세의 처형이나 자코뱅 파의 공포 정치 같은 본격적인 혁
명의 광기는 아직 펼쳐지지도 않았던 시점이다. 그럼에도 버크는 이 책
에서 이후 프랑스 혁명의 전개 방향에 대해 족집게에 가까운 식견을 보
여 준다. 우선 그는 프랑스 혁명의 축하 샴페인을 터뜨리기에는 아직 너
무 이르다고 지적한다.

　아첨은 받는 쪽이나 주는 쪽 둘 다 망치며, 과찬은 왕보다 인민에게 더 유
익하지 못하다. 따라서 나는 프랑스가 새로 얻은 자유가 어떻게 정부와, 공
권력과, 군대의 규율 및 복종과, 효과적이고 공평한 징세와, 도덕 및 종교와,

재산권의 확고성과, 평화 및 질서와, 민간 및 사회의 예절과 결합되었는지를 통보받을 때까지 그 자유에 대한 축하를 보류해야 하겠다.

Flattery corrupts both the receiver and the giver, and adulation is not of more service to the people than to kings. I should, therefore, suspend my congratulations on the new liberty of France until I was informed how it had been combined with government, with public force, with the discipline and obedience of armies, with the collection of an effective and well-distributed revenue, with morality and religion, with the solidity of property, with peace and order, with civil and social manners.

버크는 막 공화정 실험에 돌입한 프랑스의 상황이 곧 나아질 것이라는 낙관론에도 의문을 제기한다.

이제 저 오래된 군주제의 폐허 위에 세워진 그 체제가 (…) 품속에 거둔 국가의 국민과 국부에 더 유익하게 작용할 수 있을지는 매우 의심스러운 문제이다. (…) 신체제가 어느 정도라도 이 철학적 혁명의 효과를 회복하기까지, 그리고 국가가 이전의 기반 위에서 재탄생하기까지는 긴 세월이 지나야 할 것이다.

WHETHER the system, (…) now built on the ruins of that ancient monarchy will be able to give a better account of the population and wealth of the country which it has taken under its care, is a matter very doubtful. (…) a long series of years must be told before it can recover in any degree the effects of this philosophic revolution, and before the nation can be replaced on its former footing.

오히려 생각은 현실보다 앞서 달린다. 사상 혹은 이상으로서의 혁명이 현실에 발맞추는 것은 결코 하루 이틀에 되는 일이 아닌 것이다. 버크는 자기가 책을 쓸 당시 사실상 연금 상태에 있던 루이 16세를 앞으로 어떻게 다루는 것이 좋을지 의견을 제시한다.

진짜 폭군에 대한 처벌은 정의의 고귀하고도 두려운 행위이다. 그리고 이것이 인간 정신에 위안을 준다는 말도 진정으로 언급되어 왔다. 하지만 내가 만약 사악한 왕을 처벌해야 한다면, 죄악을 응징하면서 품위를 지킬 것이다. 정의는 엄숙하고도 단정하며, 그 처벌 과정에서 어떤 선택을 내린다기보다는 오히려 필연성에 순종하는 듯 보인다.

The punishment of real tyrants is a noble and awful act of justice; and it has with truth been said to be consolatory to the human mind. But if I were to punish a wicked king, I should regard the dignity in avenging the crime. Justice is grave and decorous, and in its punishments rather seems to submit to a necessity than to make a choice.

다시 말하지만 버크가 책을 쓴 것은 1790년으로 루이 16세가 폐위되기도 한참 전이었다. 그럼에도 버크는 마치 국민 공회가 모든 반혁명 죄를 덤터기 씌운 채 국왕을 처형할 것을 이미 알고 있다는 듯한 어투다. 버크가 강조하고 있듯이, 법치 국가가 정의를 실현하면서 악을 처벌할 때조차 과정상의 명분과 정통성이 확보되어야 한다는 이른바 '적법한 절차(due process)'는 마그나 카르타의 성립 이후 영미법의 기본 원리 가운데 하나다. 그런데 만약 이미 국왕을 제거한다는 결론부터 내려 놓고 나머지는 요식 절차로 여긴다면 이는 진정한 정의라고 할 수 없지 않은가? 여기서 그치지 않고 버크는 실로 놀라운 예언을 또 한 가지 펼치는

데, 이쯤 되면 거의 노스트라다무스 수준이다.

　한 종류의 권위가 약화되고 만사가 요동치는 가운데, 군 장교들은 당분간 불복종 상태에 머무르면서 심각한 내분에 휩싸이다가, 마침내 군인들을 회유할 줄 알며 진정한 지휘력을 갖춘 어떤 인기 있는 장군이 나타나 모든 이들의 주목을 한 몸에 받을 것이다. 군대는 그의 개인적 능력 때문에 복종할 것이다. (⋯) 그런 상황이 발생하는 순간, 군대를 실제로 통솔하는 인물이 바로 당신들의 주인—그대들 국왕의 (미천한) 주인, 의회의 주인, 공화국 전체의 주인—이다.

In the weakness of one kind of authority, and in the fluctuation of all, the officers of an army will remain for some time mutinous and full of faction until some popular general, who understands the art of conciliating the soldiery, and who possesses the true spirit of command, shall draw the eyes of all men upon himself. Armies will obey him on his personal account. (⋯) the moment in which that event shall happen, the person who really commands the army is your master—the master (that is little) of your king, the master of your Assembly, the master of your whole republic.

실제로 버크의 이 예언은 거의 토씨 하나 틀리지 않고 실현된다. 프랑스는 가까운 미래에 군대를 호령하는 새로운 주인님(master)의 발아래 납작 엎드릴 운명이었으니⋯. 눈치 빠른 독자들은 이미 그 '주인님'의 정체를 파악했겠지만, 이 부분은 조금 뒤에 다시 얘기하자.
　버크가 무슨 박수무당도 아니고 초능력이 있었던 것은 물론 아니다. 이미 섣불리 왕의 목을 쳤다가 오히려 왕정보다도 숨 막히는 공화정을 경험했던 트라우마를 가진 영국 출신(실은 아일랜드 출신 영국인)이라서 그런 놀라운 혜안을 기를 수 있었던 듯하다. 실제로 버크는 「프랑스 혁명에 대한 성찰」에서 당시 프랑스가 처한 상황을 영국에서 입헌 군주제와 민주주의가 뿌리내린 과정과 비교하면서 정치, 경제, 국방에 이르기까지 상세한 분석과 제안을 펼치고 있다. 「프랑스 혁명에 대한 성찰」은 『빨간 별꽃』처럼 혁명의 명암을 골고루 바라볼 수 있는 시각을 길러 주는 유익한 책이며, 특히 급진적 사회 변혁과 혁명보다는 전통의 유지와 점진적 개혁을 옹호하는 보수주의자들에게는 필독서이기도 하다.

내친김에 프랑스 혁명, 더욱 구체적으로는 루이 16세의 신병을 둘러싼 논쟁 속에서 신중론을 주장했던 또 한 사람의 외국인을 만나 보자. 다름 아닌 토머스 페인이다. 당시 프랑스 혁명의 주역들은 혁명의 선배인 아메리카 독립 전쟁의 영웅들을 거의 우상처럼 존경했다. 이런 사실은 프랑스 혁명 정부가 해밀턴, 워싱턴, 프랭클린, 페인 등 미국 독립의 주역들을 대거 명예 프랑스 시민으로 위촉했던 기록에서도 잘 알 수 있다. 그 가운데 특히 페인은 아예 프랑스를 방문하여 한동안 체류하다 급기야 1792년 외국인이면서도 명예 프랑스 시민의 신분으로 국민 공회 의원으로까지 선출되어 공화국 출범과 루이 16세의 재판에 참여하는 기회를 누리기도 했다.

페인의 의정 활동 가운데 가장 주목되는 것이 바로 루이 16세의 신병 처리에 대한 일이었다. 페인은 루이 16세의 유죄가 결정된 직후인 1793년 1월 15일 국민 공회 앞으로 한 편의 의견서를 제출했다. 「상식」의 저자였던 페인은 과연 폐주 루이의 신병 처리에 대해 어떤 의견을 가지고 있었을까? 역시나 페인은 「상식」의 저자다운 호기로 의견서의 도입부를 장식한다.

군주제에 대한 나의 증오와 혐오는 충분히 알려져 있습니다. 그 감정은 이성과 신념의 원칙에서 말미암은 것이며, 내가 죽지 않는 한 결코 제거될 수 없는 것입니다.

My hatred and abhorrence of monarchy are sufficiently known : they originate in principles of reason and conviction, nor, except with life, can they ever be extirpated.

그런데 흥미롭게도 페인은 곧장 약간은 의외의 단서를 단다.

(…) 하지만 친구이건 적이건 간에 불운한 이에 대한 내 동정심은 똑같이 생생하며 진실합니다.

(…) but my compassion for the unfortunate, whether friend or enemy, is equally lively and sincere.

동정심이라니? 누구에 대한, 어떤 동정심이라는 말인가? 여기서 페인은 프랑스 혁명 정부가 그토록 흠모하는 미국 혁명을 가능하게 한 장본인이 누구였는지를 상기시킨다.

미합중국이 영국의 부당하고 폭압적인 굴레를 떨쳐 버릴 수 있게 된 것이 전적으로 프랑스가 지원해 준 덕택임을 잘 압니다. 인력과 자금을 제공하고자 프랑스가 보여 준 열정과 열의는 자유를 향한 갈망의 당연한 귀결이었습니다. 그러나 프랑스는 당시 자기 정부의 족쇄에 속박당한 채 오직 군주제적 기관을 통해 행동할 수 있었으므로, 이 기관은―그 목적이 어디에 있었든지 간에―분명 훌륭하고 위대한 행동을 수행한 것입니다.

It is to France alone, I know, that the United States of America owe that support which enabled them to shake off the unjust and tyrannical yoke of Britain. The ardour and zeal which she displayed to provide both men and money, were the natural consequence of a thirst for liberty. But as the nation at that time, restrained by the shackles of her own government, could only act by the means of a monarchical organ, this organ—whatever in other respects the object might be—certainly performed a good, a great action.

이 대목은 미국 독립 전쟁 당시 프랑스가 처했던 딜레마를 지적했기 때문에 의미심장하다. 프랑스가 아메리카 혁명을 지원하다 거덜 났다는 얘기는 이미 했지만, 비단 국가 재정뿐 아니라 이데올로기적인 측면에서도 당시 루이 16세와 프랑스의 행보는 엄청난 자가당착이었다. 아메리카 혁명의 주역들은, 인간 개개인의 자유 의지와 존엄성에 주목하고 지배자와 피지배자의 관계란 하늘이 정해 준 것이 아니라 인위적인 사회 계약에 불과함을 설파한 볼테르, 루소, 몽테스키외 등 프랑스 계몽철학자들의 정신적 계승자들이었다. 게다가 아메리카 혁명 당시 프랑스는 독립 선언서가 그 '만행'을 열거했던 조지 3세 치하의 영국보다 훨씬 더 지독한 전제 군주제였다. 따라서 미국 독립 전쟁을 지원함으로써 프랑스는 자국의 사상적 불순분자들이 뿌린 생각의 씨앗을 신대륙에서 싹 틔우고 그 결실을 거두려는 무리를 돕고 만 셈이다. 미국은 프랑스의 지원을 업고 결국 독립에 성공했지만, 이 이율배반이 프랑스의 앙시앵 레짐에 부메랑으로 돌아오는 데는 별로 오랜 시간이 걸리지 않았다. 프랑스의 신흥 부르주아 계급이 국왕의 삼부회 소집을 빌미로 "대표 없이 세금 없다."고 소리를 높인 것은 대서양 건너 혁명 동지들의 외침을 그대로 가져다 쓴 것에 지나지 않았기 때문이다.

미합중국의 독립에 프랑스 절대 군주제의 공헌이 결정적이었음을 지적한 페인은 루이 16세의 신병 처리와 관련하여 대담한 제안을 내놓는다.

미합중국이 루이 카페의 신변 보호와 망명을 맡게 합시다. 거기서 (…) 그는 공공의 번영이라는 항구적 측면으로부터, 진정한 정체(政體)는 왕이 아니라 공정하고 평등하고 영예로운 대표제 속에 존재한다는 것을 배울 것입니다.

Let then those United States be the safeguard and asylum of Louis Capet. There, (…) he may learn, from the constant aspect of public prosperity, that the true system of government consists not in kings, but in fair, equal, and honourable representation.

전직 전제 군주를 미국에 보내 민주주의에 대한 하드 트레이닝이라도 좀 시키자는 얘기다. 페인은 루이 16세를 살려 둘 경우에 얻을 만한 또 다른 이점도 지적했다.

루이 카페의 두 형제가 국외로 도피했습니다. 하지만 그들은 거주하는 궁중의 정신과 예절을 준수해야만 합니다. 루이 카페가 살아 있는 한 그들은 자신의 지분에 관한 어떤 주장도 내세울 수 없습니다.

Two brothers of Louis Capet have banished themselves from the country; but they are obliged to comply with the spirit and etiquette of the courts where they reside. They can advance no pretensions on their own account, so long as Louis Capet shall live.

루이 16세를 홧김에 제거해 버리면 그의 형제들이 바깥에서 프랑스 군주로서의 정통성을 주장하려 들기가 쉬워진다. 따라서 루이 16세를 살려 두는 것은 역설적으로 공화정의 안정을 위해서도 유리한 행보가 된다…. 이런 내용이 담긴 페인의 「루이 카페의 생명을 보존해야 할 이유Reasons for Preserving the Life of Louis Capet」라는 의견서는 오늘날 읽어 봐도 상당한 설득력이 있다. 하지만 당시 프랑스 혁명 지도부로서는 페인이 「상식」에서와 같은 필봉을 휘둘러 루이의 처형을 꽉꽉 지지해 줄 거라고 믿었다가 오히려 반대 의견을 내자 뒤통수라도 맞은 느낌이었을 것이다. 물론 투표에서는 지도부의 뜻대로 루이의 처형이 결정되었지만, 페인은 그 의견서 덕분에 자코뱅 파로부터 모종의 협박까지 받은 끝에 서둘러 짐을 싸서 미국으로 돌아가야 했다.

기나긴 혁명의 메아리

이제 프랑스 혁명 후반부 및 연장전의 '개요'를 또 정리할 시간이 왔다. 공포 정치가 끝난 뒤에도 프랑스 정국은 계속 요동쳤다. 국민 공회는 다시 온건 지롱드 파에게 장악되었고, 혁명 정부는 5인 총재의 합의를 통해 국가적 결정이 내려지는 이른바 총재 체제(Directory Government)로 재편되었다. 그러나 분출하는 민중의 요구를 수용하거나 각 정파의 이해관계를 조정하는 데 실패한 총재 정부는 정국 통제력을 빠르게 상실했다.

이런 상황에서 혜성같이 나타난 인물이 바로 나폴레옹(Napoléon Bonaparte, 1769~1821)이었다. 프랑스령 코르시카 출신 군인으로 젊은 나이에 오스트리아와의 전쟁에서 전과를 올려 국민적 영웅으로 떠오른 나폴레옹은 자코뱅 파가 실각한 후 왕당파 잔당이 일으킨 반란까지 진압하면서 총재 정부의 신임과 군부의 지지를 얻으며 빠르게 권력 기반을 다져 갔다. 결국 나폴레옹은 1799년 11월 친위 쿠데타를 일으켜 총재

앵그르가 묘사한 〈제1통령 시절의 나폴레옹〉(왼쪽)과 다비드의 작품인 〈나폴레옹 황제의 대관식〉(오른쪽). 권력 지향형 예술가였던 앵그르와 다비드는 경쟁적으로 나폴레옹의 그림을 다수 남겼다.

정부를 전복한 뒤 강력한 권력을 가진 제1통령(First Consulate)에 오르며, 극심한 혼란은 결국 군부 지도자의 집권으로 이어진다던 버크의 예언을 그대로 실현했다.

이후 본격적으로 군국주의의 길을 걷기 시작한 나폴레옹은 뛰어난 용병술로 유럽 열강들과의 전쟁마다 연승을 거두는 한편 국내적으로는 절대 권력을 강화했다. 나폴레옹은 드디어 1804년, 그의 위세에 못 이겨 로마에서 달려온 교황까지 들러리로 지켜보는 가운데 황제에 올랐다. 이로써 프랑스 민중이 피의 혁명과 투쟁으로 쟁취한 공화국 체제는 불과 10여 년 만에 공식적으로 종말을 고했다. 심지어 나폴레옹이 러시아 원정에서 대패하여 몰락한 뒤에도 프랑스는 유럽 열강의 간섭에 휘둘리다가, 이번에는 토머스 페인이 경고한 것처럼 1814년 루이 16세의 동생 루이 18세(Louis XVIII)가 즉위하며 부르봉 왕조가 환생하는 기막힌 반동의 시간을 겪어야 했다.

그렇지만 프랑스 혁명의 이야기는 아직 끝나지 않았다. 부활한 부르봉 왕정 아래서 한동안 숨죽이고 있던 프랑스 민중은 1830년 국왕 샤를

프랑스 낭만주의 화가 들라크루아(Eugène Delacroix)가 그린 〈군중을 이끄는 자유의 여신〉. 나폴레옹의 실각 후 다시 들어선 부르봉 왕가의 절대 왕정을 입헌 군주제로 전환시킨 1830년 혁명의 정신을 표현한 작품이다. 프랑스에서 왕정은 그 뒤를 이은 1848년 혁명으로 완전히 폐지되는가 싶었지만 그것이 끝은 아니었다.

10세(Charles X)가 언론을 탄압하고 시민들의 정치 참여를 제한하는 비상령을 선포하자 이에 반발하여 봉기를 일으켰는데, 이를 1830년 혁명(Revolution of 1830)이라고 한다. 그 결과 왕권을 제한하고 부르주아 계급의 정치 활동을 보장하는 입헌 군주제가 이루어졌다.

그러나 애초의 기대와 달리 1830년 혁명 뒤에도 프랑스의 정치적, 경제적 개혁은 지지부진했다. 프랑스 국민들은 특히 국왕이 상징적인 존재 이상의 의미를 지니지 않는 진정한 의회 민주주의 국가로 거듭난 영국과 자국의 상황을 비교하며 점점 불만을 느꼈다. 결국 1848년 대규모 민중 봉기가 다시 발발하여 왕정이 붕괴되고 공화국 체제가 들어서는가 하면 파리 시내가 한동안 무정부 상태로 변하는 사태가 이어졌는데, 이것이 바로 유명한 '1848년 혁명(Revolution of 1848)'이다. 이 혼란기에 혜성같이 나타난 인물이 나폴레옹이었다.—이 문장에 착오는 없다. 바로 나폴레옹 보나파르트의 조카인 루이 나폴레옹 보나파르트(Louis Napoléon Bonaparte, 1808~1873)라는 인물이 삼촌에 대한 국민들의 향수를 등에 업고 대통령에 당선된 것이다. 그것도 모자라 루이 나폴레옹은 다시 친위 쿠데타를 일으키며 1852년 황제에 올라 나폴레옹 3세(Napoleon III)라고 자칭했다. 혁명의 불길이 반동으로 마무리되는 악순환이 또 일어난 것이다.

프랑스 혁명의 역사에 조예가 깊었던 마르크스는 원조 나폴레옹 및 그 조카 루이 나폴레옹의 정권 탈취 과정을 비교 분석한 팸플릿 「루이 보나파르트의 브뤼메르 18일*The Eighteenth Brumaire of Louis Bonaparte*」의 서두에서 이렇게 말한 바 있다.

헤겔이 어디선가 언급하기를 모든 세계사적 중요 사실과 인물은 말하자면 두 번씩 나타난다고 했다. 하지만 처음에는 비극으로, 두 번째는 소극으로 등장한다고 덧붙이는 것을 잊어버렸다.

Hegel remarks somewhere that all great world-historic facts and personages appear, so to speak, twice. He forgot to add: the first time as tragedy, the second time as farce.

이 문장에서 "역사는 처음에는 비극으로, 이어서 희극으로 되풀이된다.(History repeats first as tragedy, then as farce.)"라는 명언이 탄생했다. 마르크스가 원래 말하고자 한 바는, 나폴레옹 보나파르트의 쿠데타 및 정권 쟁취가 프랑스 혁명을 무위로 만든 비극이라면, 그 조카인 루이 보나파르트가 숙부를 본떠 일으킨 쿠데타 및 황제 즉위는 아예 기가 막히다 못해 웃음밖에 나오지 않는 코미디라는 것이었다. 그리고 보니 1848년은 마침 마르크스가 엥겔스와 함께 역사적인 「공산당 선언*Communist Manifesto*」을 발표한 해이기도 하다.

1848년 혁명은 많은 작가, 예술가의 지지를 받았는데, 이 가운데는 프랑스 상징주의의 선구자로 대접받는 시인 보들레르(Charles Baudelaire,

1821~1867)도 포함되어 있었다. 보들레르는 진정한 민주 공화정을 염원하던 민중의 바람과는 달리 혁명이 루이 나폴레옹으로 대변되는 구체제의 복원으로 끝나 버린 기막힌 과정을 목격하며 느낀 감정을 「성 베드로의 부인The Denial of Saint Peter」이라는 시에서 남김없이 토로한 바 있다. 시는 도입부부터 곧장 신에게 돌직구를 던지며 시작한다.

날마다 그 사랑하는 천사들을 향해 솟아오르는
저주의 물결을 신은 어찌하는 것인가?
요리와 술에 탐닉하는 폭군처럼 신은
우리의 끔찍한 독설이 달콤한 소리인 양 잠드는구나.

순교자와 고문받는 죄인들의 울부짖음은
단연코 매혹의 교향곡이라,
이 쾌락의 대가로 그토록 피가 흘렀음에도
천국은 아직도 만족할 줄 모르나니!
What does God do with the wave of curses
That rises every day toward his dear Seraphim?
Like a tyrant gorged with food and wine, he falls asleep
To the sweet sound of our horrible blasphemies.

The sobs of martyrs and of tortured criminals
Are doubtless an enchanting symphony,
Since, despite the blood that this pleasure costs,
The heavens have not yet been surfeited with it!

이렇게 시작된 시는 정의로운 혁명의 성공을 보장해 주지 않는 신에 대한 원망으로 시종한다. 생업은 물론 심지어 목숨까지 잃는 등 혁명의 모든 궂은 역할은 민중이 도맡는 반면 막상 그 과실은 반혁명 집단에게 돌아가고 마는 기막힌 상황을 허용하는 신이란 도대체 뭐하는 존재란 말인가? 보들레르는 어떤 면에서 그 자신 혁명가라고 할 수 있는 예수의 죽음조차도 결국 십자가 위에서 끝나 버린 헛수고로 표현하며, 예수가 로마군에 체포될 때 그를 세 번 부인한 베드로의 배신을 오히려 칭찬한다. 「성 베드로의 부인」은 거의 자포자기하는 분위기로 이렇게 마무리된다.

> 나로서는 행동이 꿈의 자매가 아닌 세상을
> 떠나는 것이 실로 만족스러우리.
> 나는 칼을 휘두르다 칼에 죽으리라.
> 성 베드로는 예수를 부인했지. ─ 잘했군!
> For my part, I shall indeed be content to leave
> A world where action is not the sister of dreams;
> May I use the sword and die by the sword.
> Saint Peter denied Jesus—he did well!

"행동이 꿈의 자매가 아닌 세상" ─ 이것이야말로 모든 혁명가, 몽상가, 이상주의자의 좌절을 한마디로 집약한 명구절이 아니고 무엇인가. 이렇게 보들레르는 정의로운 혁명이 현실에서 좌절되고 역사가 뒷걸음치는 것을 목격한 시인의 '멘붕'을 묘사했다.

하지만 프랑스 혁명 정신은 나폴레옹 3세 주연의 코미디가 펼쳐진 이후에도 여전히 휘발성을 내재하고 있다가 드디어 1871년 다시 한번 화끈하게 타오른다. 문제의 나폴레옹 3세가 프로이센과 별 명분도 없는

프로이센 황제 빌헬름 1세에게 항복하는 나폴레옹 3세. 빌헬름 1세 뒤의 투구를 쓴 인물은 비스마르크다. 쿠데타를 통해 프랑스에서 시대착오적인 황제정을 부활시킨 루이 나폴레옹은 프로이센을 상대로 명분도 없는 전쟁을 일으켰다가 적의 포로가 되는 최악의 굴욕을 당한 끝에 영국으로 망명해야 했다.

전쟁을 일으켰다가 도리어 적군의 포로가 된 사태가 그 계기였다. 국제적 망신살이 뻗치며 국민들의 신망까지 잃은 나폴레옹 3세는 결국 풀려난 뒤 프랑스에 돌아가지도 못하고 곧장 영국으로 망명했다. 이렇게 루이 나폴레옹 정권이 갑자기 붕괴한 뒤에도 프랑스는 프로이센에 맞서 전쟁을 계속했으나 결국 막대한 피해를 입고 항복해야 했다.

전쟁 뒤 프랑스 정부는 프로이센 군이 파리를 포위했을 때 용감하게 항전한 의용군 조직인 국민 위병대(National Guard)의 존재에 불안을 느껴 이를 무장 해제하려 했다. 하지만 당시 국민 위병대의 다수를 이루던 노동자들이 이에 반발하여 정규군의 파리 입성을 봉쇄하면서 상황이 급박하게 바뀌었다. 파리는 1871년 3월부터 5월까지 정부의 권력이 미치지 못하는 해방구가 되었다. 그 기간 동안 급진 사회주의자와 무정부주의자들이 주축이 된 사실상의 혁명 정부가 수립되어 여성 인권 신장, 노동 조건 개선 등 여러 진보적 정책을 실행했으니, 이 운동을 파리 코뮌

정부군에 사살된 파리 코뮌 전사들을 그린 프랑스 화가 뤼스(Maximilien Luce)의 대형 회화. 한국 현대사의 한 장면과도 불가피하게 겹치는 이미지다.

(Paris Commune)이라고 부른다. 그러나 코뮌은 5월 21일 정부군이 파리 시내로 진입하면서 시작된 시가전으로 수천 명의 노동자, 시민이 목숨을 잃은 끝에 무위로 끝났다. 영락없이 1980년 대한민국 광주의 모습과도 약간은 겹치는 프랑스 역사의 한 페이지다. 비록 보들레르는 1867년 사망했지만 만약 그가 살아서 코뮌의 좌절마저 목격했다면 단지 신의 침묵 내지 방관을 한탄하는 데 그치지 않고 아예 니체보다도 앞서 "신은 죽었다.(God is dead.)"고 선언했을지 모를 일이다.

감성의 시인 보들레르와는 달리 마르크스는 1848년 혁명에 이어 1871년의 코뮌이 무위로 돌아가는 것을 목도하면서도 혁명, 특히 공산 혁명이 피할 수 없는 역사의 다음 단계라는 확신을 포기하지 않았다. 그리고 실제로 공산 혁명은 그의 사후 30여 년 만인 1917년 현실이 되고야 만다. 다만 자본주의 국가로 최고도의 발전 단계에 이른 영국에서 혁명이 가장 먼저 일어날 것이라던 마르크스의 확신과는 달리, 정작 최초로 공산 혁명이 성공한 나라는 엉뚱하게도 여러 면에서 중세 봉건적 잔재를 지니고 있던 유럽의 변방 러시아였다. 이후에도 20세기 내내 공산 혁명은 영국, 프랑스, 독일, 미국 등 자본주의 스타 국가들을 절묘하게 피하고, 대신 중국, 베트남, 캄보디아를 돌아 남미와 아프리카 등 제3세계의 여러 국가에서 만개했다.

여기서 문득 우리가 살고 있는 21세기는 어떨지 궁금해진다. 21세기는 보들레르가 절망했던 대로 더 이상 "행동이 꿈의 자매가 아닌 세상"일까, 아니면 우지끈 뚝딱 모든 기존 질서가 뒤집히면서 폭력과 파괴에 대한 두려움과 더 나은 세상에 대한 희망이 동시에 교차하는 혁명이 여전히 가능한 시대일까? 자본주의 체제는 정말 혁명의 그림자에서 완전히 벗어난 것일까? 어쩐지 피와 죽음의 냄새, 희망과 가능성의 광채가 함께 섞여 있는 '혁명'은 그저 역사책 속에서 잠만 자고 있을 단어가 결코 아니라는 생각이 든다.

Chapter
7
우리 시대의 역사 고전 산책

WHAT IS HISTORY?

The George Macaulay Trevelyan Lectures
delivered in the University of Cambridge
January–March 1961

by

EDWARD HALLETT CARR
Fellow of Trinity College

메인 브런치

· 『역사란 무엇인가』— 역사가의 매니페스토

· 『토인비가 말하는 토인비』— 역사가의 지혜

· 『세계사 편력』— 미래에 보내는 편지

원전 토핑

· 『역사란 무엇인가』카

· 『새로운 사회』카

· 『역사의 연구』토인비

· 『토인비가 말하는 토인비』토인비

· 『세계사 편력』네루

『역사란 무엇인가』 — 역사가의 매니페스토

'history'는 '역사'가 아니었다

틴에이저 시절, 교회를 열심히 다니던 친구가 영어 단어 history를 가지고 내게 '선교 사업'을 벌인 기억이 난다. 그 친구 말에 따르면 history는 다음과 같이 분석될 수 있다는 것이었다.

history = his + story

여기서 'his'는 바로 '그분의', 즉 하느님(God)의 소유격이 되며, 따라서 history란 신의 이야기, 신이 세계를 무대로 써 내려가는 이야기, 혹은 전능한 신의 뜻이 이루어지는 이야기라는 의미로 해석할 수 있다. 친구의 주장인즉, 이렇게 간단한 단어 하나에서도 신의 존재가 느껴지지 않느냐 → 신은 살아 계시다 → 따라서 우리 모두 교회를 다녀야 한다…

미국 의회 도서관 벽면을 장식하고 있는 프레더릭 딜먼(Frederick Dielman)의 모자이크 〈역사 History〉. history라는 말은 대체 어디에서 기원한 것일까?

뭐 대충 이런 식이었던 것 같다. 그러고 보니 언젠가 그 친구가 신의 존재에 대한 또 다른 '증거'를 제시한 적이 있는데, 다름 아니라 사람 손가락이었다. 더 정확히는 손가락을 쭉 펴면 그 마디에 보이는 살집이었는데, 친구의 말인즉슨 만약 그 살집의 여유가 없었더라면 손가락을 구부릴 때마다 살이 당겨졌을 테니 아프지 않았겠느냐, 그런 점까지 세세히 살펴 인간을 창조하신 하느님의 자상한 마음 씀을 생각하면 눈물이 난다… 이 정도면 그 친구의 신앙심이 어느 정도였는지 여러분도 대충 감이 잡혔으리라.

세계가 천지 창조로 시작되어 최후의 심판으로 마무리된다고 믿는 기독교 신자라면 인류의 역사를 his story, 즉 하느님의 뜻이 이루어지는 일직선의 프로세스라고 보는 것도 무리는 아니겠다. 실제로 history라는 단어에 반발한 1970년대 미국의 페미니스트들은 herstory라는 용어를 제안하기도 했다. herstory는 물론 her(그녀의) + story(이야기)로, 신을 무작정 남성형으로 보는 것은 부계 사회의 잔재이기 때문에 여성의 시각에서 본 역사를 쓰려면 역사라는 용어 자체부터 이렇게 바꾸어야 한다는 주장이었다.

하지만 history를 history = his + story(혹은 her + story) = God's story 식으로 해석하는 것은 실제 어원과는 약간 거리가 있다. 또 그런 식으로 생각하다 보면 신의 섭리가 느껴지는 단어를 history 말고도 얼마든지 찾을 수 있다. history를 God's story로 믿고 싶은 사람이라면 dog이라는 단어에서도 비슷한 영적 감동을 느껴야 하지 않을까 싶다. dog을 거꾸로 쓰면 바로 God이 되지 않는가? 이는 사람은 물론 개 같은 축생에게까지도 신의 은총이 닿아 있다는 '증거'가 아니고 뭔가? 그런가 하면 it도 있다. 가령 "비가 온다."를 영어로 "It rains."라고 하는 것부터가 뭔가 수상하다. it께서 비를 내려 주시는 구조 아닌가! 그러니 여기서 it은 당연히 신을 가리키는 인칭, 아니 '신칭(神稱)' 대명사가 된다.

영어 단어 history는 그리스어 '히스토리아(historia)'를 어원으로 하는데, 고대 그리스에서 이 말은 원래 '질문을 통해 배우기/알기(learning or knowing by inquiry)'라는 의미로 쓰였다. 즉 우리 한자 표현으로는 탐문(探問)이 되는 것이다. 역사의 아버지 헤로도토스의 책 『역사』 또한 그리스어 원제는 historia의 복수형인 '히스토리아이(Historiai)'이다. 따라서 그 제목의 원래 의미와 원저자의 의도에 충실하려면, 그 책의 영어 제목도 'The Histories' 대신 연구, 탐구, 조사를 뜻하는 inquiry의 복수형을 활용하여 'The Inquiries'라고 해야 한다. 우리말 제목 역시 『탐문집』 혹은 『견문록』 이라고 해야 더 어울림은 물론이다.

실제로 헤로도토스의 책은 우리가 흔히 생각하는 현대적 의미의 역사서는 분명 아니다. 헤로도토스는 학자라기보다는 발품을 판 답사와

'역사의 아버지'라고도 불리는 고대 그리스의 저술가 헤로도토스. 하지만 그가 의도했던 역사는 현대인들이 흔히 생각하는 것과는 의미가 많이 달랐다.

관찰, 그리고 현지인들과의 생생한 인터뷰를 통해 각국의 역사, 풍습, 진기명기 등을 소개한 고대의 여행 저널리스트에 가깝다. 그의 저작은 13세기 베네치아의 상인이자 여행가였던 마르코 폴로(Marco Polo)가 쿠빌라이 칸 시대의 중국을 방문하고 쓴, 우리에게는 『동방견문록』이라는 깔끔한 일본식 제목으로 더 유명한 『백만 가지 놀라운 사실들 *The Million*』의 먼 조상인 셈이다. 또 우리 대한민국으로 치면 해외여행이 정말 드물었던 1960년대에 전 세계의 진기한 풍물을 지면으로나마 소개하여 인기를 끌었던 『김찬삼 세계 여행』 역시 헤로도토스의 정신을 나름 계승한 책이었던 셈이다. 이원복의 걸작 만화 『시관이와 병호의 모험』, 『먼나라 이웃나라』 또한 마찬가지다.

역사는 대화다

이렇게 원래 '탐문', '견문'의 의미였던 *historia*가 우리가 지금 history라고 하면 거의 조건 반사처럼 떠올리는 '과거에 대한 서술'이라는 의미를 본격적으로 갖기 시작한 것은 로마 시대 이후였다. 그리고 다시 history가 인류의 과거 사건과 현상을 체계적으로 정리하고 분석하는 학문으로 서서히 인식되기 시작한 것은 르네상스 시대의 일이다.

이후 프랑스의 사상가 볼테르는 '역사철학(philosophy of history)'이라는 용어를 맨 처음 사용했으며, 독일 철학자 헤겔이 본격적으로 역사 속에 내재하는 법칙을 인식하려 시도한 것이야말로 사회과학으로서의 역사학에 결정적인 터닝 포인트였다고 할 수 있다. 여기서 한 걸음 더 나아가 역사, 즉 인류의 과거 활동과 업적을 이해하여 미래의 방향을 예측하려고까지 한 시도는 헤겔을 비판적으로 승계한 마르크스와 엥겔스의 변증법적 유물사관에서도 두드러진다.

이렇게 역사 속에서 논리를 발견하고 정교한 체계를 세우려는 시도에 반발하여, 19세기에는 어떤 선입견이나 왜곡도 없이 과거에 있었던 일을 그대로 보여 주는 것을 역사학의 이상으로 삼은 실증주의 역사학이 부상하기도 했다. '근대 역사학의 아버지'로 불리는 독일의 역사가 랑케(Leopold von Ranke)는 역사가의 임무란 어떤 이데올로기적 편견이나 선입관도 없이 과거에 있었던 "사실이 스스로 말하도록 하는 것(let the fact speak for itself)"이라고 주장했다. 그가 후대 역사가들을 향해 던진 "실제로 일어났던 것을 보여 주라.(Show what actually happened.)"는 정언 명령은 무척 유명하다. 어쩌면 랑케에게 역사가의 임무, 역사가의 기능이란 쇼핑몰에 설치된 무인 카메라 비슷한 것이 아니었을까 싶다.

이처럼 인류 역사와 함께 변천해 온 역사에 대한 다양한 견해를 모두 비판적으로 포섭하면서 보다 건설적인 역사관을 제시한 역사학의 명저 한 권을 먼저 살펴보자. 정말 우리 시대의 고전이라고 불러도 손색없는 몇 안 되는 책 가운데 하나인, 영국의 역사학자 E.H. 카(E.H. Carr, 1892~1982)의 저작 『역사란 무엇인가What Is History?』다.

사실 『역사란 무엇인가』는 우리 한국인들에게도 그리 낯설지 않은 책이다. 책을 읽어 본 사람도 많지만, 심지어 읽어 보지 않은 사람들조차 "역사는 현재와 과거 사이의 대화"라는 책 속의 한 구절만은 알고 있는 경우가 많다. 『역사란 무엇인가』는 원래 1961년 카가 케임브리지 대학교에서 같은 제목으로 행한 일련의 강연을 정리하여 출판한 것인데, 아마도 그래서 더욱 대중에게 사랑받는 책이 되었을 것이

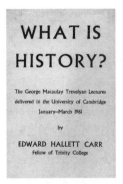

WHAT IS HISTORY?

The George Macaulay Trevelyan Lectures delivered in the University of Cambridge January–March 1961

by

EDWARD HALLETT CARR
Fellow of Trinity College

영국의 역사가 카의 저서 『역사란 무엇인가』의 표지. 사회과학으로서 역사학의 정체성과 효용에 관한 여러 담론을 쉬운 문체로 흥미롭게 소개한 탁월한 대중 역사서다.

다. 전문 역사학자들이 아니라 역사라는 분야를 더 알고 싶은 대학생, 혹은 일반인들로 이루어진 청중에게 어필하기 위한 저자의 친절한 배려가 곳곳에 드러난다. 책을 읽다 보면 강연에서 관객들이 와 하고 폭소를 터뜨렸을 것 같은 대목도 심심찮게 등장한다.

카는 「역사가와 그의 사실 The Historian and His Facts」이라는 제목의 첫 번째 강연에서 먼저 랑케 식 실증주의 역사학파 및 이를 추종하는 그의 선배, 동료 역사학자들의 어록을 여럿 소개한 뒤 그들과 자신의 관점 사이에 분명한 선을 긋는다. 카는 미국의 사회학자 탤컷 파슨스(Talcott Parsons)가 과학(science)에 대해 내린 정의인 "실재에 대한 인식 방향의 선택적 체계(a selective system of cognitive orientations to reality)"를 소개한 뒤, 이것이 바로 역사의 정의이기도 하다며 이렇게 역설한다.

> 과학자의 세계와 마찬가지로, 역사가의 세계란 현실 세계의 사진 같은 복사판이 아니라, 차라리 역사가가 다소 효과적으로 현실 세계를 이해하고 통달하게 해 주는 작동 모형인 것입니다.
>
> The world of the historian, like the world of the scientist, is not a photographic copy of the real world, but rather a working model which enables him more or less effectively to understand it and to master it.

카의 말은 이를테면 랑케 식 보안 카메라에 담긴 영상 자체는 큰 의미가 없다는 것이다. 오히려 역사가라면 카메라에 담긴 영상을 선택적으로 관찰, 분류, 분석하여 모종의 결론을 내려야 한다는 것이 실증주의적 역사관에 대한 카의 비판이라고 할 수 있다. 이렇게 분위기를 잡은 다음에야 카는 비로소 그 유명한 '대화'를 거론한다.

따라서 "역사란 무엇인가?"라는 질문에 대한 내 첫 대답은, 역사는 역사가와 사실 사이의 지속적인 상호작용 과정, 현재와 과거 사이의 끊임없는 대화라는 것입니다.

My first answer therefore to the question, What is history? is that it is a continuous process of interaction between the historian and his facts, an unending dialogue between the present and the past.

카에 따르면 과거와 현재는 역사가라는 '브로커'의 활약에 힘입어 서로 대화가 가능해진다. 왜냐하면 카가 보는 역사가의 역할은 다음과 같기 때문이다.

역사가의 기능이란 과거를 사랑하는 것도, 과거로부터 자신을 해방하는 것도 아니요, 현재를 이해하는 열쇠로서 과거를 통달하고 이해하는 것입니다.

The function of the historian is neither to love the past nor to emancipate himself from the past, but to master and understand it as the key to the understanding of the present.

카는 계속 그 '대화'의 테마를 이제 사회로까지 확장한다.

내가 현재와 과거 사이의 대화라고 부른, 역사가와 사실 사이의 상보적 상호작용 과정은 추상적이고 고립된 개인들 사이의 대화가 아니라 오늘의 사회와 어제의 사회 사이의 대화입니다. (…) 인간이 과거의 사회를 이해하도록 만들고, 현재의 사회에 대한 인간의 장악을 확대하는 것이 역사의 이중 기능입니다.

The reciprocal process of interaction between the historian and his facts, what I have called the dialogue between present and past, is a dialogue not between abstract and isolated individuals, but between the society of today and the society of yesterday. (…) To enable man to understand the society of the past, and to increase his mastery over the society of the present, is the dual function of history.

결국 "현재와 과거 사이의 대화"라는 말은 과거의 역사를 바로 지금의 사회를 변혁하는 데 필요한 참고서, 지침서 내지 도구로 보는, 혹은 그런 목적에 역사를 봉사시키려 하는 카의 현실 참여주의적 시각을 대변한다고 할 수 있다.

영웅이 역사를 만드는가

워낙 이 "역사는 현재와 과거 사이의 대화"라는 구절이 유명하긴 하지만, 내 생각에 실제로 『역사란 무엇인가』에서 가장 흥미로운 대목은, 프랜시스 베이컨 식으로 말하자면 카가 '역사의 이돌라(우상)'를 차례로 깨뜨리려고 시도하는 부분이다. 카는 일반 대중뿐 아니라 심지어 프로 역사학자들도 종종 빠져들기 쉬운 여러 역사학적 편견(우상)을 차례로 열거하며 조리 있게 반박하고 있는데, 그가 가장 먼저 손봐 주는 것은 영웅론이다. 카는 고대 그리스 시대의 영웅 숭배를 지적한 뒤 르네상스 시대 고전의 부활과 함께 플루타르코스의 전기가 유럽에서 다른 어떤 역사책보다도 더 영향력을 가지게 된 사실을 소개한다. 카는 영웅 중심 역사관에 대한 자신의 견해를 이렇게 피력한다.

특히 이 나라 영국에서 우리는 모두 이 이론을, 말하자면 어릴 적 어머니 무릎 위에서 배웠습니다. 오늘날 우리는 그 이론에 어딘가 유치한, 아니면 적어도 순진한 면이 있음을 인정해야 하지 않을까 싶습니다. 그것은 사회가 좀 더 단순하고, 공적인 사안을 소수의 유명 인사들이 좌우하는 것으로 보이던 시절에는 어느 정도 타당성이 있었습니다. 분명 우리 시대의 더욱 복잡한 사회에는 적합지 않습니다. (…) 하지만 낡은 전통은 쉽게 사라지지 않습니다. 금세기 초에도, "역사는 위대한 인물들의 전기"라는 말은 여전히 훌륭한 격언이었습니다.

In this country, in particular, we all learned this theory, so to speak, at our mother's knee; and today we should probably recognize that there is something childish, or at any rate childlike about it. It had some plausibility in days when society was simpler, and public affairs appeared to be run by a handful of known individuals. It clearly does not fit the more complex society of our times. (…) Yet the old tradition dies hard. At the beginning of this century, 'history is the biography of great men' was still a reputable dictum.

영웅에 대한 카의 시각은 그가 책에서 인용하는 헤겔의 어록에서도 잘 드러난다.

"그 시대의 위대한 인물은 시대의 의지를 언어로 표현하고, 시대를 향해 그 의지가 무엇인지 말해 주고, 또한 그 의지를 성취할 수 있는 자이다. 그가 하는 일이 바로 시대의 핵심이자 정수이다. 그는 시대를 구현한다."

"The great man of the age is the one who can put into words the will of his age, tell his age what its will is, and accomplish it. What he does is

동방 원정을 통해 서양과 동양을 아우르는 퓨전 문명의 산파역을 시도한 알렉산드로스(왼쪽), 로마 황제정의 발판을 다진 카이사르(가운데), 파시즘 세력의 유럽 지배를 저지한 처칠(오른쪽). 세계사 속에서 기억되는 대표적인 영웅들이다. 하지만 그들조차도 역사를 움직이는 거대한 '포스'의 꼭두각시에 불과했던 것일까?

the heart and essence of his age ; he actualizes his age."

카가 보기에 위인이란 그가 속한 시대의 정신, 시대가 요구하는 바를 구현하는 인물로서 의의가 있는 것이지 그 반대는 아니다. 순서상 시대적 욕구가 먼저이고, 영웅은 엄연히 그다음인 것이다. 비단 카뿐 아니라 일반적으로 진보 성향의 역사가들은 영웅이건 악한이건 역사적 인물(historic figure) 개개인의 활약(혹은 만행)에 스포트라이트를 비추는 작업 자체에 생래적 거부감을 느끼는 듯하다. 개개인의 스토리에 함몰되기보다는 역사의 흐름 뒤에 도사린 원동력(가령 경제적 동기 등)을 이해하는 것이야말로 역사학의 과제라고 여기기 때문인 것 같다. 『역사란 무엇인가』를 읽어 보면, 카는 역사의식이 빈약한 일반 대중에게 전기물 류의 서적이 과도하게 어필하는 현상을 우려했던 것으로 보인다. 카는 다양한 역사책의 메뉴 속에서 전기물의 위상을 일종의 정크푸드 비슷하게 본 듯하다.

나부터도 어렸을 적 '소년 소녀 위인전기 전집'을 탐독한 기억이 있으며,—그러고 보니 그 전집의 제1권이 또 하필이면 『플루타르크 영웅전』이었던 것 같다.—게다가 엄마 무릎을 떠난 지 수십 년이 흐른 지금까지도 위대한 역사적 인물들의 행적을 다룬 전기물을 좋아하는 편이다. 인류의 역사라는 것이 개개인의 생애가 쌓이고 쌓여 지금까지 이루어져 온 것이라고 본다면, 비록 덧없는 거품 같은 것일지라도 그 개개인들의 무리 속에서 이따금 솟아오르는 영웅이라는 걸출한 존재에 눈길이 가는 것은 어쩔 수 없다.

물론 인류 역사 속에서 개인의 역할에 너무 큰 점수를 주는 것은 경계해야 할 일이다. 비단 카의 지적이 아니더라도 소수의 깨어 있는 영웅들이 우매한 민중을 이끌고 나아가는 것이 세계를 발전시키는 원동력이라는 영웅사관적 시각은 지나치게 단순화되기 쉬우며, 이는 다시 영웅 숭배(hero worship)로까지 변질하면서 역사의 내러티브를 오직 영웅들만이 날고뛰는 무협 판타지로 전락시킬 위험이 있다.

영웅론에 이어, 카는 우연의 역할에 대한 과대평가, 인과 관계에 대한 착각 등 기타 역사적 정크푸드(= 오류)의 위험성도 계속 설파하고 있는데, 더 자세한 내용은 독자 여러분이 직접 책을 읽으며 알아 가기 바란다. 어떤 주제를 놓고 이야기하더라도 카의 날카로운 논리는 특유의 유머 감각으로 잘 포장되어 있어 역사의 문외한도 큰 부담을 느끼지 않게 하는 장점이 있다.

새로운 사회에 대한 희망

『역사란 무엇인가』만큼 유명하지는 않지만 함께 짝지어 읽으면 좋은 카의 또 다른 저서로는 『새로운 사회 *The New Society*』가 있다. 예전에 이 책을 우연히 어느 도서관에서 발견했을 때 상당히 횡재한 기분이었던 것을 아직도 기억한다. 출판 시기가 『역사란 무엇인가』보다 10여 년이 앞서는 『새로운 사회』 또한 1940년대 후반 카가 영국 국영 방송인 BBC 라디오에서 수 주간 행한 강연 원고를 정리한 것이다. 『역사란 무엇인가』도 그렇고, 이렇게 강연 내용을 정리한 책들이 현대의 고전으로 존경받는 것을 보면 카는 분명 대중성과 전문성을 함께 갖춘 역사가였다고 할 수 있다.

우선 『새로운 사회』에는 『역사란 무엇인가』에서 소개되는 여러 테마의 원형이라고 할 담론이 다수 등장하고 있어 흥미를 끈다. 10년 터울을 두고 나온 두 책이 같은 주제를 가지고 행하는 변주를 감상할 수 있다는 점은 상당히 매력적이다. 가령 다음 문장은 어디서 많이 들어 본 얘기다.

역사는 과거와 현재 사이의 대화이지만, 죽은 과거와 산 현재 사이의 대화가 아닙니다. 살아 있는 현재와, 역사가가 현재와의 연속성을 입증함으로써 다시 살리는 과거 사이의 대화인 것입니다.

History is a dialogue between past and present, not between dead past and living present, but between living present and a past which the historian makes live again by establishing its continuity with the present.

이처럼 카의 트레이드마크인 "현재와 과거 사이의 대화"는 『역사란 무엇인가』의 강연 도중 불쑥 생각난 김에 던진 말이 아니라 이미 이전부터 오랫동안 지니고 있던 신념이자 확신, 역사가로서의 화두에 가까운 것이었다.

『새로운 사회』에서 카는 역사가의 풍모뿐만 아니라 정치경제학도의 면모까지 보이며 현대 사회(20세기 중반의 서구 사회)를 규정하려고 시도한다. 책에서 카는 19세기 이후 서구 사회가 경제적으로는 '경쟁에서 계획 경제로(from competition to planned economy)', 체제적으로는 '경제적 채찍의 역할에서 복지 국가로(from economic whip to welfare state)', 정치적으로는 '개인주의에서 대중 민주주의로(from individualism to mass democracy)' 점차 변모해 왔다고 정리하고 있는데, 이 과정을 딱딱하게 설명하는 것이 아니라 풍부한 역사적 사례에 특유의 위트를 가미하며 흥미진진하게 풀어 나간다.

이 책이 나온 1950년 당시 카가 서구 사회에 대해 내린 진단은 그 후 반세기가 훨씬 더 지난 지금도 상당 부분 유용하다. 예를 들어 카는 시장과 인간 이성이 이해관계 당사자들 사이의 자연스러운 '이익의 조화(harmony of interests)'를 이루어 준다는 자유방임적 사고에 대해, 그것은 이미 프랑스 혁명을 통해 제3계급(the Third Estate)이었던 시민 계급이 귀족과 성직자 계급을 폭력적으로 몰아내면서 용도 폐기된 낡은 사상이라고 몰아붙인다. 아무래도 방송용이라 부드럽게 말했을 뿐, 사실 카는 그 대목에서 혁명과 같은 폭력적 변혁 없이 계급 간 이해관계의 조정이 평화롭게 이루어지기란 거의 불가능하다는 점을 지적한 것이다.

현대의 대중 민주 사회에서 시민들이 한 표의 신성한 권리를 행사하는 기회인 선거마저 어떻게 자본주의적 대량 생산을 닮은 동원 체제로 변질되었는지를 갈파하는 부분도 흥미롭다. 카는 직업적인 선거 전문가들이 공장에서 대량 생산된 상품을 팔기 위한 광고를 제작하는 광고인들의 기술과 동일한 방식으로 유권자들에게 정치 후보자(= 상품)를 판다고 지적한다. 실제로 이 선거의 산업화, 정치 후보자의 상품화, 연예인화는 21세기 들어 더욱 심각해지는 문제이다. 하지만 카는 이 모든 문제점과 과제에도 불구하고 우리는 역사의 진보를 낙관해야 한다고 말한다.

확실히, 진보라는 전제 없이는 역사도 없습니다. 사람들은 자신이 과거를 가졌음을 알게 될 때 역사에 동참하며, 과거의 성취를 미래의 성취를 위한 시발점으로 의식하여 활용합니다.

Certainly, without the hypothesis of progress, there is no history. Men emerge into history when they become aware of themselves as having a past, and consciously use the achievements of the past as a starting point for future achievement.

『새로운 사회』에서 일반을 향해 역사철학/역사인식의 역할을 줄곧 강조하는 어조 역시 이후 『역사란 무엇인가』까지 일관되게 이어지는 카의 입장이다.

엄밀히 말하면 강연 원고를 기초로 하는 『역사란 무엇인가』나 『새로운 사회』 같은 책을 학자로서 카의 대표작이라고 할 수는 없다. 원래 카의 전문 분야는 러시아 혁명과 소비에트 체제의 성립 과정으로, 그가 정말 공을 들인 필생의 역작 역시 장장 14권에 달하는 대작 『소비에트 러시아사A History of Soviet Russia』다. 하지만 유감스럽게도 이 책은 대중적으로는 잊혔다. 그렇게 된 이유는, 물론 워낙 분량이 많아 일반인이 읽기에 너무 부담스럽다는 점도 있지만, 그보다는 카의 러시아/소비에트 현대사에 대한 논리 자체가 이제는 회복이 불가능한 낡은 시각이 되어 버렸기 때문이다. 카는 비록 건설적 비판과 균형 감각을 견지하기는 했지만 큰 맥락에서 러시아 혁명과 뒤이은 소비에트 사회의 성립을 상당히 긍정적으로 평가했으며, 심지어 스탈린이 무자비한 정적 제거와 탄압을 통해 전체주의 체제를 이룩한 것 또한 우회적인 방식으로 역사의 진보에 공헌한 사건으로 보았다. 하지만 1980년대 말 소비에트를 비롯한 동구 공산주의 체제의 몰락은 카의 이론적 토대 역시 붕괴시켰다. 하

러시아 혁명의 주역 레닌과 그 후계자 스탈린. 서구의 많은 지식인들은 혁명 이후 러시아에 수립된 소비에트 공산주의 체제에 대해 수십 년간 오판을 거듭했다. 『역사란 무엇인가』의 저자 카 역시 예외가 아니었다.

기야 냉전 시대 철의 장막에 가려져 있던 소비에트 체제를 수많은 서구 지식인들이 때로는 동정적인, 때로는 신비주의적인 시각으로 바라보았던 것은 사실이지만, 그래도 그중 카가 끼여 있었다는 것은 좀 의외라고 할까.

1892년에 태어난 카는 1982년 사망했는데, 90세가 넘는 장수를 누린 것도 복이지만 숨을 거둔 타이밍도 상당히 좋았다고 할 수 있다. 그로부터 불과 몇 년 뒤에 소비에트 체제가 몰락했을 때 서구 좌파 지식인들이 겪었던 처참한 '멘붕'에 휩싸이지 않아도 되었기 때문이다. 솔직히 나는 카가 조금만 더 살아서 소비에트 체제가 무너지는 것을 직접 목도했더라면 어떤 말을 했을지 궁금하기도 하다. 카라면 구질구질한 변명 없이 쿨하게 자신의 오류를 인정했을 것 같다. 어쩌면 "역사는 현재와 과거 사이의 대화"를 능가하는 명언을 만들었을지도 모를 일이다.

26th Brunch Time

『토인비가 말하는 토인비』—역사가의 지혜

도전과 응전의 기록

흥미롭게도 history의 어원이 된 그리스어 *historia*는 다시 현자(wise man)를 뜻하는 '히스토르(*histor*)'와, 과거에 일어난 사건, 상황을 풀어서 설명하는 일을 의미하는 '스토리아(*storia*)'로 쪼갤 수 있다. 영어 단어 story가 이 *storia*에서 유래했음은 물론이지만, 실제로 story가 가공의 이야기, 즉 픽션을 의미하기 시작한 것은 중세 이후의 일이다. 영어에서는 지금도 상대에게 살아온 과거나 자초지종을 물을 때 "당신의 사연은 어떤 거죠?(What is your story?)"라는 표현을 잘 쓴다. 당연히 여기서 story는 없는 얘기를 지어서 말하라는 의미가 아니다.

이렇게 *historia* = *histor* + *storia*라는 구조를 받아들인다면 history의 원래 의미는 "현자가 들려주는 이야기(story told by a wise man)"였으리라고 해석할 수도 있다. 고대의 '현자'란 필시 부락 공동체의 일원인 나

490   *Chapter 7* 우리 시대의 역사 고전 산책

이 지긋한 원로였을 것이다. 그런 인물이 살면서 보고 듣고 느낀 바를 화롯불 주위에 모인 공동체의 젊은이들에게 전해 주던 행위가 바로 역사의 기원이 아니었을까? 그렇게 보면 *historia*가 어떻게 "질문을 통해 배우기"라는 의미가 되었는지에 대한 추측도 가능해진다. 바로 젊은이들, 혹은 새로 선출된 부락의 지도자가 경험 많은 원로에게 질문을 하고 답을 구하던 행위가 history의 시작이었던 것 아닐까.

현대의 역사가 가운데 이렇게 고대의 현자 비슷한 분위기를 풍기는 인물로는 영국의 역사가 아널드 J. 토인비(Arnold J. Toynbee, 1889~1975)가 꼽힌다. 실제로 토인비는 생전에 단순한 역사가가 아니라 20세기의 예언자로 종종 불렸는데, 그의 추종자들은 그의 식견에 대한 존경의 표현으로, 비판자들은 일종의 빈정거림으로 그렇게 부른 것이다. 정말 그는 예언자/현자였을까, 아니면 그저 몽상가였을까? 판단을 내리려면 물론 그의 책을 읽어 봐야 한다. 토인비가 내리는 역사의 정의는 앞서 소개한 카의 정의와는 시각 자체가 좀 다르다. 그에게 역사란 한마디로 이렇게 정리된다.

영국의 역사가 아널드 J. 토인비. 오랫동안 주류 역사학계에서는 일종의 이단아 취급을 받기도 했다.

도전과 응전의 기록.

Records of challenge and response.

이게 무슨 뜻일까? 토인비는 인류의 역사를 문명(civilization)의 흥망성쇠라는 프레임으로 파악하려 한 이른바 문명사가로, 그의 사상은 총 12권짜리 대작 『역사의 연구A Study of History』 속에 잘 나타나 있다. 『역사의 연구』는 보통 사람이 제대로 읽으려면 한 계절을 고스란히 투자해야 하는 방대한 저작이지만, 전체를 관통하는 기본 구도는 역시 "도전과 응전"이라고 요약할 수 있다. 토인비의 말이다.

나는 문명이란 계속되는 도전에 성공적으로 응전함으로써 탄생하고 계속 성장한다고 믿는다. 만약 맞닥뜨린 도전에 대처하는 데 실패하면 문명은 무너져서 조각나 버린다.

Civilizations, I believe, come to birth and proceed to grow by successfully responding to successive challenges. They break down and go to pieces if and when a challenge confronts them that they fail to meet.

구체적인 예를 들어 보자. 토인비에 따르면 고대 이집트 문명은 나일 강의 범람이라는 자연의 도전에 인류가 관개 치수라는 응전을 제시하여 탄생한 결과물이다. 헤로도토스가 선물이라고 한 것을 토인비는 도전이라고 해석한 것이 흥미롭다. 그런가 하면 로마 제국은 지중해의 주도권을 둘러싼 카르타고와의 전쟁이라는 도전, 미합중국은 식민 종주국 영국의 박해라는 도전에 대한 응전의 결과로 각각 탄생한 문명들이다. 즉 토인비가 보기에 문명은 기름진 토양에서 저절로 생겨나거나 거저 주어지는 것이 아니다. 오히려 자연환경, 외부 세력의 침략, 정세의 반전과 같은 다양한 변화(도전)에 대한 인간의 대응(응전)을 통해서 탄생하고 발전하는 것이다.

카가 "현재와 과거 사이의 대화"를 줄기차게 써먹었듯이 토인비 역시 이 "도전과 응전"을 여러 저작과 강연을 통해 독자와 청중에게 계속 주입하며 트레이드마크로 삼았다. 위대한 사상가에게도 자신의 사상을 요약하는 멋진 한마디를 골라 두고두고 써먹으면서 대중에게 각인시키는, 선택과 집중의 마케팅 전략이 필요한 것인지 모른다.

오늘날 서구 문명은 쇠락하는 단계에 있는가

토인비에 의하면 우여곡절 끝에 탄생한 문명은 한동안 번영하다가도 결국 새로운 도전에 제대로 응전하지 못할 때 멸망의 길을 걷는다. 위대한 문명은 외부의 적에게 정복당하기 전에 자멸한다는 것이다. 토인비는 『역사의 연구』 중 한 권인 「문명의 해체*The Breakdowns of the Civilizations*」편에서 문명의 쇠락이 어떻게 시작되는지 요약하고 있다.

(…) 문명의 해체의 본질은 다음의 세 가지 요점으로 요약할 수 있다. 소수가 발휘하던 창조력이 쇠망하고, 다수 측이 수행하던 모방이 그에 상응하여 중단되며, 그 결과 사회 전체에 존재하던 사회적 결속이 상실되는 것이다.

(…) the nature of the breakdowns of civilizations can be summed up in three points : a failure of creative power in the minority, an answering withdrawal of mimesis on the part of the majority, and a consequent loss of social unity in the society as a whole.

욱일승천하는 문명의 리더 역할을 하는 소수는 힘이 아니라 창조적 영감과 희망으로 다수를 이끄는 것이다. 하지만 시간이 흘러 사회를 이끄는 원동력인 소수의 창조성이 소멸하면 대중은 이제 모범으로 삼을 존재를 잃어버리고 사회의 결속은 이완된다. 이 사회적 연대의 상실은 어떤 결과를 낳을까?

분열하는 사회에서는 대중이 지도자들로부터 멀어지며, 그러면 이 지도자들은 잃어버린 매력의 대체물로 물리력을 사용함으로써 자신의 지위를 고수하려 한다. 사회는 지배하는 소수, 내부의 프롤레타리아, 변경의 야만인들로 구성된 외부의 프롤레타리아로 갈라진다.

In a disintegrating society, the masses become estranged from the leaders, and these then try to cling to their position by using force as a substitute for their lost power of attraction. The society splits up into a dominant minority, an internal proletariat, and an external proletariat consisting of the barbarians on its fringes.

'창조적 소수(creative minority)'가 '지배하는 소수(dominant minority)'로 바뀌는 것은 엄청난 변화다. 소수가 제시하는 창조력에 이끌린 다수의 자발적인 협력과 복종에 기반을 두던 사회가 이제는 오직 물리력, 공권력으로 질서가 유지되는 단계로 넘어갔다는 의미이기 때문이다. 토인비에 따르면 이런 상황에서 문명의 서바이벌 전략은 이른바 '보편 국가(Universal State)'로 거듭나는 것이다. 보편 국가란 구성원들(복수의 국가, 문화권, 인종, 공동체) 사이에 형성된 긴장과 협력의 역학 관계를 통해 창조적 에너지를 발생시키던 문명이 그 능력을 상실하는 단계에 이를 때 결성되는 지배 체제로, 토인비는 그 특징을 이렇게 말한다.

첫째, 보편 국가는 문명의 해체 이전이 아니라 이후에 흥기하여 정치적 결속을 가져온다. 이것은 여름이 아니라, 가을을 감추면서 겨울을 예고하는 '인디언 서머'(늦가을에 날씨가 비정상적으로 따뜻한 기간—옮긴이)다. 둘째, 보편 국가는 지배하는 소수의 생산물로, 그들은 한때 창조적 소수였으나 이제 그 창조력을 상실해 버렸다. 이 부정성이야말로 그 작품의 특질이며, 보편 국가의 성립과 유지의 본질적 조건이다.

In the first place, they arise after, and not before, the breakdowns of the civilizations to which they bring political unity. They are not summers but 'Indian summers', masking autumn and presaging winter. In the second place, they are the products of dominant minorities; that is, of once creative minorities that have lost their creative power. This negativeness is the hallmark of their authorship and also the essential condition of their establishment and maintenance.

핵심은 보편 국가의 성립이 문명의 완성이라기보다는 붕괴의 전조라는 것이다. 보편 국가란 본질적으로 '부정적인 기구(negative institution)'로, 창조성이 현상 유지의 욕망으로, 다양성이 표준화로, 지방 자치가 중앙 집권화로 대체된 제국의 형태를 띤다. 이후에도 토인비의 설명은 계속 이어지지만 더 이상의 인용은 하지 않겠다. 직접 읽어 보면 알겠지만 상당히 난해하다. 중요한 점은 토인비가 지금까지 세계 역사에 등장한 총 20여 주요 문명의 궤적을 이러한 공식에 일일이 맞춰 설명하고 있다는 것이다. 『역사의 연구』에서 토인비는 후기 로마 제국, 중국의 한나라, 페르시아 등 역사상의 여러 대제국을 보편 국가의 틀로 분석한다. 그의 공식을 작금의 서구 문명에 적용해 보면 어떤 결론이 나올까?

먼저 현재의 유럽을 생각해 보자. 이제 경제적 통합을 넘어 정치적 통

합의 단계로 서서히 나아가고 있는 유럽 연합(EU)에서는 토인비 식 보편 국가의 그림자가 보인다고 해도 과언이 아니다. 확실히 고대-중세-르네상스-현대까지 관통하던 유럽 대륙의 다양성과 역동성의 에너지는 가까운 미래에 다시 보기 힘들 것 같다. 현재의 미국을 그 자체로 하나의 문명이라고 보고 그 주기의 어느 시점에 와 있는지를 생각해 보는 것도 재미있다. 50개 주 정부의 자치보다 워싱턴에 자리한 연방 정부의 역할이 점점 더 강조되고 있는 미국의 현재 상황 역시 토인비 식 보편 국가의 징후라고 볼 구석이 분명히 있다. 게다가 유럽과 미국의 공통된 고민거리인 빈민층에 대한 복지 비용 부담, 인종적/종교적 소수에 대한 처우 및 화합, 불법 이민자와 테러리스트의 처리 같은 문제에도 토인비가 언급한 내부 프롤레타리아와 외부 프롤레타리아 개념을 적용할 수 있을 것이다.

하지만 물론 이런 식의 해석은 오로지 보고 싶은 것만 보는 사람을 위한 것인지도 모른다. 작금의 유럽과 미국의 상황을 토인비 식 보편 국가의 증후로 해석하는 것만큼이나, 혹은 그 이상으로 토인비 식 해석과 일치하지 않는 이유를 수십 개씩 찾는 것 역시 똑같이 가능할 것이고, 어쩌면 그편이 더 용이할 수도 있다. 문명의 탄생과 발전 단계의 공식인 "도전과 응전"도 그렇지만, 토인비가 제시하는 문명의 쇠락과 멸망의 패러다임 역시 코에 걸면 코걸이, 귀에 걸면 귀걸이 식이 될 여지가 상당히 큰 것이다.

E.H. 카는 토인비 식 문명론의 대표적인 비판가이기도 한데, 그는 『새로운 사회』에서 토인비가 문명이라고 부르는 대상의 실체가 두리뭉실할 뿐 아니라, 객관적으로 대상을 관찰하여 결론을 도출했다기보다는 주관적으로 미리 세워 둔 법칙/공식에다 애꿎은 역사를 억지로 끌어다 붙인 식이라고 지적하기도 했다. 굳이 카 같은 역사학도가 아닌 일반인에게

도 토인비의 이론은 이미 한눈에 상당히 도식적이라는 느낌이 드는 것이 사실이다. 그의 문명론은 가끔도 아니고 아주 자주 '거시적 일반화(wholistic generalization)'의 오류에 빠져 있는 듯 보이기도 한다.

실은 문명에 탄생, 번영, 멸망의 주기가 있다는 이론의 선구자는 『서구의 몰락The Decline of the West』을 쓴 독일의 역사학자 슈펭글러(Oswald Spengler)다. 슈펭글러는 1차 대전이 유럽에 초래한 카오스를 목격하면서 서양 문명이 장엄한 붕괴의 단계로 접어들었다고 느끼고 그 책을 썼다. 토인비의 문명론은 이 슈펭글러의 틀을 받아들여 당대의 서구뿐 아니라 전 인류의 역사에까지 적용되도록 재정리한 것이라고 할 수 있다.

노학자의 식견

비록 카의 『소비에트 러시아사』가 처한 신세보다는 훨씬 낫지만, 토인비의 『역사의 연구』를 통독하는 사람은 이제 많지 않다. 워낙 분량이 방대할 뿐 아니라, 문명에 대한 일반론을 세운 뒤에 어떤 문명이 그 각본대로 진행되지 않은 경우, 왜 그것은 예외적인 경우인지를 설명하기 위해 다시 일반론 위에 특수론을 덮어씌우는 등 그 내용을 따라가기도 마냥 쉬운 일이 아니다. 『역사의 연구』는 1961년 완간된 이래 한동안 두꺼운 전집류로는 상당한 판매 실적을 보이기도 했지만, 책을 구매한 사람들 가운데서도 정말 그 책을 처음부터 끝까지 읽어 본 이들이 몇 명이나 되었을지 궁금하다. 단 서머벌(D.C. Somervell)이라는 인물이 『역사의 연구』 원전에서 핵심 내용만을 뽑아 2권으로 정리한 요약본도 있는데, 이것을 읽는 것도 그리 나쁘지 않은 대안이다. 이 요약본은 원저자 토인비의 인증을 받은 '정품'이기도 하다.

『역사의 연구』 외에도 토인비의 저서는 여러 권 있지만, 내가 여기서 특별히 독자 여러분에게 소개하고 싶은 책은 『토인비가 말하는 토인비 Toynbee on Toynbee』라는 작은 책자다. 책의 부제인 '아널드 J. 토인비와 G.R. 어번의 대화(A Conversation between Arnold J. Toynbee and G.R. Urban)'에서도 알 수 있듯이, 이 책은 1972년 자유 유럽 라디오(Radio Free Europe)를 통해 방송된 일련의 대담을 정리한 것이다.

1972년이면 토인비가 사망하기 불과 2년 전으로 이미 84세의 고령이었을 때며, 그래서인지 책에서는 평생을 공부하고 사색한 노학자의 내공이 한마디 한마디마다 느껴진다. 토인비는 『역사의 연구』에서처럼 종종 뜬구름 잡는 듯한 장광설에 빠지는 법 없이 담백하게 자신의 경험과 견해를 개진한다. 역사라는 학문의 본질에 대한 자신의 생각, 『역사의 연구』의 출판과 관련된 뒷얘기 등을 흥미롭게 털어놓는가 하면, 고대 문명과 현대 사회 사이의 공통점과 차이점, 아직도 냉전이 한창이던 1970년대 초반의 세계정세에 대한 견해를 풀어 놓는 토인비에게서 역사가뿐 아니라 문명 비평가, 심지어 미래학자의 모습까지 볼 수 있다. 질문을 맡은 어번 또한 역사가이자 작가여서인지 정교한 질문으로 심오한 대답을 이끌어 내고 있다. 한마디로 현문현답의 연속이다.

이제 그중 몇 대목을 샘플로 감상해 보자. 어번은 토인비의 문명론을 겨냥하여 과연 역사에서 반복되는 패턴을 찾는 일반론이 가능한지를 묻는다. 그러자 토인비는 우선 수리물리학자 찰스 G. 다윈(Charles G. Darwin, 『진화론』의 저자와는 다른 인물)의 "10이란 매우 큰 숫자(ten is a very large number)"라는 말을 인용한다. 다윈의 말은 제대로 된 10개의 샘플은 어떤 패턴이나 법칙을 알아내기에 충분한 숫자라는 것이다. 이렇게 역사가가 아닌 수리물리학자의 말로 미리 '실드'를 친 뒤 토인비는 계속한다.

만약 우리가, 말하자면 3만 년에 달하는 역사 기록을 손에 쥐고 있다면, 인간의 행동에 대하여 통계적으로 타당한 일반화를 도출할 수 있을까요? 내 생각에는, 누군가가 화재 보험이나 도난 보험에 들 때 통계 전문가들이 모든 관련 사실을 분석하는 것과 똑같이 우리도 정치 체제의 작동 방식을 분석할 수 있을 겁니다.

Could we draw statistically valid generalizations about human behavior if we had, say, 30,000 years of recorded history at our disposal? Well, I think we might analyze the operation of political constitutions in the same way as statisticians analyze all relevant facts when a person takes out fire insurance or burglary insurance.

토인비는 철학자 아리스토텔레스가 『정치학*Politics*』에서 인간의 정치성, 노동의 효율, 사회주의적 생활 방식 등 다양한 주제에 걸쳐 거의 현대의 정치경제학자를 방불케 하는 통찰력을 보여준 예를 거론한다. 그는 아리스토텔레스가 당시 다양한 그리스 도시국가들의 사례를 관찰하고 분석하여 도출한 일반론에 근거하고 있음을 지적한다.

계속해서 토인비는 왜 역사 연구가 인간 존재의 다양한 차원을 동시에 다루는 입체적인 학문일 수밖에 없는지에 대해 의견을 피력하는데, 좀 난해하게 느껴질 수도 있는 대목이지만 주의를 기울여 감상해 보기 바란다.

(…) 기존의 역사란 인간사(人間事)의 시간적 차원에서 본 인간사입니다. 만약 아담이 유일한 인간이었다면, 이브도 없었고 후손도 없었다면, 아담의 전기는 시간을 관통하는 단일 궤도의 운동이겠죠. 하지만 인간은 포유류이기 때문에 적어도 한 남성과 한 여성이 존재하지 않고는 자손을 생산할 수

없었습니다. 따라서 인간 사회는 최소한 두 사람이 있어야 하며, 실제로는 다수였죠. 세계에는 동시에 수억의 인간들, 수십만 개의 인류 공동체, 아마도 동시에 대여섯 개의 문명, 여러 고등 종교, 그리고 기타 등등이 존재하며, 모두 함께 나란히 시간의 차원 속에서 움직이고 있는 것입니다.

(…) conventional history is human affairs seen in the time dimension of human affairs. If the only human being had been Adam, if there had been no Eve and no descendants, the biography of Adam would be a single-track movement through time. But as man is a mammal, he could not produce progeny without there being at least one male and one female. Thus human society has to be at least dual, and it had actually been plural, there being simultaneously in existence in the world hundreds of millions of human beings, hundreds of thousands of human communities, perhaps at the same moment five or six civilizations, several higher religions, and so on, all moving in the time dimension side by side.

토인비의 지적처럼 동일한 시대에 속했다고 해서 전 인류가 일사불란하게 역사의 흐름 속에 함께 참여하는 것은 아니다. 지금 이 순간에도 중동에서는 서기 7세기 이후 전혀 진화하지 않고 화석화된 이슬람교 독트린을 믿고 따르는 근본주의자들이 대세다. 그런가 하면 아프리카 대륙의 여러 지역에서는 여전히 현대 문명과 석기 시대가 공존하고 있다. 바로 이런 이유 때문에 역사가는 시간의 흐름이라는 한 가지 차원뿐 아니라 공간의 확장성, 문화의 다양성, 심지어 인간 심리의 변화 등 다양한 프리즘으로 세계를 파악하는 능력을 갖추지 않으면 안 된다. 토인비에 따르면 역사학이야말로 가장 어렵고도 다층적인 학문이라고 하지 않을 수 없다.

인류가 역사로부터 교훈을 얻지 못하면 어떤 결과가 일어날까? 토인비는 1972년 당시 막 종국으로 치닫던 미국 주도의 베트남 전쟁을 예로 든다.

미국인들은 프랑스의 경험을 고의로 무시하며 베트남에서 전쟁에 뛰어들었어요. 자기들이 가진 힘, 기술, 그리고 미국식 생활양식이 프랑스의 경험을 무의미하게 만들었다고 생각한 겁니다. 제2차 세계대전 이후 미국이 겪은 실패 가운데 상당수는 과거에 비추어 현재를 바라보지 않았던 탓으로 돌릴 수 있습니다. 만약 과거를 고의로 무시하거나 잊어버리거나 왜곡한다면, 현재의 상황에 현명하게 대처하는 것을 스스로 방해하는 셈입니다.

They rushed into the war in Vietnam, deliberately ignoring French experience. They thought they had the power, the technology, and the

미국 워싱턴에 있는 베트남 전쟁 기념 공원의 조각. 베트남의 진창에서 허덕였던 쓰라린 기억에도 아랑곳없이 미국은 다시 21세기의 시작과 함께 아프가니스탄과 이라크를 침공했다.

American way of life which made the French experience irrelevant. A great many of America's failure since the Second World War can be put down to not looking at the present in the light of the past. If you deliberately ignore, think away, or defact the past, you're hampering yourself for taking intelligent action to the present.

미국이 베트남 전쟁의 교훈마저 잊고 다시 2003년 이라크 전쟁의 수렁으로 뛰어들었던 것을 토인비가 알았더라면 뭐라고 말했을까? 토인비는 계속해서 마르크시즘의 치명적 약점, 스파르타와 소비에트의 군국주의가 가지는 공통점과 차이점, 1970년대 당시 중국이 처했던 현실과 미래에 대한 예견 등 다양한 토픽을 종횡무진 넘나들며 의견을 개진하는데, 한결같이 흥미롭고 독특한 관점을 제공한다.

토인비는 현대 문명의 특징으로 꼽히는 급격한 기술 발전에 대한 의견을 이렇게 피력하기도 한다.

이 전례 없는 기술 발전은 우리 인간 본성의 특정한 항구적 특징을 드러나게 하는 몇 가지 불의의 결과를 낳고 있죠. 바로 환경오염, 전쟁, 탐욕, 공격성 등입니다. 지난 시대의 철학자와 종교적 스승들이 오래전 지적했듯, 이것들에 대해 고심하지 않는 한 우리는 인류의 생존을 확보할 수 없습니다. 자제력을 갖출 필요성, 우리의 탐욕을 제한할 필요성은, 소크라테스, 히브리 예언자들, 그리스도교 성인들의 시대는 물론이고 오늘날 우리의 상황과도 관련이 있습니다.

(…) this unprecedented technological development is producing some unintended effects which bring out certain enduring features of human nature: pollution, war, greed, and aggressiveness. We can't secure the

미국 뉴멕시코 주 핵기술 박물관에 있는 최초의 원자탄 모형(왼쪽)과 1945년 나가사키에 투하된 원자폭탄의 폭발 장면(오른쪽). 원자탄 개발에 참여했던 과학자들은 자신들의 작업이 인류 문명의 궤도를 영원히 바꾸어 놓았음을 깨달았다고 술회했다.

survival of the human race unless we grapple with these, as the philosophers and religious teachers of past ages have long ago pointed out. The need for self-mastery, the need for limiting our greed is as relevant to our situation today as it was at the time of Socrates, the Hebrew prophets, and the Christian saints.

기술의 발전이 인간 본성 자체를 바꾸는 것이 아니라 오히려 인간 본성의 어두운 면이 더욱 적나라하게 표출될 계기를 제공할 뿐이라는 토인비의 지적은 우리에게 많은 것을 생각하게 한다.

혹시 여러분은 '페르미의 역설(Fermi's Paradox)'에 대해 들어 본 적이 있는가? 양자역학 분야의 개척자이자 2차 대전 당시 미국의 핵무기 개발 프로젝트에 크게 공헌했던 이탈리아 출신 물리학자 엔리코 페르미(Enrico Fermi, 1901~1954)의 이름을 딴 것인데, 그 내용이 흥미롭기 짝이 없다. 언젠가 페르미는 지구가 속한 은하계에만도 수천억의 행성이 존재한다는 것을 고려하면, 그 가운데 지구와 비슷한 조건을 가진 행성은 아무리 적게 잡아도 수만 개에 이르리라고 가정했다.

그런데 그러한 가정은 페르미를 새로운 의문으로 이끌었다. 생물이 출현하기에 적합한 환경을 지닌 지구와 비슷한 행성이 그토록 많다면 그중에는 지적인 고등 생물이 출현한 행성도 분명 있을 것이고, 심지어 현생 인류의 수준을 능가하는 외계인이 은하계를 넘나드는 우주여행이 가능한 수준까지 문명을 이룩한 경우도 적지 않을 것 아닌가. 그럼에도 불구하고 왜 미개한 지구는 아직도 이들의 식민지가 되지 않은 것일까? 심지어 지금까지 외계인이 지구를 방문했다는 확실한 물증조차 없는 것은 무슨 까닭인가? 이 질문에 대해 페르미가 스스로 내릴 수 있는 유일한 논리적 결론은 한 가지뿐이었다. 외계 문명들이 지구를 방문할 정도의 수준에 다다르기도 전에 모두 스스로 파멸의 길을 걸었으리라는 것이었다. 페르미의 가설은 마치 토인비의 문명쇠락론을 거의 우주적 스케일로 뒷받침하는 듯이 보인다.

문명을 추동하는 힘

토인비의 대화가 이렇게 거시적이고 묵직한 주제만 다루는 것은 아니다. 질문자 어번이 『역사의 연구』가 처음 출간되었을 때 역사가 엘턴 (Geoffrey Elton)이 토인비는 역사가(historian)가 아니라 '체계 수립가 (system-maker)', 혹은 심지어 '파국의 예언자(prophet of doom)'로 불러야 한다고 빈정거렸던 것을 상기시키자 토인비는 이렇게 말한다.

나는 이것을 굉장한 공짜 선전이라고 생각했습니다. 내가 그리스어와 라틴어를 배우는 학부생으로 옥스퍼드 대에 진학했을 때, 내 선생님이 몇 가지 사전 조언을 해 주었죠. 그의 말은 이랬습니다. "내 충고하겠는데, 자네는 초보자이니 길버트 머리 교수의 책을 읽지 말고 그의 강의에도 가지 말게. 그 사람은 매우 위험한 인물이거든." 흠, 나는 곧장 대학 도서관으로 달려가서 길버트 머리의 저서를 가능한 한 잔뜩 빌려 나왔고, 그의 강의에도 가곤 했는데, 물론 그가 내 형편없는 선생님보다 훨씬 더 뛰어나다는 것을 발견했죠.

I thought this was a glorious free advertisement. When I went up to Oxford as an undergraduate to study Greek and Latin, my tutor gave me some preliminary advice. He said: "I should advise you, as you're a beginner, not to read Professor Gilbert Murray's books and not to go to his lectures, because he is a very dangerous man." Well, I immediately rushed to the college library and got out as many as Gilbert Murray's books as I could, and went to his lectures and discovered, of course, that he was much more illuminating than my poor tutor was.

하지 말라던 짓은 더 하고 싶어 했던 학창 시절을 회고하며, 악평이야 말로 오히려 최고의 홍보라고 말하는 토인비에게서 대인배이자 나름의 학문적 성취를 이룬 노학자의 여유가 느껴진다.

책의 말미에 토인비는 인간사의 본질에 대한 자신의 솔직한 견해를 밝히기에 앞서 괴테의 『파우스트 _Faust_』에 등장하는 신(God)이 악마 메피스토펠레스(Mephistopheles)에게 던지는 대사를 인용한다.

"인간의 행위는 너무도 쉽게 소진되고,

인간은 곧 아무런 훼방꾼도 없는 휴식을 사랑한다.

하여, 기꺼이 나는 인간에게 너 같은 동무를 주나니,

휘젓고, 동요시키고, 악마로서 소임을 다할진저."

"Mankind's activity can languish all too easily,

A man soon loves unhampered rest;

Hence, gladly I give him a companion such as you,

Who stirs and excites and must, as devil, work."

토인비는 계속 말한다.

악마란 불가피한 자극자 또는 도발자라는 말은 인간의 삶에 관한 심오한 진리라고 나는 생각합니다. 악마는, 비록 조개에게는 고약한 것이겠지만 그 속에서 진주를 만들어 내는 한 알의 모래 같은 존재입니다. (…) 아이스킬로스는 그것을 두 단어로 정리한 바 있습니다. '파테이 마토스'—고통으로부터 배운다는 뜻으로, 배우기 위해서는 고통이 있어야만 한다는 것이죠.

I think it is a profound truth about human life that the devil is a necessary irritator or provoker; he's a piece of grit that creates the pearl in the oyster, though it's nasty for the oyster. (…) It has been put in two words by Aeschylus: *pathei mathos*—learning from suffering, you must have suffering in order to learn.

바로 이 대목에 토인비 문명론의 에토스가 담겨 있다고 해도 과언이 아닐 것이다. 악마는 인류에게 자극을 주기 위해 존재한다.— '필요악 (necessary evil)'이라는 표현이 괜히 나온 게 아니다. 악의 존재, 그로부터 파생한 긴장과 공포는 인간을 자극하여 더욱 생산적, 창조적으로 만든다. 에덴 동산에는 문명이 없었다. 모든 것이 갖추어져 있었기 때문이다. 도전이 없다면 응전도 없으며, 발전도 없다.

『토인비가 말하는 토인비』는 세계적 석학이 생의 말년에 정말 눈치 보지 않고 마구 쏟아 낸 통찰력의 광채를 감상할 수 있다는 점에서 각별한 책이다. 그 속에 담긴 메시지의 깊이에 비해 문장 자체는 비교적 평이하고 담백하며, 분량도 100여 페이지에 불과하니 영어 원서로 도전해 보면 여러모로 유익한 경험이 될 것이다. 토인비가 정말 현대의 예언자로 불릴 자격이 있는지 여부 또한 책을 읽어 본 뒤 독자 여러분이 직접 판단하기 바란다.

27th Brunch Time

『세계사 편력』—미래에 보내는 편지

감옥으로부터의 역사 사색

어쩐지 그간 history = his + story라는 공식의 생명력을 과소평가한 느낌이다. 그 공식이 또 다른 맥락에서 정당화될 수 있는 근거가 떠올랐기 때문이다. his를 wise man(현자) 대신 victor(승자)라고 해석하면 된다. "역사는 승자의 손으로 쓰인다.(History is written by the victors.)"는 영어 속담 그대로다. 사실 지금 남아 있는 대부분의 역사 기록은 기본적으로 승자의 것이다. 그리고 승자는 자신의 입맛에 맞게 역사를 미화, 왜곡한다. 역사 기록에서 승자의 악행과 실책이 슬쩍 묻히고 선행과 공적이 과장된 경우는 너무도 많다. 당연한 얘기지만 패자가 남긴 기록은 지워지고 태워진다. 우리가 종종 역사 기록의 행간을 읽어야 하는 이유다.

여기서는 이렇게 victor's story인 역사책이 아닌 패자의 역사책 한 권을 마지막으로 소개하려고 한다. 아니, 비록 지금은 패자일지 모르나 언젠가는 승자가 씌워 놓은 굴레에서 벗어나 자유롭게 될 날을 꿈꾸며 후손들에게 승자의 손으로 왜곡되지 않은 균형 잡힌 역사관, 세계관을 물려주고자 쓴 책이다. 바로 자와할랄 네루(Jawaharlal Nehru, 1889~1964)의 『세계사 편력Glimpses of World History』이다. 『세계사 편력』은 한국어 번역본의 제목을 따른 것으로, 원제를 직역하자면 '세계사 훑어보기' 혹은 '세계사 들여다보기'가 되겠다.

독자 여러분에게도 네루라는 이름은 그리 낯설지 않을 것이다. 네루는 카나 토인비 같은 전문 역사학자가 아니라 영국의 오랜 식민 지배에서 벗어나 독립한 인도의 초대 총리를 지낸 정치인이다. 인도의 명문가 출신으로 영국에서 대학 교육을 받은 네루는 귀국한 뒤 인도 독립 운동에 깊이 관여하다가 여러 차례 옥고를 치렀다. 『세계사 편력』은 그가 1930~1933년 수감 생활을 하는 와중에 쓴 책이다.

감옥에서 책을 썼다는 것이 좀 특이해 보이기도 하지만, 알고 보면 서양 인문학 전통에서 감옥은 종종 창작의 산실 역할을 했다. 영국의 저술가 토머스 맬러리(Thomas Malory)가 『아서 왕의 죽음Death of Arthur』을 쓴 곳도, 볼테르가 희곡 『오이디푸스Oedipus』를, 사드(Marquis de Sade)가 저주받은 걸작 소설 『소돔 120일The 120 Days of Sodom』을 쓴 장소도 모두 감옥이었다. 그런가 하면 프랑스의 사상가 콩도르세(Condorcet)는 프랑스 혁명의 와중에 반혁명 분자로 몰려 처형을 기다리면서도 『인간 정신의 진보에 관한 역사적 전망에 대한 개괄Outlines of an Historical View of the Progress of the Human Mind』을 써 인류의 역사가 미래의 유토피아를 향해 나아가는 진보의 과정이라고 역설했다. 앞서 잠깐 소개했던 영국의 모험가 월터 롤리 역시 반역죄로 사형 선고를 받고 런던 탑에 수감되어 있는 동안 『세계의 역사History of World』를 집필했다. 비록 그의 처형이 집행되면서 영영 미완성으로 남기는 했지만, 롤리의 책은 지금 읽어 봐도

인도의 초대 총리이자 역사가
였던 네루가 사망한 1964년에
발행된 우표.

문장이 유려하고 저자의 기지가 곳곳에서 번뜩여 죽음을 눈앞에 둔 사형수가 쓴 책이라는 것이 믿기지 않을 정도다.

왜 감옥에서 뛰어난 저작이 종종 탄생하는 것일까? 감옥에 갇힌 사람은 자유를 잃는 대신 시간을 얻는다. 역설적으로 세속의 번거로운 일상사와 유혹에서 벗어나 사색과 성찰을 할 수 있는 기회가 주어지는 것이다.

『세계사 편력』은 감옥에서 쓰였다는 사실뿐 아니라 책의 스타일과 구성 면에서도 독특하다. 이 책은 원래 네루가 자신의 딸 인디라(Indira Nehru, 1917~1984)에게 보낸 서간문을 모아 정리한 것이기 때문이다. 실제로 책 속에 등장하는 첫 번째 편지가 쓰인 1930년 10월 26일은 바로 인디라의 13번째 생일이었다. 네루는 감옥에 갇힌 탓에 근사한 선물을 직접 전해 주지 못하는 아버지의 미안함을 이렇게 피력하고 있다.

생일이면 너는 으레 선물과 축복을 받아 왔지. 축복이야 여전히 듬뿍 받겠지만, 나이니 형무소에서 내가 무슨 선물을 보낼 수 있을까? 내 선물은 실로 어떤 물질이나 고체일 수는 없단다. 그저 착한 요정이 너에게 내렸음 직한 공기나 정신 같은 선물일 수밖에 없겠지. 감옥의 높은 벽도 막을 수 없는 것

말이야.

On your birthday you have been in the habit of receiving presents and good wishes. Good wishes you will still have in full measure, but what present can I send you from Naini Prison? My presents cannot be very material or solid. They can only be of the air and of the mind and spirit, such as a good fairy might have bestowed on you—things that even the high walls of prison cannot stop.

이어서 네루는 인디라에게 선물을 주지 못하는 대신 앞으로 틈날 때마다 편지를 자주 쓰겠다고 약속한다. 과연 어떤 내용으로 그 여러 편지를 채울까? 네루의 계획은 1931년 1월 1일에 쓴 두 번째 편지에서 구체적인 모습을 드러낸다. 네루는 인디라에게 편지를 통해 인도 및 세계의 역사에 대한 대화를 나눌 것을 약속한다. 그러면서 한 아버지이자 동시에 감옥에 갇힌 독립투사로서의 외로움과 복잡한 속내를 드러내며 다음과 같이 말하는데, 자못 가슴이 뭉클해지는 대목이다.

네가 이 편지들을 볼 때 마냥 좋아할 거라고 말하지는 못하겠구나. 하지만 나 자신의 즐거움을 위해서라도 편지를 쓰기로 결심했단다. 그 편지들은 너를 내 곁에 데려오고, 그러면 나는 너와 직접 대화를 나누는 것처럼 느끼는 거지. (…) 나는 펜과 종이를 들고 앉아 너를 생각할 것이다. 그러면 너는 고요히 내게 다가오고 우리는 이런저런 얘기를 나누겠지. 그리고 우리는 과거에 대해 꿈꾸고, 미래를 과거보다 위대하게 만들 길을 찾을 것이다.

I cannot say if you will like these letters when you see them. But I have decided to write them for my own pleasure. They bring you very near to me, and I feel almost that I have had a talk with you. (…) I shall sit down with pen and paper and I shall think of you. And then you will silently come near me and we shall talk of many things. And we shall dream of the past, and find our way to make the future greater than the past.

즉 네루의 편지는 바로 딸 인디라가 상징하는 인도의 미래를 향해 쓴 편지였던 것이다. 한국 시인 김현승의 시구를 조금 빌려 보자면, 네루가 쓰는 편지의 수신인이었던 딸은 '아버지의 나라', '아버지의 동포'였던 셈이다.

동양인의 눈으로 본 세계사

이렇게 시작된 편지는 1938년 11월 14일 자까지 총 197편으로 계속 이어진다. 원래는 1933년 8월에 쓴 196번째 편지에 '마지막 편지(The Last Letter)'라는 이름이 붙었지만, 책의 초판이 나오고 4년 뒤 당시 나치 독일과 제국주의 일본의 부상으로 급변하는 세계정세에 관하여 미처 못다 한 이야기를 정리한 편지가 하나 더 추가되었다.

『세계사 편력』은 당연히 애초의 목적과 같이 청소년의 세계사 입문서로서 안성맞춤이지만, 연령과 계층을 초월하여 모든 세대를 위한 역사책으로도 손색이 없다. 노르웨이 작가 요슈타인 가아더(Jostein Gaarder)의 철학 소설 『소피의 세계Sophie's World』가 비록 청소년을 위한 철학 입문서를 표방하지만 성인이 읽어도 나무랄 데 없는 것과 비슷하다. 그러고 보니『소피의 세계』 또한 상당 부분 아버지가 딸에게 보내는 편지 형식을 띠고 있는 것이 공교롭다.

『세계사 편력』은 상당히 두꺼운 책임에도 내용이 워낙 흥미로워 페이지가 빠르게 넘어간다. 영어 원문 자체도 깔끔하면서도 쉽게 쓰여 있으며, 여기저기 건너뛰며 읽어도 금방 맥락을 파악할 수 있다. 실제로 서문에서 네루는 아예 마지막 챕터부터 읽어도 상관없다고 말하고 있다. "이 곤두박이치는 세계에서는 끝에서부터 시작하는 것도 좋겠다.(it would be as well, in this topsy-turvy world, to begin at the end.)"고 하면서.

다른 건 차치한다 쳐도, 자유롭게 문헌을 뒤적이고 연구할 수 있는 대학 교수나 전문 학자도 아니고, 게다가 영국에 대한 반정부 활동을 하다가 감옥에 갇힌 시국 사범의 처지로 거의 1,200페이지에 달하는, 편지의 '탈을 쓴' 세계사 개론서를 쓸 수 있었다는 것 자체가 놀랍기 짝이 없다. 서문에서 네루는 감옥에 도서관도 없을뿐더러 감방 안에 많은 책을 쌓아 둘 수도 없었던 고충을 토로하면서, 그나마 젊은 시절부터 읽은 책의 내용 중 인상 깊은 대목을 따로 적어 두거나 정리해 온 독서 습관이 집필에 큰 도움이 되었다고 밝히고 있다. 또한 네루는 집필 과정에서 영국의 역사가이자 소설가인 웰스(H.G. Wells)의 유명한 세계사 입문서『역사 개관 The Outline of History』의 영향을 받았다고 밝히고 있지만, 나더러 이 두 책 가운데 하나만 고르라면 단연 네루의『세계사 편력』을 꼽고 싶다.

책 속에 담겨 있는 풍성한 정보도 인상적이다. 네루가 인도와 영국의 역사에 해박하리라는 정도는 예상할 수 있지만, 그 밖에도 전 세계의 고대 문명사는 물론이요 이탈리아 르네상스와 프랑스 혁명사, 중국의 역사(아예 첫 번째 편지는 당나라 시대 인도를 방문했던 현장법사의 행적을 언급하고 있다.)에도 정통한 면모를 보이며, 심지어 한국과 일본의 역사에도 여러 페이지를 할애한다. 그뿐만 아니라 나는 레오나르도 다 빈치가 30세에 라틴어와 수학을 독학하기 시작했다는 것, 스페인의 펠리페 2세가 네덜란드 독립 운동의 지도자 오라녜 공 빌럼(William, Duke of Orange)의 암살을 도합 여섯 번이나 시도한 끝에 결국 성공했다는 것, 그리고 나폴레옹이 개인적으로 그리스도교를 경멸했다는 것 등을 모두 이 책을 읽고 알았다.

또한 네루는 단순히 정보를 제공하는 데 그치는 것이 아니라 곳곳에서 자신의 의견이나 감상을 밝히고 있는데, 그때마다 번뜩이는 내공 또한 장난이 아니다. 가령 영국의 산업 혁명 과정을 소개하면서 "산업 혁명과 자본주의는 생산의 문제를 해결했다. [하지만] 새로이 창출된 부의 분배 문제는 해결하지 못했다.(The Industrial Revolution and capitalism solved the problem of production. They did not solve the problem of the distribution of the new wealth created.)"고 지적하는 대목, 또 로베스피에르를 비롯한 프랑스 혁명의 주역들을 소개하는 편지에서 "이들 혁명의 지도자는 모두 젊은이였다. 혁명이 노인들의 힘으로 이루어진 적은 좀처럼 없었다.(All these leaders of the Revolution were young men; revolutions were seldom made by the old.)"고 갈파하는 대목 등은 실로 인상적이다.

『세계사 편력』의 또 다른 중요한 특징이라면, 서구의 역사 역시 공평하게 다루고 있기는 하지만 인도를 포함한 아시아의 역사를 돌아보면서 과거의 영광을 일깨우는 것도 게을리하지 않았다는 점이다. 미국인이나 유럽인이 아닌 유라시아 국가 인도의 지성이 쓴 책답다고 할 수 있다. 다음은 그러한 네루의 시각과 균형 감각이 돋보이는 대목 가운데 하나다.

오늘날 유럽은 강하고 힘이 넘치며, 그 땅의 사람들은 자기들이 세계에서 가장 문명화되고 세련되었다고 여긴단다. 유럽인들은 아시아와 그 민족들을 깔보고, 여기 와서 아시아 나라들로부터 가져갈 수 있는 것이면 죄다 차지하려고 하지. 시대가 이토록 변했구나! 유럽과 아시아를 한번 잘 살펴보자꾸나. 지도를 펼치고 거대한 아시아 대륙에 달라붙어 있는 작은 유럽을 보렴. 그저 아시아의 작은 돌출부 같지. 역사를 읽으면, 오랜 기간 동안 아시아가 우세했음을 알게 될 것이다. 아시아인들은 연이어 물결을 이뤄 유럽을 정복했단다. 그들은 유럽을 유린했고 유럽을 문명화시키기도 했지. 아리아인, 스키타이인, 훈족, 아랍인, 몽골인, 투르크인—이들은 모두 아시아 어딘가에서 와 아시아와 유럽을 뒤덮었지. (…) 정말이지 유럽은 오랫동안 마치 아시아의 식민지 같았고, 현대 유럽인 가운데 상당수가 아시아에서 온 침략자들의 후손이란다.

Today Europe is strong and powerful, and its people consider themselves the most civilized and cultured in the world. They look down upon Asia and her peoples, and come and grab everything they can get from the countries of Asia. How times have changed! Let us have a good look at Europe and Asia. Open an atlas and see little Europe sticking on to the great Asiatic Continent. It seems to be just a little extension of it. When you read history you will find that for long periods and stretches of them Asia had been dominant. Her people went in wave after wave and conquered Europe. They ravaged Europe and they civilized Europe. Aryans, Scythians, Huns, Arabs, Mongols, Turks—they all came from somewhere in Asia and spread out over Asia and Europe. (…) Indeed, Europe was for long like a colony of Asia, and many people of modern Europe are descended from these invaders from Asia.

그렇다. 인류 역사 전체로 보면 유럽이 세계를 제패한 시기는 사실 아주 짧은 기간에 지나지 않는다. 그에 앞서 아시아계 유목 민족인 훈족은 이미 로마 제국으로부터 조공을 받았고, 몽골은 러시아와 폴란드 등 동유럽 전역을 복속시켰으며, 투르크는 결국 콘스탄티노플을 함락하여 동로마 제국을 멸망시켰다.

물론 군사력과 같은 하드파워만이 중요한 것은 아니다. 소프트파워, 즉 문화의 경우는 어떨까?

아시아는 크고 육중한 거인처럼 지도 전체에 걸쳐 떡하니 누워 있단다. 유럽은 작지. 하지만 물론 이 말이 그 크기 때문에 아시아가 위대하다거나 유럽이 별 볼일 없다는 뜻은 아니다. 크기는 한 인간이나 국가의 위대함을 가늠하는 가장 빈약한 척도란다. 우리는 유럽이 비록 여러 대륙 가운데 가장 작을지언정 오늘날에는 위대하다는 것을 잘 안다. (…) 그들이 배출한 위대한 과학자들은 발견과 발명으로 인류 문명을 엄청나게 진보시키고 수백만 남녀의 삶을 더욱 편안하게 만들어 왔지. 또 위대한 작가와 사상가, 미술가와 음악가, 그리고 활동가들도 보유했단다. 유럽의 위대함을 인정하지 않는 것은 어리석은 짓이겠지.

Asia sprawls right across the map like a big, lumbering giant. Europe is small. But, of course, this does not mean that Asia is great because of her size or that Europe is not worthy of much attention. Size is the poorest test of a man's or a country's greatness. We know well that Europe, though the smallest of continents, is today great. (…) They have produced great men of science who have, by their discoveries and inventions, advanced human civilization tremendously and made life easier for millions of men and women. They have had great writers and thinkers, and artists and musicians and men of action. It would be foolish not to recognize the greatness of Europe.

"크기는 한 인간이나 국가의 위대함을 가늠하는 가장 빈약한 척도"라는 말은 정말 큰 울림을 가진다. 불현듯 현대 중국의 역사 교사는 학생들을 어떻게 가르치는지 궁금해진다. 그들도 네루처럼 중국이 아무리 큰 나라라도 이웃의 작은 나라들을 업신여겨서는 안 된다고 가르칠까? 도리어 혹시라도 "크기야말로 한 국가의 위대함을 가늠하는 가장 확실한 척도"라고 가르치는 것은 아닐지? 물론 네루는 유럽이 인류에 공헌한 바를 언급한 데 이어 재빨리 동양의 지적 성취도 그에 못지않다는 점역시 일깨운다.

하지만 아시아의 위대함을 잊는 것도 똑같이 어리석은 일이겠지. 우리는 유럽의 광채에 조금씩 현혹되어 과거를 잊기 쉽다. 모르긴 몰라도 다른 곳의 어떤 인물이나 어떤 것보다도 더 많이 세계에 영향을 끼친 위대한 사상적 지도자들—주요 종교의 위대한 창시자—을 배출한 곳이 바로 아시아임을 기억하자꾸나. (…) 크리슈나, 붓다, 조로아스터, 그리스도, 모하메드, 그리고 중국의 위대한 철학자인 공자와 노자—아시아의 위대한 사상가들 이름만으로도 몇 페이지는 족히 채울 것이다.

But it would be equally foolish to forget the greatness of Asia. We are apt to be taken in a little by the glitter of Europe and forget the past. Let us remember that it is Asia that has produced great leaders of thought who have influenced the world perhaps more than any one or anything elsewhere—the great founders of the principal religions. (…) Krishna, Buddha, Zoroaster, Christ, Mohammed, and Confucius and Lao-Tse, the great philosopher of China—you could fill pages with the names of the great thinkers of Asia.

'엑스 오리엔테 룩스(*ex oriente lux*)', 즉 '빛은 동방에서'라는 의미의 라틴어 표현이 새삼 떠오른다. 네루에 의하면 근대 유럽의 찬란한 빛,

그 불꽃의 씨앗은 아시아에서 온 것이었다.

제국주의와 식민지 수탈

『세계사 편력』에서 네루는 역사에 대한 균형 감각을 유지하면서도 식민지 시대를 살던 지식인, 민족 지도자로서의 정서 역시 굳이 숨기려 들지 않으며, 이런 정서를 딸과 나누려는 노력도 소홀히 하지 않는다. 네루는 책의 상당 부분을 네덜란드와 스위스의 독립 전쟁, 아메리카 혁명, 그리고 특히 프랑스 혁명의 전개와 후일담에 할애하고 있다. 그러한 대변혁이 당시 영국의 식민지였던 인도에서도 조만간 일어나기를 꿈꾸던 네루 자신의 소망이 반영된 것이리라.

또한 19세기 말부터 제국주의 일본이 조선을 집어삼키는 과정도 비교적 상세히 소개하고 있어 흥미롭다. 디테일에서 약간의 오류가 보이기도 하지만 큰 얼개상으로는 을미사변-을사늑약-한일합방으로 이어진 조선의 굴욕적 역사를 잘 서술하고 있다. 실제로 책을 읽어 보면 네루가 인도의 뒤를 이어 19세기 제국주의 열강의 식탁에 오르는 신세가 되었던 중국과 한국에 일종의 동병상련을 느꼈음이 곳곳에서 감지된다.

그런 맥락에서 네루가 딸 인디라에게 영국의 인도 착취를 개괄해 주는 다음 대목을 함께 읽어 보자. 아버지가 자식에게 직접 '의식화 교육'을 하는 귀한 현장을 포착한 격이라고 할까.

이번 편지에서 산업화는 착수하기에 비용이 많이 드는 작업이라고 이미 말했지. 그것은 한동안 아무런 수익도 없이 돈만 삼킨단다. 융자나 다른 방식으로 충분한 자금이 마련되어 있지 않다면, 그 산업이 작동하여 돈을 벌 때까지는 빈곤과 고통을 야기하는 것이지. 영국이 산업과 공장을 개발하기

인도의 자랑 타지 마할(Taj Mahal). 무굴 왕조의 황제 샤 자한(Shah Jahan)이 아내를 위해 세운 영묘로 화려하기 짝이 없다. 그러나 이 위대한 건축물이 완성된 1653년 영국은 이미 동인도 회사를 통해 인도 식민 지배를 위한 초석을 착실히 다져 가고 있었다.

위해 자금이 가장 필요하던 참에 인도로부터 이런 거액을 가져왔던 것은 특별한 행운이었다.

I have told you in this letter that industrialization is an expensive job to begin with. It swallows up money without any return for some time. Unless plenty of money is available, either by loan or otherwise, it results in poverty and distress till such time as the industry begins to work and make money. England was extraordinarily fortunate in getting these vast sums of money from India just when she wanted them most for her developing industries and factories.

네루가 지적했듯이 산업화 과정에서 초기 자본의 형성과 조달은 그 성공에 필수적이다. 그런데 영국은 인도로부터의 수탈을 통해 그 문제를 손쉽게 해결했다는 것이다. 게다가 식민지의 존재란 단지 자본의 축

적에만 기여하는 것이 아니다. 자본주의 발전에 필요한 또 하나의 요소
는 다름 아닌 시장(market)이다.

영국은 공장을 먼저 가동하여 다른 국가들보다 엄청난 우위를 점했지. 하
지만 이런 우위에도 불구하고 영국은 만만한 시장을 발견하는 데 어려움을
겪을 뻔했다. 다시 인도가 정말 마지못해 구원자로 등장했다. 인도에서 영
국인들은 수단과 방법을 가리지 않고 인도의 산업을 파멸시켰으며 영국산
직물을 강요했단다.

England had got a tremendous lead over other countries by starting
factories first. But in spite of this lead she would have had difficulties in
finding easy markets. Again India came, very unwillingly, to the rescue.
The English in India adopted all manner of devices to ruin Indian
industries and force English cloth on India.

이렇게 인도는 영국에 자본도 대 주고 완성된 상품을 떠넘길 시장도
만들어 주는 화수분 같은 존재였단다.—아빠의 자상하고 설득력 있는
문장에 이끌려 딸 인디라의 머릿속에도 서구 제국주의의 폐해가 쏙쏙
정리되었을 것이다.

위와 같은 대목을 읽으면 1947년 인도 독립 이후 네루가 이끈 인도국
민회의(Indian National Congress)의 행보도 어느 정도 이해할 수 있게 된
다. 네루는 이미 자본주의의 베테랑이 된 서구에 아무 준비 없이 경제를
개방하면 인도는 다시 그들의 봉이 되어 예전의 착취 구조가 재현되리
라고 우려했을 것이다. 식민 지배의 어두운 기억 탓에 네루와 지지자들
은 신생 국가 인도가 나아갈 길이 정치적으로는 중립, 경제적으로는 주
요 기간산업을 국유화하는 식의 폐쇄 경제 체제라고 믿고 실천에 옮겼

다. 하지만 그 탓에 인도가 독립 이후 반세기 가까이 활력을 잃고 정체했던 것도 사실이다.

다시 태어난 노제국

이 책 어디선가 이미 한번 소개했던, 아직은 설익은 콘셉트인 '팍스 인디카'를 들고 나와 우리를 잠시 당황하게 했던 인도의 정치인이자 언론인인 샤시 타루르는 이렇게 말한 적이 있다.

> 인도는 사람들이 계속 부르는 바와 같은 후진국이 아니라, 차라리 그 역사와 문화유산의 맥락에서 보면 쇠락의 말기 단계에 있는 고도 선진국이다.
>
> India is not, as people keep calling it, an underdeveloped country, but rather, in the context of its history and cultural heritage, a highly developed one in an advanced state of decay.

조국에 대한 자부심과 탄식이 함께 섞인 발언인데, 일리 있는 지적이지만 지금의 인도에 대한 100퍼센트 정확한 진단도 아니다. 1947년 독립했을 때 인도는 이미 어느 정도는 싫든 좋든 영국으로부터 DNA를 이식받은 새로운 나라가 되어 있었다. 그리고 지금의 인도를 보면 그 영국이 남긴 '식민 잔재'들이 어느 정도는 순작용을 했다고 볼 여지가 많다.

일단 영어가 인도 전역을 관통하는 비공식 표준어가 된 것은 큰 행운이었다. 오랫동안 이웃 마을에 갈 때도 이따금 통역을 데려가야 할 정도로 다양한 언어와 방언으로 뒤덮였던 나라인 인도에 공용어가 생겼을 뿐 아니라, 그 공용어라는 것이 또 하필 가장 강력한 만국 공용어가 될 운명의 언어였기 때문이다. 지금 미국을 비롯한 전 세계에서 인도 출신

인재들이 활약하는 배경에는 이들이 모두 영어에 능란하다는 점을 빠뜨릴 수 없다. 또한 의회 민주주의의 종주국 영국으로부터 이식받은 내각책임제 등의 정치 제도와 관료 체제는, 오랜 식민지 시대를 겪고 20세기에 독립한 제3세계 국가들의 절대 다수가 억압적 독재 체제로 변질되는 사이 인도를 몇 안 되는 민주주의 국가로 남도록 했다. 인구 구성상으로도 지금의 인도는 늙은 제국이기는커녕 전인구의 75퍼센트가 30세 이하인 젊디젊은 나라다.

카스트 제도를 비롯한 인도의 전통적 악습에 대해 비판을 할지언정, 나는 앞으로 세계 역사에서 인도가 담당할 역할에 큰 희망을 거는 편이다. 애정과 기대가 있어야 쓴소리도 나오는 법이다. 솔직히 선택의 여지도 별로 없다. 아시아 여러 나라들 입장에서는 새로운 세계 질서를 만들려는 중국의 야망을 견제하기 위해서라도 인도의 발전과 번영은 사실상 필수에 가깝다. 인도는 영토 크기, 인구 수, 그리고 오랜 역사에 걸쳐 축적된 문화의 깊이와 질을 감안할 때 중국 앞에서 주눅 들지 않는 사실상 유일한 아시아 국가다. 또한 인도가 팽창주의와 패권주의에는 큰 관심이 없으며, 일당 독재가 아닌 의회 민주주의 국가라는 점 역시 향후 중국의 행보를 견제하는 역할을 하리라는 기대를 갖게 한다.

『세계사 편력』의 첫 번째 독자였던 네루의 딸 인디라는 결혼과 함께 인디라 간디(Indira Gandhi)로 불리며 아버지의 발자취를 그대로 따라 1966~1977년, 다시 1980~1984년까지 인도 총리를 역임했다. 그뿐만 아니라 인디라의 뒤를 이어 아들 라지브 간디(Rajiv Gandhi) 역시 총리를 지냈다. 인도에서 독립 이후 인도국민회의가 집권한 기간은 무려 60년에 가까운데, 그 가운데 네루-간디 가문 출신이 총리를 지낸 기간만 도합 38년에 달한다. 그러니 현대 인도 정치사는 곧 네루-간디 가문의 역사라고 해도 과언이 아니다. 유감스럽게도 인디라 간디는 1984년 시크

네루의 저작 『세계사 편력』의 제1호 독자였던 딸 인디라 간디. 부친의 대를 이어 인도 총리에 올랐을 뿐 아니라 국제 사회에서의 중립 및 폐쇄 경제 체제 유지 등 네루가 시작한 정책들 역시 충실하게 답습했다.

(Sikh)교도 출신 경호원에게, 라지브 간디는 1991년 인도 남부에서 독립을 주장하는 타밀(Tamil) 반군이 보낸 자살 폭탄 테러리스트에게 각각 암살당하는 비극을 겪으며 인도 정치의 복잡한 속내를 반영하기도 했다.

하지만 간디 모자가 암살당한 뒤에도 한동안 계속되던 인도국민회의의 독주는 드디어 2014년 친시장 경제를 지향하는 인도 인민당(Indian People's Party)이 총선에서 압승하면서 종말을 고했다. 이는 의회 민주주의만이 이룰 수 있는 정권 교체의 드라마이기도 했다. 그러면서 1991년 이래 조심스럽게 이루어지던 시장 경제형 개혁은 인도 인민당 출신 총리 모디(Narendra Modi)의 지도 아래 본격적으로 날개를 달게 됐다. 인도 역사의 새로운 챕터가 막 쓰이기 시작한 셈이다.

역사와 미래

네루는『세계사 편력』에서 스스로 추신(Postscript)이라고 이름 붙인 마지막 편지를 통해, 나치 독일이 유럽에 짙게 드리우던 전쟁의 그림자, 일본의 침략에 맞서 중국이 힘겹게 벌이던 싸움, 소비에트와 미합중국의 관망적 자세 등 1930년대 말 당시의 세계정세를 거론한다. 그리고 나서 딸에게, 아니 미래의 모든 젊은이에게 던지는 다음과 같은 질문과 함께 편지를 마무리한다.

해마다 재앙의 풍년이었구나. 이제 우리에게 닥친 1939년은 과연 어찌 될까? 우리와 전 세계에 무슨 일을 안겨 줄까?

Each year has brought its full crop of disaster: what of 1939 on whose threshold we stand? What will it bring to us and to the world?

히틀러를 향해 경례하는 나치 지도자들. 네루는 이미 『세계사 편력』에서 1930년대 당시 잉태되던 유럽 발 대혼란의 징조를 암시한 바 있다.

물론 1939년은 독일의 폴란드 침공으로 인류 역사상 최악의 재앙인 제2차 세계대전이 시작된 해다. 실제로 책을 읽어 보면 네루가 조만간 지구촌을 뒤흔들 엄청난 폭풍의 결집을 이미 감지하고 있었음을 알 수 있다. 네루를 좇아, 이제 21세기의 첫 10년을 보낸 우리도 스스로에게 이렇게 물어 보자.

이제 우리에게 닥친 21세기는 과연 어찌 될까? 우리와 전 세계에 무슨 일을 안겨 줄까?

What of the 21st century on whose threshold we stand? What will it bring to us and to the world?

인류는 21세기가 지나기도 전에 페르미의 상상 실험에서 자폭한 외계 문명들처럼 결국 파멸의 길을 걸을까? 아니면 문명과 인간 이성은 결국 베르그송(Henri Bergson)의 표현대로 "모든 저항을 제압하고 가장 강력한 장애물들, 아마도 죽음마저 일소하는(to beat down every resistance and clear the most formidable obstacles, perhaps even death)" 궁극의 경지까지 나아갈 수 있을까?

비단 페르미의 섬뜩한 경고가 아니더라도, 조만간 인류 문명에 파멸의 순간이 닥쳐오고야 만다는 이른바 '최후의 날 시나리오(Doomsday scenario)'는 서구 지성계가 단골로 찾는 해묵은 논제다. 핵전쟁, 인구 폭발, 환경오염, 자원 고갈, 신종 바이러스 출현 등 레퍼토리도 다양하며, 이와 관련된 콘텐츠를 생산하고 소비하는 교육, 출판, 매스 미디어의 고리는 이미 하나의 산업이 된 지 오래다.

하지만 이 모든 비관론과 경고음에도 불구하고 인류 전체의 행적을 총합하여 본다면 세계는 여전히 조금씩 더 나은 방향으로 나아가고 있음을 발견하게 된다. 비록 인류의 진보가 단순한 직선 운동이 아니라, 이보 전진에 일보 후퇴, 때로는 일보 전진 뒤에 이보, 삼보의 후퇴마저 감수하는 삐뚤삐뚤한 곡선과 일그러진 나선형 패턴으로 이루어진다는 점을 인정하더라도 말이다.

또한 카가 말했다시피 진보를 전제하지 않고는 역사의식 자체가 성립하지 않는다. 역사가가 역사책을 쓰는 것은 당연히 미래의 후손들이 그것을 읽으리라는 기대를 전제로 한다. 『역사란 무엇인가』의 말미에서 카는 갈릴레오(Galileo Galilei)의 말로 알려져 있는 "그래도 지구는 여전히 움직인다.(And yet, it moves.)"를 인용하며 역사는 계속 전진한다는 점을 강조했다. 내일 지구가 멸망할 가능성이 있더라도 오늘 사과나무를 심어야 하는 이유가 여기 있는 것이다.

이제 세계사 브런치의 흥겨운 테이블도 슬슬 정리할 시점이 왔다. 영국 작가 아서 C. 클라크(Arthur C. Clarke)는 자신의 걸작 SF 소설 『2001 스페이스 오디세이2001 : A Space Odyssey』의 서문에서 독자들에게 이렇게 당부한 바 있다.

하지만 이 책은 오직 픽션 작품임을 기억해 달라. 언제나처럼 진실은 훨씬 기묘할 것이다.

But please remember: this is only a work of fiction. The truth, as always, will be far stranger.

그 픽션보다도 더 기묘하게 펼쳐질 진실(truth), 즉 미래에 대처하는 우리의 자세에는 분명 역사의식이 포함되어야 할 것이다. 아무리 보잘것없다고 해도 우리 인간 개개인의 삶은 결국 역사라는 거대한 이야기 속에 작은 모자이크 조각으로 남으리라는 그런 의식 말이다. 기왕이면 사

달 표면을 걷는 우주 비행사 버즈 올드린(Buzz Aldrin). 현재 우주 개척의 속도는 아서 C. 클라크가 『2001 스페이스 오디세이』에서 예측했던 것보다는 더딘 편이다. 인류는 21세기에 문명의 활동 반경을 과연 어디까지 확장할 수 있을까?

는 동안 열심히 살아서 반짝이는, 색깔도 고운 조각을 남기는 것이 어떨까. God's story도 victor's story도 아닌, his story도 her story도 아닌, my story, 나아가 our story를 만들어 보자.

원전 인용 출처 및 참고 문헌

인용문 온라인 출처에 관한 참고 사항

본서에서 인용한 영어 텍스트는 저작권 문제(번역도 저작권법의 보호를 받는다.) 및 독자들의 편의를 고려하여 가능한 한 온라인상에서 열람할 수 있는 퍼블릭 도메인(public domain) 콘텐츠를 이용했다. 단 명확한 의미 전달을 위해 복수의 온오프라인 텍스트를 비교한 뒤 문장을 임의로 수정한 경우도 적지 않다는 점을 밝힌다.

온라인상에서 확보 가능한 텍스트라고 해서 그 수준이 떨어지는 것은 전혀 아니다. 저작권 시효가 만료되어 이제는 퍼블릭 도메인이 된 영어 번역본 가운데는 그 자체가 해당 분야에서 하나의 스탠더드 내지는 고전으로 인정받는 경우가 많다. 종이책을 읽느냐, 인터넷을 포함한 e-book을 읽느냐는 개인의 취향과 미디어의 특성에 따라 이루어지는 선택일 뿐 어느 쪽에 우열이 있는 것은 아니다.─나더러 굳이 선택하라면 종이책 쪽이기는 하지만, 그것이 익숙한 것에 대한 집착 때문인지, 아니면 종이책 자체에 어떤 독특한 이점과 매력이 있기 때문인지는 확실히 모르겠다.

고전의 영어 텍스트를 무료로 제공하는 웹사이트 가운데 대표적인 곳으로는 프로젝트 구텐베르크(Project Gutenberg, www.gutenberg.org)와 페르세우스 디지털 라이브러리(Perseus Digital Library, www.perseus.tufts.edu)가 있다. 미국의 작가이자 사업가인 마이클 하트(Michael Hart)가 발족시킨 프로젝트 구텐베르크는 지금까지 49,000여 권에 달하는 장서의 영문 버전을 디지털화해 놓고 있다. 터프츠 대학교(Tufts University)에서 운영하는 페르세우스 디지털 라이브러리는 특히 그리스, 로마 고전 컬렉션에 강하다. 영문 텍스트를 그리스어, 라틴어 버전과 비교 분석하는 것도 가능하다.

그 밖에 의외로 알찬 일종의 다크호스 사이트로는 마르크시스트 자료 보관소(Marxists Internet Archive, www.marxists.org)를 들 수 있다. 비단 마르크스, 엥겔스의 저작뿐 아니라 철학, 역사, 문학, 사회과학 등 다양한 영역에 걸쳐 방대한 자료를 보유하고 있다. 영어 문장의 퀄리티도 매우 좋다. 관심 있는 독자들의 방문을 권한다.

중국 고전의 경우에는 온라인상에서 제공되는 무료 콘텐츠의 양이나 질이 아직은 좀 미흡한 편이다. 어느 정도 신뢰할 만한 사이트로는 차이니즈 텍스트 프로젝트(Chinese Text Project, www.ctext.org) 및 중국어 위키피디아 정도를 들 수 있다. 하지만 내 경험으로는 사이트마다 제공하는 한문 텍스트의 내용이 조금씩 다른 경우도 있었으니 이용할 때 유념하시기 바란다. 또한 그리스, 로마 고전들과 달리 중국 고전의 경우에는 아직 국제적으로 권위를 인정받은 영문 텍스트가 그리 많지 않은 편이다. 심지어 인명을 비롯한 각종 고유명사와 중국식 용어의 영문 표기 방식도 여러 버전이 혼재하고 있다. 참고하시기 바란다.

오프라인 참고 문헌

Chapter 1 오리엔트, 빛의 고향

Andrew Robinson, *Cracking the Egyptian Code: The Revolutionary Life of Jean-Francois Champollion*, Oxford University Press, 2012.

Herodotus, *The Histories*, G.C. Macaulay (tr.), Donald Lateiner (ed. with intr.), Barnes & Noble Classics, 2005.

Howard Carter and A.C. Mace, *The Discovery of the Tomb of Tutankhamen*, Dover Publication, 1977.

Sigmund Freud, *Moses and Monotheism*, Katherine Jones (tr.), Hogarth Press, 1939.

Simon Singh, *Fermat's Enigma: The Epic Quest to Solve the World's Greatest Mathematical Problem*, Anchor, 1998.

Chapter 2 고대 그리스

M.I. Finley (ed.), *The Portable Greek Historians*, The Viking Press, 1960.

Thomas R. Martin, *Ancient Greece: From Prehistoric to Hellenistic Time*, Yale University Press, 1996.

Heinrich Schliemann, *Ilios: The City and Country of the Trojans*, B. Blom, 1968.

E. Guhl and W. Koner, *The Greeks: Life & Customs*, Konecky and Konecky, 2009.

Herodotus, *op. cit.*

Thucydides, *The History of the Peloponnesian War*, Richard Crawley (tr.), Donald Lateiner (intr.), Barnes & Noble Classics, 2006.

Plato, *Essential Dialogues of Plato*, Benjamin Jowett (tr.), Pedro De Blas (intr.), Barnes & Noble Classics, 2005.

Will Durant, *The Story of Philosophy: The Lives and Opinions of the Great Philosophers*, Washington Square Press, 1967.

Chapter 3 아, 로마 제국!

Mary T. Boatwright, Daniel J. Gargola and Richard J.A. Talbert, *The Romans: From Village to Empire*, Oxford University Press, 2004.

Anna Maria Liberati, *Ancient Rome: History of a Civilization That Ruled the World*, Barnes & Noble, 2006.

Michael Kerrigan, *A Dark History: The Roman Emperors: From Julius Caesar to the Fall of Rome*, Amber Books, 2011.

Ray Laurence, *Traveler's Guide to the Ancient World: The Roman Empire: Rome and Its Environs in the Year 300 CE*, New Burlington Books, 2008.

Theodor Mommsen, *The History of Rome*, The Falcon's Wing Press, 1966.

Chapter 4 중국의 탄생

Cho-yun Hsu and Katheryn M. Linduff, *Western Chou Civilization*, Yale University Press, 1988.

Sun-tzu, *The Art of War*, Ralph D. Sawyer (tr. with intr. and comm.), Mei-chun Lee Sawyer (collab.), Barnes & Noble, 1994.

Sima Qian, *Records of the Grand Historian: Qin Dynasty*, Burton Watson (tr.), Columbia University Press, 1995.

Sima Qian, *Records of the Grand Historian: Han Dynasty I*, Burton Watson (tr.), Columbia University Press, 1993.

Edward L. Shaughnessy, *Source of Western Zhou History: Inscribed Bronze Vessels*, University of California Press, 1992.

Chapter 5 중세와 르네상스의 명장면

Norman F. Cantor, *The Civilization of the Middle Ages*, Harper Collins, 1993.

W. Scott Haine, *The History of France*, Greenwood Press, 2000.

Voltaire, *Philosophical Dictionary*, John R. Iverson (intr.), Barnes & Noble, 2009.

Niccolo Machiavelli, *The Prince and Other Writings*, Wayne A. Rebhorn (tr. with intr.), Barnes & Noble, 2003.

Neville Williams, *All the Queen's Men: Elizabeth I and Her Courtiers*, Macmillan, 1972.

Stephen Budiansky, *Her Majesty's Spymaster*, A Plume Book, 2006.

Chapter 6 혁명의 시대

Stuart E. Prall (ed.), *The Puritan Revolution: A Documentary History*, Anchor, 1968.

Jack N. Rakove (ed. with intr.), *Founding America: Documents from the Revolution to the Bill of Rights*, Barnes & Noble, 2006.

David McCullough, *1776*, Simon & Schuster, 2006.

David McCullough, *John Adams*, Simon & Schuster, 2002.

John Hall Stewart (ed.), *A Documentary Survey of the French Revolution*, Macmillan, 1951.

E.L. Higgins, *The French Revolution as Told by Contemporaries*, Houghton Mifflin, 1966.

David Paul Jordan, *The King's Trial: The French Revolution vs. Louis XVI*, University of California Press, 2004.

Haine, *op. cit.*

Chapter 7 우리 시대의 역사 고전 산책

Edward Hallett Carr, *What Is History?*, Vintage, 1964.

Edward Hallett Carr, *The New Society*, Macmillan & Co., 1960.

Arnold J. Toynbee, *A Study of History*, D.C. Somervell (ed.), vols. 1-2, Oxford University Press, 1987.

Arnold J. Toynbee and G.R. Urban, *Toynbee on Toynbee: A Conversation between Arnold J. Toynbee and G.R. Urban*, Oxford University Press, 1974.

Jawaharlal Nehru, *Glimpses of World History*, Oxford University Press, 2003.

사진 출처

Chapter 4 중국의 탄생

Chapter 7 우리 시대의 역사 고전 산책